ADI SCHWARTZ | EINAT WILF

DER KAMPF UM RÜCKKEHR

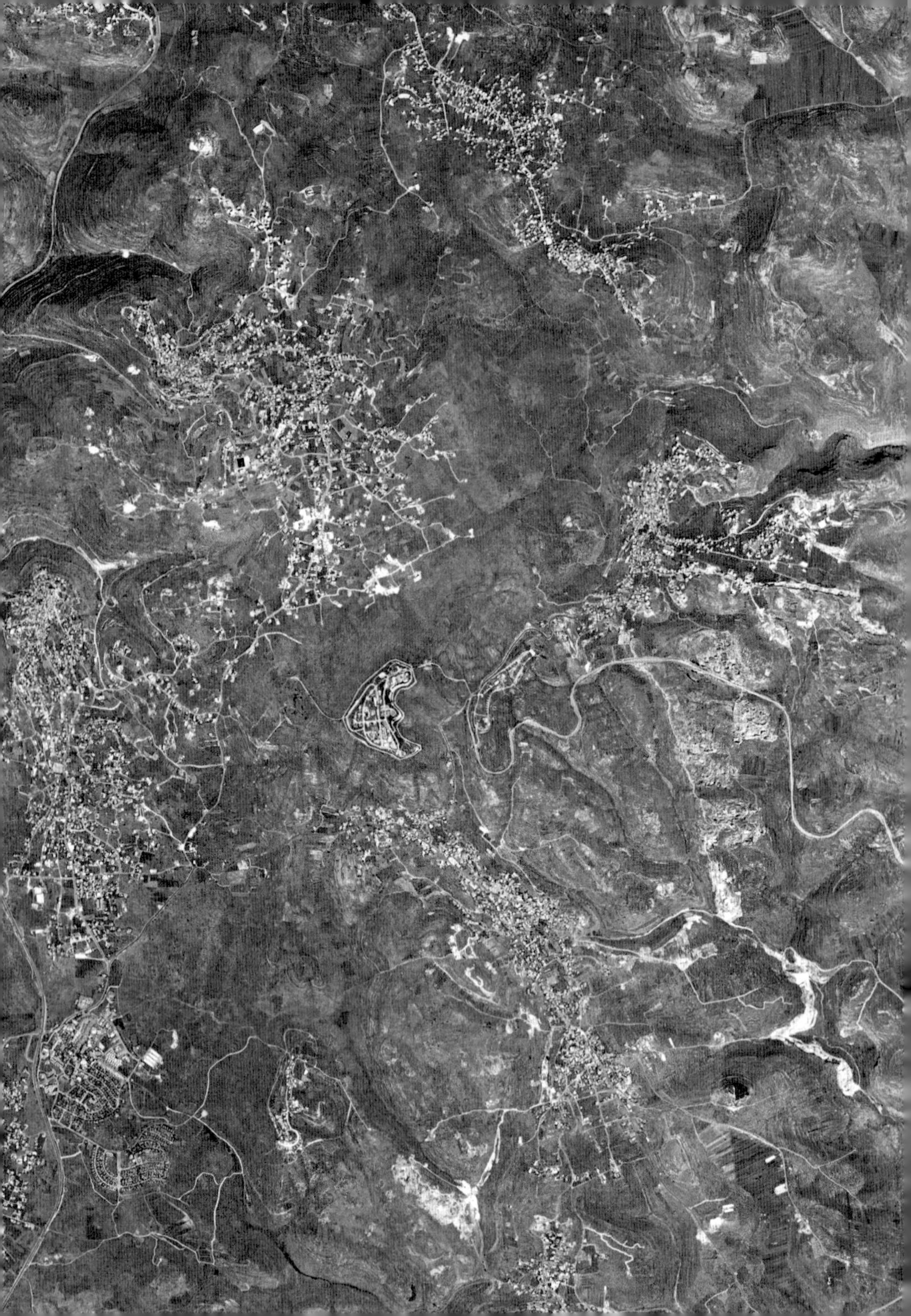

ADI SCHWARTZ | EINAT WILF

DER KAMPF UM RÜCKKEHR

Wie die westliche Nachsicht für den palästinensischen Traum den Frieden behindert hat

Aus dem Englischen von Michael Pietrucha

HENTRICH & HENTRICH

Den Krieg der Worte gewinnen und unsere Geschichte erzählen
Mein Israel, unsere Generation

In Gedenken an Robert L. Bernstein (1923–2019),
der sein Leben dem Streben nach Frieden, Gerechtigkeit
und Menschenrechten für alle gewidmet hat.

INHALT

VORWORT

Was könnte man Neues über den arabisch-israelischen Konflikt sagen?

Als einer der meistdiskutierten Konflikte der Welt, der unter Juden[I] und Arabern, Christen und Muslimen, Historikern, Akademikern, Politikern und Diplomaten sehr starke Emotionen hervorruft, scheint es, dass jedes Detail des Konflikts bereits gründlich untersucht und diskutiert worden ist. Fast 70 Jahre gescheiterter Versuche, den Konflikt zu lösen – darunter 30 Jahre Friedensverhandlungen –, haben eine Fülle von Büchern, Artikeln, Reden und Zeugenaussagen hinterlassen – und Karrieren zerstört.

Doch wie wir auf unserer intellektuellen, politischen und historischen Reise in den letzten Jahren festgestellt haben, gibt es tatsächlich noch viel zu sagen.

Wir kommen beide von der politischen Linken in Israel. Einat war im Namen der Labour-Partei Parlamentsabgeordnete und beriet und arbeitete eng mit einigen der bekanntesten Vertretern Israels aus dem Friedenslager zusammen, darunter Shimon Peres und Yossi Beilin, dem Architekten des Oslo-Abkommens. Adi arbeitete ein Jahrzehnt als Journalist für Israels bekannte progressive Tageszeitung *Haaretz* und identifiziert sich mit der israelischen Linken.

I Hier wie im Folgenden wird aufgrund besserer Lesbarkeit das generische Maskulinum verwendet. (Anm. d. Ü.)

Wir sind beide sehr starke Befürworter der Zwei-Staaten-Lösung und haben alle großen Bemühungen um einen Frieden auf der Grundlage dieses Ziels unterstützt. Wie viele Israelis sind wir in dem Glauben aufgewachsen, dass die Palästinenser genau das Gleiche wollen wie die Juden – das Recht auf Selbstbestimmung in einem eigenen Staat. Wir glaubten, dass es Frieden geben würde, sobald die Palästinenser ihren eigenen Staat im Westjordanland und im Gazastreifen gründen könnten.

Für uns und viele Israelis, insbesondere der politischen Linken, waren die 1990er Jahre geprägt von großen Hoffnungen. Es waren die Oslo-Jahre und der Beginn des Friedensprozesses. 1992, bei der ersten Wahl, bei der wir – Adi und Einat – wahlberechtigt waren, begrüßten wir die Einsetzung der Labour-geführten Regierung unter Yitzhak Rabin. Das war die Regierung, die 1993 mit der Palästinensischen Befreiungsorganisation (PLO) das Oslo-Abkommen schloss und 1994 ein Friedensabkommen mit Jordanien unterzeichnete. Trotz der schrecklichen Selbstmordattentate von Palästinensern auf israelische Zivilisten nach der Unterzeichnung des Oslo-Abkommens und der Ermordung Rabins hofften die Israelis weiter auf Frieden. Das waren jene Israelis, die Ehud Barak 1999 einen Erdrutschsieg über Benjamin Netanjahu bescherten. Wie sie folgten wir Premierminister Barak mit Spannung, als er im Sommer 2000 nach Camp David reiste, um sein Wahlversprechen, ein endgültiges Friedensabkommen mit den Palästinensern zu unterzeichnen, einzulösen.

Aber wie viele in der israelischen Linken wurden wir zunehmend ernüchtert, da wiederholte Bemühungen um eine Einigung zwischen Israelis und Palästinensern immer wieder scheiterten, obwohl die den Palästinensern vorgelegten Vorschläge mit dem übereinstimmten, was sie ihren Aussagen nach forderten. Die Tatsache, dass die Palästinenser zwei konkrete und jüngst zurückliegende Gelegenheiten – in den Jahren 2000 und 2008 – verpassten, einen eigenen siedlungsfreien Staat im Westjordanland und im Gazastreifen mit einer Hauptstadt in Ostjerusalem zu gründen, war uns beiden Anlass, ernsthaft an diesem Vorhaben zu zweifeln. Wir gingen davon aus, dass ein Volk, das Unabhängigkeit und einen eigenen Staat anstrebt, die Gelegenheit ergreifen würde, sobald sie sich bietet.

Aber die Palästinenser hatten nicht nur keine dieser beiden Gelegenheiten genutzt, um mit Israel Frieden zu schließen und einen eigenen Staat zu gründen; was stattdessen folgte, fast unmittelbar nachdem Jassir Arafat im Sommer 2000 den Friedensgipfel in Camp David verlassen hatte, war die Zweite Intifada: eine Reihe anhaltender und brutaler Massaker, die von Selbstmordattentätern in Bussen, Cafés und Straßen überall in Israel verübt wurden.

Und so zweifelten wir zunehmend an unseren Grundannahmen zum israelisch-palästinensischen Konflikt – nämlich, dass dies ein Territorialkonflikt war, der durch die Aufteilung des Landes in zwei Staaten gelöst werden könnte, und dass die Palästinenser nur einen eigenen Staat in den Gebieten wollten und die israelische Besatzung und die Siedlungen „lediglich" das Haupthindernis für den angestrebten Frieden seien. Wir fragten uns: *Was ist schief gelaufen?* Ist es möglich, dass wir etwas Grundlegendes übersehen hatten? Das führte dazu, dass jeder von uns in sich ging und, noch wichtiger, Bestandsaufnahme machte und Nachforschungen anstellte.

Was wir entdeckten, überraschte uns dann beide. Was sich jahrzehntelang versteckt hielt und aus dem Bewusstsein sowohl der Israelis als auch der Friedensstifter auf der ganzen Welt fast vollständig verschwunden war, war eines der Kernthemen des Konflikts.

Die Frage der palästinensischen Flüchtlinge und die Forderung der Araber und Palästinenser, dass diesen Flüchtlingen erlaubt wird, ein sogenanntes Rückkehrrecht auszuüben, erregt kaum Aufmerksamkeit. Weder Israels Führung noch seine Öffentlichkeit und schon gar nicht die internationale Gemeinschaft verbringen viel Zeit damit, darüber zu diskutieren. Das steht im krassen Gegensatz zu den anderen Kernthemen. Zum Beispiel wird endlos über die Siedlungen und die militärische Besatzung der Gebiete diskutiert, Themen, die in der Tat wichtig sind; aber die palästinensische Flüchtlingsfrage wurde kaum einer wirklich konstruktiven Diskussion unterzogen. Es gab keine ernsthaften Lösungsansätze oder gar Versuche, sie auf die Tagesordnung zu setzen. Das Problem wurde, obwohl es immer als eine der Kernfragen des Konflikts benannt wurde, im Wesentlichen verborgen gehalten, an den Rand gedrängt und auf ein abstraktes zukünftiges Datum verlegt, an dem alle anderen Kernfragen gelöst sein würden.

Wir haben jedoch festgestellt, dass vielleicht von allen Kernthemen gerade die Flüchtlingsfrage im Mittelpunkt stehen sollte. Unsere Recherchen haben ergeben, dass die palästinensische Flüchtlingsfrage nicht nur ein weiteres Thema im Konflikt ist; es ist wahrscheinlich *das* Problem schlechthin. Das palästinensische Selbstverständnis als „Flüchtlinge aus Palästina" und ihre Forderung, das „Recht auf Rückkehr" einzulösen, spiegeln die tiefsten Überzeugungen der Palästinenser über ihre Beziehung zum Land und ihre Bereitschaft oder den Unwillen wider, ein Stück davon mit den Juden zu teilen. Und die strukturelle Unterstützung der Vereinten Nationen und die westliche finanzielle Unterstützung dieser palästinensischen Überzeugungen hat zu stetig steigenden Zahlen „palästinensischer Flüchtlinge" geführt und ist mittlerweile ein fast unüberwindbares Hindernis für den Frieden.

Die palästinensische Forderung nach „Rückkehr" zu dem, was 1948 der souveräne Staat Israel wurde, ist ein Beweis für die palästinensische Ablehnung der Legitimität eines Staates für die Juden in deren angestammtem Heimatland. Unsere Recherchen führten zu dem Schluss, dass praktisch kein Verständnis über die palästinensische Position im Friedensprozess und den Konflikt selbst entstehen kann – und keine wirksamen Schritte zu seiner Lösung unternommen werden können –, ohne sich eingehend mit dem Thema des „Rückkehrrechts" und dem damit verbundenen Status der palästinensischen Flüchtlinge zu befassen.

Aus dieser Erkenntnis heraus haben wir uns entschlossen, dieses Thema von seinen Anfängen im Krieg von 1948 bis heute zu beschreiben, zu erforschen und zu analysieren. Indem wir historischen Schlüsselfiguren folgen, neue Dokumente ausgraben, wichtige Entscheidungspunkte untersuchen und Analysen bereitstellen, wirft unser Buch die wichtigsten Fragen zu diesem übersehenen, aber grundlegenden Thema auf und beantwortet sie. Warum gibt es immer noch palästinensische „Flüchtlinge" aus einem Krieg, der vor siebzig Jahren endete? Warum bestehen die Palästinenser darauf, dass jeder palästinensische Flüchtling seit Generationen auf ewig ein individuelles und „heiliges" Recht auf Rückkehr in den souveränen Staat Israel hat, obwohl es dafür keine tatsächliche Rechtsgrundlage gibt? Wer und was verhinderte sowohl die Rehabilitierung der palästinensischen Flüchtlinge wie die der jüdischen Flüchtlinge von 1948? War es Mangel an Interesse oder Geld, oder gab es andere, ideologische Motive? Ist das „Rückkehrrecht" eine reale Forderung oder nur ein palästinensischer Verhandlungsgegenstand, der vom Tisch ist, sobald andere Forderungen erfüllt sind? Wenn Palästinenser für die „Rückkehr" aus Gaza in Richtung Israel marschieren, wofür marschieren sie dann eigentlich? Was bedeutet ein „Rückkehrrecht" im Kontext eines umfassenden Friedensabkommens? Und wenn diese Forderung real ist, können wir dann weitermachen? Und wenn ja, wie?

Um diese Fragen zu beantworten, erzählt dieses Buch die tragische Geschichte westlicher Politik, die sich immer wieder ins eigene Fleisch geschnitten und gegen sich selbst gearbeitet hat. Das Buch untersucht, wie das Hilfswerk der Vereinten Nationen für Palästinaflüchtlinge im Nahen Osten (The United Nations Relief and Works Agency for Palestine Refugees in the Near East, kurz: UNRWA), die Agentur, die unmittelbar nach dem Krieg mit der Betreuung der ursprünglichen palästinensischen Flüchtlinge beauftragt worden ist, jahrzehntelang durch westliche Finanzmittel in Milliardenhöhe aufrechterhalten wurde, stattdessen zu einem großen Hindernis für den Frieden und zu einem Vehikel für die Fortsetzung des Konflikts geworden ist.

Da wir Schritt für historischen Schritt zu dem Schluss kommen, dass das UNRWA Teil des Problems und nicht Teil der Lösung ist, fordern wir die internationale Gemeinschaft auf, die Agentur aufzulösen und zu ersetzen. Zu diesem Zweck bietet unser Buch konkrete politische Vorschläge, wie dies erreicht werden kann, ohne den Palästinensern die derzeit von der UNRWA bereitgestellten sozialen Dienste zu entziehen.

Dieses Buch hinterfragt auch das traditionelle Verständnis der Rolle von Diplomaten und Unterhändlern in ausgedehnten Konflikten. Diese Sichtweise stellt Diplomaten und Unterhändler in ein Licht, das sie vor allem im Spiegel der Friedensarbeit betrachtet. Sie pendeln gewöhnlich zwischen den Hauptstädten hin und her und zwingen feindliche Parteien in einen Raum, wo diese, unter Druck gesetzt, Zugeständnisse machen. *Kampf um Rückkehr* argumentiert, dass, um effektiv sein zu können, diese Diplomaten und Unterhändler in erster Linie die Ursachen des Konflikts richtig analysieren und dann im Laufe der Zeit kontinuierlich an der Beseitigung der der Friedensstiftung im Weg stehenden Hindernisse arbeiten müssen.

Unser Buch zeigt, dass im Falle Israels und der Palästinenser jahrzehntelanges Pendeln, das gegenseitige Unter-Druck-Setzen und endlose Stunden der Verhandlungen zunichte gemacht wurden, weil keiner der Diplomaten oder Unterhändler die eigentlichen Ursachen des Konflikts in Angriff nahm, sondern sich stattdessen abwandte und auf das konzentrierte, was einfacher erschien. Wenn, wie die jüdischen Weisen sagen, von uns nicht erwartet wird, die Aufgabe zu erfüllen, es uns aber auch nicht freisteht, sie zu umgehen, dann müssen jene Diplomaten und Unterhändler ihre fruchtlosen Bestrebungen der Scheinfriedensschaffung einstellen und anfangen, die harte Arbeit zu leisten, die tatsächlich erforderlich ist, um echten Frieden zu erlangen.

Unser Interesse am israelisch-palästinensischen und israelisch-arabischen Frieden ist kein theoretisches. Wir leben beide in Israel und haben hier unsere Familien. In einem ewigen Kriegszustand mit den Palästinensern und der arabischen Welt zu leben bedeutet, dass jeder Tag die Möglichkeit birgt, einen geliebten Menschen aufgrund des Konflikts zu verlieren oder verwundet zu wissen. Es bedeutet, dass wir unsere Kinder in dem Wissen erziehen, dass jede und jeder Erwachsene in die Armee eintreten muss und mit Krieg und möglicherweise mit dem Tod konfrontiert wird.

Frieden ist für uns kein Diskussionsthema bei Tisch, sondern eine existenzielle Notwendigkeit. Wir hoffen inständig, dass wir mit der Veröffentlichung dieses Buches zu einem echten und dauerhaften Frieden beitragen.

Wir beginnen am Anfang, mit den Ereignissen vor und um den Krieg von 1948. Aus diesem ersten arabisch-israelischen Krieg ging Israel als unabhängiger Staat hervor, gleichzeitig galten die Araber als besiegt und vertrieben. Es war auch der Krieg, der zwei Flüchtlingsvölker hinterließ. Hunderttausende jüdischer Flüchtlinge, die in dieser Zeit aus arabischen Ländern flohen oder vertrieben wurden, wurden schnell von Israel und anderen Ländern aufgenommen und begannen dort ihr Leben als Bürger. Hunderttausende palästinensischer Flüchtlinge, die aus dem heutigen Israel geflohen oder vertrieben wurden, sind, siebzig Jahre später, über Generationen hinweg Vertriebene geblieben. Es wird oft argumentiert, dass die Umstände der Entstehung des palästinensischen Flüchtlingsproblems so einzigartig waren, in ihrer Tragweite und Brutalität so beispiellos, dass sie bis heute andauern. Aber ist das wirklich der Fall? Wir beginnen dieses Buch mit einer sorgfältigen und ausführlichen historischen Analyse und internationalen Vergleichen, um diese grundlegende Frage zu beantworten.

DER KAMPF UM RÜCKKEHR

1. KRIEG FÜHREN

(1948)

Historiker mögen suchen, aber sie werden keine Nation finden, die so viel Folter unterworfen ist wie unsere.

Jassir Arafat

ANZAHL DER FLÜCHTLINGE: 0

Wenige Nächte bevor Abd al-Qadir al-Husseini am 8. April 1948 auf dem Berg Castel mit Blick auf die Straße nach Jerusalem in der Schlacht fiel, fand er Zeit, seinem Sohn Faisal einen poetischen Brief zu schreiben. „Dieses Land der Tapferen", schrieb der Kommandeur der lokalen palästinensischen Milizen im Raum Jerusalem während des israelischen Unabhängigkeitskrieges, „ist das Land unserer Vorfahren. Die Juden haben kein Recht auf dieses Land. Wie kann ich schlafen, während der Feind es regiert? Etwas brennt in meinem Herzen. Meine Heimat ruft."[1]

Abd al-Qadir al-Husseini war eine außergewöhnliche Persönlichkeit in der Gesellschaft des Britischen Mandatsgebiets Palästina – sein Vater Musa war Bürgermeister von Jerusalem und sein Cousin Amin war Mufti der Stadt und der prominenteste arabische Führer während der Mandatszeit. Trotz dieser noblen Herkunft zog al-Husseini mit seinen einfachen Soldaten in die Schlacht und kämpfte mit ihnen Seite an Seite. Aber das geistige Erbe, das er seinem Sohn

Faisal hinterließ, um sich energisch gegen die jüdischen Unabhängigkeitsbestrebungen zu stellen, war keineswegs außergewöhnlich. Es spiegelte die Position aller Teile der Gesellschaft in Palästina zu dieser Zeit wider.[2]

Die Araber und Palästinenser behaupteten später, der Krieg von 1948 habe die empörende Ungerechtigkeit des Flüchtlingsproblems verursacht. Aber diese Ansicht ist anachronistisch: Tatsächlich entstand der Glaube, der Zionismus sei eine ungeheuerliche Ungerechtigkeit, bereits vor dem Krieg und veranlasste die Araber, sich schon viele Jahrzehnte zuvor gewaltsam gegen die jüdische nationale Befreiungsbewegung zu stellen. Noch bevor auch nur ein einziger Palästinenser aus seiner Heimat im Mandatsgebiet geflohen war, herrschte in der arabischen Welt bereits die Vorstellung vor, dass die jüdische Souveränität in der Region ein Verbrechen gegen die Gerechtigkeit sei. Es war diese arabische Sicht auf den Zionismus als einer inhärenten Ungerechtigkeit, die zum Krieg von 1947 bis 1949 und zur Entstehung des palästinensischen Flüchtlingsproblems führte.

Die Araber des Mandatsgebiets Palästina[3] waren aufgeteilt in Dorf und Stadt, Küste und Berge, und sie waren aufgeteilt in Anhänger des Husseini-Clans und des rivalisierenden Nashashibi-Clans. Dennoch waren sie sich politisch sehr einig in ihrer Ablehnung des Prinzips der jüdischen Souveränität über irgendeinen Teil des Landes. Zu keinem Zeitpunkt akzeptierten sie die jüdische Forderung nach Unabhängigkeit, nicht einmal für einen Teil des Landes. Während der Jahre des Mandats, das Großbritannien 1920 vom neu geschaffenen Völkerbund zur Verwaltung des Territoriums erhielt, um eine nationale Heimat für das jüdische Volk zu schaffen, hatten die Araber nie aufgehört, sich diesem Ziel zu widersetzen, da sie das ganze Land als arabisch ansahen und Kompromisse für unzulässig erklärten.[4]

Von dem heftigen interkommunalen Kampf zwischen Juden und Arabern, der schon zu Beginn der britischen Herrschaft in den 1920er Jahren begann, war Großbritannien schließlich überfordert und beschloss daher, die Palästinafrage nach dem Zweiten Weltkrieg den Vereinten Nationen zu übertragen. In einer Rede vor dem britischen

Parlament am 18. Februar 1947 erklärte der britische Außenminister Ernest Bevin – bekannt für seine feindselige Haltung gegenüber dem Zionismus und der jüdischen vorstaatlichen Gemeinde (Jischuw) – die Entscheidung seines Landes: „Die Regierung Seiner Majestät steht somit vor einem unversöhnlichen Prinzipienkonflikt ... Für die Juden ist der wesentliche Grundsatz die Schaffung eines souveränen jüdischen Staates. Für die Araber besteht der wesentliche Grundsatz darin, sich bis zuletzt der Errichtung einer jüdischen Souveränität *in irgendeinem Teil Palästinas* zu widersetzen." Bevin verstand, dass dies kein Konflikt zwischen zwei nationalen Bewegungen ist, von denen jede in erster Linie ihre eigene Unabhängigkeit anstrebt, sondern eher einer Gruppe (der Araber), die in erster Linie die Unabhängigkeit einer anderen Gruppe (der Juden) vereiteln will.[5]

Nachdem das UN-Sonderkomitee für Palästina (United Nations Special Committee on Palestine, kurz: UNSCOP) die Teilung des Mandatsgebiets Palästina empfohlen hatte, stimmte die UN-Vollversammlung am 29. November 1947 für die Aufteilung des Landes in zwei Staaten, einen jüdischen und einen arabischen.[6] In seinem erläuternden Bericht schrieb das Komitee, dass „die grundlegende Prämisse, die dem Teilungsvorschlag zugrunde liegt, darin besteht, dass die Ansprüche der Araber und der Juden auf Palästina, die beide Gültigkeit besitzen, unvereinbar sind und dass unter allen vorgeschlagenen Lösungen eine Teilung die realistischste und praktikabelste Lösung darstellt und am ehesten die Forderungen und nationalen Bestrebungen beider Parteien *zum Teil* erfüllen wird" (Hervorhebung der Autoren). Durch die Entscheidung für eine Teilung in einen jüdischen und einen arabischen Staat akzeptierte die internationale Gemeinschaft die Legitimität sowohl der jüdischen als auch der arabischen Ansprüche auf das Land.[7]

Der jüdische Staat sollte 55 Prozent des Territoriums des Mandatsgebiets Palästina und den größten Teil der Negev-Wüste, die Küstenebene zwischen Rehovot und Haifa, Ost-Galiläa, das Jesreel-Tal und den nördlichen Teil des Jordantals (einschließlich des Galiläa-Pfannenstiels) umfassen. Der arabische Staat sollte den nordwestlichen

Negev, die südliche Küstenebene um Gaza, die Berggebiete von Samaria und Judäa bis nach Beerscheba im Süden sowie Zentral- und Westgaliläa umfassen. Jerusalem wurde als Corpus separatum – als separate Region – bezeichnet, die von den Vereinten Nationen verwaltet werden sollte. Der jüdische Staat sollte eine große arabische Minderheit von 450 000 Menschen beherbergen, die zu diesem Zeitpunkt etwa 47 Prozent der Bevölkerung ausmachte. Diese Minderheit würde zu einem viel geringeren Anteil an der Gesamtbevölkerung werden, sobald ein neu gegründeter souveräner Staat Israel endlich die Türen für Hunderttausende Holocaust-Überlebende öffnen könnte: Einige warteten in Vertriebenenlagern in ganz Europa, andere in britischen Internierungslagern auf Zypern, nachdem die Briten dem arabischen Druck nachgegeben und den Überlebenden die Einreise in das Land verweigert hatten.[8]

Die jüdische Seite reagierte mit Begeisterung. David Ben-Gurion, der später Israels erster Premierminister werden sollte, erklärte den Plan zur größten Errungenschaft des jüdischen Volkes, und Moshe Dayan erinnerte sich später daran, dass sein Herz bei jedem Botschafter, der bei der UN-Abstimmung „Ja“ sagte, vor Aufregung klopfte. In Jerusalem versammelten sich Hunderte vor dem Gebäude der Nationalen Institutionen in der King George Street. Um zwei Uhr morgens, als das Abstimmungsergebnis bekannt war, begannen sie zu singen und zu tanzen, und überfüllte Busse brachten immer mehr Juden an diesen Ort. In Tel Aviv drängten sich die Massen auf den Magen David Square und brachen in ausgelassenen Gesang und Tanz aus, als sie das Ergebnis der Abstimmung hörten.[9]

Die zionistische Bewegung hatte zunächst das gesamte Mandatsgebiet Palästina gefordert (und am Ende des Ersten Weltkriegs noch mehr beansprucht); aber seit Mitte der 1930er Jahre hatte sie begonnen, immer größere Bereitschaft für territoriale Kompromisse und eine Teilung zum Ausdruck zu bringen, da ihr Ziel schließlich die Souveränität war. Als solche betrachteten jüdische Vertreter den Teilungsplan als eine enorme Errungenschaft, die den wichtigsten Zweck des Zionismus erfüllte: politische Unabhängigkeit, wenn auch nur in einem Teil des Landes. „Unsere Bestrebungen wurden reduziert, unser Territorium wurde geschrumpft, und die Grenzen sind politisch und militärisch schlecht", sagte Ben-Gurion am 3. Dezember 1947, „aber es gab noch nie eine größere Errungenschaft als diese. Wir haben den größten Teil der Küstenebene, die meisten Täler, die meisten Wasserquellen im Norden, die meisten leeren Flächen, zwei Meere und die Anerkennung unserer Unabhängigkeit vom Großteil der Welt erhalten."[10]

Im Gegensatz dazu lehnte die arabische Welt eine Teilung vollständig ab.

Aus ihrer Sicht hätte das gesamte Land, das aus dem untergegangenen Osmanischen Reich hervorgegangen war, einem arabischen Staat überlassen werden müssen. Von Beginn des Mandats an hatten sie versucht, die jüdische Einwanderung in das Land Israel gewaltsam zu verhindern, indem sie jede Möglichkeit eines Kompromisses konsequent ablehnten (einschließlich des Vorschlags der Peel-Kommission von 1937, des ersten Teilungsplans).[11] Nach ihrer Argumentation hatten die Juden keine politischen oder kollektiven Rechte im Land, weil sie keine Nation waren.[12] Sie hatten höchstens Anspruch auf den Status, den der Islam Angehörigen monotheistischer Religionen zuerkennt: der Status von geschützten Personen (*dhimmis*), d. h. sie galten als geduldet, durften ihr Eigentum und ihren Glauben behalten, galten aber gleichzeitig Muslimen als sozial und politisch unterlegen.[13]

In der Praxis hätte die Teilung bedeutet, dass von den damals 11,5 Millionen Quadratkilometern der arabischen Staaten, von denen viele auch auf dem Territorium des ehemaligen Osmanischen Reiches lagen, etwa 15 000 Quadratkilometer (ein Tausendstel) dem jüdischen Volk zugeteilt wurden, das ebenfalls ein indigenes Volk war. Hätte man dem jüdischen Volk seinen gerechten Anteil am Land des Osmanischen Reiches zugeteilt, wäre das ihm zugeteilte Land mehr als siebenmal größer gewesen. Die Teilung bedeutete auch, dass von 60 Millionen Arabern einige Hunderttausend (etwas mehr als ein halbes Prozent) als Minderheit in einem jüdischen Staat leben würden.[14]

Aber für die Araber war die bloße Idee eines souveränen Staates, in dem das jüdische Volk einen internationalen Status genießen würde, der dem arabischer und muslimischer Staaten gleichwertig ist, ein Schlag gegen die „natürliche Gerechtigkeit" und daher ein Gräuel.

1944 zum Beispiel forderte die Palästinensisch-Arabische Partei, die für die Mitte der palästinensischen Gesellschaft sprach, die sofortige „Auflösung der jüdischen nationalen Heimstätte", und auf der Eröffnungskonferenz der Arabischen Liga im Oktober 1944 wurde entschieden, dass „Palästina einen wichtigen Teil der arabischen Welt darstellt". Das Arabische Hohe Komitee, das die Palästinenser vor und während des Krieges von 1948 führte, informierte den UN-Sonderausschuss für Palästina bei seinem Besuch 1947, dass „ganz Palästina arabisch sein muss". Hussein al-Khalidi, Mitglied des Arabischen Hohen Komitees, sagte der Delegation, dass die Juden in arabischen Ländern immer ein komfortables Leben genossen hätten, bis sie begannen, ihren eigenen souveränen Staat zu fordern. Er lehnte die Möglichkeit einer territorialen Teilung ab und forderte einen einzigen Staat mit arabischer Mehrheit.[15]

In der Tat, als das Ergebnis der UN-Abstimmung bekannt wurde, erklärte Hajj Amin al-Husseini, dass die Araber die Teilungsresolution weder anerkennen würden noch beabsichtigten, sie zu respektieren. Sein Bruder, Jamal al-Husseini, gelobte, dass „das Blut wie Flüsse im Nahen Osten fließen wird". Abdul Rahman Hassan Azzam (auch bekannt als Azzam Pascha), der Generalsekretär der Arabischen Liga, stürmte aus dem Saal der Generalversammlung und warnte die Juden, dass „sie [die Araber] bis zum letzten Moment und darüber hinaus kämpfen werden, um euch [die Juden] daran zu hindern, euren Staat zu gründen. Unter keinen Umständen werden sie dem zustimmen."[16]

Nichts machte Krieg, den Verlust von Menschenleben und die Schaffung von Flüchtlingen notwendig als allein der arabische Widerstand gegen den Teilungsplan und die Bestrebungen jüdischer Unabhängigkeit. Die Araber machten das ausdrücklich klar und waren sogar stolz darauf. Das war es, was Abba Eban, damals Mitglied der politischen Abteilung der Jewish Agency, vom Generalsekretär der Arabischen Liga, Azzam Pascha, hörte, nachdem Eban angeboten hatte, am Vorabend der Teilungsresolution zu versuchen, eine Einigung zu erzielen. Bei ihrem Treffen im Londoner Savoy Hotel sagte Azzam zu Eban:

„Wenn ihr den Krieg gewinnt, bekommt ihr euren Staat. Wenn ihr den Krieg nicht gewinnt, dann werdet ihr ihn nicht bekommen ... Wenn ihr euren Staat gründet, müssen die Araber ihn vielleicht eines Tages akzeptieren, obwohl selbst das nicht sicher ist. Aber glauben Sie wirklich, dass wir nicht die Möglichkeit haben, euch daran zu hindern, etwas zu erreichen, das unsere Emotionen und unsere Interessen verletzt? Es ist eine Frage von historischem Stolz. Es ist keine Schande, mit Gewalt gezwungen zu werden, eine ungerechte und unerwünschte Situation zu akzeptieren. Beschämend wäre es, das zu akzeptieren, ohne zu versuchen, es zu verhindern. Nein, es wird eine Entscheidung geben müssen, und die Entscheidung muss mit Gewalt getroffen werden."[17]

Es wurden mehrere Versuche unternommen, einen Krieg zu vermeiden, aber die Araber knüpften dies an die Bedingung, dass man sich von der Idee von Grenzen und von jüdischer Unabhängigkeit in irgendeinem Teil des Landes vollständig verabschieden müsse. Unmittelbar nach der Annahme der Teilungsresolution setzten die Vereinten Nationen einen Sonderausschuss für die geordnete Übertragung der Macht von den britischen Behörden auf die beiden zu gründenden Staaten ein, aber die Araber boykottierten das. In seinem Sonderbericht an den UN-Sicherheitsrat im Februar 1948 schrieb das Komitee von „starken arabischen Elementen innerhalb und außerhalb Palästinas, [entschlossen,] die Umsetzung des Teilungsplans der Versammlung zu verhindern und ihre Ziele durch Drohungen und Gewaltakte zu vereiteln".[18]

Fast unmittelbar nach der Verabschiedung des Teilungsbeschlusses brach Gewalt aus. Das Arabische Hohe Komitee rief zu einem Generalstreik im ganzen Land auf. Am nächsten Tag wurde in der Nähe von Kfar Sirkin ein Bus mit jüdischen Fahrgästen angegriffen.

Zwei Tage später stürmte ein palästinensischer Mob das jüdische Handelszentrum in der Nähe des Jerusalemer Jaffa-Tors. Der Krieg hatte begonnen. Am Ende blieb der junge jüdische Staat bestehen, aber zu einem hohen Preis: 6000 Juden (ein Prozent der jüdischen Bevölkerung) wurden getötet, weitere Tausende wurden verletzt und trugen dauerhafte körperliche Schäden davon.

Auch die Palästinenser zahlten einen hohen Preis: Sie gründeten keinen eigenen Staat neben Israel. Tausende wurden getötet; Hunderttausende mussten ihre Häuser verlassen. Tatsache ist jedoch, dass niemand entwurzelt worden wäre, wäre nicht der Krieg gewesen, auf den die Araber selbst bestanden hatten; die Flüchtlingsfrage hätte es nicht gegeben ohne den Glauben der Araber im Geiste von Abd al-Qadir al-Husseini, dass „die Juden kein Recht auf dieses Land haben".[19]

In den ersten Jahren nach dem Krieg argumentierte Israel, es habe niemanden vertrieben – diejenigen, die ihre Heimat verloren hatten, seien geflohen oder hätten auf die Aufforderungen der arabischen Führung reagiert, ihre Heimat zu verlassen, bis der Krieg mit einem arabischen Sieg enden würde. Im Gegensatz dazu glauben viele Palästinenser immer noch, dass der jüdische Jischuw eine bewusste, im Voraus geplante Vertreibung der arabischen Bevölkerung durchgeführt habe und das als „ethnische Säuberung" bezeichnete. Die moderne Geschichtswissenschaft lehnt beide Positionen ab und präsentiert stattdessen eine kompliziertere Kette von Ereignissen.[20]

Der Krieg hatte zwei Hauptphasen: In der ersten Phase, von Ende November 1947 (Abstimmung über die Teilung der Vereinten Nationen) bis zum 14. Mai 1948 (Israels Unabhängigkeitserklärung) gab es Kämpfe zwischen jüdischen Jischuw-Streitkräften (aus denen ab 31. März 1948 die Israel Defense Forces (IDF) hervorgingen) und palästinensischen Milizen, die mit Banden arabischer Freiwilliger aus Nachbarstaaten verbündet waren. In der zweiten Phase des Krieges, vom 15. Mai 1948 bis Mai 1949 (als die Waffenstillstandsverträge unterzeichnet wurden), bekämpften die mittlerweile als IDF organisierten israelischen Streitkräfte die arabischen Armeen, die unmittelbar nach der Unabhängigkeitserklärung in Israel einmarschierten.

Der israelische Historiker Benny Morris, ein führender Experte für den Krieg von 1948 und von beiden Seiten wegen seiner Studien zur Entstehung der palästinensischen Flüchtlingskrise weithin respektiert, unterteilt die Flucht der Palästinenser aus ihrer Heimat in mehrere Phasen.[21] In der ersten Phase, vom November 1947 nach der Verabschiedung des UN-Teilungsplans bis März 1948, verließen rund 100 000 Palästinenser ihre Häuser. Während dieser Phase fanden die Kämpfe hauptsächlich auf den Straßen und in arabisch-jüdisch gemischten Städten statt, und zwar größtenteils auf Initiative der Palästinenser. Ihr Ziel war es, abgelegene jüdische Städte zu isolieren und zu erobern. Die Reaktion der jüdischen Streitmacht Haganah[II] beschränkte sich darauf, diese Angriffe abzuwehren und den Kontakt zu den umliegenden Städten aufrechtzuerhalten. Zu diesem Zeitpunkt wurden keine palästinensisch-arabischen Gebiete oder Dörfer erobert, und Palästinenser, die ihre Häuser verließen, taten das hauptsächlich aus Angst, in gewaltsame Zusammenstöße verwickelt zu werden, ohne jedoch ausgewiesen zu werden. Die meisten derjenigen, die das Land verließen, waren palästinensische Familien der oberen Mittelschicht – Ärzte, Rechtsanwälte, Honoratioren der Gemeinde und Lehrer –, deren Fortgang der palästinensischen Moral ernsthaft schadete und den Weg für spätere Flüchtlinge vorzeichnete. Die Massen blieben faktisch führerlos: Im März 1948 hatten fast alle Mitglieder des Arabischen Hohen Komitees das Land bereits verlassen.

Die zweite Phase fand von April bis Mai 1948 statt, nachdem die Führung des Jischuw beschlossen hatten, die Strategie zu ändern. Bis dahin hatten die arabischen Milizen die Oberhand gewonnen und es geschafft, den gesamten Negev – den südlichen Teil des Landes, der den Juden von der UNO zugeteilt worden war – von der Küstenebene abzuschneiden, ebenso den größten Teil Westgaliläas und das Gebiet

II Die Haganah (dt. „Verteidigung“) war mit 40 000 Mitgliedern die größte Kampforganisation der jüdischen Gemeinschaft im britischen Mandatsgebiet Palästina. Mit der Staatsgründung Israels wurde die Haganah in die isrealischen Verteidigungsstreitkräfte, die Israel Defense Forces, überführt. (Anm. d. Ü.)

um Jerusalem. Es gelang ihnen auch, viele der jüdischen Städte innerhalb dieser Regionen voneinander zu isolieren.

Eine Reihe Versuche der Juden, Lebensmittel und Vorräte in diese abgelegenen Städte zu bringen, scheiterten, und Ende März gab es bereits um die 1000 jüdische Todesopfer. Am 27. März beispielsweise versuchte ein jüdischer Fahrzeugkonvoi, die Belagerung des Kibbuz Yehiam in Galiläa zu durchbrechen, wurde aber von arabischen Milizen gestoppt und überfallen. 47 Juden wurden getötet und ihre Körper verstümmelt. Am schlimmsten waren die Bedingungen in den jüdischen Teilen Jerusalems, die unter arabischer Belagerung standen und vom vollständigen Zusammenbruch bedroht waren. In der Stadt herrschte Hunger, berichtete Yitzhak Ben-Zvi, ein Vertreter der zionistischen Arbeiterbewegung, der später zweiter Präsident Israels wurde. Ben-Gurion sagte voraus, dass der ganze Kampf in Jerusalem entschieden werden würde. Wenn Jerusalem fiele, sagte er, sei der Rest bedeutungslos.[22]

Die katastrophale militärische Lage und das wachsende Blutvergießen in den wenigen Monaten seit dem UN-Teilungsbeschluss hatten weitreichende politische Auswirkungen. Angesichts der Schwierigkeit, eine politische Teilung des Landes zu erreichen, gab die US-Regierung ihre Unterstützung für die Schaffung eines unabhängigen jüdischen Staates auf und forderte stattdessen ein internationales Treuhandsystem.[23] Im April 1948 beschlossen die Juden im Jischuw, in vollem Bewusstsein über die dramatischen Folgen, von der Verteidigung in die Offensive überzugehen. Städte und Dörfer im ganzen Land fielen den jüdischen Truppen in die Hände. Das von Ben-Gurion definierte und von den Führern der Haganah formulierte Ziel bestand darin, die dem jüdischen Staat im Teilungsplan zugewiesenen Gebiete zu erobern und eine jüdisch dominierte territoriale Kontinuität zu schaffen, um sich besser auf die unvermeidlich bevorstehende Invasion der arabischen Armeen vorzubereiten.[24]

Dieser vom Jischuw formulierte Militärplan, bekannt als Plan Dalet[III], zielte darauf ab, das Blatt im Krieg zu wenden, um die Errichtung

III Vierter Buchstabe im hebräischen Alphabet, daher „Plan 4". (Anm. d. Ü.)

eines Staates zu gewährleisten.[25] Frühere Pläne (Aleph, Bet und Gimel) waren im Jahrzehnt zuvor formuliert worden, nach dem arabischen Aufstand von 1936 bis 1939 und der Empfehlung der Peel-Kommission 1937, einen jüdischen Staat zu gründen.[26] Die arabischen Aufstände hatten sich offiziell gegen die britische Herrschaft gerichtet, beinhalteten aber auch extrem gewalttätige Angriffe auf die einheimischen Juden. Diese Angriffe brachten die Vertreter des Jischuw und vor allem Ben-Gurion zu dem Schluss, dass eine friedliche Koexistenz mit den Arabern höchst unwahrscheinlich sei und dass die jüdische Unabhängigkeit ernsthafte Vorbereitungen für eine militärische Verteidigung erfordern würde.[27] Der Plan wurde für die kämpfenden Kräfte geschrieben und spiegelte die militärischen Bedürfnisse des Jischuw wider. Er wies die örtlichen Kommandeure an, das für den jüdischen Staat bestimmte Territorium zu sichern. Nachdem sie die Gebiete gesichert hatten, sollten die Kommandeure ihre Verteidigungsfähigkeit durch die Einnahme von Polizeistationen und relevanten Dienstleistungsbetrieben sicherstellen. In Bezug auf die Araber in ihrem Gebiet wies der Plan die lokalen Kommandeure an, zwischen feindlichen und nichtfeindlichen Arabern zu unterscheiden. Da es sich um militärische Erwägungen handelte, wurden die Araber nicht von vornherein als feindselig eingeschätzt. Diejenigen, die nicht feindselig waren und die jüdischen Kampftruppen nicht gefährdeten, konnten planmäßig an Ort und Stelle bleiben, und viele taten es. Ein Paradebeispiel waren die Dörfer an der Straße nach Jerusalem, wie Abu Ghosh. Dörfer, die sich als feindlich erwiesen und entweder an den Kämpfen beteiligt waren oder den arabischen Milizen Hilfe leisteten, sollten umzingelt, ihre Waffen beschlagnahmt, die Milizen vernichtet und die lokale Bevölkerung über die Grenze geschickt werden.[28]

Viele Jahrzehnte später wird Plan Dalet von antiisraelischen Aktivisten wiederholt als Blaupause für die ethnische Säuberung des Landes von Arabern erwähnt.[29] Aber das war er nicht. Der Plan, den jeder leicht finden und lesen kann, war in seinem militärischen Zweck sehr klar, und der Unterscheidungsfaktor war nicht, ob die Menschen Araber waren oder nicht, sondern ob sie feindselig waren oder nicht.[30]

Der Erfolg der jüdischen Streitkräfte war größer als erwartet: Die lokalen palästinensischen Kampftruppen wurden innerhalb von Wochen besiegt und fast alle für den jüdischen Staat vorgesehenen Gebiete gesichert. Zu diesem Zeitpunkt verließen zwischen 200 000 und 300 000 Palästinenser ihre Häuser, einschließlich der arabischen Bevölkerung Galiläas, der arabischen Städte, die den schmalen Landstreifen überblicken, der Tel Aviv durch die Hügel bis nach Jerusalem verbindet, und der gemischten Städte Tiberias, Safed und Jaffa. Während die Flucht vieler Araber (zunächst) nicht durch Vertreibungen erwirkt wurde, sich aber, als die Bomben zu fallen begannen und die Haganah-Streitkräfte näherkamen, verschärfte, gab es auch einige erzwungene Vertreibungen. Die arabisch-palästinensische Miliz war unter die nichtkämpfende Bevölkerung vieler dieser Städte gemischt, und in der Hitze des Gefechts hatten die jüdischen Streitkräfte weder die Zeit noch die Möglichkeit, zwischen den beiden zu unterscheiden.

In der nächsten Phase, nach der Unabhängigkeitserklärung Israels am 14. Mai 1948, wuchs die Zahl der Vertreibungen. Der Jischuw befand sich in einem totalen Krieg gegen fünf arabische Armeen. Der steigende Blutzoll und die Intensität des Krieges, der von Tür zu Tür und von Dorf zu Dorf geführt wurde, sowie zahlreiche Fälle arabischer Brutalität hatten die jüdischen Streitkräfte weniger tolerant gegenüber der lokalen arabischen Bevölkerung und anfälliger für die Annahme ihrer Feindseligkeit gemacht.

Yoram Kaniuk, ein renommierter israelischer Autor, beschrieb in seinem Roman *1948* den Prozess, wie „in der Hölle des Gemetzels" seine Freunde um ihn herum wie die Fliegen starben, die Massaker an den Verwundeten und die Verstümmelung der Leichen, und wie er und seine Freunde die Empathie für die Araber verloren. Er beschrieb, wie „einer von uns, den ich kannte, aber an dessen Namen ich mich nicht erinnere, an einem Baum hing, sein Körper verstümmelt und mit Seilen gefesselt, sein abgeschnittener Penis steckte in seinem Mund". Kaniuk beschrieb, wie ein Freund von ihm beim Anblick seines verstümmelten Freundes verrückt wurde, sich sein

Gesicht vor Wut verzerrte und wie er dazu aufrief, sich an jedem Araber zu rächen, den sie finden konnten.[31]

Eine der brutalsten Episoden, die den Jischuw bis ins Mark erschütterte, ereignete sich am 15. Januar 1948, als 35 Haganah-Mitglieder zu Fuß in Richtung des belagerten Jerusalem marschierten. Arabische Hirten entdeckten sie und riefen eine große Gruppe bewaffneter Einheimischer herbei, um ihnen den Weg zu versperren. Der Kampf dauerte bis zum nächsten Tag, und die jüdischen Soldaten kämpften bis zur letzten Kugel, bis der Letzte der Gruppe getötet war. Ein britischer Offizier fand die verstümmelten Leichen und brachte sie in ein nahegelegenes jüdisches Dorf. „Als es dunkel wurde", erzählte ein Zeuge, „sind drei Lastwagen erschienen, die mit Planen bedeckt waren [und] der britische Offizier bat die Frauen, in ihre Häuser zu gehen. Die Männer näherten sich den Lastwagen und sahen nackte Leichen in einer Blutlache mit Anzeichen von Verstümmelung ... Die britischen Soldaten standen [da] wie gebannt."[32]

Am 13. April machte sich ein Konvoi von Krankenschwestern, Ärzten, Medizinstudenten und Gelehrten auf den Weg zur Hebräischen Universität und zum Hadassah-Krankenhaus auf dem Skopusberg oberhalb von Jerusalem. Hunderte arabische Milizen errichteten auf ihrem Weg Straßensperren und zerschlugen die ersten der vier gepanzerten Bussen des Konvois. Haganah-Mitglieder in den Bussen wehrten sich, aber ihre Munition ging aus. Stundenlang schlugen die Araber mit Granaten, Bren-Geschützen und Molotow-Cocktails auf den Konvoi ein. Schließlich gossen sie Benzin auf die Fahrzeuge, zündeten sie an und erschossen die Juden, denen es gelungen war, herauszukriechen. 77 Juden kamen bei dem Angriff ums Leben, aber nur 30 Leichen wurden geborgen; der Rest wurde zu Asche. Unter den Toten befanden sich bedeutende Wissenschaftler: Dr. Chaim Yassky, Direktor des Hadassah-Krankenhauses; Dr. Benjamin Klar, Philologe; Dr. Abraham Freimann, Fachanwalt für jüdisches Recht; und Dr. Moshe Ben-David und Dr. Leonid Dolzhansky, die (als Ärzte) viele Araber behandelt hatten.[33]

Am 12. Mai ergaben sich in Kfar Etzion, wenige Kilometer südlich von Jerusalem, mehr als hundert jüdische Verteidiger des Dorfes den arabischen Streitkräften, trugen weiße Fahnen mit sich und traten aus ihren Bunkern und Schützengräben. Der Großteil von ihnen versammelte sich auf einer offenen Fläche im Zentrum der Stadt. Arabische Soldaten „befahlen [uns] zu sitzen und dann aufzustehen und unsere Hände zu heben", erzählte einer der jüdischen Soldaten. „Dann kam ein Fotograf mit einer Kaffiya und machte Fotos von uns ... Als der Fotograf aufhörte zu fotografieren, wurde auf uns aus allen Richtungen das Feuer eröffnet." Fast alle männlichen und weiblichen Verteidiger des Dorfes, 133, wurden an diesem Tag ermordet oder getötet.[34]

Währenddessen sah ein amerikanischer Journalist in den arabischen Teilen Jerusalems, dass grauenhafte Fotografien der verbrannten und verstümmelten Leichen von Haganah-Kämpfern zum Verkauf angeboten wurden. „Diese nackten Schnappschüsse", erzählte er, „trafen auf den Märkten der ‚Heiligen Stadt' nach jeder Schlacht aufs Neue ein und verkauften sich schnell. Araber trugen sie in ihren Brieftaschen und zeigten sie häufig vor."[35]

In dieser Phase des Krieges ordneten die IDF-Kommandeure die Vertreibung arabischer Bewohner mehrerer eroberter Dörfer an, um Kräfte freizusetzen, welche die einfallenden Armeen bekämpfen sollten, anstatt bereits eingenommene arabische Dörfer zu bewachen. Trotzdem waren viele Palästinenser geflohen, um der Gewalt zu entkommen. Mitte Juli 1948 verließen etwa 100 000 Palästinenser ihre Häuser: Die Hälfte von ihnen wurde vertrieben, als die IDF die Region Lod-Ramla eroberte – zwei arabische Städte, von denen aus sich die Straße von Tel Aviv nach Jerusalem strategisch günstig überwachen ließ –, während in Nazareth Palästinenser aus der Stadt flüchteten, trotz ausdrücklicher Anordnung, die Einwohner der Stadt nicht zu vertreiben (einige kehrten nach kurzer Zeit zurück). Diese Kombination aus Vertreibung und Flucht fand in Galiläa und im Negev in unterschiedlichen Größenordnungen bis zum Ende des Krieges statt, und von Oktober bis November 1948 flohen weitere

200 000 Palästinenser während der Operation Hiram im Norden und der Operation Yoav im Süden.[36]

Schätzungen über die Gesamtzahl der Palästinenser, die während des Krieges flohen oder vertrieben wurden, reichen von 500 000 bis 900 000.[37] Die genaue Zahl ist nicht bekannt, aber belastbare Schätzungen bewegen sich im mittleren Bereich. 1949 schätzte die UN Economic Survey Mission for the Middle East die Zahl auf 726 000.[38] Davon blieben etwa zwei Drittel innerhalb der Grenzen des Mandatsgebiets Palästina, entweder im von Jordanien besetzten Westjordanland oder im von Ägypten besetzten Gazastreifen. Ein Drittel, wahrscheinlich rund 250 000 Menschen, verließ Palästina in die arabischen Nachbarländer Libanon, Syrien, Transjordanien und Ägypten.[39]

Nach dem Krieg gaben verschiedene Akteure – darunter die britische Regierung, das US-Außenministerium und die UN Economic Survey Mission – widersprüchliche Schätzungen über die genaue Zahl der palästinensischen Flüchtlinge ab. Natürlich versuchten arabische Sprecher, das Phänomen zu überhöhen, und israelische, es so weit wie möglich herunterzuspielen, während die UNRWA bereits 1950 zu dem Schluss kam, dass es „unwahrscheinlich" sei, „eine genaue Aussage über die Zahl der echten, aus dem Krieg in Palästina resultierenden Flüchtlinge jetzt oder in der Zukunft machen zu können".[40]

Die Verwendung des Begriffs „echte Flüchtlinge" durch die UNRWA war treffend, da viele von denen, die bereits damals als Palästinaflüchtlinge galten, überhaupt keine Flüchtlinge waren. Erstens ist überhaupt nicht klar, welcher Anteil der Araber, die am Vorabend des Krieges im Land waren und dann flohen, gewöhnliche oder ständige Bewohner des Landes waren. Während der britischen Mandatszeit und noch früher waren Araber aus Nachbarländern zum Teil illegal, vor allem aus wirtschaftlichen Gründen, nach Palästina eingewandert oder kamen als Saisonarbeiter in die Landwirtschaft. Logischerweise können diese Menschen nicht als „echte Flüchtlinge" betrachtet werden, da ihre Anwesenheit in Palästina von Anfang an nur vorübergehend war.

Es war auch üblich, dass Flüchtlinge die Größe ihrer Familien falsch angaben: Haushaltsvorstände, die Todesfälle nicht melden, und registrierte Geburten, die nie stattgefunden haben. Flüchtlinge, die von einem Ort zum anderen zogen, wurden manchmal mehr als einmal oder unter verschiedenen Namen registriert. Auch Araber aus Nachbarländern, die vom Krieg nicht betroffen waren, aber in Gebieten lebten, die Flüchtlinge aus Israel aufgenommen hatten, meldeten sich als Flüchtlinge an, um materielle Hilfe von internationalen Hilfsorganisationen zu erhalten.[41] Eine andere UN-Behörde schätzte 1949, dass etwa ein Fünftel der Namen auf den Listen der Rationierungsempfänger keine Flüchtlinge waren.[42]

Die UNRWA war erst im Mai 1950 einsatzbereit und übernahm dann die Hilfsmaßnahmen anderer Organisationen. Als diese internationalen Hilfsorganisationen wie das Rote Kreuz damit begonnen hatten, denjenigen, die Palästina während der Kämpfe verließen, Hilfe zu leisten, taten sie das auf der Grundlage der tatsächlichen Not und nicht der strengen Anwendung des tatsächlichen Flüchtlingsstatus. Die Frage, mit der sie konfrontiert waren, war eine operative, keine formale – es ging darum, ob eine bestimmte Familie Hilfe benötigte. Daher wurden auch Menschen, die keine gewöhnlichen Einwohner Palästinas waren, zu den Hilfeempfängern gezählt.

Als die UNRWA die Operation übernahm, erbte sie Listen von Hilfsempfängern von ihren Vorgängern und musste entscheiden, wem sie weiterhin Hilfe leisten würde. Auch die Entscheidung der UNRWA beruhte nicht auf klaren rechtlichen oder spezifisch definierten Kriterien; angesichts von Haushaltszwängen und dem Druck der Vereinten Nationen und der Vereinigten Staaten reduzierte die UNRWA die Zahl der Hilfsempfänger, die bisher bei 940 000 lag, um mehrere Zehntausend.[43]

Im Laufe der Zeit hat die UNRWA eine Arbeitsdefinition für „registrierte Palästinaflüchtlinge“ formuliert, auch wenn es sich nicht um Bona-fide-Flüchtlinge im herkömmlichen juristischen Sinne handelte, wie er damals (oder heute) verstanden und angewendet wurde. Nach der Definition der UNRWA, die in den ersten Jahren mehrfach umformuliert wurde, genügte es, wenn ein Araber vor

Kriegsbeginn nur zwei Jahre in Palästina wohnte, um als Flüchtling zu gelten. Hier lag sicherlich keine böse Absicht vor. Das war nur eine Ad-hoc-Handlung im Überschwang des Krieges und seiner chaotischen Folgen, bei der die primären Überlegungen operative und budgetäre waren. Die Hilfsorganisationen, darunter das UNRWA, leisteten allen, die sie für bedürftig hielten, Hilfe. Niemand hätte gedacht, dass diese vorübergehende, unverbindliche Arbeitsdefinition oder Verwendung des Begriffs „Flüchtling" 70 Jahre später die Grundlage für die Versuche der Palästinenser bilden würde, gesetzliche Rechte – für sich selbst und ihre Nachkommen – einzufordern.

Zuerst überraschte der Weggang so vieler Araber aus ihren Häusern die Bewohner des Jischuw. Manche glaubten sogar, es handele sich um eine arabische Verschwörung, die den arabischen Staaten helfen und Israel im Ausland diskreditieren sollte. James Grover McDonald, der erste US-Botschafter in Israel, schrieb in seinen Memoiren, dass Israels Politiker „ziemlich unvorbereitet" gewesen seien. „Ich konnte es nicht verstehen", schrieb David Ben-Gurion in sein Tagebuch, als er einige Tage nach der Flucht Zehntausender Araber Jaffa besuchte. „Warum sind die Einwohner weggegangen?" Im Mai 1948 teilte Golda Meir dem Zentralkomitee der Mapai mit, dass der Jischuw nicht auf den Sieg vorbereitet in den Krieg eingetreten sei – wenn er es gewesen wäre, hätte er im Voraus geplant, was mit den eroberten arabischen Orten geschehen sollte.[44]

Andere Äußerungen von Vertretern des Jischuw zeigen auch, dass die israelische Führung, als sie die Teilung akzeptierte, keine weitergehenden Pläne hatte, die Araber aus Israel zu vertreiben, und dass sie ohne die Ablehnung der Teilung durch die Araber und den Krieg, den sie führten, um einen jüdischen Staat zu verhindern, alle in ihren Häusern hätten bleiben können. Die Palästinenser argumentierten später, dass der Zionismus seiner Natur nach eine auf Bevölkerungstransfer ausgerichtete Bewegung sei und dass er seine Ziele nicht hätte erreichen können, ohne die Araber aus Palästina zu vertreiben. In dieser These war der Krieg nur eine Ausrede: Die Vertreibung wäre sowieso passiert.

Aber es ist eine Tatsache, dass der Abzug der Araber eine Folge des Krieges und nur des Krieges war. Bevor die Araber Krieg gegen die Teilung führten, verließen sie ihre Heimat nicht. Die arabische Flucht und die Kriegsflüchtlinge waren weder unvermeidlich noch notwendig oder dem Zionismus gar inhärent. Außenminister Moshe Sharett attestierte zum Beispiel am Ende des Krieges, dass, hätten sich die Araber mit dem UN-Teilungsbeschluss abgefunden, „der Staat Israel mit einer großen arabischen Minderheit entstanden [wäre], die den Staat, seine Regierungsführung und sein Wirtschaftsleben geprägt hätte, und [diese arabische Minderheit] hätte einen organischen Teil des Staates gebildet."[45]

Auf dem Höhepunkt des Krieges, als Israels Sieg alles andere als sicher war und die Schlachten mit größter Heftigkeit im ganzen Land tobten, verlas Ben-Gurion in Tel Aviv die Unabhängigkeitserklärung und forderte die Araber auf, „am Aufbau des Staates auf der Grundlage der vollen und gleichberechtigten Staatsbürgerschaft zu partizipieren". Tatsächlich blieben etwa 150 000 Araber, damals ein Fünftel der Bevölkerung des jungen Staates, innerhalb der Grenzen Israels und wurden seine Bürger.[46]

Tatsache ist jedoch, dass Hunderttausende Araber im Laufe des Krieges tatsächlich ihre Heimat verlassen haben. Das war ein blutiger, gewalttätiger und existenzieller Krieg. Israel kämpfte um sein Leben gegen einen Feind, der sich wiederholt gegen seine Existenz in gleich welchen Grenzen ausgesprochen hatte. Wie in jedem Krieg dieser Art, wenn sich kämpfende Milizen unter die lokale Bevölkerung mischen, und wenn weder die Zeit noch der Luxus vorhanden sind, um die Kämpfer von den Nichtkämpfern zu trennen, kommt es zu Vertreibungen, wie es in Lod vorgekommen zu sein scheint.

An einigen Orten gehorchten die Palästinenser den Befehlen der arabischen Führung, im Zuge der umfassenden Kampfhandlungen zu gehen; an anderen, wie dem Galiläischen Pfannenstiel, war die psychologische Kriegsführung des Jischuw der Schlüssel dafür, die Araber zur Flucht aus ihrer Heimat zu bewegen.

Viele Araber befürchteten, dass die Juden sich an ihnen rächen und sie bestrafen würden, wenn sie in jüdische Hände fielen. Diese Angst wurde durch die häufigen und manchmal falschen Berichte in arabischen Medien über angebliche Gräueltaten von Juden unterstützt. In diesem Zusammenhang sticht die Geschichte von Deir Yassin heraus. Bei der Eroberung dieses Dorfes in den Jerusalemer Hügeln im April 1948 wurden unbewaffnete arabische Zivilisten erschossen. Die enorme Öffentlichkeit, die der Schlacht gegeben wurde, und ihre dokumentierte Übertreibung durch arabische Führer, die ursprünglich darauf abzielten, die palästinensischen Araber in den Kämpfen zu vereinen, erreichten das Gegenteil von dem, was beabsichtigt war, und löste eine Massenflucht von Arabern im ganzen Land aus.[47]

Aber es gab auch Fälle – vor allem in Haifa –, in denen die Vertreter des Jischuw die Araber beschworen, zu bleiben, diese sich aber entschieden, aus Angst oder um nicht als Verräter angesehen zu werden, zu fliehen.

Es gab noch weitere Gründe für die Flucht der Araber. Zum einen hatte der Abzug Tausender Familien aus der palästinensischen Elite zu Beginn des Krieges letztendlich auch das einfache Volk mitgerissen. Darüber hinaus litt die Wirtschaft unter der Verlängerung des Krieges, und viele konnten die Not und die Wirren nicht mehr ertragen. Und die Flucht aus Jaffa wurde durch das Verhalten der dortigen arabischen Freiwilligen begünstigt: Sie wurden zum Kampf gegen die Juden geschickt, missbrauchten in Wirklichkeit aber auch die arabische Bevölkerung vor Ort und begingen zahlreiche Morde und Vergewaltigungen.[48]

Der Krieg als solcher war der Hauptgrund für den Abzug der Araber, viel mehr als irgendeine spezifische Kampfhandlung während des Krieges. Die arabische Seite definierte ihn anfangs als Kampf um Leben und Tod. Der Generalsekretär der Arabischen Liga erklärte am Vorabend des Krieges: „Das wird ein Vernichtungskrieg und ein folgenschweres Massaker sein, von dem man wie vom mongolischen Massaker und den Kreuzzügen sprechen wird.“[49] In einem Telegramm an die Arabische Liga zu Beginn der Feindseligkeiten beschrieb

Ismail Safwat, der für die Koordination der verschiedenen arabischen Streitkräfte verantwortlich war, die Ziele des Krieges seien „die Vernichtung der Juden Palästinas und das Land vollständig von ihnen zu säubern".[50] Im März 1948 erklärte Hajj Amin al-Husseini, der Anführer der Palästinenser, dass die Araber „weiterkämpfen würden, bis die Zionisten eliminiert sind und ganz Palästina ein rein arabischer Staat ist".[51]

Tatsächlich blieb kein einziger Jude in den von arabischen Truppen eroberten Gebieten. Die palästinensischen Kämpfer versuchten, die Juden zu vertreiben und ihre Gemeinden zu zerstören, wie in Gush Etzion am südlichen Stadtrand von Jerusalem und im jüdischen Viertel der Altstadt von Jerusalem, wo Juden seit Jahrtausenden gelebt hatten. Alle zwölf jüdischen Städte und Dörfer, die von den arabischen Armeen erobert worden waren, wurden vollständig dem Erdboden gleichgemacht, und ihre Bewohner waren entweder geflohen, wurden ermordet oder gerieten in Gefangenschaft.[52]

Bei einer solchen Sachlage, im Kontext eines blutigen Überlebenskrieges – der, aus Sicht der Juden, die die Teilung akzeptiert hatten, völlig unnötig gewesen war –, war die wachsende Intoleranz der Israelis gegenüber der arabischen Bevölkerung vor Ort verständlich. Der Vorsitzende von Ahdut HaAvoda (einer sozialistisch-zionistischen Partei), Yitzhak Tabenkin, beschrieb dieses Gefühl im Oktober 1948 treffend, indem er sagte: „Wir stritten uns untereinander, ob wir [die Araber] vertreiben sollten oder nicht. Die Araber haben die Unsrigen, die sie gefangen genommen und brutal getötet haben, nicht einmal gefragt [ob sie sie vertreiben oder nicht] ... Wenn wir vor der Wahl stehen: die Vertreibung [der Araber] oder die Ermordung [der Juden], würden sich alle für die Vertreibung entscheiden."[53]

Die Palästinenser argumentieren, dass der Krieg ihnen eine schreckliche Tragödie zugefügt hat und dass sie eine außergewöhnliche Ungerechtigkeit erlitten haben. Das ist allermindestens eine durchwegs unaufrichtige Behauptung. Diejenigen, die Krieg führen, um ein anderes Volk zu vernichten um dessen Unabhängigkeit zu verhindern, können sich nicht legitimerweise darüber beschweren, dass sie „ein außergewöhnliches Unrecht erlitten" haben, wenn sie das Land verloren und flohen. Der Anspruch auf Exzeptionalität ist auch im Vergleich zu anderen Ereignissen des 20. Jahrhunderts unwahr. Ein Vergleich zeigt, dass die Umstände der Entstehung des palästinensischen Flüchtlingsproblems weder in seiner Natur noch in seinem Ausmaß oder in seiner Schwere einzigartig waren. Dies wird besonders deutlich, wenn man bedenkt, dass bei der Beurteilung der Legalität und Moral eines historischen Ereignisses die damals bestehenden internationalen Standards die relevanten sind und nicht die Standards, die Jahrzehnte später veranschlagt wurden.

Vertreibungen und Bevölkerungsaustausche, sowohl freiwillige als auch erzwungene, waren während des gesamten 20. Jahrhunderts durchaus üblich. Bis zum Ende des Kalten Krieges galt nicht nur der Bevölkerungsaustausch als völkerrechtlich legitim, sondern die Trennung der Kriegsparteien, um die Präsenz nationaler Minderheiten zu minimieren, als Schlüssel zur Friedensstiftung zwischen verschiedenen ethnischen Gruppen. Im griechisch-bulgarischen Friedensvertrag von 1919 wurde beispielsweise vereinbart, 46 000 ethnische Griechen als Bürger Bulgariens nach Griechenland zu überführen, während 96 000 ethnische Bulgaren als Bürger Griechenlands nach Bulgarien ziehen würden. Vier Jahre später, als Griechenland und die Türkei einen Friedensvertrag unterzeichneten, einigten sie sich auf einen erzwungenen Bevölkerungsaustausch von 1,2 Millionen ethnischen Griechen als Bürger der Türkei gegen 600 000 ethnische Türken als Bürger Griechenlands.[54]

In den 1940er Jahren, zur gleichen Zeit, als das palästinensische Flüchtlingsproblem entstanden ist, gab es mehrere große Flüchtlingswellen, da der Sieg der Alliierten im Zweiten Weltkrieg eine Reihe von Vertreibungen und Bevölkerungsaustauschen provozierte. In den meisten Fällen (wie bei den Palästinensern) waren Angehörige von Nationen, die im Krieg besiegt wurden, gezwungen, den Preis zu zahlen. Nicht weniger als zwölf Millionen Deutsche flohen oder wurden aus dem späteren Westpolen, der Tschechoslowakei, Ungarn, der Ukraine, Rumänien, Jugoslawien und den baltischen Staaten vertrieben. Sie wurden nicht als Individuen, sondern als kollektive ethnische Gruppe behandelt. 300 000 Italiener wurden aus Jugoslawien vertrieben.[55]

Diese Vertreibungen waren entsetzlich brutal. Alle vollzogen sich, nachdem der Krieg beendet war und Deutschland eine bedingungslose Kapitulation unterzeichnet hatte, sodass sie nicht auf militärische Forderungen zurückzuführen waren. In der Tschechoslowakei zum Beispiel wurden deutschstämmige Studenten durch die Straßen Prags zum Wenzelsplatz getrieben, wo sie mit Benzin übergossen und angezündet wurden. In der Tschechoslowakei wurden außerdem Tausende Deutsche in das ehemalige Konzentrationslager Terezín, besser bekannt als Theresienstadt, abgeordnet, das zuvor von den Nazis genutzt worden war; auf dem Weg zum Lager starben Hunderte. Dort angekommen, wurden sie durch einen Tunnel in einen schlammigen Hof geführt und währenddessen von tschechischen Wachen zusammengeschlagen; diejenigen, die zu alt oder krank waren, wurden auf der Stelle getötet.[56]

In Polen wurden Tausende von „Volksdeutschen" mit der Bahn an die Grenze zu Deutschland gebracht. Ein Überlebender erinnerte sich, dass es Wochen dauerte, um ein paar Dutzend Kilometer weiterzugehen. Die Züge bewegten sich schmerzlich langsam, und oftmals wurden sie absichtlich tagelang auf Abstellgleisen gehalten. „Männer, Frauen und Kinder waren alle miteinander vermischt, dicht gepackt in den von außen verschlossenen Eisenbahnwaggons. Als die Waggons zum ersten Mal geöffnet wurden, sah ich wie aus einem von ihnen zehn Leichen genommen und dann in Särge geworfen wurden … Ich bemerkte, dass mehrere Menschen geisteskrank geworden waren. Die Menschen waren mit Exkrementen bedeckt."[57] Deutsche Insassen in einem polnischen Lager sagten aus, dass Häftlinge „mit Gummiknüppeln geschlagen wurden Arbeitsgruppen, die lebendig in Gülle begraben wurden", und einem Mann „eine Kröte in die Kehle gedrückt [wurde], bis er erstickte", während die Wachen lachend zusahen.[58]

Oft resultierte dieser Bevölkerungsaustausch aus Grenzveränderungen: Deshalb verließen eine halbe Million Polen die Westukraine und den Westen von Belarus, als diese Gebiete nach dem Krieg an die Sowjetunion angeschlossen wurden. Westliche Politiker unterstützten Vertreibungen im Rahmen des Potsdamer Abkommens vom August 1945. Präsident Franklin D. Roosevelt hatte zuvor die Schaffung ethnisch homogener Staaten unterstützt, und der britische Premierminister Winston Churchill hatte gesagt, dass die „Ausweisung [der Deutschen] die Methode ist, die ... am zufriedenstellendsten und dauerhaftesten sein wird" für die Schaffung des Friedens.[59]

Auch Asien erlebte Massenvertreibungen und Bevölkerungsaustausche: Gegen Ende der britischen Herrschaft auf dem indischen Subkontinent und mit der Gründung Indiens und Pakistans wurden religiös gemischte Gebiete des Subkontinents in eine Welle der Gewalt gesogen. Geschätzte 3,5 Millionen Menschen wurden getötet und etwa 14 Millionen Menschen verließen ihre Häuser und wurden Flüchtlinge. Muslime flohen aus Indien nach Pakistan; Hindus und Sikhs machten die entgegengesetzte Reise. Dies war eine der größten und schnellsten Bevölkerungsbewegungen in der Geschichte der Menschheit. Alle zig Millionen dieser Flüchtlinge, sowohl in Europa als auch in Asien, wurden schließlich in den Ländern aufgenommen, in die sie geflohen waren.[60]

Es ist auch von entscheidender Bedeutung, sich im arabisch-jüdischen Kontext daran zu erinnern, dass Hunderttausende von Juden während und nach dem Krieg gezwungen waren, ihre Heimat in arabischen Ländern zu verlassen. Zwischen 1947 und Mitte der 1950er Jahre wurden die alten jüdischen Gemeinden Ägyptens, Iraks, Syriens, Libyens und Jemens, die der Geburt des Islam und den arabischen Eroberungen des Nahen Ostens vorausgingen, eliminiert. Neben Vertreibungen, Gewaltakten und Pogromen, die den Juden der arabischen Welt Angst einflößten, unternahmen die Behörden eine Reihe von Schritten (einschließlich der Konfiszierung von Eigentum, der Rücknahme der Staatsbürgerschaft und des Einfrierens von Bankkonten), die die Juden zur Flucht zwangen.

Die Juden der arabischen Welt litten heftige Rache durch die Araber, weil sie Mitglieder desselben Volkes und derselben Nation waren, die gerade erfolgreich Widerstand geleistet und arabische Armeen besiegt hatten. Die arabische Welt, in der seit der Zerstörung des Ersten Tempels in der Antike über ein Jahrtausend lang etablierte jüdische Gemeinden beheimatet waren, wurde vollständig von ihren Juden entvölkert, von denen viele in Israel Zuflucht fanden.[61] Aber im Gegensatz zu den Palästinensern, die flohen oder gezwungen waren, das Gebiet zu verlassen, das zum Staat Israel wurde, ist keiner dieser Juden Flüchtling geblieben. Sie zogen weiter, um ein neues Leben in Israel und in anderen Ländern aufzubauen.

Die Zahl der palästinensischen Opfer im Krieg war auch nicht außergewöhnlich hoch. Schätzungsweise 12 000 Palästinenser, ein Prozent der Bevölkerung, wurden im Krieg getötet – eine Rate, die der jüdischer Opfer entspricht, die 6000 bei einer Bevölkerung von 600 000 zählten. Um dieses Gleichgewicht in einen Kontext zu stellen, wird in der Welle der Gewalt, die den indischen Subkontinent verschlungen hat, die Zahl der Todesopfer auf bis zu drei Millionen Menschen geschätzt, ebenfalls ein Prozent der lokalen Bevölkerung.[62]

Die palästinensische Niederlage forderte einen menschlichen Tribut, aber sie war weder notwendig noch außergewöhnlich. Hätten die Araber Palästinas den UN-Vorschlag zur Teilung des Landes mit den Juden Palästinas akzeptiert, hätten sie Jahrzehnte der Unabhängigkeit in einem eigenen Staat gefeiert, und es hätte keine Vertreibung gegeben. Als sie diesen Vorschlag ablehnten und sich gewaltsam gegen seine Umsetzung aussprachen, erlitten sie Vertreibung, aber nichts an den Bedingungen des Krieges und der Vertreibung – sei es in der Intensität der Gewalt oder in der Anzahl der Opfer – war außergewöhnlich.

Die Antwort darauf, warum das palästinensische Flüchtlingsproblem immer noch besteht, liegt weder in den Bedingungen seiner Geburt, noch in seinem Ausmaß oder in der Zahl der Opfer: Nichts hier ist einzigartig. Die Antwort muss woanders liegen.

2. RÜCKKEHR FORDERN

(1949)

Der Grund für die Flucht der Palästinenser ist irrelevant. Entscheidend ist, dass sie Anspruch auf Rückkehr haben.

Edward Said

ANZAHL DER FLÜCHTLINGE: 726 000[1]

Kenneth Bilby war in den späten 1940er Jahren Nahostkorrespondent für die *New York Herald Tribune*. Als ehemaliger US-Infanterieoffizier, der im Zweiten Weltkrieg gekämpft hatte und mit dem Orden der französischen Ehrenlegion ausgezeichnet worden war, kam Bilby 1948 nach Israel und blieb dort eine Zeit lang. Wenige Stunden vor dem Ablauf des Völkerbundmandats begleitete er die Autokolonne des letzten britischen Hochkommissars, Sir Alan Cunningham, zum Flughafen in Qalandiya. Später berichtete er über die Eroberung von Lod und Ramla durch die IDF und schloss sich den Haganah-Kolonnen an, die Treibstoff und Lebensmittel nach Jerusalem brachten. Als die Israelis eine Entlastungsstraße zu der belagerten Stadt ebneten, war er es, der sie „Burma Road" nannte, nach der legendären gleichnamigen Straße in China, die von den Briten im Zweiten Weltkrieg genutzt worden war, um während des Krieges mit Japan Vorräte zu transportieren.

Bilbys Taten aus jener Zeit sind fesselnd. In *New Star in the Near East*, seinen 1950 veröffentlichten Memoiren, beschreibt er, wie er sich einmal in das Büro des Generalsekretärs der Arabischen Liga, Azzam Pascha, im Al Bustan Palast in Kairo schlich und mit ihm türkischen Kaffee trank. Als es dunkel geworden war, wagte er sich hinaus, um über das Nachtleben der ägyptischen Hauptstadt zu berichten und Gerüchten über den verschwenderischen Lebensstil des jungen Königs Farouk nachzugehen. Während des arabisch-israelischen Krieges von 1948 nutzten der König von Jordanien und der Premierminister von Israel seine Dienste, um miteinander zu kommunizieren. Sie vermittelten ihre Botschaften dem jeweils anderen mithilfe der Interviews, die sie Bilby gaben. Pola, die Frau des Premierministers, führte ihn dazu für gewöhnlich in Ben-Gurions Büro im Erdgeschoss des Hauses am Keren Kayemet Boulevard in Tel Aviv.

Als der Krieg vorbei war, versuchte Bilby zu prüfen, ob ein Frieden zwischen Israel und den arabischen Staaten möglich war. Um die Stimmung in der arabischen Welt einzuschätzen, reiste er mehrere Wochen durch Jordanien, Syrien, den Libanon und das Westjordanland und sprach mit Beamten, Diplomaten und Journalisten sowie einfachen Leuten.

Bilby hatte den Eindruck, dass Israels Nachbarn von einem Gefühl von Schmach und Rachedurst verzehrt waren und keinen Wunsch nach einer neuen Ära der nachbarschaftlichen Beziehungen verspürten. Auf seinen Reisen stellte Bilby fest, dass die arabische Welt die neue Realität, die mit Israels Unabhängigkeit geschaffen worden war, nicht hingenommen hatte und sich auf eine zweite Runde des Krieges vorbereitete. Er schlussfolgerte, dass Israel für sie ein fremder Setzling war, der die arabische Welt vergiftete, und für dessen vollständige Entwurzelung sie zu allem bereit waren. „Kein Vertrag, kein Stück Papier“, prophezeite der amerikanische Journalist, „wird in der Lage sein, das gewaltige Reservoir aus Feindseligkeit und Misstrauen im Nahen Osten auszutrocknen.“[2]

Bilby traf zum Beispiel einen arabischen Geschäftsmann in der Lobby des Philadelphia Hotels in Amman, der ihm beim Klavierspielen sagte: „Und wenn es Hundert Jahre dauert, wir werden die Juden aus unserem Land vertreiben. Vergessen Sie die Kreuzzüge nicht!“

Im Orient Palace Hotel in Damaskus erklärte ein palästinensischer Offizier, der gerade erst aus dem Krieg in Israel zurückgekehrt war: „Wir brauchen eine Pause, um wieder auf die Beine zu kommen. Aber die Zeit wird kommen – vielleicht zehn Jahre, vielleicht zwanzig – in der wir unsere Häuser und unser Eigentum zurückbekommen werden. Meine Familie lebte zwölf Jahrhunderte lang in Palästina ... Irgendwo werden wir Unterstützung finden und wir werden Israel weiter angreifen.“[3]

Unter Vertretern der Flüchtlinge und in ihren Lagern fand Bilby ausgesprochene Feindseligkeit gegenüber Israel vor. Er beschreibt, wie sie bei jedem Treffen arabischer Staatsmänner erschienen, um Maßnahmen gegen die Juden zu fordern. Die Flüchtlinge, denen er auf seinen Reisen begegnete, wiederholten die gleiche Botschaft: Die Niederlage der Araber im Krieg war weder das Ende des Kampfes gegen Israel noch das letzte Wort.

Eines Abends traf er zwei junge Flüchtlingsführer in Beirut und fragte sie, ob sie damit einverstanden wären, in ihre Häuser zurückzukehren und unter israelischer Herrschaft zu leben. „Ich würde alles tun, um das Geschäft meiner Familie und die Zitrushaine wiederzubekommen“, antwortete einer von ihnen. „Würden Sie dann billigen, dass Israel dauerhaft bleiben wird?“, fragte Bilby. „Nur vorübergehend“, antwortete der junge Mann und fügte an: „Sie fragen mich, was ich tue, wenn ich nicht nach Hause komme. Ich sag es Ihnen. Ich werde meine Frau und meine Kinder in die Hügel um Tulkarm bringen und die Küstenebene betrachten, die die Juden genommen haben. Jeden Tag bringe ich meine Kinder zum Bergrücken und sage: ‚Das war deins. Das wurde dir gestohlen. Du wurdest beraubt, getäuscht und verraten. Vergiss das nie!‘“[4]

Bilby kehrte von seinen Reisen pessimistisch über die Aussichten auf ein Friedensabkommen zurück. Die Araber seien noch nicht im Stande, sich mit der Existenz Israels zu versöhnen: Für sie sei die Verständigung mit Israel vom Tisch. Das entsprach auch der Einschätzung der jüdischen Führung im entstehenden Staat Israel, die zu der Schlussfolgerung kam, dass Israel sich auf eine zweite Runde der

Kämpfe mit den arabischen Staaten vorbereiten müsste. „Die Araber verschwören sich zu einer zweiten Runde [des Krieges gegen Israel]", warnte Ben-Gurion bereits im Oktober 1949, „und wir müssen vorbereitet sein, um sie zu gewinnen."[5] Aus diesem Grund entschied Israel, dass es notwendig sei, die Einreise der Flüchtlinge zu verhindern, die gerade noch gegen das junge Land gekämpft und sich noch nicht mit seiner Existenz abgefunden hatten. Die israelischen Politiker argumentierten, dass, solange die arabische Welt und die palästinensischen Flüchtlinge selbst der bloßen Existenz Israels feindlich gegenüberstünden, eine Erlaubnis, seine Grenzen zu überschreiten, unlogisch wäre.

Die Palästinenser argumentierten später, dass eben diese Entscheidung, ihnen die Rückkehr zu verweigern, für die Aufrechterhaltung des Flüchtlingsproblems verantwortlich war und dass es Israels Abgebrühtheit war, die den Wunsch der Flüchtlinge, wieder nach Hause zurückzukehren, vereitelte. In einem Versuch, das Phänomen von jeglicher politischen Assoziation oder einem Kontext zu befreien, neigen die Araber heutzutage dazu, es ausschließlich humanitär und legal zu definieren: Sie argumentieren, dass Israel den Flüchtlingen hätte erlauben sollen, nach Hause zurückzukehren, und dass die Palästinenser ein Recht auf Rückkehr hatten, selbst wenn sie diejenigen waren, die den Krieg begonnen und verloren hatten, selbst wenn ein solches Recht nicht existierte. Weder die politischen Umstände, unter denen sie Flüchtlinge wurden, noch ihre Absichten spielen eine Rolle, behaupten die Palästinenser.

Der palästinensisch-amerikanische Intellektuelle Edward Said hat dies in seinem Buch *The Question of Palestine* angesprochen. Der bekannte Gesellschafts- und Literaturkritiker und Autor von *Orientalismus* behauptete sein ganzes Leben lang, für die Flüchtlinge zu sprechen, und argumentierte sogar, dass seine eigene Familie Flüchtlinge seien. Gegen Ende seines Lebens stellte sich heraus, dass diese Einschätzung übertrieben war: Seine Familie lebte in Kairo und Jerusalem, und als im Dezember 1947 die Kämpfe ausbrachen, verließ sie das Mandatsgebiet und ließ sich in Kairo nieder. In *The Question of Palestine* schreibt Said: „Der Grund für die Flucht der Palästinenser ist letzten Endes irrelevant. Entscheidend ist, dass sie ein Rückkehrrecht haben."[6]

Mit diesem Argument wird die Ablehnung des Teilungsplans durch die Palästinenser umgangen und die Entschlossenheit der arabischen Welt, den Staat Israel zu bekämpfen, ignoriert. Sie werden damit von der Verantwortung für die Entstehung des Problems entbunden. Dabei stützt sich dieses Argument auch auf gesetzliche Rechte, die es schlicht nicht gab. Die Palästinenser argumentieren, dass die Ermöglichung einer Rückkehr der Flüchtlinge nach Israel alles war, was passieren musste und noch passieren müsse. Nach Ansicht der Palästinenser war es nicht der Krieg, der das Flüchtlingsproblem verursacht hat, sondern Israels darauffolgendes Verbot einer massenhaften Rückkehr von Flüchtlingen.

Als noch kritischer und noch wichtiger ist anzusehen, dass durch dieses Argument das Motiv hinter der arabischen Rückkehrforderung verschleiert wird. Eine eingehende Untersuchung der Nachkriegsstimmung und der Absichten der arabischen Welt gegenüber Israel zeigt, dass die Rückkehrforderung unmittelbar nach dem Krieg nicht wirklich arglos war oder auf besonderen humanitären oder rechtlichen Bedürfnissen beruhte. Im Gegenteil: Sie wurde akribisch als Alternative zur Fortsetzung des Krieges auf dem Schlachtfeld entworfen. Etwas mehr als ein Jahr nach dem Einmarsch der syrischen Armee in Israel trafen sich am 20. Juli 1949 auf dem Hügel 232, wenige Kilometer nördlich des Sees Genezareth, Gesandte beider Staaten zur Unterzeichnung eines Waffenstillstandsabkommens. Das Ereignis mag wie ein Wendepunkt in den Beziehungen zwischen den beiden Staaten und wie der Beginn einer Verbesserung ihrer Beziehungen ausgesehen haben, aber noch am selben Tag kündigte Syriens Botschafter bei den Vereinten Nationen an, dass „der [nächste] Krieg mit dem Zionismus naht". Als einer der prominentesten arabischen Diplomaten seiner Zeit und kurz darauf Premierminister Syriens, forderte Faris al-Khoury die arabischen Staaten zur Bildung eines Militärbündnisses auf.[7] Einige Tage später wurde das Waffenstillstandsabkommen in der großen Damaszener Zeitung *al-Ayyam* als

„ein Stigma in der Geschichte der Araber" bezeichnet, das bestehen bleiben würde, „solange dieser abscheuliche Staat, der Israel genannt wird, im Herzen der arabischen Welt existent ist".[8] Eine ähnliche Stimmung herrschte bei Israels südlichem Nachbarn Ägypten. Knapp zwei Wochen nach Unterzeichnung des israelisch-ägyptischen Waffenstillstandsabkommens im Februar 1949 erklärte Ägyptens Außenminister, ein Friedensabkommen mit Israel sei nicht möglich, da Kairo Israel prinzipiell nicht anerkennen könne.[9] Kurz darauf verkündete ein ägyptischer Diplomat, dass „keine arabischen Regierungen zum jetzigen Zeitpunkt bereit seien, Friedensverträge mit Israel zu unterzeichnen".[10]

Die Waffenstillstandsabkommen von 1949 zwischen Israel und seinen Nachbarn beendeten zwar die aktiven Kämpfe, wurden jedoch von jeder Seite völlig unterschiedlich verstanden. Der Historiker Avi Shlaim schreibt in *The Iron Wall*, dass Israel sie als Beendigung des Kriegszustandes betrachtete. Die Araber wiederum hätten sich zwar zu einem Waffenstillstand verpflichtet, sahen sich aber dennoch weiterhin als kriegführende Parteien. Israel betrachtete die Waffenstillstandslinien in jeder Hinsicht als Grenzen, innerhalb derer es tun konnte, was es wollte; aber die arabischen Staaten waren der Ansicht, dass die Palästinenser das Recht zum Kampf gegen die Enteignung ihres Landes mit allen verfügbaren Mitteln hätten und die Abkommen den arabischen Staaten nicht abverlangten, die Palästinenser zu stoppen.[11]

Schon bald war klar, dass durch die Ergebnisse des Krieges keine Kehrtwende in der Haltung der Araber zu Israel ausgelöst und dass ihre Abneigung gegen Israel und die Ablehnung seiner Existenz verstärkt worden war, statt nachzulassen. Die arabischen Staaten betrachteten den Staat Israel weiterhin als fremdes und aggressives Kolonialgebilde, dem es zu widerstehen galt, ohne Verständnis oder Toleranz für den Zionismus als nationale Befreiungsbewegung eines anderen Volkes zu entwickeln. Die arabische Welt weigerte sich, Israels Existenz oder sein Existenzrecht anzuerkennen. Stattdessen vereinte sie sich für eine umfassende politische Kriegsführung gegen Israel, behandelte es als Paria-Staat und bemühte sich, den Rest der Welt zu einem ähnlichen Verhalten zu bewegen.[12]

Einer der führenden arabischen Intellektuellen jener Zeit, Constantin Zureik, der den Begriff „Nakba" für die arabische Niederlage im Krieg prägte, schrieb bereits 1948, inmitten des Krieges und des Scheiterns der Palästinenser, „das Ziel des zionistischen Imperialismus ist, ein Land gegen ein anderes einzutauschen und ein Volk zu vernichten. Das ist Imperialismus, nackt und furchtbar, in seiner reinsten Couleur und seiner schlimmsten Form."[13] Ihm zufolge war die arabische Niederlage „nur eine Schlacht in einem langen Krieg. Wenn wir diese Schlacht verloren haben", fuhr er fort, „bedeutet das nicht, dass wir den ganzen Krieg verloren haben oder dass wir ohne Möglichkeit einer späteren Wiederaufnahme endgültig besiegt wurden. Dieser Kampf ist entscheidend, denn davon hängt die Etablierung oder die Auslöschung des zionistischen Staates ab."[14]

Die dreißig Jahre groß angelegter militärischer und politischer Bemühungen zur Vereitelung des zionistischen Projekts, seitdem Großbritannien das Völkerbundmandat für Palästina zur Schaffung einer nationalen Heimat für das jüdische Volk erhalten hatte, waren für die Palästinenser und die arabische Welt keine Hilfe. Stattdessen hatten sie in der Gründung des Staates Israel und einer schmerzhaften militärischen Niederlage resultiert, die für die arabische Welt eines der traumatischsten Ereignisse des 20. Jahrhunderts war. Die Niederlage wurde in der arabischen Welt mit harten Begriffen wie „Desaster von Palästina" oder „Katastrophe von Palästina" (auf Arabisch „Nakba") beschrieben, wobei die Juden und ihr Staat dafür verantwortlich gemacht wurden.[15] Der arabische Dichter Burhan al-Deen al-Abushi veröffentlichte 1949 ein Theaterstück über diese Nakba mit dem Titel „The Ghost of Andalusia", in dem er noch weiter ging und den Verlust von Palästina mit der historischen Vertreibung der Muslime aus Spanien im Mittelalter verglich.[16]

Der palästinensische Journalist, Historiker und Politiker Arif al-Arif, der in den 1950er Jahren Bürgermeister des von Jordanien besetzten Ostjerusalem war, veröffentlichte 1956 ein Buch mit dem Titel *The Nakba of Jerusalem and the Lost Paradise*, in dem er Folgendes über dessen Titel schreibt: „Wie kann ich es [das Buch] nicht ‚Die Katastrophe' nennen? Wir wurden von einer Katastrophe heimgesucht, wir, die Araber im Allgemeinen und die Palästinenser im Besonderen, in diesem Zeitraum in einer Weise, wie wir seit Jahrhunderten keiner vergleichbaren Katastrophe mehr ausgesetzt waren: Unsere Heimat wurde uns geraubt; wir wurden aus unseren Häusern geworfen, wir haben eine Großzahl unserer Söhne und unserer jungen Menschen verloren, und obendrein wurde auch der Kern unserer Würde angegriffen."[17]

Im Jahr 1950 schrieb ein anderer prominenter palästinensischer Gelehrter, der Theologe Taqiuddin al-Nabhani, der 1953 die islamische politische Partei Hizb ut-Tahrir gründete, in seinem Buch *Saving Palestine*: „Die Katastrophe von Palästina ist im Allgemeinen ein bedeutendes historisches Ereignis; und in der Geschichte der Araber im Besonderen ... Es ist es die furchtbarste Katastrophe, die Arabern und Muslimen in der modernen Geschichte widerfahren ist. Es ist eine tiefgreifende Katastrophe, weitreichend und voller Gefahren. Es ist ein Übel, das jeden Tag und jede Stunde wächst."[18]

Der Konflikt zwischen beiden Seiten war bereits vor dem Krieg intensiv, was ihn nur in neue Tiefen von Hass und Misstrauen senkte. Für die Araber waren die Ergebnisse des Krieges eine vollständige Demütigung: Einer kleinen Gemeinschaft aus etwa 650 000 Juden war es gelungen, die arabisch-palästinensische Miliz und die vereinten arabischen Armeen der umliegenden Staaten zu überwältigen. Nachdem sie das zionistische Unternehmen schon vor dem Krieg als Diebstahl arabischen Landes betrachtet hatten, wurde das Gefühl von Ungerechtigkeit bei den Arabern nun durch tiefen Hass und Frustration über ihre schmerzhafte Niederlage verstärkt. Ganz gleich wie groß er war, die Araber waren zu einer Akzeptanz des neuen jüdischen Staates nicht bereit. Frieden wurde als nichts Geringeres als Verrat empfunden.

„Die Niederlage der Araber in Palästina ist kein einfacher Rückschlag oder kleines Übel, das vorbeigeht", schreibt Zureik. „Es ist eine Katastrophe im wahrsten Sinne des Wortes und eine der härtesten Prüfungen und Leiden, von denen die Araber in ihrer langen

Geschichte heimgesucht wurden … Die Geschichte kennt keinen so eindeutigen oder offenkundig lupenreinen Fall."[19]

Zureik beschreibt das drohende Ringen gegen den Zionismus als einen existenziellen Kampf, ein Nullsummenspiel, in dem sich die arabische Welt mobilisieren und zu allen Opfern bereit sein muss. „Die zionistische Gefahr ist die größte Gefahr für das Wesen der Araber", schreibt er. „Diese Gefahr bedroht das eigentliche Zentrum des arabischen Seins, seine Gesamtheit, die Grundlage seiner Existenz …

Diese Tatsache muss dem arabischen Volk vor Augen geführt werden … [Das] müssen wir unseren Kindern und den Schülern in unseren Schulen Tag und Nacht beibringen. Die Propagandaabteilungen unserer Regierungen müssen sich dem zunächst widmen, indem sie die Presse, das Radio und alle anderen Werbemittel einsetzen, um in den Seelen aller Araber das Bewusstsein für die Gefahr – dieser größten, einzigartigen, zu intensivieren – damit jeder Gedanke, den wir haben und jede Handlung, die wir ausführen, von diesem Gefühl beeinflusst wird und daraus hervorgeht, und wir uns der Gefahr mit all unserem Willen und mit allen Kräften entgegenstellen, die wir aufbringen können."[20]

Entsprechend handelte die arabische Seite. Als die Vereinten Nationen Anfang 1949 in Lausanne (Schweiz) eine Friedenskonferenz zwischen Israel und den arabischen Staaten einberiefen, kündigten die Araber an, dass sie nicht mit den israelischen Gesandten am selben Tisch oder auch nur im selben Raum sitzen würden. Sie weigerten sich, Israel als Verhandlungspartner anzuerkennen. Die arabischen Staaten vermieden es, das Wort „Israel" überhaupt zu verwenden. Ihre Karten zeigten israelisches Territorium als Leerstelle oder nannten es Palästina. Sie verriegelten ihre Grenzen für jede Ein- und Ausreise nach oder aus Israel, stimmten auf internationalen Foren einstimmig gegen Israel und verweigerten sich einer Knüpfung kultureller oder sportlicher Bande zu Israel. Mit den Resolutionen der Arabischen Liga von 1949 und 1950 sowie der Schließung des Suezkanals und der Straße von Tiran für die gesamte israelische

Schifffahrt wurde ein umfassender Wirtschaftsboykott über Israel verhängt und jegliche Handelsbeziehungen mit Israel verboten.[21]

Darüber hinaus zeigten sowohl zaghafte Kontakte als auch direkte Kommunikation zwischen Israel und arabischen Gesandten, die am Ende ins Leere führten, dass die arabische Welt sich nach wie vor unnachgiebig gegenüber einer Anerkennung des neu gegründeten jüdischen Staates zeigte. Arabische Unterhändler forderten damals von Israel den Abtritt seiner Gebietsgewinne – Ägypten zum Beispiel forderte von Israel die Aufgabe des Negev (mehr als die Hälfte seines Territoriums) und Syrien forderte die Hälfte des Sees Genezareth, der Israels wichtigste Wasserquelle war. All das im Austausch für extrem vage Versprechen der Nichtkriegsführung – Versprechen, die oft genauso schnell vergessen waren, wie sie gemacht wurden.

Oberst Husni az-Za'im, der im März 1949 die Kontrolle über Syrien übernahm, bot Ben-Gurion ein Treffen zur Besprechung eines Friedensvertrags an. Za'im versuchte anscheinend, Israel zu benutzen, um wirtschaftliche und militärische Unterstützung von westlichen Staaten zu erhalten. Seine wahren Absichten jedoch werden wahrscheinlich nie bekannt werden: Er wurde kurz darauf in einem Gegenputsch gestürzt und hingerichtet. Auf jeden Fall kamen amerikanische und britische Beamte damals zu dem Schluss, dass, selbst wenn Israel den Forderungen der arabischen Staaten nachgekommen wäre, keine Friedensverträge unterzeichnet worden wären.[22]

Offizielle arabische Gesandte sprachen in dieser Angelegenheit offen. „Warum brauchen wir jetzt Frieden?“ fragte der ägyptische Diplomat Abdul Monem Mustafa im Frühjahr 1949 einen israelischen Diplomaten laut. „Frieden würde euch nur erlauben, wirtschaftlich zu wachsen und euch zu verwurzeln.“ Diese Überzeugung – dass die arabische Welt aus einem Abkommen mit Israel keinen Nutzen ziehen würde – wurde auch von Azzam Pascha gegenüber Abba Eban zum Ausdruck gebracht:

„Wir haben eine Geheimwaffe, die wir besser einsetzen können als Schusswaffen, und das ist Zeit. *Solange wir keinen Frieden mit den Zionisten schließen, ist der Krieg noch nicht vorbei* und solange der Krieg nicht vorbei ist, gibt es weder Sieger noch Besiegte. Sobald wir die Existenz Israels anerkennen, geben wir zu, dass wir besiegt sind."[23]

Im Juni 1949 erklärte Syriens UN-Botschafter Faris al-Khoury, der Krieg gegen den Zionismus sei „der Grundstein der Außenpolitik der arabischen Staaten".[24] Im April 1950 verabschiedete die Arabische Liga eine Resolution, wonach „kein Mitgliedsstaat der Arabischen Liga verhandeln noch tatsächlich einen separaten Frieden (Vertrag) noch ein (anderes) politisches, militärisches oder wirtschaftliches Abkommen mit Israel abschließen darf. Jeder Staat, der einen solchen Weg einschlägt, gilt als aus der Liga ausgeschlossen."[25] Im Juni 1951 verkündete Ägyptens Außenminister: „Wir denken überhaupt nicht daran, mit den Juden Frieden zu schließen oder [Israel] auch nur anzuerkennen."[26] Später im September erklärten ägyptische Sprecher, dass „die arabischen Staaten entschlossen sind, Israel nicht anzuerkennen".[27]

Die arabischsprachige Presse war noch extremer und argumentierte mit Nachdruck, dass ein weiterer Krieg unvermeidlich sei und dass „das Palästina-Problem nur mit Gewalt gelöst werden kann". Die ägyptische Zeitung *Akhbar el-Yom* schrieb im Mai 1949: „Der Palästinakrieg ist nicht zu Ende. Das ägyptische Blut, das in Palästina vergossen wurde, dient als Meilenstein, über den wir marschieren müssen, um den von unseren Märtyrern ersehnten Sieg zu erringen."[28] Eine Radiosendung in Bagdad im Juni 1949 verkündete: „Die Araber werden nie aufhören, Israel als feindliches Land zu betrachten. Die Juden sind unsere Feinde, ungeachtet des Grades an Beschwichtigung, den sie uns gegenüber zeigen und wie friedenssuchend ihre Absichten sein mögen. Wir machen keinen Moment Pause in unseren Vorbereitungen für den Tag der Vergeltung."[29]

Jordanien, dessen König Abdullah seit den 1920er Jahren in seiner konsequent versöhnlichen Haltung die Ausnahme bildete, wurde unter den arabischen Staaten in seiner Haltung gegenüber Israel zum Ausreißer. Schon vor dem Krieg bot Abdullah dem Jischuw jüdische Autonomie oder sogar eingeschränkte Unabhängigkeit unter seiner Oberhoheit an, da er die gesamte Region einschließlich Syriens und des Libanon beherrschen wollte. Nach dem Krieg war Abdullah der einzige arabische Herrscher, der eine Aussöhnung mit Israel wünschte und dazu sogar mehrere Verhandlungsrunden abhielt. Diese Gespräche trugen jedoch keine Früchte, und Abdullah selbst wurde 1951 in Ost-Jerusalem, teils aufgrund seiner relativ versöhnlichen Haltung gegenüber Israel, von einem palästinensischen Attentäter ermordet.[30]

Und wie war es um die Palästinenser selbst bestellt? Wie war ihre Haltung gegenüber Israel am Ende des Krieges? Je länger sich der Krieg hinzog und je mehr Zeit verstrich, desto desorientierter wurde die palästinensische Gesellschaft, da es für sie immer schwieriger wurde, als bedeutender politischer Akteur zu fungieren. Die frühe Flucht eines großen Teils der Eliten in arabische Nachbarländer und die neue Kluft zwischen Palästinensern unter jordanischer und ägyptischer Herrschaft führten zu immer tieferen Konflikten zwischen einflussreichen palästinensischen Familien. Nichtsdestotrotz blieben alle palästinensischen Fraktionen in einer Sache vereint: Nichtanerkennung der jüdischen Landrechte, Nichtakzeptanz des Kriegsergebnisses und der jüdischen Souveränität, sowie der Wunsch nach exklusiver arabischer Herrschaft über das gesamte Land.

Ein Paradebeispiel für diese Befindlichkeit war Musa Alamis unmittelbar nach dem Krieg veröffentlichter Essay „The Lesson of Palestine". Alami war eine führende palästinensische Persönlichkeit und Mitglied des Arabischen Hohen Komitees, das die Palästinenser im Krieg gegen Israel anführte. Alami erklärte in seinem Essay, warum die Araber den Krieg verloren hätten und was sie in Zukunft tun sollten. Er argumentierte, dass der Triumph des Zionismus im Jahr 1948 nichts sei, dem man entgegenkommen dürfe, und gewiss nicht akzeptabel. Es war der Verlust Palästinas, schrieb er, der die existenzielle Krise der gesamten arabischen Welt symbolisierte.[31]

Der Essay ist interessant nicht allein wegen dem, was darin steht, sondern auch wegen dem, was nicht darin steht. Alami, der in den 1930er Jahren als gemäßigter Palästinenser galt und mit David Ben-Gurion sogar umfangreiche Verhandlungen über eine mögliche Zusammenarbeit geführt hatte, nannte die mangelnde Einheit unter den Arabern, ihre mangelhaften Vorbereitungen und ihre veraltete Munition als Gründe für die Niederlage. Aber den Grund des Krieges – die Verweigerung einer Akzeptanz von jüdischer Souveränität über irgendeinen Teil des Landes – reflektierte oder diskutierte er an keiner Stelle. Bedauern über die grundlegende und letztlich den Krieg auslösende Haltung der palästinensischen Gesellschaft gegenüber den Rechten der Juden wurde in dem Essay nicht geäußert. Sie wurde nicht einmal als Möglichkeit erwähnt.

Der Begriff „jüdische Gefahr" tauchte in dem Essay immer wieder auf, und es wurde davon ausgegangen, dass Israel den gesamten Nahen Osten übernehmen wollte; Palästina sei nur die erste Phase des Kampfes. Der Zionismus wurde als „Unterdrücker" und „Aggressor" definiert und der israelische Triumph als Verirrung der natürlichen Gerechtigkeit. Ein arabischer Triumph hingegen galt als Rückkehr zur Gerechtigkeit.

Alami erweiterte die Bedeutung der Niederlage von 1948 und sagte, dass sie als Weckruf für die Reform der arabischen Welt dienen sollte. Solange die Araber ihr politisches System nicht änderten, schrieb er, würde die Gefahr des Zionismus über ihren Köpfen schweben. Daher diente die Niederlage in seinen Augen als Katalysator für einen dringend benötigten Verjüngungs- und Wiederaufstiegsprozess in der arabischen Welt. Die volle arabische Unabhängigkeit, schrieb Alami, könne nur erreicht werden, wenn jede Spur ausländischer imperialistischer Präsenz einschließlich des Zionismus ausgelöscht würde. Es war also ein Kampf bis zum Ende, und eine friedliche Koexistenz mit Israel wurde nicht einmal als Möglichkeit erwähnt.

„Palästina und die Selbstachtung der Araber müssen wiedererlangt werden", schrieb er. „Ohne Palästina gibt es kein Leben für [die Araber]." Und an einer anderen Stelle schrieb er: „Die Katastrophe [von 1948] hat uns tief erschüttert und tief verletzt und die Tür für eine große Gefahr geöffnet. Wenn der Schock uns aufweckt, uns zusammenführt und uns zu einem neuen Leben drängt, aus dem wir Kraft schöpfen können, wird die Wunde heilen, die Gefahr abgewendet und Palästina wiedererlangt werden."[32]

Im September 1948 wurde in Gaza die hauptsächlich aus Verwandten und Anhängern des Muftis sowie aus anderen Mitgliedern der palästinensischen Oberschicht bestehende gesamtpalästinensische Regierung gebildet. Wie der Name vermuten lässt, erhob sie Anspruch auf die Souveränität über das gesamte Gebiet des ehemaligen Mandats und betonte die absolute Ablehnung des Prinzips der territorialen Teilung.

Am 1. Oktober 1948 trat in Gaza der Palästinensische Nationalrat mit dem Mufti als Präsident zusammen. In einem Brief an den Generalsekretär der Vereinten Nationen teilte der Rat mit, dass „die Araber Palästinas, die die Eigentümer des Landes sind, feierlich beschlossen haben, Palästina in seiner Gesamtheit und innerhalb seiner Grenzen, wie sie vor der Beendigung des britischen Mandats gezogen wurden, zu einem unabhängigen Staat zu erklären".[33] Der Rat erklärte Palästina – „im Norden an Syrien und den Libanon, im Osten an Syrien und Transjordanien, im Westen an das Mittelmeer und im Süden an Ägypten grenzend" – für unabhängig. Der Staat Israel war nirgendwo zu finden. Der kurzlebigen Regierung fehlte jegliche praktische Legitimation; sie formulierte aber die politischen Positionen der palästinensischen Führung gegenüber dem Ende des Krieges, welche die Existenz des Staates Israel unter keinen Umständen akzeptieren konnte.[34]

Ein anderer Fall, Ende 1948 in Jericho, verdeutlicht die Stimmung unter palästinensischen Würdenträgern und Politikern – unter denen also, die während des Krieges unter jordanische Herrschaft gerieten. König Abdullah von Jordanien berief seine palästinensischen Unterstützer, Persönlichkeiten des Westjordanlandes, auf das er gerade seine Kontrolle ausgeweitet hatte, zu einer Konferenz zusammen. Die Absicht des Königs war es, die Konferenz dazu zu nutzen, deren Segen für die Aufnahme von Verhandlungen mit Israel zu erhalten. Die Palästinenser aber verweigerten sich dem, weil es die Akzeptanz der Teilung bedeutet hätte. Sie waren bereit, Abdullah als ihren König anzuerkennen, sofern er sich verpflichtete, ganz Palästina zu befreien. In ihren endgültigen Resolutionen forderten sie „Palästina als Ganzes und unteilbare Einheit" und proklamierten, dass „jede Lösung, die diesem Prinzip widerspricht, nicht als endgültig angesehen werden kann". Sie riefen auch die arabischen Staaten zur Befreiung Palästinas auf.[35]

Und schon ab 1950 tauchten in Kairo, Beirut und Gaza militante palästinensische Studentenbünde auf, von denen einige geheim waren, die aber allesamt Palästina von seiner zionistischen Besatzung befreien wollten. Solche Bünde waren der in Ägypten von Jassir Arafat gegründete Allgemeine Bund palästinensischer Studenten, der Studentenbund von George Habash im Libanon und eine Miliz von Khalil al-Wazir (einem Gründer der nationalpolitischen Partei Fatah, später bekannt als Abu Jihad) im Gazastreifen. Die Koexistenz mit dem Staat Israel stand auf keiner der Agenden dieser Organisationen.[36]

Auf seinen Reisen durch die arabische Welt unmittelbar nach dem Krieg begegnete Kenneth Bilby Tausenden von arabischen Flüchtlingen, die, vor dem Krieg geflohen, nun ihre Besitztümer in den Händen trugen und sich in Zeltlagern am Rande der Großstädte drängten. Er wurde Zeuge des menschlichen Leids der Flüchtlinge, und er ordnete das Phänomen sofort in dessen politischen Kontext als Folge des Krieges richtig ein: Die Anwesenheit der Flüchtlinge, schrieb er, „stellt ein Symbol der Niederlage gegen eine verachtete Minderheit dar" – gemeint waren die Juden –, und er fügte hinzu, dass die Flüchtlinge „zu schaffen machen ... schaden ... [und] demütigen; sie strafen alle Kommuniqués, die etwas von glorreichen Siegen und Eroberungen erzählten, Lügen. Sie sind zum Vermächtnis eines Krieges geworden, der die Autorität und die populäre Grundlegung der [arabischen] Regierungen untergraben hat und dem kollektiven arabischen Stolz einen erschütternden Schlag [versetzte]."[37]

Es überrascht nicht, dass viele Flüchtlinge so schnell wie möglich nach Hause zurückkehren wollten. Aber die palästinensische Führung war zunächst dagegen, im Glauben, dass dies eine effektive Anerkennung der von ihr abgelehnten Existenz Israels bedeuten würde. Das Problem der Rückkehr der Flüchtlinge in ihre Heimat wurde dem größeren Problem der Anerkennung der Legitimität Israels untergeordnet. Solange die Rückkehr der Flüchtlinge dazu führen würde, sich positiv auf die Legitimität Israels auszuwirken, wurde sie abgelehnt – unabhängig von den humanitären und emotionalen Bedenken. Und so unterzeichnete der Mufti im Sommer 1948 im Namen des Arabischen Hohen Komitees ein Dekret, das die Bereitschaft arabischer Staaten zur Rückführung der Flüchtlinge nach Israel mit der Begründung angriff, dass dies Verhandlungen mit dem neugeschaffenen Staat erfordern würde.[38]

Im selben Geiste lehnte auch Emil Ghuri, ein anderer Beamter des Arabischen Hohen Komitees, jede Möglichkeit der Rückführung der Flüchtlinge ab, da dies „als erster Schritt zur arabischen Anerkennung des Staates Israel und der Teilung dienen würde". Die Lösung war ihm zufolge „nur durch die Rückeroberung des von den Juden eingenommenen Territoriums und die Rückkehr seiner Bewohner möglich". Er warnte ausdrücklich vor der Aufgabe des Kampfes gegen Israel und davor, das Problem durch eine zu schmale Linse zu betrachten, als wäre es allein eine humanitäre Frage der aus ihrer Heimat entwurzelten Menschen: „Sie haben eine Angelegenheit des Dschihad in ein Flüchtlingsproblem verwandelt", sagte er. Mit Blick auf die Zukunft war Ghuri noch klarer und beschloss: „Uns liegt daran, zurückzukehren und die Frage in eine Angelegenheit des Dschihad zu verwandeln. Uns liegt daran, den Hass auf die Juden im Herzen jedes Arabers zu ernten."[39]

Das war der Beginn einer bis heute zwischen dem Flüchtlingsproblem und anderen Forderungen der Araber in dem Konflikt bestehenden Verbindung. Die palästinensischen Führer zeigten, dass sie die Notlage der Flüchtlinge gegenüber den wichtigsten politischen Fragen – der Beseitigung Israels, der Umkehrung des Kriegsausgangs und der Verhinderung einer territorialen Teilung – für zweitrangig hielten. Es gab keine separate arabische Politik gegenüber den Flüchtlingen – nur das, was in dem Moment als größtmöglicher Schaden und weitestreichende Schwächung Israels dienlich war. Die palästinensische Führung signalisierte, dass sie die Fortsetzung des Krieges gegenüber der Möglichkeit einer Rückkehr vorziehe, da diese die Anerkennung Israels bedeuten würde.

Die Rückkehr war daher nicht nur eine Frage der Geographie, sondern auch der Zeit. Es ging nicht nur um eine zehn oder zwanzig Meilen weite Rückkehr in zurückgelassene Häuser, sondern vor allem um eine Rückkehr in die Zeit vor der schrecklichen Niederlage, der Nakba, und vor der Gründung des Staates Israel. Bei der Rückkehr ging es nicht nur um eine physische Bewegung von einem Ort zum anderen, sondern auch um die Umkehrung aller vorherigen Ereignisse. Da die Flüchtlinge, wie Bilby feststellte, ein Symbol für die Niederlage der Araber und den Sieg Israels waren, wurde ihre Rückkehr als Mittel zur Ausradierung dieser Niederlage und dieses Siegs angesehen.

Der palästinensische Historiker Walid Khalidi hat in den 1950er Jahren herausgearbeitet, dass die Rückkehr kein Selbstzweck sei: „Manchmal wird behauptet, man könne das Palästina-Problem nur stückchenweise lösen ... die Flüchtlinge ansiedeln und das größte Hindernis für die Lösung wird beseitigt. Aber das Palästina-Problem wird mit der Ansiedlung eines jeden Palästinaflüchtlings so akut wie seit ehedem bleiben. Die Flüchtlinge mögen der äußere Beweis für das Verbrechen sein, das aus den Augen geräumt werden muss, aber nichts wird die Narbe von Palästina aus den arabischen Herzen entfernen ... Die Lösung des Palästinaproblems kann nicht in der Ansiedlung der Flüchtlinge gefunden werden.“[40] Dieses Eingeständnis ist der Kern der Sache: Statt ein juristisches oder humanitäres Problem zu sein, ist das Flüchtlingsproblem damals und heute in erster Linie ein politisches, das den Wunsch nach Herrschaft über das gesamte Land widerspiegelt.

Doch kurz darauf änderte die palästinensische Führung ihre Position in der Flüchtlingsfrage radikal. Wenn palästinensische Vertreter die Rückkehr der Flüchtlinge zunächst ablehnten, weil sie darin eine Anerkennung des Status quo der Nachkriegszeit sahen, erkannten sie bald, dass eine Rückkehr diesen Status quo tatsächlich durcheinanderbringen und die Existenz des Staates Israel untergraben könnte. Ob aus Demografie- oder Sicherheitsgründen, es war offensichtlich, dass die massive Rückkehr der Flüchtlinge die Wiederaufnahme der

Kriegsführung bedeuten würde. Die Rückkehrforderung, schrieb der palästinensische Historiker Rashid Khalidi in der Analyse der arabischen Stimmung der Zeit, „basierte klar und deutlich auf der Befreiung Palästinas, d. h. der Auflösung Israels".[41]

In der arabischen Welt bildete sich bald ein Konsens über die alleinige Verantwortlichkeit Israels für das Flüchtlingsproblem. Daher dürfe es sich der Verantwortung für dessen Lösung nicht entziehen. Zeitgenössische arabische Vertreter argumentierten, dass die notwendige Lösung darin bestand, den Flüchtlingen die Heimkehr zu erlauben. Im März 1949 beschloss die Arabische Liga, dass „die dauerhafte und gerechte Lösung des Flüchtlingsproblems ihre Rückführung ist".[42] Die sich im Laufe des Jahres mit israelischen Diplomaten treffenden palästinensischen Gesandten argumentierten auch, dass das Problem durch ihre Rückkehr nach Israel gelöst werden müsse und den Flüchtlingen die Wahl zwischen einer Rückkehr nach Israel und einer Rehabilitation in arabischen Ländern vorbehalten sei.[43] In einem internen Bericht, den der Generalsekretär der Arabischen Liga im März 1950 dem Rat der Arabischen Liga vorgelegt hatte, wurde die arabische Position als Bestehen auf der Rückkehr aller rückkehrwilligen Flüchtlinge definiert.[44]

Die Rückkehrforderung wurde zur offiziellen, vereinbarten Position der arabischen Staaten, auf die sie dann bei jeder Gelegenheit und in jeder Verhandlung drängten. Sie machten diese Forderung zur Voraussetzung für die Aufnahme von Friedensgesprächen und nicht als Teil eines künftigen Vertrages. Sie forderten, dass Israel das Prinzip der Rückkehr akzeptiere und ohne Versprechen ihrerseits mit der Umsetzung beginnen solle.[45]

Einige arabische Politiker und Medien verbanden die Forderung nach Rückkehr ausdrücklich mit der Abschaffung des Staates Israel. Im Oktober 1949 sagte beispielsweise der ägyptische Außenminister Muhammad Salah al-Din: „Es ist allgemein und umfassend bekannt, dass, wenn die Araber die Rückkehr der Flüchtlinge nach Palästina fordern, sie ihre Rückkehr als Herren der Heimat meinen und nicht als deren Sklaven. Mit größerer Klarheit meinen sie die Liquidation des Staates Israel."[46] Auch der palästinensische Journalist und Historiker Nassir al-Din Nashashibi erklärte: „Wir wollen nicht zurückkehren, wenn die Flagge Israels auch nur über einen einzigen Quadratmeter unseres Landes weht, und wenn wir tatsächlich zurückkehren, wird das eine geehrte und ehrbare Rückkehr und nicht eine erniedrigende Rückkehr sein, keine Rückkehr, die uns zu Bürgern des Staates Israel macht."[47]

Ein Artikel in der libanesischen Wochenzeitung *Al-Sayyad* erklärte im Februar 1949 zum Kriegsende: „Wir können sie [die Flüchtlinge] nicht ehrbar zurückkehren lassen. Versuchen wir daher, sie zu einer fünften Kolonne in dem noch vor uns liegenden Kampf zu machen. Bis jetzt argumentierten sie [die Juden], dass zwischen uns ein Kriegszustand herrschte, und wir könnten sie nicht bitten, Soldaten, Feinde, in ihre Mitte aufzunehmen. Aber wenn wir jetzt als Friedenssuchende auftreten, werden sie kein Argument haben."[48] Ein Jahr später behauptete ein Artikel in derselben Zeitung, dass die Rückkehr der Palästinenser „eine große arabische Mehrheit schaffen würde, die als das effektivste Mittel zur Wiederbelebung des arabischen Charakters Palästinas und gleichzeitig als eine mächtige fünfte Kolonne für den Tag der Rache und Abrechnung dienen würde".[49] Die libanesische *Saut el Ahrar* berichtete über eine Flüchtlingskonferenz im Libanon im Oktober 1951, auf der beschlossen wurde, dass „nichts die Flüchtlinge daran hindern wird, in ihre Heimat Palästina zurückzukehren" und „jeder Versuch, Frieden mit Israel zu schließen, vehement abgelehnt wird".[50]

Die palästinensischen Flüchtlinge waren also nicht an einer friedlichen Rückkehr in einen souveränen und anerkannten Staat Israel interessiert, sondern an der Untergrabung der Grundlagen der Existenz dieses Staates. Ihre strategische Absicht war die Rückführung des Landes an die Araber und nicht nur die Rückführung der Araber in das Land.[51] „Nachdem sie den Krieg verloren hatten", schreibt der Historiker Avi Shlaim, „setzten arabische Regierungen alle sich findenden Waffen zur Fortsetzung des Kampfes gegen Israel ein; und das Flüchtlings-Problem war eine besonders effektive Waffe, um Israel in die Defensive vor dem Gericht der internationalen öffentlichen Meinung zu drängen." Wie Benny Morris schrieb: „Die Flüchtlinge waren und blieben ein politisches Problem", und die arabischen Staaten argumentierten, dass deren Rückkehr nach Israel „zur Untergrabung des jüdischen Staates, dessen Fortbestand sie ablehnten, beitragen konnte".[52]

Die Ausnahme in dieser Angelegenheit bildete wiederum Jordanien, dessen König Abdullah nicht auf der Rückkehr der Flüchtlinge nach Israel bestand; er arbeitete sogar von Anfang an daran, die Palästinenser in sein Königreich zu integrieren. Kurz nach Kriegsende wendete Jordanien sein eigenes Gesetz auf den Teil des Mandats Palästina, der gerade erst von der Arabischen Legion erobert worden war (das Westjordanland), an und annektierte ihn 1950 formell. Das Königreich gewährte allen ansässigen Palästinensern das Stimmrecht für das jordanische Parlament, einen Pass und die Staatsbürgerschaft. Über kurz oder lang wurden Palästinenser in das jordanische Parlament gewählt und dienten als Minister; sie nahmen unterschiedliche Positionen im öffentlichen Dienst ein und spielten eine führende Rolle in der jordanischen Wirtschaft.[53]

König Abdullah betonte die ganze Zeit ausdrücklich, dass das Problem durch die Umsiedlung der Flüchtlinge in arabische Länder gelöst werden sollte. Er urteilte, dass bei der Rückkehr einer großen Zahl von Arabern nach Israel diese eine ständige Quelle von Reibungen zwischen Israel und den arabischen Staaten und damit letztendlich eine gefährliche Situation schaffen würden. Die Friedensverhandlungen zwischen Jordanien und Israel in den Jahren 1949 bis 1950 zeigten zweifelsfrei, dass Abdullah die Rückkehr der Flüchtlinge nach Israel nicht anstrebte: Der König und seine Gesandten forderten weder eine einzige Diskussion zur Rückkehrfrage noch eine einzige Klausel in den Vertragsentwürfen dazu.[54]

Somit war das einzige arabische Land, das zur Anerkennung Israels bereit war, auch das einzige, das die Rückkehr der Flüchtlinge nicht forderte, was den Zusammenhang zwischen der (Nicht-)Anerkennung Israels und der Forderung nach Rückkehr aller Flüchtlinge noch deutlicher macht. Diejenigen, die zu einer Versöhnung mit Israel bereit waren, forderten die Rückkehr der Flüchtlinge ins Land

Israel nicht, während diejenigen, die ihre Rückkehr forderten, keinen Wunsch nach Versöhnung hatten und die Rückkehr als eines der wirksamsten Mittel gegen die Beendigung des Kriegs ansahen.

Die Flucht Hunderttausender Palästinenser aus Israel während des Krieges kam für die Juden völlig überraschend. Während später behauptet wurde, der Jischuw habe den Transfer der Palästinenser im Voraus geplant, gibt es keine Hinweise auf Vorbereitungen für eine Vertreibung der Palästinenser aus dem Land durch die israelische Führung. Es wurden nicht nur keine Pläne im Voraus geschmiedet, es wurde auch nicht gefragt, was zu tun sei, wenn die Flüchtlinge zurückkehren wollten. Die Entscheidung, sie nicht zurückkehren zu lassen, wurde phasenweise im Eifer des Gefechts getroffen. In der ersten Phase, bereits im Mai 1948, als die Verwirrung noch immer offensichtlich war, beschloss die Jischuw-Führung, die das Land verlassenden Araber nicht zur Rückkehr aufzufordern, aber auch keine Schritte zu unternehmen, sie davon abzuhalten.

Die damalige stellvertretende Leiterin der Politischen Abteilung der Jewish Agency und eine der einflussreichsten Persönlichkeiten des Jischuw, Golda Meir, besuchte Haifa Anfang Mai 1948, kurz nachdem der arabische Sektor an die Haganah gefallen war. Nach ihrer Rückkehr kündigte Meir an, dass „keine außergewöhnlichen Vorkehrungen getroffen werden sollten, um die Araber zurückzubringen", und sagte: „Wir werden nicht nach Akko oder Nazareth gehen, um die Araber zurückzubringen, aber gleichzeitig sollte unser Verhalten so sein, dass, wenn sie deswegen zurückkommen – [dann] lasst sie zurückkommen. Wir sollten uns gegenüber den Arabern [die geblieben sind] nicht schlecht benehmen, damit andere [die geflohen sind] nicht zurückkehren." David Ben-Gurion äußerte eine ähnliche Meinung und erklärte, dass, obwohl jeder in Haifa verbliebene Araber mit zivilisierter und menschlicher Gleichheit behandelt werden müsse, „es nicht unsere Aufgabe ist, uns um die Rückkehr [derjenigen, die geflohen waren] zu sorgen".[55]

Der Grund lag auf der Hand: Die arabische Bevölkerung war Kriegspartei. Solange sich der Krieg hinzog, gab es für Israel keinen

Grund, seine eigene Position auf dem Schlachtfeld durch eine Rückholung der Palästinenser zu untergraben, damit diese wieder losschlagen konnten. Bei der Schlacht um Haifa zum Beispiel, die seit der Verabschiedung des UN-Teilungsplans im November 1947 immer wieder tobte, wurden Dutzende Juden getötet und viele weitere verwundet. „Im Krieg gibt es keine Gefühle", sagte einer der zivilen Vertreter der Stadt. „Es ist besser, ihnen Unrecht zuzufügen, als dass [wir] eine Katastrophe [erleiden] ... Wir haben kein Interesse an ihrer Rückkehr."[56]

Ben-Gurion erläuterte während der ersten Kampfpause Mitte Juni 1948 in einer Kabinettssitzung die israelische Position anschaulich: „Wenn der Krieg wieder aufgenommen wird", sagte er, „wird es für uns, nicht für sie, ein Krieg um Leben und Tod sein. Wenn wir gewinnen, werden wir weder das ägyptische noch das syrische Volk vernichten, aber wenn wir scheitern und verlieren – werden sie uns ausrotten." Deshalb, erklärte er, würde Israel den Flüchtlingen nicht erlauben, an die Orte zurückzukehren, die sie verlassen hatten: „Krieg ist Krieg; wir wollten ihn nicht. [Die jüdische Stadt] Tel Aviv führte keinen Krieg gegen [die arabische Stadt] Jaffa. Jaffa führte Krieg gegen Tel Aviv. Das darf nie wieder geschehen. Wir werden keine redlichen Narren sein. Es ist keine fromme Handlung, die Araber nach Jaffa zurückzubringen, sondern nur Torheit. Diejenigen, die Krieg gegen uns führen, werden die Verantwortung dafür tragen, wenn sie verlieren. Wenn die Araber in die arabischen Städte Abu Kabir und Jaffa zurückkehren und der Krieg von vorne beginnt, werden die Chancen, den Krieg so zu beenden, wie wir es wollen, verringert."[57]

Die Entscheidung gegen eine Rückführung der Flüchtlinge wurde auf dem Höhepunkt des Krieges getroffen. Die IDF waren im Juni 1948, einen Monat nach der Unabhängigkeitserklärung, „ausgezehrt und ernsthaft erschöpft", wie Moshe Sharett berichtete. „Sie halten kaum an vielen wichtigen Positionen fest." Ben-Gurions Haltung wurde aufgrund der realen Angst vor der Schwächung Israels während der Kämpfe durch die Rückkehr der Araber, der Verlängerung des Krieges und der Erhöhung der israelischen Opferzahl akzeptiert. Der militärische Geheimdienst hatte Ben-Gurion gewarnt, dass bei einer Rückkehr der Araber in an die IDF gefallene Dörfer „die ernsthafte Gefahr besteht, dass sich zurückkehrende Dorfbewohner in ihren Dörfern hinter unseren Frontlinien befestigen und mit der Wiederaufnahme der Kriegsführung mindestens eine [potenzielle] fünfte Kolonne darstellen werden, wenn nicht sogar aktive feindliche Konzentrationen." Die IDF warnte auch, dass, wenn die Rückkehr der Palästinenser in ihre eroberten Dörfer nicht verhindert würde, „wieder beträchtliche Kräfte für die Nachhut und zur Säuberung der Kommunikationslinien abbeordert werden müssten".[58]

Letztendlich wurde die Landesführung durch diese Bedenken über die möglichen Auswirkungen einer Massenrückkehr auf die Sicherheit zum Entschluss veranlasst, die arabischen Flüchtlinge an der Rückkehr in ihre Heimat zu hindern. Den israelischen Diplomaten wurde im Juli 1948 von Sharett telegrafisch durchgegeben, dass eine Rückkehrerlaubnis für die Araber während des andauernden Kriegszustands nicht in Frage käme, weil dies die Einführung einer fünften Kolonne, die Bereitstellung von Basen für Feinde von außen und Auswirkungen auf Recht und Ordnung im Inneren bedeuten würde.[59]

Gleichzeitig begannen Israels führende Politiker, ihre Position in der Frage der arabischen Flüchtlinge nach Kriegsende, insbesondere im Fall der Unterzeichnung eines Friedensvertrags, zu überdenken. Nach ausführlichen Konsultationen und Beratungen und angesichts der harten Opposition der arabischen Welt kam Israel zu dem Schluss, dass die Flüchtlinge in arabischen Ländern rehabilitiert werden sollten, während es einer begrenzten Rückkehr als Teil eines Friedensvertrags und unter Vorbehalt von Bedingungen zustimmte.

Ben-Gurion und Sharett glaubten, dass Frieden für das entstehende Land und die gesamte Region die vollständige Rehabilitierung der Flüchtlinge in den Nachbarländern erforderte. Eine große, feindlich gesinnte arabische Bevölkerung, die gerade erst zur Vernichtung Israels zu den Waffen gegriffen hatte, wäre ein ständiger Feind innerhalb der Grenzen Israels gewesen. Sharett argumentierte, dass Israel nicht nur schneller innere Stabilität erreichen würde, wenn die Araber anderswo rehabilitiert würden, sondern auch, dass damit seine „friedlichen Beziehungen zur arabischen Welt auf eine viel festere Grundlage gestellt würden". Er schlussfolgerte, dass ein solches Ergebnis Israels Chancen auf Frieden mit den benachbarten arabischen Staaten erheblich verbessern würde. „Wie verwöhnt die arabische Minderheit im Staat Israel auch sein würde", argumentierte er, „sie würden sich immer über eine unfaire Behandlung beschweren, und ihre Beschwerden würden immer als Irritation in den Beziehungen zwischen Israel und seinen Nachbarn wirken und als ständige Entschuldigung für den Versuch Letzterer dienen, sich in die Angelegenheiten der Ersteren einzumischen. Auf lange Sicht war es im besten Interesse aller Beteiligten, dass die arabische Minderheit im Staat Israel eine kleine und keine große sein sollte."[60]

Ein von Ben-Gurion eingesetztes Sonderkomitee nannte zahlreiche Gründe, warum Israel das Prinzip der Rückkehr der Palästinenser ablehnen und stattdessen an ihrer Ansiedlung in den Nachbarländern arbeiten sollte. Der Abzug der Palästinenser, so das Komitee, war eine realistische Lösung für das territoriale Problem, weil er zwei getrennte Gebiete mit jeweils relativer demografischer Homogenität geschaffen hatte. Die Rückkehr der Flüchtlinge hätte dem Land eine schwere wirtschaftliche Belastung auferlegt. Ihre Feindseligkeit gegenüber Israel und die Art und Weise, wie die arabische Welt sie dagegen aufgehetzt hatte, hätten die Flüchtlinge zu einer Art fünfter Kolonne gemacht. Das Komitee kam daher zu dem Schluss, dass die Umsiedlung in Nachbarländer die wünschenswerteste Lösung war. In seinen Schlussfolgerungen in der Vorlage vom 29. August 1948 argumentierte das Komitee, dass die drei am besten geeigneten arabischen Länder für die Aufnahme der Flüchtlinge der Irak, Syrien und Transjordanien seien, da sie aufgrund dünner Besiedlung große Arbeitskraft zur Entwicklung und Bewirtschaftung ihrer Länder brauchten.[61]

Dennoch schloss die israelische Führung die Rückkehr einiger arabischer Flüchtlinge im Rahmen eines Friedensvertrages noch immer nicht vollständig aus. Ende August 1948 schrieb Ben-Gurion in sein Tagebuch: „Sollten wir sie zurückbringen? Unter welchen Bedingungen? Wann? Wen?" Im März 1949 sagte Moshe Sharett, dass

Israel unter bestimmten Bedingungen zur Zulassung einer Rückkehr eines „bestimmten Anteils“ bereit sei, fügte jedoch hinzu, dass dies von einer „Art von Frieden“ abhängig sei. Im April 1949 sagte Ben-Gurion, dass er „die Möglichkeit nicht ausschließen würde, dass [Israel] dazu beiträgt, einen Teil von ihnen anzusiedeln“. Im Mai sagte Abba Eban den Vereinten Nationen, dass Israel das Prinzip der Rückkehr von Flüchtlingen „nicht ablehnt“.[62]

Es sollte beachtet werden, dass Israels Einwände gegen das Prinzip der Massenrückführung von Flüchtlingen als ethnische Gruppe gerichtet waren und nicht gegen die Rückkehr einzelner Flüchtlinge aus besonderen humanitären Erwägungen heraus. Israel war besonderen Umständen gegenüber nicht verschlossen und bot einer kleinen Zahl palästinensischer Flüchtlinge im Rahmen der Familienzusammenführung die Rückkehr an. Tatsächlich kehrten auch ab dem Sommer 1948 einige Tausend Araber zurück, die Israel während des Krieges verlassen hatten.[63]

Diese israelische Politik richtete sich sehr an der damaligen internationalen Praxis aus und war vielleicht sogar großzügiger gegenüber den Flüchtlingen als die Norm vorsah. Tatsächlich war der Ansatz der internationalen Gemeinschaft aber, dem palästinensischen Flüchtlingsproblem eine den zeitgenössischen Standards nicht entsprechende Sonderbehandlung einzuräumen.

Das Hauptanliegen der westlichen Alliierten in der Nachkriegszeit war die Wahrung des Friedens. Wie im vorigen Kapitel angemerkt, wurde die Schaffung ethnisch homogener Staaten, auch durch erzwungene Bevölkerungstransfers, als wünschenswert und legal erachtet. Es gab keine rechtliche Verpflichtung oder einen Vertrag, der die Vertreibung der Palästinenser im Krieg verhinderte (falls und wenn das geschah); oder solche, die Israel zwangen, sie auf sein Territorium zurückkehren zu lassen.[64] Ein gesetzliches und in der Flüchtlingskonvention von 1951 verankertes Recht von Flüchtlingen sah vor, dass Flüchtlinge nicht zwangsweise in ihr Herkunftsland zurückgeführt werden konnten (Refoulement).[65] Mit anderen Worten, das Völkerrecht machte es illegal, jemanden gegen seinen Willen zur Repatriierung zu zwingen. Damit wollten die westlichen Alliierten beispielsweise ehemalige Bewohner der UdSSR schützen, die sich nach Kriegsende in anderen Teilen Europas befanden und aus Angst vor stalinistischen Repressalien nicht in ihre Heimat zurückkehren wollten.

Damals gab es zwar Flüchtlingsrückführungen, die jedoch weder das Resultat einer gesetzlichen Verpflichtung waren, noch gegen den Willen des Aufnahmestaates erzwungen wurden. Diese Rückkehr wurde in der Regel als „Mehrheitsrückkehr" bezeichnet, d.h. die Rückkehr einer Flüchtlingsbevölkerung, die zur ethnischen Mehrheit in einem souveränen Staat gehörte und die deshalb getrost als ungefährlich für die interne Zusammengehörigkeit des Staates und seines Friedens angesehen werden konnte.[66] Unmittelbar nach dem Zweiten Weltkrieg kam es zu einer massiven Rückkehr polnischer Flüchtlinge: Rund 600 000 kehrten zwischen 1945 und 1947 überwiegend aus Deutschland in ihre Heimat zurück. Einige Jahre später, in der Afrika und Asien erfassenden Dekolonisierungswelle, kehrten viele Flüchtlinge nach der Befreiung ihrer Länder aus der Fremdherrschaft zurück. So auch etwa 200 000 Algerier, die während des algerischen Unabhängigkeitskrieges gegen Frankreich geflohen waren und 1962 aus dem benachbarten Tunesien und aus Marokko zurückkamen. 1972 erlebte Bangladesch die größte Flüchtlingsrückkehr nach dem Zweiten Weltkrieg: Etwa zehn Millionen während des Befreiungskrieges von Pakistan ins benachbarte Indien geflohene Bengalen kamen in weniger als einem Jahr zurück.[67]

In jedem dieser Fälle waren die zurückkehrenden Flüchtlinge Mitglieder der ethnischen Mehrheit, hatten nicht Krieg gegen die Mehrheitsbevölkerung geführt und es gab keine ethnischen Konflikte zwischen der zurückkehrenden und der aufnehmenden Seite. Der souveräne Staat, der ihre Rückkehr ermöglichte und sie zu Bürgern gemacht hatte, hatte damit die souveräne Entscheidung getroffen, diesen Flüchtlingen die Möglichkeit zur Rückkehr zu geben, in dem Wissen, dass er bei dieser Entscheidung sicher war. Das war die internationale Norm, nach der Israel operiert hatte.

Der Staat Israel wurde daher von den Arabern zu einer außergewöhnlichen Tat aufgefordert: Er wurde ersucht, Hunderttausende Araber entgegen den damaligen internationalen Normen ohne Friedensvertrag in sein Hoheitsgebiet aufzunehmen. Gleichzeitig drohten die Palästinenser und die arabische Welt ihm weiterhin mit einem neuen Krieg und bezeichneten die Flüchtlinge sogar als Pioniere zu diesem Zweck. Israel war völlig berechtigt, dieses einem Selbstmord gleichkommende Ersuch abzulehnen.

Die Erbsünde der Einführung eines palästinensischen „Rückkehrrechts" wurde nicht von einem arabischen Politiker, sondern von einem schwedischen Grafen begangen: Folke Bernadotte. Kurz nach der Gründung Israels wurde Bernadotte zum UN-Vermittler im arabisch-israelischen Konflikt ernannt und kam in den Nahen Osten, um zwischen den Seiten zu vermitteln und den Krieg zu beenden. Als Mitglied der schwedischen Königsfamilie war Bernadotte während des Zweiten Weltkriegs stellvertretender Leiter des Schwedischen Roten Kreuzes und wurde 1946 dessen Präsident. Am Ende des Krieges verhandelte er mit Nazi-Deutschland über die Freilassung von tausenden skandinavischer Gefangener, darunter einige Hundert Juden. Durch diese Rettung wurden zunächst die israelischen Bedenken hinsichtlich Bernadottes Ernennung zum UN-Vermittler zerstreut. Im Sommer 1948 ließ sich der hochgewachsene und blonde Adlige im Hotel des Roses auf Rhodos nieder, von wo er mit einem KLM-eigenen Leichtflugzeug „Dakota" zwischen Tel Aviv, Kairo, Damaskus und Amman hin und her flog. Das Haupthindernis bei seiner Mission war die arabische Drohung, dass es einen energischen Widerstand gegen die Anerkennung des Staates Israel in irgendwelchen Grenzen geben würde.

Während zu seinem persönlichen Hintergrund humanitäre Aktivitäten gehörten, waren seine Kompromissversuche angesichts des damaligen Geflechts von Interessen und Wünschen der Großmächte in erster Linie politischer Natur. Einerseits waren Großbritannien und die Vereinigten Staaten um die Wahrung der westlichen Hegemonie im Nahen Osten und die Verhinderung eines sowjetischen

Eindringens bemüht, um einen anhaltenden Ölfluss aus der Levante nach Europa zu gewährleisten. Die beiden Staaten versuchten daher, ihre guten Beziehungen zu den Arabern, insbesondere zu den Vasallenkönigen von Jordanien und Ägypten, zu schützen und deren Abkehr zu verhindern. Andererseits bemühte sich die Sowjetunion um eine Schwächung der westlichen Kontrolle in der Region, indem sie dieselben probritischen monarchischen Regime untergrub. Diese geopolitische Machtfrage – nicht Gerechtigkeit und Moral – war der treibende Faktor für Bernadottes Aktivitäten. Bernadottes Position überlappte sich letztlich mit den Interessen des Westens, der mit allen Mitteln versuchte, den Konflikt von der Tagesordnung zu nehmen.[68]

Ohne ebenjene Machtfrage wäre die Rückkehrforderung der Araber wohl allein zwischen Israel und den Arabern ausgefochten worden, ohne eine weitergehende internationale Dimension. Wäre dies der Fall gewesen, hätte sich das Thema im Laufe der Jahre wahrscheinlich wie anderswo auf der Welt verflüchtigt. Bernadotte als Vertreter der westlichen Interessen aber verlieh den arabischen Ambitionen der Vernichtung des Staates Israel ein Gütesiegel. Der schwedische Vermittler hat diese Angelegenheit als internationale Frage mit moralischem und rechtlichem Charakter, auf die sich die Palästinenser seither berufen, verankert. Bernadottes Ansatz wich stark vom damals allgemein akzeptierten Umgang mit Flüchtlingsproblemen ab und ist bis heute eines der größten Hindernisse für ein Friedensabkommen.

Angesichts der arabischen Opposition bestand Bernadottes Lösungsvorschlag in der Umkehrung des Teilungsplan und der Lähmung Israels neuer Unabhängigkeit. In seinem Tagebuch gab er zu, dass er den Teilungsplan für „unglücklich" und die eigentliche Ursache des Krieges hielt, da die Araber im Vorfeld erklärt hatten, dass sie sich dagegen wehren würden.[69] Am 28. Juni 1948 legte er den Seiten formell einen Vorschlag zur Gründung einer arabisch-jüdischen Föderation im ehemaligen Mandatsgebiet vor. Der Plan hätte die Souveränität des jüdischen Staates in der kritischen Angelegenheit der

Absorption der jüdischen Einwanderung (wobei die Schaffung eines sicheren Hafens für verfolgte Juden auf der ganzen Welt eine wichtige Daseinsberechtigung des jüdischen Staates war) untergraben und den Negev seiner Kontrolle entzogen. Bernadotte versuchte sogar, ganz Jerusalem in arabische Hände, statt wie zuvor beschlossen in internationale Vormundschaft zu überführen.[70] Es wirkt so, als ob Bernadotte die vollständige Abschaffung des Staates Israel nur deshalb nicht vorschlug, weil er bereits existierte und mindestens ein Dutzend Staaten, darunter die Vereinigten Staaten und die Sowjetunion, ihn längst anerkannten. Aber er scheint darüber hinaus alles für die Einschränkung der israelischen Souveränität, beinahe bis hin zu ihrer Annullierung, versucht zu haben.[71]

Seine unterschiedliche Herangehensweise gegenüber beiden verfeindeten Seiten war frappierend. Bei Treffen mit arabischen Führern in Kairo im Juli 1948 erfuhr Bernadotte von deren vollständiger Ablehnung des Staates Israel. Der Generalsekretär der Arabischen Liga sagte ihm, dass die arabische Welt „eher untergehen würde, als den Kampf aufzugeben". Und der ägyptische Premierminister Mahmud Fahmi an-Nukraschi Pascha meinte, dass die Araber „der Errichtung eines jüdischen Staates niemals zustimmen könnten". Beim Verlassen eines dieser Treffen notierte Bernadotte in sein Tagebuch: „Ich stellte mit Freude fest, dass das Vertrauen der arabischen Vertreter in mich in keiner Weise beeinträchtigt war. Ich hatte das Gefühl, dass sie mich immer noch als Vermittler akzeptieren." Später fügte er hinzu: „Ich war nicht im Geringsten enttäuscht. Ich hatte nicht gedacht, dass ich die Ansicht der Araber erschüttern könnte."[72]

Wie viele ausländische Gesandte, die ihm im Laufe der Jahrzehnte nachfolgten, akzeptierte Bernadotte den arabischen Einwand gegen den Zionismus als eine unveränderliche Tatsache und versuchte weder, ihn in Frage zu stellen noch zu ändern. Er beharrte daher auf dem scheinbar einfacheren Weg der Beschneidung der Souveränität Israels, indem er Israel durch immer mehr Zugeständnisse unter Druck setzte.

Tatsächlich fanden Bernadottes Gespräche mit der israelischen Führung in Tel Aviv in einem ganz anderen Geist statt. Während

Zehntausende Juden noch in Vertriebenenlagern in Europa und Zypern saßen und versuchten, sich von den Schrecken des Holocaust zu erholen, und während ihre Landsleute um die Erlangung der Souveränität in einem Bruchteil des Nahen Ostens kämpften, hielt Bernadotte es für angebracht, Moshe Sharett zu belehren, wie man die Herzen der Nationen der Welt gewinnt. Bei einem Treffen mit dem israelischen Außenminister im August 1948 warf der schwedische Vermittler der israelischen Regierung „Arroganz und Feindseligkeit" gegenüber UN-Vertretern vor. Er sagte, dass „ein Anstieg des Wohlwollens der Welt gegenüber den Juden ihr wichtigstes Anliegen sein sollte" und sie „sollten sich unverzüglich daran machen, dem vorherrschenden Hass zwischen Arabern und Juden entgegenzuwirken". Hätte die israelische Regierung anders gehandelt, „wäre ihr Ansehen in der Welt insgesamt ins Unermessliche gestiegen", argumentierte er.[73]

Die wahren Motive Bernadottes hinter dieser Haltung sind schwer zu erkennen, aber der Gedanke, dass er sich womöglich mit dem alten Bild der Juden als machtlose Geschöpfe wohler fühlte als mit den unabhängigen und selbstständigen zionistischen Juden, die er in Israel antraf, ist beunruhigend. So beschrieb er in seinem Tagebuch, wie er eines Tages in Jerusalem „eine Abordnung ehrwürdiger, weißbärtiger Rabbiner" traf, die viel redeten, aber ansonsten charmant waren. „Die orthodoxen Juden", schrieb er später, „sind bei weitem nicht so fanatisch wie zum Beispiel die extremen Zionisten."

Als Bernadotte seine Bemühungen im Dienste der Großmachtsinteressen fortsetzte und erkannte, dass sein einziger Weg zur Beschwichtigung der Araber darin bestand, Israel weiter unter Druck zu setzen, legte er im September 1948 einen neuen Plan vor. Er zog Israels Grenzen neu und forderte, dass Israel einen Großteil der im Krieg eroberten Gebiete sowie die ihm im UN-Teilungsplan zugewiesenes Territorium abgab. Der Plan ließ Israel das eroberte Westgaliläa, nahm aber den Negev weg, sodass Bernadottes Israel noch kleiner gewesen wäre als das von der UNO vorgeschlagene und genehmigte.[74]

Am Tag nach der Fertigstellung seines Plans wurde der schwedische Graf von Mitgliedern von Lehi (einer abtrünnigen vorstaatlichen paramilitärischen Organisation) in Jerusalem wegen seiner antiisraelischen Haltung ermordet. Bernadottes Plan wurde trotzdem von seinem Stellvertreter Ralph Bunche vorgelegt, aber nicht umgesetzt. Die Arabische Liga in Kairo lehnte den Vorschlag ab und formulierte erneut, dass sie Israel weder anerkennen noch seine Existenz in irgendeiner Form akzeptieren würde.[75] Auch Israel lehnte den Plan aufgrund der radikalen territorialen Forderungen ab.[76]

Obwohl sein Plan ad acta gelegt worden war, setzte Bernadotte dennoch eine Reihe von Präzedenzfällen in Bezug auf die arabischen Flüchtlinge, die den arabisch-israelischen Konflikt weiterhin anheizen und verschärfen sollten. Er war der Erste, der beschloss, dass die Verantwortung für die staatenlosen palästinensischen Flüchtlinge über die Vereinten Nationen auf die internationale Gemeinschaft zurückfallen sollte: Die Araber waren Bewohner des Territoriums, das Großbritannien von der internationalen Gemeinschaft als Mandat anvertraut wurde, urteilte Bernadotte. Daher erwarteten sie verständlicherweise konkrete Hilfe von den Vereinten Nationen.[77] Dabei übersah Bernadotte die Eigenverantwortung der palästinensischen Araber für ihr Schicksal und ihre Entscheidung gegen die Gründung eines von der internationalen Gemeinschaft angebotenen Staates, der ihnen Land, Bürgerschaft und Eigenstaatlichkeit gegeben hätte. Bernadotte forderte auch die Rückkehr der arabischen Flüchtlinge auf das Territorium des Staates Israel. Damit widersprach er der damals üblichen Auffassung, dass die ethnische Trennung rivalisierender Bevölkerungsgruppen ein rechtmäßiges, moralisches und legitimes Instrument der Friedensstiftung sei. Er akzeptierte die arabische Position und nannte die Flüchtlinge unschuldige Opfer. „Es wäre ein Verstoß gegen die Grundsätze elementarer Gerechtigkeit", stellte der schwedische Vermittler fest, wenn ihnen „das Recht auf Rückkehr in ihre Heimat verweigert würde." Bernadotte schlug auch vor, dass die Vereinten Nationen „das Recht der Flüchtlinge bekräftigen sollten, frühestmöglich in ihre Heimat zurückzukehren" und dass sie die Umsetzung überwachen sollten.[78] Bernadottes Position war außergewöhnlich; zunächst in seinem Beharren auf der Rückkehr einer

Flüchtlingsbevölkerung gegen den Willen eines souveränen Staates und dann in seiner Missachtung der realen Gefahr der Fortsetzung des Krieges (im Widerspruch zum Wesen seiner Rolle als Friedensvermittler), als er sich von Azzam Pascha, dem Generalsekretär der Arabischen Liga, anhörte, dass es möglich sei, aus den Reihen der Flüchtlinge „eine irreguläre Armee zu rekrutieren, die in der Lage wäre, den Juden durch Sabotage große Unannehmlichkeiten zu bereiten".[79]

Bernadottes Position war auch beispiellos in seiner Definition dieser Rückkehr als ein „Recht" und in der ausdrücklichen Bestimmung einer Rückkehr der Flüchtlinge in ihre Häuser. Bernadottes Position war auch beispiellos in seiner Differenzierung zwischen den Palästinensern als nationalem Kollektiv und Kriegspartei und der individuellen Lage einzelner Flüchtlinge. Dadurch behandelte Bernadotte die palästinensischen vollkommen anders als andere Flüchtlinge. Als das Problem der deutschen Flüchtlinge nach 1945 diskutiert wurde, stand die Prägung ihres Schicksals von der direkten deutschen Verantwortung für den Zweiten Weltkrieg außer Frage. Und so sehr Millionen von Indern und Pakistanern auch unter persönlichen Tragödien litten, wurde das nicht als Grund für eine Umkehrung der Teilung des indischen Subkontinents und für die Rückführung in ihre früheren Häuser angesehen.[80]

Hätte Bernadotte nicht auf der Rückkehr der Flüchtlinge in ihre Häuser bestanden und stattdessen auf ihre „Heimat" oder ihr „Land" Bezug genommen, hätte er in Übereinstimmung mit dem Teilungsplan gehandelt. Ein solches Szenario hätte zumindest aus internationaler Sicht den Palästinensern nur Unterstützung für eine Rückkehr auf arabisches Territorium im ehemaligen Mandatsgebiet (d. h. in das von Jordanien besetzte Westjordanland und den von Ägypten besetzten Gazastreifen) gegeben und eine rationale und friedliche Lösung für das Problem der palästinensischen Flüchtlinge geliefert. Dies hätte auch das Ausmaß des palästinensischen Flüchtlingsproblems dramatisch gemindert, da ein erheblicher Teil der palästinensischen Flüchtlinge tatsächlich im Mandatsgebiet Palästina geblieben war und somit ihre Heimat nie verlassen hatte.

Anstatt einen letztlich zum Frieden führenden Prozess in Gang zu setzen, öffnete Bernadotte die Tür zu einem langwierigen Krieg unter dem Deckmantel der internationalen Legitimität. In seinem Eifer, die arabische Position zu akzeptieren, verriet er seine mit der Förderung des Friedens beauftragte Rolle und legte diplomatischen Sprengstoff in die Mitte des Konflikts, der ihn zu einem der langwierigsten Auseinandersetzungen der Welt machen sollte.

Bernadotte legte zwei Hauptgründe für seine Empfehlungen vor. Der erste war humanitärer Natur und berief sich auf „die Prinzipien der elementaren Gerechtigkeit"; der zweite war konsequentialistisch, da im Glauben, dass die internationale Gemeinschaft die Verantwortung für die „Palästinaflüchtlinge" als notwendige Bedingung für den Erfolg der UN-Friedensbemühungen annehmen müsse. Bernadotte glaubte, dass sein Ansatz zum Erreichen des Friedens beitragen würde.[81]

Keines dieser Argumente hatte eine wirkliche Grundlage. Erstens war es keine Frage der „elementaren" Gerechtigkeit, denn nichts Vergleichbares war anderswo als im Mandatsgebiet Palästina getan worden. Wie bereits erwähnt, fand die Rückführung feindseliger Bevölkerungsgruppen gegen den Willen des Aufnahmelandes bisher schlicht nicht statt. Der konsequentialistische Aspekt von Bernadottes Position war noch weniger vernünftig. Sowohl vor als auch nach der Veröffentlichung des Plans bemühten sich die arabischen Staaten zu betonen, dass sie einen jüdischen Staat weder in irgendwelchen Grenzen noch unter irgendwelchen Umständen akzeptieren würden. Bernadotte wusste das, und genau deshalb erklärte sein Plan, dass die arabische Welt „jede Empfehlung [die die internationale Gemeinschaft ihnen unterbreitet] zur Akzeptanz des jüdischen Staates oder seiner Anerkennung ablehnen würde".[82]

Die Empfehlung der Rückholung der Flüchtlinge nach Israel war für Bernadotte, wie für die Araber, eine politische Angelegenheit. Für die Araber war es Teil ihres fortdauernden Krieges gegen Israel. Für Bernadotte war es ein Mittel zur Beschwichtigung der Araber und zum Ausgleich der Interessen der Großmächte. Die Möglichkeit, dass das jüdische Volk seinen Staat nicht bekommen würde, wurde dabei – nach all den Verwüstungen des Zweiten Weltkriegs – nicht als ein zu hoher Preis angesehen.

Drei Monate nach Bernadottes Ermordung verabschiedete die UN-Generalversammlung die Resolution 194, die auf seinem Plan basierte. Obwohl es sich um eine Resolution der Generalversammlung handelte, die per Definition kein „Recht“ verleihen kann, wird diese Resolution von den Palästinensern bis heute als einer der zentralen Punkte für ihre Behauptung zitiert, ein Rückkehrrecht in den souveränen Staat Israel besitzen. Die Resolution mit der Überschrift „Fortschrittsbericht des Vermittlers der Vereinten Nationen“ fordert die friedliche Beilegung aller Streitigkeiten zwischen Israel und den Arabern und umfasst 15 Absätze. In Absatz 6 werden beispielsweise die Seiten zu umfassenden Verhandlungen untereinander aufgerufen und in Absatz 10 die regionalen Regierungen zur Erleichterung der wirtschaftlichen Entwicklung des ehemaligen Mandatsgebiets aufgefordert.[83]

In Absatz 11 wird beschlossen, dass „den Flüchtlingen, die in ihre Heimat zurückkehren und in Frieden mit ihren Nachbarn leben wollen, gestattet werden sollte, dies zum frühestmöglichen Zeitpunkt zu tun“, und weiter, dass „eine Entschädigung für das [zurückgelassene] Eigentum denjenigen gezahlt werden sollte, die sich gegen die Rückkehr entscheiden“.[84] Die Vereinten Nationen wurden daher mit der Erleichterung der Rückführung, der Neuansiedlung und sozioökonomische Rehabilitation der zurückkehrenden Flüchtlinge, sowie der Zahlung von Entschädigungen an diejenigen, die sich gegen eine Rückkehr entscheiden, beauftragt.[85]

Im Gegensatz zu der heutigen Interpretation war Resolution 194 kein Spiegelbild des Urteils der internationalen Gemeinschaft über den moralischen und gerechten Weg zur Lösung des arabischen Flüchtlingsproblems. Stattdessen war es ein Spiegelbild der politischen und kolonialen Bestrebungen des Westens, seinen Einfluss im Nahen Osten zu erhalten und die arabische Welt unter seiner Schirmherrschaft zu halten. Es war auch ein Akt des Schadensausgleichs für die westliche Unterstützung des Teilungsplans in der arabischen

Welt. Die Resolution wurde von Großbritannien und den Vereinigten Staaten gesteuert, weshalb der gesamte von der Sowjetunion angeführte kommunistische Block dagegen war und eine Sabotage der imperialen westlichen Interessen, insbesondere derer Großbritanniens, versuchte.[86]

Israel war damals noch kein UN-Mitgliedsstaat und daher bei der Generalversammlung nicht stimmberechtigt. Alle arabischen UN-Mitglieder zum Zeitpunkt der Resolution – Ägypten, Syrien, Libanon, Irak, Saudi-Arabien und Jemen (Jordanien war noch nicht zugelassen) – lehnten die Resolution aus politischen Gründen ab: Die Erwähnung des Namens Israel und der Aufruf zur Aufnahme von Verhandlungen wurden als Anerkennung der Existenz Israels verstanden. Die arabischen Staaten beschlossen, eine Lösung des Flüchtlingsproblems, die die Anerkennung Israels erforderte, nicht zu akzeptieren.

Ein paar Wochen später entschieden sich die arabischen Vertreter jedoch begeistert für die Unterstützung der Resolution. Anstatt einer Annahme der gesamten Resolution im Zusammenhang mit dem Übergang zum Frieden mit Israel, scharten sie sich um eine Klausel und nahmen sie aus dem Kontext der gesamten Resolution heraus – Klausel 11.87. Als sie Absatz 11 brandmarkten, verstießen die Araber systematisch gegen den oben genannten Absatz 10 und verhängten einen umfassenden Boykott gegen Israel, anstatt seine wirtschaftliche Entwicklung zu erleichtern. Die arabischen Staaten lehnten den Geist der Resolution, nämlich die friedliche Lösung des arabisch-israelischen Konflikts, ab. Sie hielten an einer einzigen Klausel fest, von der sie wussten, dass sie, bei einem vollständigen Inkrafttreten, die grundlegende Absicht der gesamten Resolution aushebeln würde.

Der israelische Gesandte Abba Eban erinnerte die Vereinten Nationen ein Jahr später daran, dass, während einige argumentierten, die Resolution 194 fordere die bedingungslose Rückkehr der Flüchtlinge, „die Generalversammlung nie eine Resolution dieser Art angenommen hat". „Was die Generalversammlung getan hat", so Eban, „war die Verabschiedung einer Resolution, in der die an diesem Konflikt beteiligten Parteien aufgefordert wurden, eine endgültige Lösung aller ihrer ausstehenden Differenzen auszuhandeln. Es gab nie eine internationale Sanktion für die extravagante Ansicht, dass eine umfassende Lösung des Flüchtlingsproblems völlig losgelöst vom breiteren Kontext der zwischenstaatlichen Beziehungen in diesem Bereich durchgeführt werden könnte. Die Idee, dass der Hauptzweck dieser Resolution – die Wiederherstellung des Friedens – ignoriert und beiseitegelegt werden könnte, während eines ihrer spezifischen Ziele mit Betreff auf die Flüchtlinge erfüllt werden könnte, ist niemals jemandem in den Kopf gekommen."[88]

Durch die Unterwerfung von Absatz 11 unter diese extreme und dekontextualisierte Interpretation beharren die Araber auf die Resolution 194, als ob sie ihnen ein volles, sofortiges, unveräußerliches und bedingungsloses Recht auf Rückkehr geben würde. Die palästinensische Führung zitiert diese Resolution in Friedensgesprächen mit Israel konsequent als Code für eine ihrer Ansicht nach gewährte Garantie auf das Rückkehrrecht; und Palästinenser in Flüchtlingslagern beziehen sich auf die Resolution zur Stützung ihres angeblich absoluten Rechts auf Rückkehr nach Israel.[89] Erstens charakterisiert die Ansicht, dass Resolution 194 ein palästinensisches Rückkehrrecht geschaffen habe, den rechtlichen Status der Resolution falsch. Die Befugnisse der UN-Generalversammlung sind begrenzt; sie kann keine gesetzlichen oder bindenden Rechte verleihen. Folglich ist die Resolution rein beratender Natur; sie schafft kein und kann kein „Recht" auf irgendetwas, einschließlich „Rückkehr" schaffen.[90] Aber selbst wenn die Generalversammlung eine Befugnis zur Verleihung rechtlicher und verbindlicher Rechte an Völker und Nationen hätte, macht eine sorgfältige Lektüre von Resolution 194 deutlich, dass das Ziel nicht in der Schaffung eines „Rückkehrrechts" bestand.

Erstens wurden einige Formulierungen von Bernadotte zugunsten eines praktischeren Ansatzes geändert. Während Bernadotte in seinem Plan auf ein „Rückkehrrecht" verwies, spricht Resolution 194 überhaupt nicht von einem „Recht". Dort heißt es, dass Flüchtlingen die Rückkehr erlaubt sein „sollte" – nicht „müsste". Abba Eban stellte in seinen Memoiren fest, dass diese Formulierung, die die endgültige

Entscheidung effektiv in den Händen der souveränen Autorität (nämlich Israels) beließ, ein Ergebnis seiner Bemühungen war und von den Vereinigten Staaten akzeptiert wurde.[91]

Ein weiterer wichtiger Unterschied besteht darin, dass mit der Resolution 194 der Vorbehalt eingeführt wurde, dass nur Flüchtlinge, die „mit ihren Nachbarn in Frieden leben wollen", die Rückkehr erlaubt werden solle.[92] Damit stellt sich die Frage, wer von den Flüchtlingen mit Israel „in Frieden leben" wollte, wer das bestimmen und wie es bestimmt werden sollte. Die Realität war, dass viele palästinensische Flüchtlinge entweder mit der Miliz verbündet oder selbst Teil der während des Krieges gegen Juden kämpfenden Miliz waren. Viele andere hatten Verständnis für die Sache. Die arabischen Staaten und die Flüchtlinge machten immer wieder deutlich, dass sie die Legitimität Israels nicht akzeptierten. Palästinensische Flüchtlinge, die mit der Existenz eines jüdischen Staates ihren Frieden geschlossen hatten und nun zurückkehren und in ihm in Frieden leben wollten, von palästinensischen Flüchtlingen zu unterscheiden, die zurückkehren und dann die Waffen gegen die Juden innerhalb des Staates erheben wollten, war eine völlig unmögliche Aufgabe. Es wäre daher für den entstehenden jüdischen Staat im Wesentlichen selbstmörderisch gewesen. Die blinde Hinnahme eines Massenzustroms dieser palästinensischen Flüchtlinge hätte daher für den entstehenden jüdischen Staat praktisch Selbstmord bedeutet.[93] Zusammengefasst war die Absicht der Resolution 194 nicht ein übergeordnetes und bedingungsloses Recht zur Außerkraftsetzung und Verletzung der Souveränität Israels, wie es die Araber bis heute beschreiben.[94]

In späteren Jahren lehnten die Vereinten Nationen selbst die expansivere Ex-post-facto-Interpretation der Resolution durch die Araber ab und kamen zu dem Schluss, dass die bedingungslose Rückkehr weder eine praktische noch die bevorzugte Option war.[95] Eine Reihe von UN-Resolutionen in den 1950er Jahren stellte die Umsiedlung der Flüchtlinge in arabischen Staaten als eine der Rückkehr gleichwertige Lösung vor; somit wurde die Rückkehr weder als ausschließliche, zwingende Lösung noch die Umsiedlung in arabische

Staaten von den Vereinten Nationen als Verletzung der „elementaren Gerechtigkeit“ angesehen. Tatsächlich wurden in den 1950er Jahren mehrere Versuche zur Realisierung großangelegter und die Flüchtlinge unterstützender Rehabilitationsprojekte von der internationalen Gemeinschaft unternommen. Der Sicherheitsrat, das wohl maßgebliche und wichtigste UN-Organ, hat in keiner seiner Resolutionen zum arabisch-israelischen Konflikt entschieden, dass die Flüchtlinge in ihre Heimat zurückkehren sollen.[96]

Anfang August 1948 traf der frisch zum ersten US-Botschafter in Israel ernannte James Grover McDonald in Tel Aviv ein. Der Diplomat ließ sich zunächst im Gat Rimon Hotel in der HaYarkon Street in Strandnähe nieder, wo er ein Zimmer mit Meerblick bewohnte. Schon bald bat McDonald um einen Umzug: Im Erdgeschoss spielte nicht nur jede Nacht eine Band, was ihm die Arbeit in seinem Zimmer erschwerte; im Zimmer über McDonalds hauste der sowjetische Gesandte Pavel Yershov und in den angrenzenden Räumen mehrere Mitglieder der sowjetischen Delegation. Bei jedem Gang des amerikanischen Botschafters zum öffentlichen Telefon am Ende des Korridors öffneten sich plötzlich die Türen mehrerer Zimmer. McDonald war überzeugt, dass die sowjetischen Diplomaten ihn die ganze Zeit belauschten.[97]

Das Dach des Gat Rimon Hotels schien zu dieser Zeit einer der wenigen Orte auf der Welt, an dem die amerikanische und die sowjetische Flagge nebeneinander wehten. Der Kalte Krieg tobte mit voller Wucht auf der ganzen Welt. Beide Supermächte versuchten, größere Teile der Weltkarte zu erobern. Stalin blockierte West-Berlin mit dem Ziel, die Westmächte aus der Stadt zu drängen – und Washington führte seinen Marshall-Plan zur Rehabilitation Westeuropas aus, um eine dortige kommunistischen Machtübernahme zu verhindern. An anderer Stelle war der Konflikt zwischen den Kommunisten und ihren Rivalen blutig: Mao Zedong stand kurz vor der Übernahme des gesamten Chinas; prowestliche Kräfte wiederum standen kurz vor einem Sieg gegen die Kommunisten in Griechenland. Im Herzen von Tel Aviv gelang dem US-Botschafter unterdessen ein kleiner protokollarischer Sieg: Sein Rivale Yershov bekleidete lediglich den Rang eines Ministers, während McDonald Botschafter war.

McDonald, der in Ohio geboren wurde und an verschiedenen amerikanischen Universitäten Geschichte und Internationale Beziehungen gelehrt hatte, ließ sich im September 1948 im Tel Aviver Vorort Ramat Gan unweit des Wohnhauses von Moshe Sharett nieder.[98] McDonald galt als persönlicher Vertrauter von Präsident Harry Truman. Seine Ernennung verdankte er den Spannungen zwischen Truman und Außenminister George Marshall und deren Uneinigkeit über die richtige Politik gegenüber dem jungen Staat Israel.

Auf internationaler Ebene leitete Truman das proisraelische Lager und beeilte sich, den Staat Israel nur elf Minuten nach seiner Unabhängigkeitserklärung anzuerkennen. Marshall schloss sich dagegen den meisten Verteidigungs- und Diplomatenorganisationen in Opposition zur Gründung des Staates Israel an. Obwohl Antisemitismus eine Rolle gespielt haben mag, wurzelte diese Opposition gegen Israel hauptsächlich in geopolitischen Erwägungen der Realpolitik, einschließlich der Abhängigkeit vom arabischen Öl und der Einschätzung des regionalen Machtgleichgewichts zugunsten der Araber. In einer *Washington Post*-Kolumne des verstorbenen Richard Holbrooke, der bei der Organisation der Unterlagen des Präsidentenberaters Clark Clifford für dessen von ihm mitverfasste Memoiren half, wurde 2008 von einem internen Gespräch aus dem Jahr 1948 berichtet, das die Position des Militärestablishments beschrieb. „Auf der einen Seite gibt es dreißig Millionen Araber und auf der anderen etwa 600 000 Juden“, sagte US-Verteidigungsminister James Forrestal gegenüber Clark Clifford, einem der weniger Berater Trumans, der die Anerkennung Israels befürwortete. „Warum stellen Sie sich nicht den Realitäten?“[99]

Noch am Vorabend der Gründung Israels warnte das Pentagon vor dem Schaden an US-Interessen bei einer amerikanischen Unterstützung für das neue Land. Den Juden zu helfen, argumentierten Beamte des Außenministeriums, würde die Feindseligkeit der Araber stärken und die gesamte Region destabilisieren. Sie befürchteten, die Sowjetunion könnte die Situation „leicht ausnutzen“, um Truppen in den Nahen Osten zu entsenden, die prowestlichen arabischen Regierungen zu stürzen und sie durch prosowjetische Regime zu ersetzen. Die Vereinigten Staaten würden den Verlust der Freundschaft Saudi-Arabiens riskieren, wodurch „wichtige US-Ölkonzessionen und Rechte an Luftwaffenstützpunkten“ sowie die amerikanischen politischen und wirtschaftlichen Verbindungen zu arabischen Staaten gefährdet würden. Der Hass der Araber auf den Zionismus könnte in Hass auf den Westen übergehen, so lautete die Argumentation, und die Vereinigten Staaten würden ihre eigene Welle des Antisemitismus erleben, da die amerikanische Öffentlichkeit zu dem Schluss kommen würde, dass die Unterstützung der Schaffung eines jüdischen Staates „ zum Nachteil der allgemeinen US-Sicherheitsinteressen“ führte.[100] Sogar Präsident Truman, die prozionistischste Persönlichkeit der US-Regierung, schrieb 1948 in sein Tagebuch, dass es notwendig sei, die Unterstützung der Araber zu kaufen. „Großbritannien hat seine Position in der Region durch die Pflege der Beziehungen zu den Arabern behauptet“, schrieb Truman. „Jetzt, da es diese Position offensichtlich nicht mehr halten kann, müssen die Vereinigten Staaten übernehmen, und das muss nach genau der gleichen Formel erfolgen; wenn die Araber verärgert sind, dann werden sie ins sowjetische Lager überlaufen.“[101]

Der Druck, den die US-Administration wegen des palästinensischen Flüchtlingsproblems auf Israel auszuüben begann, muss in diesem Kontext verstanden werden. Washington befürchtete, dass mit der Flucht Hunderttausender obdachloser und arbeitsloser Palästinenser in benachbarte arabische Staaten, politische Instabilität und der Zusammenbruch bereits instabiler arabischer Regime provoziert und sogar ein fruchtbarer Boden für soziale Spannungen und kommunistische Revolutionen geboten werden könnte. Das Letzte, was die US-Führung wollte, war es, die arabischen Nationen zu vergraulen und bei der Errichtung eines kommunistischen Postens im Herzen des Nahen Ostens zuzusehen.

Noch vor der Verabschiedung von Resolution 194 durch die Generalversammlung erinnerte der Vorsitzende der US-amerikanischen

Joint Chiefs of Staff, William Leahy, Ende September 1948 Außenminister Marshall in einem Telegramm daran, dass „die Joint Chiefs of Staff bei vielen Gelegenheiten auf die kritische strategische Bedeutung des Nahen Ostens hingewiesen haben und, vom militärischen Standpunkt aus betrachtet, die Orientierung der arabischen Welt auf die Vereinigten Staaten und das Vereinigte Königreich unbedingt gewahrt werden müsse". Die Notlage der Flüchtlinge, so Leahy weiter, sei eine Chance zur Stärkung der Freundschaft zwischen den Amerikanern und den arabischen Völkern und zur Steigerung des durch die rasche Anerkennung des jüdischen Staates angeschlagenen US-Prestiges. „Berichte unserer Missionen im Nahen Osten", heißt es in einem anderen Telegramm, „unterstreichen, dass das Versäumnis wesentlicher Hilfeleistung durch die Regierung der Vereinigten Staaten in dieser Notsituation [das Flüchtlingsproblem], unsere Beziehungen zu den Staaten des Nahen Ostens gefährdet."[102] Für die Amerikaner blieb die Warte, von der aus sie das Thema der arabischen Flüchtlinge und die angestrebte Lösung betrachteten, eher eine geopolitische als eine juristische oder humanitäre.

Die amerikanische Politik schwankte zwischen Präsident Trumans proisraelischen Ansichten und dem, was in Washington als globale US-amerikanische Interessen wahrgenommen wurde, die nach Ansicht vieler eine proarabische Ausrichtung erforderten. Ein wichtiges Element in dieser Gleichung war der Wunsch, die Freundschaft der Vereinigten Staaten mit Großbritannien zu schützen, das immer noch Streitkräfte in Ägypten und Jordanien hatte und energische Forderungen zur Behinderung des jüdischen Staates stellte. London protestierte gegen den Teilungsplan und hoffte immer noch, Israel den Negev zwecks der territorialen Kontiguität zwischen seinen beiden arabischen Klientelstaaten Jordanien und Ägypten wegzunehmen. In einer Parlamentsdebatte Anfang 1949 warf der britische Außenminister Ernest Bevin Israel die Entwurzelung von einer halben Million arabischer Flüchtlinge vor. Der jüdische Extremismus sei für einen Großteil des arabisch-israelischen Konflikts verantwortlich. Angesichts der amerikanischen Interessen im frühen Kalten

Krieg und vor die Wahl zwischen Israel und Großbritannien gestellt, entschied sich Truman schließlich für die Interessen der US-freundlichen Weltmacht.[103]

Die arabischen Staaten hielten unterdessen weiterhin an ihrer Position fest, dass alle Flüchtlinge sofort und bedingungslos nach Israel zurückkehren sollten. Bei einem Treffen in Beirut mit Mitgliedern der UN-Versöhnungskommission im Frühjahr 1949 stellten arabische Vertreter klar, dass Israel alle Rückkehrwilligen zurückkehren lassen müsse, bevor sie auch nur einer möglichen Aufnahme von Verhandlungen zustimmen würden. Sie forderten auch Israels Rückzug an die Teilungsplangrenzen und den Abtritt großer Teile des Negev. Die in diesem Sinne eröffnete Lausanner Konferenz von 1949 geriet schnell in eine vorhersehbare Sackgasse.[104]

Angesichts dieser Realität vertrat das US-Außenministerium die Position, dass der Schlüssel zur Einleitung eines Friedensprozesses im Nahen Osten die Massenrückkehr von Flüchtlingen nach Israel sei. Während die Amerikaner glaubten, die Araber müssten von ihrer Forderung nach der vollständigen Rückkehr der Flüchtlinge zurücktreten, argumentierten diese, Israel müsse das Prinzip der Rückkehr akzeptieren und eine großzügige Geste zur Beschwichtigung der Araber machen. Washington schien im Bewusstsein seiner eigenen Unfähigkeit der Einflussnahme auf die arabische Welt beschlossen zu haben, Druck auszuüben, wo immer es nur ging. Dean Acheson, der im Januar 1949 George Marshall als Außenminister abgelöst hatte, sagte zu Moshe Sharett im April 1949: „Die Rückführung all dieser Flüchtlinge ist keine praktische Lösung, dennoch gehen wir davon aus, dass eine beträchtliche Zahl rückgeführt werden muss, wenn eine Lösung gefunden werden soll."[105]

Je länger US-Diplomaten und UN-Beamten daran scheiterten, Gespräche zwischen Israel und den Arabern zustande zu bringen, desto mehr verschärfte sich bei Überredungsversuchen Washingtons Ton gegenüber der Regierung von Ben-Gurion. Dies spiegelte sich in einem Memorandum des amtierenden Außenministers James Webb vom 27. Mai 1949 an Präsident Truman wider. Webb schrieb: „Diese

Regierung hat vor kurzem bei der israelischen Regierung Erklärungen abgegeben, in denen sie auf ihre Zustimmung zur Rückführung einer beträchtlichen Anzahl von Flüchtlingen und den sofortigen Beginn der Rückführung eines Teils davon drängt ... das Außenministerium ist der Ansicht, dass es an der Zeit ist, eine grundlegende Entscheidung über unsere Haltung gegenüber Israel zu treffen. Die Vereinigten Staaten haben bei der Grundsteinlegung des jüdischen Staates großzügige Unterstützung geleistet, da wir an die Gerechtigkeit dieses Strebens geglaubt haben. Es ist jetzt wichtig, die israelische Regierung nachdrücklich zu informieren, dass [die Vereinigten Staaten], wenn sie den freundschaftlichen Rat, den diese Regierung angeboten hat, weiterhin ablehnt, mit Bedauern gezwungen sein wird, ihre Haltung gegenüber Israel zu revidieren."[106]

Botschafter McDonald in Tel Aviv war sich der Spannungen zwischen seiner Regierung und Israel durchaus bewusst, aber er war immer noch überrascht von dem scharf formulierten „streng geheimen" Telegramm von Präsident Truman, das zwei Tage später, am Sonntagmorgen, den 29. Mai, seinen Schreibtisch erreichte. Das Telegramm, dessen Inhalt McDonald sofort Ben-Gurion persönlich übermitteln sollte, trug die deutliche Handschrift des Außenministeriums: Es drückte die schwere Enttäuschung über Israels als friedensgefährdend erachtete Haltung aus. In dem Telegramm heißt es weiter, dass Washington wiederholt erfolglos an Israel appelliert habe, „das Prinzip der substantiellen Rückführung zu akzeptieren", und dass die US-Administration Israels gegenwärtige Haltung „[in]konsistent mit den Grundsätzen betrachte, auf denen die US-Unterstützung beruht". Das Telegramm endete mit der eindeutigen Drohung, dass die Vereinigten Staaten ihre Haltung gegenüber Israel ändern würde, sollte Israel Washingtons Position nicht akzeptieren.[107]

Botschafter McDonald bat schnell um ein außerordentliches Treffen mit Premierminister Ben-Gurion, um diese dringende Botschaft von Präsident Truman zu übermitteln. Das Treffen wurde für denselben Tag um 15:30 Uhr angesetzt. McDonald betrat Ben-Gurions Büro zur verabredeten Zeit mit einem Botschaftsmitarbeiter; auch

Außenminister Moshe Sharett war vor Ort. McDonald reichte Sharett das Telegramm, das er laut vorlas. Als Sharett fertig war, wandte sich Ben-Gurion an McDonald und fragte ihn: „Wie können wir potenziellen Feinden erlauben, zurückzukommen, solange die arabischen Staaten uns offen mit einem neuen Vernichtungskrieg drohen? An wen sollten wir uns wenden, wenn Israel erneut angegriffen würde? Würden die USA Waffen oder Soldaten schicken?“ Nach einer kurzen Pause fügte Ben-Gurion hinzu: „Wir können vernichtet werden, aber wir werden keinen Selbstmord begehen.“[108]

Die Flüchtlingsfrage beschäftigte Ben-Gurion und seine israelischen Führungskollegen weiterhin, da sie spürten, dass die Sackgasse in dieser Angelegenheit die Beziehungen Israels zu Washington gefährdete. „Wir stehen vor einer Krise, die [mit] früheren Vorfällen nicht vergleichbar ist“, warnte Israels neuernannter UN-Botschafter Abba Eban. Präsident Truman, so Eban, war überzeugt, dass nur eine israelische Geste die Araber davon überzeugen würde, den Rest der Flüchtlinge in ihre eigenen Länder umzusiedeln.[109]

In diesem Zusammenhang wurden im Sommer 1949 zwei wichtige Pläne von Israel formuliert. Der erste hieß Gaza-Plan und sah vor, den nach Kriegsende in ägyptischer Hand befindlichen Gaza-Streifen der israelischen Souveränität zu übergeben. Israel teilte den Vereinten Nationen seine Bereitschaft mit, allen Arabern im Gazastreifen, sowohl den ursprünglichen Einwohnern als auch den Vertriebenen, die israelische Staatsbürgerschaft zu gewähren; zudem verpflichtete es sich zu deren Neuansiedlung und Rehabilitierung. Israel schätzte, dass im Gazastreifen 180 000 Araber lebten; die wahre Zahl lag eher bei 300 000.[110]

Ben-Gurion schrieb in sein Tagebuch, dass dieser Plan, nach dem Abzug der ägyptischen Armee aus dem Gazastreifen und den Hinzugewinn von relativ fruchtbarem Land, Israel strategische Mittel zuspielen und das Argument ermöglichen würde, dass es damit seinen Teil zur Lösung des Flüchtlingsproblems beigetragen habe. Israel schätzte, dass bei einer Aufnahme und Einbürgerung von Flüchtlingen im Gazastreifen die arabische Minderheit des Landes mehr oder weniger der Größe entsprechen würde, die sie nach dem Teilungsplan von 1947 aufgewiesen hätte. Im Gegenzug verlangte Israel umfassende internationale Hilfe zur Deckung der aufkommenden Kosten.[111]

Die US-Administration unterstützte den Plan, wollte aber von Israel eine Entschädigung Ägyptens für das Territorium. Ben-Gurion stimmte dem zu und bot die Übertragung eines Teils des nordwestlichen Negev entlang der Grenze an Ägypten. Kairo widersprach jedoch und behauptete, der Plan würde nur den Interessen Israels dienen und seine territoriale Stellung ausweiten, ohne Lösung des Flüchtlingsproblems in seiner Gesamtheit. „Ägypten wird nicht nur den Gaza-Distrikt nicht aufgeben", sagte der Leiter der ägyptischen Delegation bei der Friedenskonferenz in Lausanne, „sondern auch den südlichen Negev nachdrücklich fordern." Politische Vertreter in Kairo verurteilten den Plan als „Vorläufer der israelischen Aggression gegen Gaza", informierten Washington über ihre formelle Ablehnung und beharrten erneut auf einem Recht der Flüchtlinge auf Rückkehr in ihre Heimat.[112]

Kurze Zeit später unterbreitete Israel eine weitere Idee: den 100 000-Vorschlag, der die Aufnahme 100 000 arabischer Flüchtlinge im Rahmen eines Friedensvertrages anbot. Der israelische Botschafter in Washington, Eliahu Elath, erklärte ausdrücklich, dass die israelische Regierung damit „die Zusammenarbeit mit den USA demonstrieren" und Israel seinen Teil zur Lösung des Flüchtlingsproblems beitragen wolle. Präsident Truman schien zufrieden mit dem Plan. Einer seiner Berater stellte fest, dass der Präsident „sehr erfreut [ist] ... [und] denkt, dass [das] 100 000-Angebot die Sackgasse durchbrechen könnte". Aber die Araber lehnten auch diesen Vorschlag ab. Ein arabischer Diplomat in Lausanne nannte es „einen bloßen Propagandaplan". Die Araber behaupteten, dass der Plan „weniger als ein Zeichen" sei und dass die Juden sich der Rückkehr einer großen Anzahl arabischer Flüchtlinge aus wirtschaftlichen Gründen nicht widersetzen könnten, während sie eine Masseneinwanderung von Juden förderten.[113]

Beide Pläne zeigten die Bereitschaft Israels, seinen Beitrag eines alle Kriegsparteien umfassenden und berücksichtigenden Abkommens zu leisten. Für die Araber spielte das humanitäre Leid der Flüchtlinge keine bedeutende Rolle, sondern war vielmehr als politische Waffe gegen Israel nützlich. Amerikanische Diplomaten auf der Lausanner Konferenz hatten den Eindruck, dass die Ägypter „völlige Gleichgültigkeit [gegenüber] dem Schicksal [der] Gaza-Flüchtlinge zeigten".[114] Ein hochrangiger Vertreter der UNRWA erklärte in diesem Zusammenhang, dass „die arabischen Führer sich einen Teufel darum scherten, ob die [palästinensischen] Flüchtlinge leben oder sterben".[115]

Hin und wieder gaben die arabischen Diplomaten gegenüber den Israelis offen zu, dass sie die Flüchtlingsfrage nur als List ganz oben auf ihre Agenda gesetzt hatten. Ein ägyptischer Beamter sagte seinem israelischen Amtskollegen, dass im Vorjahr Tausende seiner Landsleute bei einer Cholera-Epidemie gestorben seien und die Regierung in Kairo nicht mit der Wimper gezuckt habe. „Warum sollten wir uns da um die Flüchtlinge kümmern?", fragte der Mann.[116] Mit der Ablehnung beider israelischer Pläne sandten die Araber die Botschaft, dass die Frage der Flüchtlinge nur im Zusammenhang mit ihrem Dienst an der politischen Sache und der Schwächung Israels angegangen wurde.

Der Sommer 1949 markierte das Ende der Versuche der Araber und der internationalen Gemeinschaft, Israel eine Massenrückkehr ohne Friedensvertrag aufzuzwingen. Die Vereinigten Staaten und Großbritannien verstanden, dass dies nicht passieren würde. Nach der Ablehnung aller israelischen Vorschläge für eine teilweise Rückkehr durch die Araber begannen Washington und London, andere Lösungen in Betracht zu ziehen, vor allem die wirtschaftliche Rehabilitation der Flüchtlinge in arabischen Ländern.

3. INTEGRATION ABLEHNEN

(1950–1959)

Wenn die Flüchtlinge anfangen, etwas von der Mobilität zu bekommen, die Arbeit ihnen gibt, werden sie anfangen, weniger darüber nachzudenken, nach Hause gehen zu wollen.

Gordon Clapp, Wirtschaftserhebungsmission der Vereinten Nationen für den Nahen Osten

ANZAHL DER FLÜCHTLINGE (1950): 894 000[1]
Im Frühsommer 1949 verbreitete sich in einem palästinensischen Flüchtlingslager in der Nähe von Jericho das Gerücht, dass ein Verrückter mit Strohhut ein paar Kilometer außerhalb der Stadt an der Kreuzung stand und jeden bezahlte, der ihm half, eine große Grube an der Straßenseite auszuheben.

Er versuchte, mitten in der Wüste frisches Wasser zu finden. Die Erde dort, so nah am Toten Meer, war mit winzigen Salzkristallen bedeckt. Jericho verzeichnete in jenem August Temperaturen von über 45 Grad Celsius im Schatten. Der Mann mit dem Strohhut war aber überzeugt, dass sauberes Wasser aus dem Boden sprudeln würde, wenn er nur einen ausreichend tiefen Brunnen grub. Von morgens bis abends stand er da und verteilte Schaufeln zur Hebung des Brunnens, mit dem das Jordantal bewässert und die Wildnis zum Blühen gebracht werden konnte.

Der Mann war Musa Alami, der in Kapitel 2 erwähnt wurde und bereits als angesehenes Mitglied der palästinensischen Gesellschaft und ehemaliges Mitglied des Arabischen Hohen Komitees bekannt war. Alami war während des Krieges 1948 nach Beirut und Amman geflohen, kehrte aber unmittelbar danach in die Westbank zurück, um etwas für sein Volk zu tun. Es schmerzte ihn, Tausende von Menschen eingepfercht in Flüchtlingslager und auf Zuwendungen westlicher Hilfswerke wartend zu sehen. Daher entschloss sich Alami, entlang des Jordans landwirtschaftliche Siedlungen zu errichten, in denen die arabischen Bauern ihr Leben wieder aufbauen konnten. Dazu suchte er zunächst nach dem dringendsten überhaupt: Wasser.

Als Spross der palästinensischen Oberschicht war Alami weit vom Leben der Bauern entfernt. Sein Vater Faidi war Anfang des 20. Jahrhunderts Bürgermeister von Jerusalem gewesen. Musa ging 1919 zum Studium der Rechtswissenschaften an der University of Cambridge nach England. Auf Fotografien vor seiner Abreise ist Musa zusammen mit seinen Eltern zu sehen; sein Vater, ein kultivierter Mann im dreiteiligen Anzug, mit dünnem, gekämmtem Schnurrbart und Haarscheitel. Nach seiner Rückkehr nach Palästina trat er in die Kommandostruktur des britischen Mandats ein und wurde stellvertretender Generalstaatsanwalt. Im Prozess gegen die Verdächtigen im Mord an dem Zionistenführer Haim Arlosoroff war Alami der Assistent des Chefanklägers.

Alami war seit den 1930er Jahren an der Führung seines Volkes beteiligt und stand der Familie Nashashibi nahe. Er beteiligte sich an Diskussionen mit den Briten über die Zukunft des Landes und war einer der Initiatoren des antizionistischen „Weißbuchs" der britischen Behörden im Jahr 1939, das die jüdische Einwanderung stark einschränkte. Im Herzen war Alami Unternehmer: Mitte der 1940er Jahre gründete er die Arab Development Society und sammelte Gelder aus den Mitgliedsstaaten der Arabischen Liga zur Entwicklung der palästinensischen Dörfer. Nach dem Zweiten Weltkrieg leitete er das Arab Office, eine palästinensische Propagandagruppe, welche die

Gründung eines jüdischen Staates zu vereiteln versuchte. Am Vorabend der britischen Entscheidung, das Mandat auslaufen zu lassen, traf Alami in London mit Außenminister Ernest Bevin zusammen, um ihn davon abzuhalten, die Araber „aufzugeben".

Alami verlor im Krieg einen großen Teil seines Eigentums, und einige seiner Häuser blieben auf israelischem Territorium. Aber er beschloss, sich nicht im Schmerz der arabischen Niederlage zu suhlen und nutzte stattdessen seine Talente und seinen Reichtum für den Dienst an seinem Volk. Vor seinem geistigen Auge stellte er sich an beiden Ufern des Jordan neugegründete Dörfer vor, in denen palästinensische Bauern ihr Leben wieder aufbauen und von der Landwirtschaft angemessen leben könnten.

Alami wollte das erste derartige Dorf mit eigenen Händen errichten. Er wandte sich daher an Jordaniens König Abdullah und erhielt ein Grundstück von 20 000 Dunam (etwa 20 km²) in der Nähe von Jericho, wenige Kilometer nördlich des Toten Meeres und 300 Meter unter dem Meeresspiegel. Obwohl ihm die nötigen Kenntnisse fehlten und er noch nie in diesem Bereich gearbeitet hatte, versuchte Alami, Wasser zu finden. Da die Jordanier seinen Wunsch nach professioneller Grabausrüstung abgelehnt hatten, entschied sich Alami, mit den Händen zu graben.

Er war erfolgreich: Wenige Monate nachdem Alami und sein Team mit dem Graben begonnen hatten, fanden sie tief unter der Erde frisches Wasser. „Jetzt kannst du sterben", sagte ihm einer der Flüchtlinge. Sie gruben schnell etwa 15 Brunnen, jeder über 40 Meter tief. Die ersten Gemüseernten waren dank der hohen Kaliumkonzentrationen im Boden von außergewöhnlicher Qualität. Alamis Traum von der Errichtung eines palästinensischen Musterdorfes und einer Versuchsfarm zur Rehabilitierung von Flüchtlingen, die als Inspirationsquelle und Vorbild zur Nachahmung dienen sollte, nahm Gestalt an.[2]

Schon bald erregte Alami große Aufmerksamkeit unter arabischen Diplomaten und Staatsmännern. Die *New York Times* beschrieb ihn als „den arabischen Moses" und sah in ihm einen beispielhaften lokalen Unternehmer, der die Zukunft seines Volkes in die Hand nahm. Die Möglichkeit, dass im kargen, kriegszerrütteten Herzen des Nahen Ostens ein wagemutiger Mann es auf sich nehmen konnte, die Kriegsflüchtlinge praktisch mit bloßen Händen und allen Widrigkeiten zum Trotz zu rehabilitieren, weckte bei vielen Neugier.[3]

Alami stellte sich natürlich in Bezug auf die Rückkehr der Flüchtlinge nicht auf die Seite Israels. Tatsächlich hatte er einige Monate zuvor, wie im vorigen Kapitel erwähnt, einen Essay über die Lehren veröffentlicht, die die arabische Gesellschaft aus ihrer Niederlage gegen Israel ziehen sollte, und schrieb ausdrücklich über die Vorbereitungen für einen Rachekrieg gegen die Juden.[4] Seine Tätigkeit im Namen der Flüchtlinge wertete er nicht als Zugeständnis an die Rückkehrforderung. Er dachte nur, dass sein Volk um der Würde und des Wohlstands willen zumindest unter menschenwürdigen Bedingungen leben sollte. Alamis Initiative ereignete sich jedoch zu einem kritischen Zeitpunkt in der Geschichte des Flüchtlingsproblems – als die internationale Gemeinschaft aufhörte, über die Lösung einer Rückkehr zu diskutieren, und zu einer Lösung der Rehabilitierung überging.[5]

Ende 1949 begannen die Westmächte, an der Möglichkeit einer politischen Lösung des arabisch-israelischen Konflikts zu zweifeln, konnten sich aber vor allem wegen ihrer geostrategischen Interessen in der Region nicht erlauben, dem Konflikt den Rücken zu kehren. Washington und London kamen daher zu dem Schluss, dass die Zeit gekommen war, nach anderen Lösungen Ausschau zu halten. Sie kamen zu der Einschätzung, dass eine Rehabilitierung der palästinensischen Flüchtlinge in großen arabischen Ländern mit kulturell ähnlichen Bevölkerungsgruppen wirtschaftlich möglich wäre. Die beiden Mächte beschlossen, das Flüchtlingsproblem von der Frage der arabisch-israelischen Friedensgespräche zu trennen.

Die amerikanischen geostrategischen Interessen waren unvereinbar mit einer sowjetischen Kontrolle auch nur eines einzigen Landes in der Region. Washington befürchtete, dass die Kommunisten durch politische Vorwände auf eine Ausdehnung in den gesamten Nahen

Osten hofften. Aller Wahrscheinlichkeit nach würde das durch die schlechten wirtschaftlichen Bedingungen in der Region, insbesondere unter den Flüchtlingen, unterstützt werden. Daher wurde die Verbesserung der wirtschaftlichen Bedingungen der arabischen Flüchtlinge ein strategisches Ziel der US-Regierung.[6]

George McGhee, der stellvertretende US-Außenminister für Nahostangelegenheiten, sprach dieses Thema in seiner Einlassung vor dem Ausschuss für Auswärtige Angelegenheiten des US-Repräsentantenhauses in Washington, D. C. im Februar 1950 klar an:

„Unsere Sorge um die Palästinaflüchtlinge, teilweise aus humanitären Gründen, hat eine zusätzliche Berechtigung. Solange das Flüchtlingsproblem ungelöst bleibt ... verzögert sich eine politische Einigung in Palästina ... [und] die Flüchtlinge ... werden weiterhin als natürlicher Brennpunkt für die Ausbeutung durch kommunistische und störende Elemente dienen, die weder wir noch die Regierungen des Nahen Ostens ignorieren können. [D]iese Anwesenheit von einer Dreiviertelmillion unproduktiver, mittelloser Menschen – eine Zahl, die größer ist als die vereinte Stärke aller stehenden Armeen im Nahen Osten, dessen Unzufriedenheit im Laufe der Zeit zunimmt, ist die größte jetzt bestehende Bedrohung für die Sicherheit des Gebiets."[7]

Nur wenige Monate zuvor hatte Präsident Truman mit der Neubewertung der Beziehungen zu Israel gedroht, wenn es sich einer Aufnahme von Flüchtlingen verweigerte. Doch im Herbst 1949 wandte sich die US-Politik ab vom Beharren auf die Rückkehr der Flüchtlinge nach Israel hin zur Umsiedlung in arabische Länder. Die Amerikaner argumentierten, dass der diplomatische Weg am Ende sei und die umfassende wirtschaftliche Entwicklung des Nahen Ostens letztlich die Beilegung noch ausstehender politischer Streitigkeiten zwischen den Seiten ermöglichen würde. Washingtons Strategie blieb dieselbe – die Lösung des Flüchtlingsproblems zur Verhinderung einer kommunistischen Machtübernahme –, aber die Taktik hatte sich geändert. Der amerikanische Diplomat Paul Porter stellte fest, dass ein Durchbruch nur „vor allem im Sinne der Integration der Flüchtlinge in ihre jetzigen Aufenthaltsländer" zu erreichen sei, und

McGhee fügte hinzu, das Flüchtlingsproblem müsse „eher wirtschaftlich als politisch gelöst werden".[8]

Der Einsatz von wirtschaftlichen Instrumenten zum Erreichen politischer Ziele wurde von den Vereinigten Staaten nicht allein auf den Nahen Osten angewandt. Die Truman-Regierung hatte zuvor in anderen Teilen der Welt eine ähnliche Politik verfolgt, insbesondere durch den Marshall-Plan in Europa. Im Frühjahr 1949 ließ Washington von dem Druck auf Israel zur Aufnahme einer großen Zahl arabischer Flüchtlinge ab. Zu dieser Zeit war Israel im Begriff, seine eigenen Massen jüdischer Flüchtlinge aus Europa und der arabischen Welt aufzunehmen – in einer Zahl, die größer war als die lokale Bevölkerung. Damit leistete es seinen wirtschaftlichen Beitrag zur Aufnahme der durch den Zweiten Weltkrieg und die Umbrüche der Nachkriegszeit geschaffenen Flüchtlinge. Das US-Außenministerium erstellte einen umfassenden Plan zur wirtschaftlichen Entwicklung des Nahen Ostens, einschließlich der Rehabilitierung der Flüchtlinge. In diesem umfangreichen, die Flüchtlingsproblematik eingehend analysierenden und im Sommer 1949 fertiggestellten Dokument wurde die Umsiedlung in arabische Länder als einzige Möglichkeit gesehen.[9]

Auch Großbritannien agierte in dieser Phase im Nahen Osten unter der Annahme, dass es keine Rückkehr der Flüchtlinge geben würde. Das Auswärtige Amt in London entschied, dass „eine der Hauptaufgaben der Regierung Seiner Majestät im Nahen Osten in der Förderung der Umsiedlung der arabischen Flüchtlingen bestehen werde".[10] Die Araber müssten begreifen, argumentierte London, dass sie letzten Endes den Großteil der Flüchtlinge aufnehmen müssten, zumal arabische Länder die Gebiete kontrollierten – das Westjordanland und Gaza –, die Teil von dem Staat werden sollten, den die Araber Palästinas hätten haben können, hätten sie die Teilung nicht abgelehnt.[11] Auch kanadische und australische Diplomaten äußerten ihre Einschätzung, dass die Lösung des Flüchtlingsproblems in ihrer Umsiedlung in arabische Staaten liege.[12]

Während Musa Alami und seine Mitarbeiter in Jericho nach Wasser suchten, lud Präsident Truman Gordon Clapp zu einem Treffen ins Weiße Haus ein. Er wollte ihn mit einer Mission beauftragen: an der Spitze einer Wirtschaftskommission in den Nahen Osten aufbrechen und ermitteln, wie die palästinensischen Flüchtlinge in arabischen Ländern rehabilitiert werden können. Auch hier war Wasser die Devise. Der Mann hinter Clapps Ernennung, der Beamte des US-Außenministeriums George McGhee, sagte später aus, dass er Clapp für die Mission nominiert hatte, „weil er Dämme und Wasser symbolisierte, die für die Entwicklung des Nahen Ostens von entscheidender Bedeutung waren". Truman hielt Clapp für den richtigen Mann zur richtigen Zeit am richtigen Ort.[13]

Die Ernennung von Clapp markierte den Wendepunkt im Ansatz der internationalen Gemeinschaft, weg von einer Rückkehrlösung hin zu einer Rehabilitationslösung. Clapp hatte zuvor mit der Tennessee Valley Authority ein Planungs- und Entwicklungsunternehmen geleitet, das 1933 von der US-Regierung als Teil der New-Deal-Agenda von Präsident Franklin D. Roosevelt gegründet wurde. Das Unternehmen war ein massives wirtschaftliches Entwicklungsprojekt, das auf die Rehabilitierung des Tennessee Valley und der Bewirtschaftung der sieben südlichen Bundesstaaten am Ufer des Tennessee River hauptsächlich durch Dämme und Kraftwerke abzielte. Es operierte in einem Gebiet von über 200 000 Quadratkilometer – fast doppelt so groß wie Israel und Jordanien zusammen – und half Millionen von Menschen bei der Verbesserung ihrer Lebensqualität hauptsächlich durch die Gründung neuer Städte, den Bau von Verkehrswegen und die Entwicklung von Landwirtschaft und Industrie. Die Amerikaner hofften, dass sich das, was Clapp am Tennessee River erreicht hatte, auch am Jordan wiederholen würde.

Clapps Economic Survey Mission machte sich schließlich unter dem Schutz der Vereinten Nationen auf den Weg in den Nahen Osten: Sie sollte den Flüchtlingen „Rückführung, Neuansiedlung und wirtschaftliche und soziale Rehabilitierung" erleichtern, und zwar gemäß Absatz 11 der Resolution 194 der Generalversammlung, um „die Flüchtlinge innerhalb eines Mindestzeitraums autark in das Wirtschaftsleben des Gebiets zu reintegrieren". Im Mandat der Kommission wurde auch beschlossen, dass ihre Empfehlungen „wirtschaftliche Bedingungen zugunsten der Wahrung von Frieden und Stabilität in der Region fördern sollten“.[14]

Diese Formulierung des Mandats der Kommission im September 1949 war entscheidend. Darin wurde die Reintegration als eine von drei möglichen Lösungen aufgeführt (Rückkehr nach Israel, Umsiedlung und wirtschaftliche Rehabilitation). Somit unterschied sie sich von Resolution 194: Absatz 11 dieser Resolution räumte der Lösung der Rückkehr eindeutig Priorität ein, während das Mandat der Economic Survey Mission sie aufhob. Wenn die Resolution 194 eine internationale und auf Rückkehr basierende Lösung bevorzugende Stimmung widerspiegelte, machten die Ernennung und das Mandat der Economic Survey Mission deutlich, dass die Vereinten Nationen von nun an eine auf Rehabilitation basierende wirtschaftliche Lösung vorzogen. Der Trend begann sich von der Repatriierung hin zur Rehabilitation und Neuansiedlung zu wenden.

Die US-Administration wies die Economic Survey Mission zu konkreten Vorschlägen zur dauerhaften Umsiedlung der Flüchtlinge an, sowie dazu, sich nicht mit temporären Hilfsprogrammen oder Notarbeiten zu begnügen, die der langfristigen Wiedereingliederung der Flüchtlinge in die arabischen Volkswirtschaften nicht nützen würden. Der Nationale Sicherheitsrat der USA empfahl auch die Knüpfung amerikanischer Wirtschaftshilfe an die Vorlage eines umfassenden Plans zur Rehabilitierung der Flüchtlinge – eine klare Bedrohung für die Operationen der Vereinten Nationen, da die Vereinigten Staaten und ihre westlichen Verbündeten die Hauptlast der Finanzierung von Entwicklungs- und Hilfsprogrammen im Nahen Osten hätten tragen sollen.[15]

Clapp landete Anfang September 1949 an der Spitze eines Teams von einigen Dutzend Experten in der libanesischen Hauptstadt. Seine Ankunft sorgte für Unruhe in der Stadt. Kaum drei Tage waren vergangen, als Tausende palästinensische Frauen aus den Flüchtlingslagern in der Nähe von Beirut auf das Gebäude der Delegation zu marschierten, um Clapp zu treffen und gegen seine Absichten zu protestieren. Die Polizei war gezwungen, sie zurückzudrängen. Am nächsten Tag überreichten die Demonstranten dem UN-Gesandten eine Petition, in der sie „der Welt ankündigen, dass sie [nach Palästina] zurückkehren müssen, selbst wenn sie dem Tod ausgesetzt sind" und dass sie „jedem Projekt, das sie in einem anderen Land als Palästina halten soll, mit aller Macht entgegentreten". Auch Abgesandte von Mufti Hajj Amin al-Husseini erschienen, und in der ganzen Stadt wurden Flugblätter verteilt, die von der „Befreiten Jugend Palästinas" unterzeichnet worden waren. Sie alle hatten eine Forderung: die Vereitelung einer jeden UN-Initiative, die nicht zur Rückkehr ausgerichtet war.[16]

Dieses Gefühl wurde von allen arabischen Staaten mit Ausnahme Jordaniens geteilt. Während der Libanon Clapp und seinem Team zwar die Einreise erlaubte, weigerten sich dessen Beamte, sie zu treffen. Auch die syrische Regierung kündigte einen Boykott an. Zwei Wochen lang saß die Delegation in Beirut tatenlos fest, weil keine arabische Regierung zur Kooperation bereit war. „Wir wurden im Nahen Osten nicht gut aufgenommen", sagte Clapp später über den Beginn seiner Mission.[17]

Die arabische Welt behandelte diesen moderaten Übergang von einer ausschließlich auf Rückkehr ausgerichteten Lösung zu einer Lösung, die auch innerarabische Umsiedlungen beinhaltete, mit Feindseligkeit. Die arabischen Staaten lasen die Zeichen sehr gut und verstanden, dass eine sich fast ausschließlich aus technischen Experten zusammensetzende Delegation, die sich mit der Prüfung von Umsiedlungsmöglichkeiten für Hunderttausende von Arabern und vor allem mit Wasser-, Infrastruktur- und Landwirtschaftsfragen befassen würde, nicht ausschließlich oder auch nur primär auf die Rückführung der Flüchtlinge nach Israel hinarbeiten würde.

Die Umsiedlung einer erheblichen Zahl von Flüchtlingen in arabische Länder hätte Israel von einer der stärksten Bedrohungen seiner Existenz befreit und den arabischen Staaten eine politische und diplomatische Schlüsselwaffe im Kampf gegen Israel genommen. Zu diesem Zeitpunkt waren die Flüchtlinge der einzig sichtbare Beweis für einen Konflikt zwischen Israel und den Arabern. Ihre Rehabilitierung hätte den arabischen Staaten keinen Grund zur Beanstandung gelassen. Die Rehabilitierung in den arabischen Staaten hätte die Wunden des Krieges von 1948 geheilt, aber nicht durch das Zurückdrehen der Uhren und die Abschaffung Israels, wie es sich die arabischen Länder erhofft hatten. Die Rehabilitierung der Flüchtlinge in arabischen Ländern hätte das Ende des Krieges bedeutet, aber das war es nicht, was die Araber wollten. Es gab einen Weg zur Lösung des Problems durch die Schaffung eines neuen Status quo im Nahen Osten. Aber die Araber waren entschlossen, das Problem zur Destabilisierung genau dieses Status quo zu nutzen.[18]

Für die benötigte arabische Kooperation zog Clapp seine stärkste Karte – die Wirtschaftshilfen. Eine kleine, Ende 1948 gegründete UN-Agentur hatte den Flüchtlingen vorübergehend Hilfe geleistet, stand aber kurz vor der Beendigung ihrer Mission.[19] Andere internationale Hilfsorganisationen, darunter das Rote Kreuz, konnten die Betreuung der Flüchtlinge nicht mehr tragen. Clapp drohte, dass die internationale Gemeinschaft die arabischen Staaten mit der Lösung des Problems alleine lassen würde, wenn sie nicht kooperierten. Nach einigen Diskussionen wurde eine Kompromissformel gefunden, die eine Zusammenarbeit beider Seiten ermöglichte: Die arabischen Staaten erklärten sich zum Verzicht auf ihre Einwände gegen die Arbeit der Delegation bereit. Im Gegenzug versprach Clapp, das Wort „Umsiedlung“ nicht mehr zu verwenden. Von nun an würden sie nur noch über Zeitarbeitsprogramme für die Flüchtlinge reden, ohne sich auf ein Enddatum festzulegen.[20]

Dieser Kompromiss spiegelte die komplexen Interessen der arabischen Staaten wider. Die arabische öffentliche Meinung betrachtete jede Möglichkeit der Rehabilitierung der Flüchtlinge außerhalb Israels mit Feindseligkeit und hätte ein arabisches Einverständnis in dieser Angelegenheit als Verrat behandelt. Die Rückkehr nach Israel galt als einzige Möglichkeit zur Tilgung der Demütigung der militärischen Niederlage, da sie die Zerstörung des jüdischen Staates bedeutet hätte. Im Herbst 1949 stellte der US-Botschafter im Libanon fest, dass die arabische Öffentlichkeit so entschieden gegen die Aufhebung des Rückkehrprinzips protestierte, dass „die Überlegungen der Regierungen, sie anderswo anzusiedeln, wahrscheinlich die Regierungen ins Wanken bringen würden".[21]

Aber auch die Nichtkooperation mit dem Westen hätte einen hohen Zoll gefordert. Die wirtschaftliche Belastung durch die Betreuung der Flüchtlinge war groß – insbesondere für diejenigen arabischen Staaten, deren Wirtschaft bereits instabil war. Hätte der Westen die Finanzierung der Flüchtlingshilfe komplett aufgegeben, wären die arabischen Staaten mit dem Problem allein geblieben. Arabische Vertreter hofften durch die Inanspruchnahme westlicher Hilfen auch eine wirtschaftliche Verbesserung der eigenen Gesellschaften herbeizuführen. Das Flüchtlingsproblem schlicht zu ignorieren hätte möglicherweise zu politischer Instabilität geführt, zumal arabische Führer bereits durch ihre Niederlage gegen Israel gedemütigt worden waren; jetzt drohte ihnen auch noch, bei der Bewältigung einer der Kriegsfolgen im Stich gelassen zu werden.[22]

Die humanitäre Hilfe des Westens zu akzeptieren, sie für die eigenen Interessen zu politisieren und auszunutzen – das war die strategische Entscheidung der arabischen Staaten. Während der 1950er Jahre, bis Dezember 1959, war die westliche Hilfe für palästinensische Flüchtlinge Gegenstand eines Kampfes zwischen der internationalen Gemeinschaft und der arabischen Welt, in dem jede Seite versuchte, das Maximum für sich herauszuholen, ohne das Tischtuch endgültig zu zerreißen.[23]

Clapps Kompromissformel zum Verzicht auf das Wort „Umsiedlung" war im Grunde ein Versuch der gegenseitigen Täuschung, der weiteren Versuchen den Weg ebnete. Clapp und die westlichen Staaten arbeiteten weiter an einer wirtschaftlichen Lösung des Flüchtlingsproblems, ohne das explizit zu sagen. Sie hofften, dass befristete Arbeitsplätze die Flüchtlinge in eine Festanstellung in den arabischen Ländern locken und dies wiederum zum Bau von festen Wohnungen und der Schaffung funktionierender Gemeinschaften führen würde, sodass sie in wenigen Jahren keine Entlastung mehr von der internationalen Gemeinschaft brauchen und sich nicht mehr als Flüchtlinge sehen würden.

Die arabischen Staaten hingegen verstanden, dass der Westen ihr angestrebtes Ziel einer Zerstörung Israels durch die Rückkehr der Flüchtlinge nicht unterstützen würde, dennoch stimmten sie deren Rehabilitierung nicht zu. Der Westen war überzeugt davon, die arabischen Länder auf den von ihm vorgezeichneten Pfad geführt zu haben; und die arabischen Staaten signalisierten, dass sie zum Gang auf diesem Pfad bereit wären, während sie ihren eigenen Pfad gingen und nicht beabsichtigten, dort anzukommen, wohin der Westen sie zu führen hoffte.

Nach rund zweimonatiger Rundreise durch den Nahen Osten veröffentlichte Clapp seine Empfehlungen, die sich insbesondere auf in der Landwirtschaft und dem Verkehrswesen in Jordanien, Syrien, dem Libanon und Gazastreifen zu etablierende Wirtschaftsentwicklungsprojekte konzentrierten. In Israel waren keine Projekte geplant. Anstatt die Flüchtlinge für immer von ausländischer Hilfe abhängig zu machen, sollten die Initiativen ihnen ermöglichen, auf die eigenen Beine zu kommen und ihren Lebensunterhalt langsam selbst zu verdienen. Die Economic Survey Mission erläuterte die Logik hinter ihren Empfehlungen sehr umständlich und verzichtete auf eine explizite Nennung ihres politischen Zwecks. „Die Aussicht auf Arbeit", schreibt die Mission in ihrem Zwischenbericht vom 16. November 1949, „wird die praktischen Alternativen für Flüchtlinge erhöhen und somit eine realistischere Sicht auf ihre gewünschte und erreichbare Zukunft anregen."[24] Mit anderen Worten, wenn die Flüchtlinge in arabischen Ländern Arbeit und eine Existenzgrundlage fänden, würden sie den endgültigen Schluss ziehen, dass dort ihre Zukunft lag.

Zu diesem Zeitpunkt erkannte die Economic Survey Mission, dass eine Rückkehr nach Israel keine realistische Option mehr war: Sie empfahl zwar nur befristete Arbeit zur Verbesserung der wirtschaftlichen Lage der Flüchtlinge, sah jedoch deren längerfristige Rehabilitierung als die logische Lösung des Problems an. Clapp selbst war optimistisch und zuversichtlich in seiner Aussage vor dem US-Kongress einige Monate später: „Einige der Flüchtlinge, da bin ich mir sicher", sagte er, „werden weniger daran denken, nach Hause zu gehen, sondern mehr darüber nachdenken, wo sie in Zukunft leben möchten, wenn sie beginnen, von der Mobilität zu profitieren, die ihnen die Arbeit bietet. Einige von ihnen werden sich dort niederlassen wollen, wo sie aktuell sind."[25]

Zur Einleitung ihres Rehabilitationsplans und zur Hilfeleistung für bedürftige Flüchtlinge empfahl die Economic Survey Mission die Einrichtung einer neuen UN-Agentur. Diese Agentur sollte für einen begrenzten Zeitraum tätig sein und u. a. die arabischen Staaten in die Lage versetzen, sich auf die bevorstehende Einstellung der internationalen Hilfe für die Flüchtlinge vorzubereiten.

Die Amerikaner waren mit dem Clapp-Bericht zufrieden, der mit ihrem Ansatz übereinstimmte, und begannen mit der Ausformulierung eines entsprechenden Resolutionsentwurfs zur Genehmigung durch die UN-Vollversammlung. Getreu ihrer strategischen Position, mit der einen Hand Hilfe anzunehmen und mit der anderen diese für ihre politischen Interessen auszunutzen, versuchten die Araber, einige wichtige Änderungen an der bevorstehenden Resolution vorzunehmen.[26]

Die erste Ergänzung im Resolutionsentwurf war – auf Bitte der Araber hin – ein Verweis auf Absatz 11 der Resolution 194, die, wie bereits erwähnt, den Flüchtlingen, die sich zu einem Leben in Frieden mit ihren Nachbarn bereiterklärten, die Rückkehr in ihre Heimat ermöglichen sollte. Während der ursprüngliche Resolutionsentwurf Absatz 11 nur in seiner Präambel erwähnte, nahm der arabische Entwurf Absatz 11 in die Ziele der neuen Agentur auf, die die Rehabilitierung der Flüchtlinge überwachen und sie dabei unterstützen sollte.

Die zweite von den arabischen Staaten angestrebte Überarbeitung bestand in der Stärkung ihres eigenen Einflusses auf die Festlegung der Politik der neuen Agentur und darin, die Leitung der Agentur zu Konsultationen mit ihnen zu verpflichten. Die dritte Änderung betraf den Stichtag für die direkte internationale Hilfeleistung an die Flüchtlinge: Der ursprüngliche Entwurf sah ein festgelegtes Enddatum vor, nämlich nach einem einzigen Jahr des Betriebs; aber die Araber baten um die Einfügung des Vorbehalts „sofern nicht anders bestimmt durch die Generalversammlung" in ihrer Sitzung im folgenden Jahr. Die vierte und letzte Änderung betraf den Namen des neuen Hilfswerks: Der ursprüngliche amerikanische Entwurf sprach von einem „Near East Relief and Works Agency" (NERWA), während die Araber vorschlugen, es „United Nations Relief and Works Agency" – UNRWA – zu nennen.

Diese Veränderungen sind bis zum heutigen Tag die Grundsteine der organisatorischen Infrastruktur der internationalen Hilfe für palästinensische Flüchtlinge.[27] Die von den Arabern vorgeschlagenen Überarbeitungen der Resolution erhellten ihre Absichten. Während die internationale Gemeinschaft ihre Bemühungen um eine Lösung auf der Grundlage der Rückkehr aufgegeben hatte, brachten die arabischen Änderungsanträge zur Resolution durch die Aufnahme von Absatz 11 der Resolution 194 diese zurück ins Zentrum der Debatte.

Damit sie nicht die Kontrolle über die Ereignisse verloren, verlangten die Araber, dass die Chefs der Agentur sich regelmäßig mit ihnen beraten sollten. Die Araber forderten auch die Hinzufügung der Initialen „UN" zum Namen der Agentur; dadurch sollte zum Ausdruck gebracht werden, dass die internationale Gemeinschaft für die Entstehung des Flüchtlingsproblems verantwortlich sei, da sie den Teilungsplan von 1947 unterstützte. Um zu verdeutlichen, dass sie das Problem in absehbarer Zeit nicht zu lösen beabsichtigten, versuchten die Araber außerdem, eine Option für die wiederholte Verlängerung des Mandats der Agentur hinzuzufügen. Sie wird tatsächlich bis heute immer wieder in Anspruch genommen.

Die arabischen Staaten legten damit praktisch eine langfristige strategische Vision und klare Zukunftsplanung im Einklang mit ihren Zielen vor und machten deutlich, dass die Verbesserung der Lebensbedingungen einiger Hunderttausender Flüchtlinge weniger wichtig war als ihr Kampf gegen den Zionismus. Es gelang den arabischen Parteien schließlich, ihre Position durchzusetzen, vor allem, weil ihre Unterstützung als Aufnahmeland für die Umsetzung notwendig war. Die von den Arabern geforderten Überarbeitungen wurden in die Resolution 302 der UN-Generalversammlung aufgenommen, womit die UNRWA am 8. Dezember 1949 gegründet wurde.

In der Resolution wurde als Ziel der Agentur die Umsetzung der Empfehlungen der Economic Survey Mission in den Bereichen Soforthilfe und Rehabilitation festgelegt. Die Araber hatten sich die weitere Finanzierung der internationalen Gemeinschaft für den Umgang mit den Flüchtlingen gesichert und gleichzeitig Absatz 11 der Resolution 194 übernommen, um die Rückkehrlösung am Leben zu erhalten. Dieser Erfolg ermöglichte es ihnen, sich weiterhin als Sprecher der Flüchtlingsinteressen und als furchtlose Kämpfer für die Palästinenser zu präsentieren.[28]

Einige Monate später untermauerten die arabischen Staaten in den Beratungen der UN- Generalversammlung zur Einsetzung des UN-Hochkommissariats für Flüchtlinge (UNHCR) ihre Absichten. Das UNHCR wurde zunächst in Europa und später auf der ganzen Welt, normalerweise durch die Suche nach einer sicheren Zuflucht und Rehabilitation in einem anderen Staat, mit der Leitung und Koordination internationaler Maßnahmen zum Schutz und der Lösung der Probleme von Flüchtlingen beauftragt. Das UNHCR führte eine die Rückkehr nicht privilegierende Richtlinie ein. Der Zweck des UNHCR bestand in der Nutzung aller notwendigen Mittel zur Beendigung der Not einzelner Flüchtlinge.[29]

Als die arabischen Staaten verstanden, dass das neue Gremium Rückführung oder Rückkehr nicht in den Mittelpunkt stellen und das Prinzip der Rückkehr nicht als absolutes und unveräußerliches Recht von Flüchtlingen betrachten würde, forderten sie den Ausschluss der Palästinenser aus ihrem Mandat und deren Überführung unter die UNRWA. Diese Forderung schuf die Voraussetzungen zur Gewährleistung des Fortbestands des palästinensischen Flüchtlingsproblems für die nächsten Jahrzehnte.

Gesandte aus Ägypten, dem Libanon und Saudi-Arabien wollten allesamt von den Vereinten Nationen das Versprechen, dass sich der

UNHCR nicht mit bereits von bestehenden Einrichtungen versorgten Flüchtlingen befasste (abgesehen von den Palästinensern waren die einzigen Flüchtlinge, die zu der Zeit eine eigene UN-Abteilung hatten, diejenigen aus dem Koreakrieg).[30] In seiner Begründung wies der ägyptische Botschafter darauf hin, dass die Gleichsetzung der Palästinenser mit allen anderen Flüchtlingen der Welt ihr „Recht auf Rückführung" gefährden würde.[31] Der saudische Delegierte sagte sehr deutlich, dass die Eingliederung der Palästinenser unter die Fittiche der neuen Agentur „ein Verzicht auf das Beharren auf der Rückführung" wäre.[32] Während der gesamten Beratungen lehnten die Araber jede Formulierung oder Erklärung ab, die eine Gleichwertigkeit zwischen dem Status der Palästinenser und anderer Flüchtlinge auf der ganzen Welt hätte schaffen können.[33]

Der libanesische Vertreter, Karim Azkoul, erläuterte die arabische Sichtweise des Unterschieds zwischen arabischen Flüchtlingen und allen anderen Flüchtlingen in der Welt: „In allen anderen Fällen", sagte er, „sind Menschen aufgrund von Handlungen, die den Prinzipien der Vereinten Nationen zuwiderliefen, zu Flüchtlingen geworden, und die Verpflichtung der Organisation ihnen gegenüber war nur eine moralische. Die Existenz der Palästinaflüchtlinge auf der anderen Seite war das direkte Ergebnis einer Entscheidung der Vereinten Nationen selbst, in voller Kenntnis der Konsequenzen. Die Palästinaflüchtlinge waren daher eine direkte Verantwortung der Vereinten Nationen und konnten nicht in die allgemeine Kategorie der Flüchtlinge ohne Verrat an dieser Verantwortung eingeordnet werden."[34]

Azkoul erklärte auch die Notwendigkeit einer Differenzierung zwischen den arabischen Flüchtlingen und allen anderen Flüchtlingen: „Die Flüchtlingsfrage war nicht immer eine rein humanitäre Angelegenheit", sagte er. „Sie hatte oft wichtige politische Aspekte."[35] Tatsächlich ist diese von Azkoul artikulierte Sichtweise der Grund für die Aufrechterhaltung des Problems bis heute – die Ansicht der Araber, dass die Genehmigung des Teilungsplans von 1947 eine Ungerechtigkeit war, die als einzige Lösung für das Flüchtlingsproblem und den arabisch-israelischen Konflikt insgesamt rückgängig gemacht werden müsse.

Schon bei der Geburt der UNRWA und in den folgenden Monaten war klar, dass für ein und dasselbe Kind zwei unterschiedliche Paten mit konkurrierenden Absichten einbestellt wurden: einerseits die internationale Gemeinschaft, die die wirtschaftliche Rehabilitation und die Umsiedlung der Flüchtlinge als einzig realistischen Weg zur Beendigung des Problems sah; andererseits die Araber, die sich um ein Fortleben des Problems bemühten, indem sie eine ständig wachsende Liste von palästinensischen „Flüchtlingen" aufrechterhielten und damit auch die Hoffnung auf eine Rückkehr lebendig und präsent. In wenigen Jahren wurde klar, wer in diesem Kampf die Oberhand hatte.

In Jerusalem wurde diese Entwicklung zunächst mit einer Mischung aus Zufriedenheit und vorsichtigem Optimismus verfolgt. Israels Weigerung der Inbetrachtnahme einer Rückkehr von Flüchtlingen ohne umfassendes Friedensabkommen mit den Arabern, einhergehend mit der Weigerung der Araber zur Aufnahme von Verhandlungen ohne eine israelische Zusage der Flüchtlingsaufnahme, hatte die Großmächte effektiv zur Aufgabe der Idee der Rückkehr gebracht. Und solange das Hauptmandat der UNRWA und der vorherrschende Geist der UN-Resolution zur Gründung der Agentur auf den wirtschaftlichen Wiederaufbau und die lokale Rehabilitation in arabischen Ländern ausgerichtet waren, betrachtete Israel sie als im Einklang mit seinen Interessen.

Während der 1950er Jahre machte Israel seine Position bei mehreren Gelegenheiten deutlich. Das Flüchtlingsproblem, so erinnerten die Vertreter Jerusalems, wurde durch nichts anderes als die arabische Aggression im Krieg von 1948 geschaffen. „Wenn es keinen Krieg gegen Israel gegeben hätte", sagte Abba Eban in einer Rede vor den Vereinten Nationen, „würde es heute kein Problem mit arabischen Flüchtlingen geben." Israel argumentierte, dass natürlich auch die für das Problem verantwortliche Partei zu dessen Lösung verpflichtet sei. Israel wies die Forderung zurück, dass die Vereinten

Nationen oder die internationale Gemeinschaft für eine Lösung verantwortlich seien, und erinnerte daran, dass nicht der Teilungsplan der Generalversammlung das Flüchtlingsproblem geschaffen habe, sondern die Vereitelungsversuche der Araber bei der Umsetzung dieser Resolution.[36]

Für Israel war die von den Arabern vorgeschlagene Lösung der Rückkehr ohne Friedensabkommen und ohne Auseinandersetzung mit den Rechten der Juden im Land eine offensichtliche existenzielle Bedrohung für seine Fähigkeit, sich als souveräner Staat des jüdischen Volkes zu behaupten. Im Gegensatz dazu verfügten die arabischen Staaten über riesige, weite und leere Flächen, in die palästinensische Flüchtlinge umgesiedelt werden konnten; und die kulturellen, sprachlichen und religiösen Affinitäten zwischen den Flüchtlingen und der Mehrheitsbevölkerung der arabischen Länder machten diese Lösung leicht umsetzbar. Das bedeute, so die Argumentation Israels, dass die offensichtliche Lösung des Flüchtlingsproblems die Rehabilitierung der Flüchtlinge in den arabischen Staaten sei.

Aus internationalen Präzedenzfällen und der damals konventionellen Praxis konnte Israel Mut schöpfen. Die Rehabilitation in den Aufnahmeländern wurde als das am besten geeignete Mittel zur Lösung von Flüchtlingsproblemen betrachtet, insbesondere wenn eine kulturelle Affinität zwischen den Flüchtlingen und ihren Aufnahmeländern bestand. Seit dem Zweiten Weltkrieg und bis zum Ende des Kalten Krieges 1989 wurde der Großteil der Ressourcen von für Flüchtlinge zuständigen UN-Organisationen für solche Lösungen verwendet.

Bereits im Jahr 1939 schrieb Sir John Hope Simpson, britischer Staatsmann und einer der Begründer der Studie zu Flüchtlingskrisen im 20. Jahrhundert, dass „die Option der letztendlichen Rücksiedlung ins Reich der politischen Prophetie und Sehnsüchte gehöre" und dass „sie in zukünftigen international angelegten Programmen, die auf eine praktische Beseitigung existierender Flüchtlingsprobleme ignoriert werden könne". Ebenso erklärte UN-Generalsekretär Trygve Lie 1950 die allgemeine UN-Politik in Flüchtlingsfragen auf der ganzen Welt wie folgt: „Die Flüchtlinge werden in den Ländern, die ihnen Zuflucht gegeben haben, ein eigenständiges Leben führen ... Sie werden in das Wirtschaftssystem der Asylländer integriert und sorgen selbst für ihren eigenen Unterhalt und den ihrer Familien.“[37]

In den 1940er und 1950er Jahren wurden weltweit Millionen von Flüchtlingen in den Ländern rehabilitiert, die ihnen Zuflucht gewährt hatten: Etwa 600 000 Chinesen flohen nach dem kommunistischen Sieg 1949 aus China und fanden im britischen Hongkong Zuflucht; fast eine Million Flüchtlinge aus Nordvietnam wurden in den 1950er Jahren in Südvietnam rehabilitiert; nach der Teilung des indischen Subkontinents im Jahr 1947 fanden etwa 14 Millionen hinduistische und muslimische Flüchtlinge in Indien bzw. Pakistan Zuflucht; mehr als zehn Millionen ethnische Deutsche, die lange nach dem Ende des Zweiten Weltkriegs und der Kapitulation Deutschlands brutal und grausam aus Osteuropa vertrieben wurden, fanden in Westdeutschland Zuflucht; und Hunderttausende Juden, die gezwungen waren, arabische Länder zu verlassen, obwohl sie nicht ihre Hand gegen die arabische Mehrheitsgesellschaft erhoben hatten, wurden in Israel rehabilitiert. In jeder dieser Situationen wurden die Flüchtlinge in Ländern mit ihnen sprachlich und kulturell ähnlichen Menschen assimiliert.[38]

Darüber hinaus wurde keine dieser Flüchtlingspopulationen mit UN-Beteiligung rehabilitiert. Der junge und verarmte Staat Israel machte sich die Aufnahme und Rehabilitation Hunderttausender jüdischer Flüchtlinge zur Aufgabe: Waisen, Witwen, Männer, deren ganze Familien in den Vernichtungslagern der Nazis ermordet wurden, sowie Juden aus arabischen Ländern, die mit nicht viel mehr als ihrer Kleidung aus ihren Häusern geworfen wurden. Ohne internationale Unterstützung akzeptierte Israel sie und ließ sich auf eine Flüchtlingspopulation ein, die fast doppelt so groß war wie die Wohnbevölkerung.

Im Hinblick auf die UNRWA wurde Israel durch den einzigen anderen Fall ermutigt, in dem eine spezielle UN-Agentur zum Umgang mit einer bestimmten Flüchtlingsgruppe eingerichtet wurde:

das Koreanische Wiederaufbauwerk der Vereinten Nationen (UNKRA) in Korea. Der 37 Monate währende Krieg zwischen Nord- und Südkorea in den Jahren 1950 bis 1953 hatte Südkorea weitaus mehr verwüstet als die arabischen Staaten: Etwa eine halbe Million Menschen wurden getötet, ganze Städte in Schutt und Asche gelegt und die Wirtschaft des Landes lahmgelegt. Am Ende des Krieges wurde das UNKRA, eine Sonderorganisation zur Rehabilitierung Südkoreas, von den Vereinten Nationen ins Leben gerufen, mit der den im Krieg vertriebenen Menschen geholfen und an der Eingliederung von 3,1 Millionen Flüchtlingen aus Nordkorea gearbeitet wurde.[39]

In diesem Fall gelangen der Agentur in weniger als einem Jahrzehnt, da keine Versuche zur Untergrabung ihrer Bemühungen unternommen wurden, nicht weniger als 260 großangelegte industrielle und landwirtschaftliche Entwicklungsprojekte sowie die Eröffnung von Bergwerken, Schulen, Wohnblöcken und Gesundheitseinrichtungen; das alles zu einem Preis von 127 Millionen US-Dollar (weniger als der ursprünglich dem UNRWA zugewiesene Betrag). Auch westliche Staaten wurden rekrutiert, um Südkorea aus seiner Not zu retten. Sie schickten Dutzende von Frachtschiffen voll mit lebensnotwendigen Gütern und Baumaterial. Sie bauten 77 Speicher und 29 Pumpstationen und gruben mehr als 700 Kilometer Bewässerungskanäle, dazu Kliniken und Krankenhäuser. Die Flüchtlingskinder, die in improvisierten Klassenzimmern in verlassenen Eisenbahnwaggons gelernt hatten, wurden in neue und gut ausgestattete Schulen verlegt.

Die Agentur beendete ihre Arbeit 1958, nachdem jeder nordkoreanische Flüchtling von der südkoreanischen Regierung rehabilitiert und eingebürgert worden war. Seoul kooperierte bei seinen Sanierungsbemühungen voll und ganz mit der Agentur.[40] Diese Bemühungen trugen beachtliche Früchte: Mit einem beeindruckenden Wirtschaftswachstum Anfang der 1960er Jahre entwickelte sich Südkorea von einem der ärmsten Länder der Welt mit einem Pro-Kopf-BIP, das ähnlich demjenigen von verarmten afrikanischen Ländern war, zu einer der stärksten Volkswirtschaften der Welt.

Der Rehabilitationsprozess war nicht immer einfach. In vielen Fällen lehnten Flüchtlinge, ähnlich wie die Palästinenser, die Umsiedlungsbemühungen ab und forderten die Rückkehr in ihre ursprüngliche Heimat. In Westdeutschland nach dem Zweiten Weltkrieg wollten etwa zehn Millionen deutsche Flüchtlinge aus Polen und der Tschechoslowakei in ihre Heimat in Osteuropa zurückkehren. Sie hatten dort jahrhundertelang gelebt. Ihre Ausweisungen erfolgten im Allgemeinen nicht wegen persönlicher Mitschuld oder wegen ihrer Handlungen während des Krieges oder weil sie Nazis waren, sondern weil sie der ethnischen Gruppe angehörten, die den Krieg verloren hatte.

Unmittelbar nach ihrer Vertreibung gründeten die deutschstämmigen Flüchtlinge eigene politische Parteien, Zeitungen und Organisationen. Sie hielten Demonstrationen und öffentliche Versammlungen ab und veröffentlichten Artikel in der Presse. Sie sahen in ihrer Vertreibung ein schreckliches Verbrechen und die Wurzel allen Übels im Nachkriegseuropa. Ihre Vertreter erklärten, dass sie die neugeschaffene Grenze Deutschlands zu Polen an Oder und Neiße und durch die Übertragung deutscher Ostgebiete, aus denen sie vertrieben worden waren, niemals anerkennen würden. Ihr erklärtes Ziel war die Wiederherstellung deutscher Herrschaft über die Gebiete an seiner Ostgrenze, damit die Vertriebenen in ihre Heimat zurückkehren konnten.

Sie sprachen von ihrer Rückkehr an ihren Geburtsort (Heimkehr) als unveräußerliches Recht. Sie kündigten an, dass sie nicht als Minderheit unter fremder (d. h. polnischer) Herrschaft leben würden, sondern hofften, dass Deutschland die nach Kriegsende im Zuge der bedingungslosen Kapitulation gewaltsam an Polen abgetretenen Gebiete wieder beherrschen würde. Ein Flüchtlingsführer sagte 1953, ihr Ziel sei, dass „die gesamte Region Ost- und Südosteuropa, also alle Gebiete, in denen die Deutschen früher lebten, für uns wieder geöffnet wird“.[41] Tatsächlich wollten diese Flüchtlinge, genau wie die Palästinenser, die Uhren zurückdrehen – zurück in das „Großdeutschland“, das vor dem Zweiten Weltkrieg und der Niederlage der Nazis existiert hatte.

Alle politischen Vertreter Deutschlands legten Lippenbekenntnisse zu den Forderungen der Flüchtlinge ab und unterstützten sie öffentlich, taten aber in Wirklichkeit nichts, um diese voranzutreiben. Politiker aller Parteien erkannten die latente Gefahr im Festhalten an der Rückkehrforderung. Bundesaußenminister Heinrich von Brentano räumte in privaten Gesprächen ein, dass die Ostgebiete „für immer für Deutschland verloren" seien. Bundeskanzler Konrad Adenauer sagte, die Gebiete würden nie wieder in deutsche Hände fallen, sagte das aber nicht öffentlich, weil er aus politischen Gründen als Unterstützer der Flüchtlinge gesehen werden wollte.[42]

Für Adenauer war die Integration Deutschlands in den Westen sowie die Stärkung der Beziehungen zu den USA, Großbritannien und Frankreich wichtiger, weshalb er die Frage der Ostgebiete und die Rückkehr der Flüchtlinge als zweitrangig behandelte. Zur Verhinderung einer Verschlechterung der sozioökonomischen Lage der Flüchtlinge förderte die westdeutsche Regierung eine Reihe von Schritten zur vollständigen Integration ihrer Flüchtlinge in Westdeutschland. 1949 erhielten sie die volle Staatsbürgerschaft. Und um das wirtschaftliche Problem anzugehen, verfolgte die Regierung eine Umverteilung des Reichtums, wobei reichere Bürger gezwungen waren, zum Wohle der Flüchtlinge beizutragen – alles, um der unerfüllten Forderung nach Rückkehr den Stachel zu nehmen, dessen verheerendes Potenzial für Deutschland allen klar war.

Die westdeutsche intellektuelle Elite unterstützte die Bemühungen der Regierung, die Erwartungen zu senken und die Öffentlichkeit davon zu überzeugen, dass die Integration von Flüchtlingen die beste Option sei, da die Rückkehr beispielsweise bei den Polen zu Ungerechtigkeit führen würde. Ein evangelischer Pfarrer erklärte den Flüchtlingen bereits 1947: „So berechtigt und verständlich dieser Wunsch [nach Rückkehr] auch sein mag ... wir dürfen keinen falschen, übertriebenen Hoffnungen nachgeben, wir wollen uns nicht in Träumereien und Luftschlössern verlieren." Kommentatoren erklärten: „Wer den vertriebenen Deutschen aus den Ostgebieten eine bevorstehende Heimkehr predigt, beschwört nicht nur neue Gefahren, sondern auch neues Unrecht herauf; er übersieht jede Realität und Möglichkeit." Andere warnten davor, dass die Rückkehrforderung zur Zerstörung Deutschlands in einen Atomkrieg führen würde, und griffen die Flüchtlingsvertreter an, weil sie den Massen ein Gefühl von „ewiger Ungerechtigkeit" einprägten.[43]

Anfang der 1960er Jahre waren die Stimmen derjenigen Deutschen, die eine Rückkehr forderten, fast vollständig verstummt. Die Flüchtlinge assimilierten sich und ihre politische Macht schwand. Die Partei, die sie vertreten hatte, war gezwungen, mit einer anderen zu fusionieren. Bis Ende der 1960er Jahre nahmen nur noch wenige Tausend Menschen an den jährlichen Prozessionen in westdeutschen Städten teil, die die Rückgabe der verlorenen Gebiete an Deutschland forderten.[44]

Dieser Prozess der Einbürgerung, der wirtschaftlichen Sanierung und vor allem der gesellschaftlichen Reifung der westdeutschen Gesellschaft ebnete schließlich den Weg für einen deutschen Kanzler, offiziell zu erklären, dass die östlichen Gebiete für immer verloren seien. Zweieinhalb Jahrzehnte nach Kriegsende, 1970, verkündete der sozialdemokratische Bundeskanzler Willy Brandt, dass die von den Alliierten entlang der Oder-Neiße gezogene Grenze zu Polen die endgültige Ostgrenze Deutschlands sei. Das Problem der Vertriebenen des Zweiten Weltkriegs galt als strittig. Wer das Thema weiterhin zur Sprache brachte, galt als kriegstreibender Extremist. Diese friedliche Lösung wurde 1990 bei der Wiedervereinigung Deutschlands befürwortet, als die alliierte Besetzung Deutschlands offiziell endete.[45]

Inzwischen begann das Projekt von Musa Alami in Schwung zu kommen. Ein britischer Diplomat, der 1953 die Farm besuchte, beschrieb die von Amman über die Allenby-Brücke (die das Westjordanland mit Jordanien verbindet) nach Jericho führende, karge Route. Und dann tauchten in den Tiefen der Wildnis auf beiden Seiten der Straße Zäune auf, die den Standort der Farm markierten. Hier konnte man Bananenplantagen und Zitrushaine, Gemüsegärten und Reihen um Reihen von Kasuarina-Bäumen finden, die Schutz vor der sengenden Sonne boten. Rohre brachten Wasser zu den verschiedenen Grundstücken. In der Mitte des Hofes standen einfache Backsteingebäude mit Rohrdächern. In einem von ihnen saß Alami an einem Schreibtisch mit einem Telefon und Stapeln von Papier, während Kinder in Shorts und Westen auf dem Gelände herumliefen.

Auf Alamis Versuchsfarm wurden auf ihrem Höhepunkt Tausende von Menschen beschäftigt – fast allesamt Flüchtlinge, die in der Gegend lebten. Der Umfang ihrer Bewirtschaftung war beeindruckend: 10 000 Bananenstauden, 16 000 Rebstöcke, 400 Dunam Baumwolle, 400 Dunam Kartoffeln, Zwiebeln, Auberginen und Spinat, Weizen- und Gerstenfelder und 12 000 Zypressen, Eukalyptus- und Kasuarina-Bäume. Dank seiner Kontakte hatte Alami Verbindungen zum Erdölriesen Aramco geknüpft und einen mehrjährigen Vertrag über die Lieferung von frischem Obst und Gemüse für Tausende von Arbeitern des Unternehmens in Saudi-Arabien mit einem speziellen Flugzeug unterzeichnet, das in Amman die Produkte in Empfang nahm. Alami hatte auch mit der Kükenzucht begonnen und besaß bald nicht weniger als 80 000.

Er gründete auf dem Hof eine Klinik und eine Schule, die sogar über ein Schwimmbad verfügte. Diese dienten vor allem den Hunderten von Waisenkindern, die im Krieg von 1948 ihre Eltern verloren hatten und die Alami unter seine Fittiche genommen hatte. Fünfzig Brunnen wurden auf der Farm gegraben und große Stauseen zur Speicherung des Wassers angelegt. Ein paar Dutzend Flüchtlingsfamilien aus Jericho lebten dauerhaft auf der Farm. Während des Tages kamen zusätzliche Arbeiter von außerhalb hinzu.[46]

Alamis Versuchsfarm war das größte Rehabilitationsprojekt der 1950er Jahre für palästinensische Flüchtlinge. Sie lief effektiv auf die praktische Verwirklichung der Vision der UNRWA hinaus, aber die UN-Agentur war nicht an ihrer Gründung beteiligt. Die Farm umfasste den Bau von dauerhaften Wohnungen, landwirtschaftlichen Lebensgrundlagen und die Integration von Flüchtlingsgemeinschaften in die lokale Wirtschaft: alles, wozu die UN-Generalversammlung die UNRWA angewiesen hatte.

Das Mandat der UNRWA bestand, wie bereits erwähnt, in der Umsetzung des von der Economic Survey Mission empfohlenen Beschäftigungsprogramms und der Unterstützung der Regionalregierungen bei der Vorbereitung auf die letztliche Einstellung der internationalen Hilfe. Anfang 1950 richtete die Agentur ihr Hauptquartier in Beirut ein, wo sie sich sowohl mit der Lieferung von Hilfsgütern an die Flüchtlinge als auch mit dem Versuch ihrer Rehabilitation befasste. Sie begann mit der Beschäftigung von Flüchtlingen bei verschiedenen Projekten für Straßenpflasterung, Forstwirtschaft, Bewässerung und Stadterneuerung; hinzu kamen qualifizierte Flüchtlingsarbeiter: Schreiner bauten Möbel für die Agenturbüros, Metallarbeiter bereiteten Kochgeräte vor und Schneider nähten Kleidung zur Verteilung an die Lagerbewohner.[47]

Aber all das war nur ein Tropfen auf den heißen Stein. Als sich Ende 1950 das Ablaufdatum des UNRWA-Mandats näherte, beschäftigte die UNRWA nur 12 500 Menschen von fast einer Million Flüchtlingen. Die Chefs der Agentur plädierten für eine substanziellere Gestaltung der Zeitarbeitsprogramme und den Einbezug großer Infrastrukturprojekte, die eine langfristige Rehabilitation erleichtern würden. Im Dezember 1950, ein Jahr nach der Gründung der UNRWA, beschloss die UN-Generalversammlung eine Verlängerung des Agentur-Mandats und eine Schaffung von „Wiedereingliederungsfonds", die ausdrücklich „für die dauerhafte Wiedereingliederung der Flüchtlinge und ihre Entfernung von der Unterstützung" bestimmt waren. Das ist ein weiterer wichtiger Punkt, der bei der Wende in der Politik der internationalen Gemeinschaft von Rückkehr zu Rehabilitation beachtet werden muss. „Die Betreuung von Flüchtlingen und das Bemühen, sie in eine selbsttragende Beschäftigung zu bringen, war und ist unser einziges Ziel", erklärte UN-Generalsekretär Lie in Bezug auf die palästinensischen Flüchtlinge. Eine Rückkehr nach Israel erwähnte er als Option nicht.[48]

Die Finanzierungsquellen der Agentur und die Identität ihrer irektoren waren ein weiterer Beweis für die amerikanische Ausrichtung der UNRWA und die fortgesetzte Entschlossenheit zur Rehabilitierung der Flüchtlinge: Die Vereinigten Staaten finanzierten in den 1950er Jahren etwa zwei Drittel der Aktivitäten der UNRWA, und ihre drei Direktoren zwischen 1951 und 1960 waren alle Amerikaner mit Erfahrungen in regionaler Entwicklung – zwei hatten zuvor am Marshallplan mitgewirkt, der dritte war ein ehemaliger US-Staatssekretär für Landwirtschaft.[49]

Für die Zusammenstellung eines detaillierten Programms aus Rehabilitationsprojekten benötigten die UNRWA-Direktoren noch ein Jahr, und die Generalversammlung der Vereinten Nationen genehmigte ihren Dreijahresplan Ende 1951 für 200 Millionen Dollar. Ziel war die Investition von erheblichem Kapital in Projekte zur Entwicklung von Wasserquellen, die nicht nur Zehntausenden von Flüchtlingen eine dauerhafte Beschäftigung ermöglichen, sondern auch die Entwicklung einer modernen Landwirtschaft auf der Grundlage von Wasserkraftwerken und fortschrittlichen Bewässerungssystemen erleichtern würden. Die Lösung des Flüchtlingsproblems sollte in dieser Konzeption Teil einer Kombination aus Rehabilitation und Regionalentwicklung sein.[50]

Die Planungen konzentrierten sich auf zwei Großprojekte. Erstens plante die UNRWA die Ansiedlung von etwa 50 000 Flüchtlingen auf der Sinai-Halbinsel am Ostufer des Suezkanals. Dank eines Netzes von Wasserstraßen aus dem 19. Jahrhundert, die das Gebiet mit dem Nil verbanden, war die Westseite bereits landwirtschaftlich erschlossen. Nun versuchte die UNRWA die Flüchtlinge in Arbeit zu bringen, indem sie die Installation von Pipelines unter dem Suezkanal und die Verbindung der bestehenden Wasserstraßen mit dem Kanal-Ostufer vorantrieb. Dadurch sollte auch dort die Besiedlung und das Wachstum erleichtert werden. Der Bau sollte drei Jahre dauern, wobei die neuen Bewohner innerhalb von spätestens sechs Jahren als vollständig rehabilitiert gelten würden. Das zweite Projekt, die Umsiedlung von rund 200 000 Flüchtlingen, sollte in Jordanien stattfinden. Hierbei sollte Wasser aus dem Yarmouk River ins Jordantal umgeleitet werden. Die US-Regierung verpflichtete sich zur Finanzierung von zwei Dritteln des 130-Millionen-Dollar-Projekts zur Umleitung von Wasser aus dem Yarmouk in Richtung Jordantal und zur Beisteuerung von weiteren 40 Millionen Dollar für die Umsiedlung der Flüchtlinge. Das geplante Gebiet war fast 50 Prozent größer als der Gazastreifen.[51]

Aber keiner dieser großen Pläne wurde verwirklicht. 1952 berichtete die UNRWA den Vereinten Nationen, dass die Rehabilitationspläne nur langsam voranschritten. Ein Jahr später stellte das britische Außenministerium fest, dass die Fortschritte bei den Umsiedlungsplänen „sehr enttäuschend" gewesen seien, und nannte die mangelhafte Kooperation der Araber als Hauptgrund für das Scheitern. Von 1951 bis 1955 verwendete die UNRWA sieben Millionen der 200 Millionen Dollar, die von der internationalen Gemeinschaft für die Rehabilitation der Flüchtlinge bereitgestellt wurden – nur 3,5 Prozent. Diese Summe hatte zur Streichung von Zehntausenden Flüchtlingen von der Liste der Hilfsempfänger beigetragen, während die abhängige Bevölkerung um 25 000 Menschen pro Jahr gestiegen war.[52]

Auf deklaratorischer Ebene wurden eine Reihe von UN-Resolutionen von der Arabischen Liga begrüßt, die die Arbeit der UNRWA unterstützten, und gleichzeitig bewusst eine Politik des Zögerns und der Nichtkooperation mit den von der UNRWA vorgeschlagenen Projekten verfolgt, was zum endgültigen Zusammenbruch der Rehabilitationspläne führte. Der Libanon zum Beispiel lehnte jedes Projekt zur Rehabilitierung von Flüchtlingen energisch ab, weil seine christlichen Vertreter befürchteten, dass dies das empfindliche konfessionelle Gleichgewicht des Landes stören würde: Etwa die Hälfte der libanesischen Bevölkerung waren Christen, und die Umsiedlung von mehr als 100 000 sunnitisch-muslimischen palästinensischen Flüchtlingen hätte den soziopolitischen Status quo untergraben und die Macht der Christen gefährdet. Tatsächlich wurde in den Jahresberichten der UNRWA in den 1950er Jahren festgestellt, dass es dort keine Rehabilitationsprojekte gab, weil Beirut „keinen Weg gesehen hat, sie zu genehmigen".[53] Von Syrien wurde zunächst Bereitschaft signalisiert, Flüchtlinge im Austausch für großzügige wirtschaftliche und militärische Hilfe aus dem Westen auf seinem Territorium anzusiedeln. Das hätte mit relativer Leichtigkeit getan werden können: Es gab genug Wasser und ungenutztes Land und die Umsiedlung der

Flüchtlinge mit westlicher Hilfe hätte die Wirtschaft stärken können. 1952 wurden von Damaskus und der UNRWA sogar Verhandlungen mit diesem Zweck geführt, aber die Syrer machten ihnen schließlich ein Ende. Der britische Botschafter in Syrien sagte, es sei zu bezweifeln, ob eine syrische Regierung, die es wagte, die Neuansiedlung ohne die Arabische Liga offen zu unterstützen, die wütende Gegenreaktion überleben würde, die eine solche Politik provozieren würde.[54]

Ägypten führte Verhandlungen mit der UNRWA über die Ansiedlung von Flüchtlingen östlich des Suezkanals durch, brach aber das Projekt am Ende ab. Auch das war Ausdruck des Desinteresses am Schicksal der Flüchtlinge: Ägypten hätte sich eine solche Politik leisten können, weil die 200 000 Flüchtlinge in seiner Verantwortung im Gazastreifen jenseits seiner eigenen souveränen Grenzen lebten. Die ägyptische Regierung verfolgte daher in den Diskussionen mit der UNRWA eine Politik des Aufschubs, bis sie das Projekt 1955 schließlich aufgab.[55]

Der interessanteste Fall war Jordanien. Getreu seiner historischen Haltung stimmte der Haschemitische Königshof einer Rehabilitation der Flüchtlinge innerhalb des Königreichs zu; die jordanische war die erste arabische Regierung, die mit der UNRWA ein Abkommen über die Projektdurchführung unterzeichnete. Aber der Palast stand in seiner Position ganz allein und sah sich mit Ministern, dem Parlament und der Öffentlichkeit konfrontiert, die alle von Jordanien eine Ablehnung der Position der internationalen Gemeinschaft bei der Suche nach einer dauerhaften Lösung für die palästinensischen Flüchtlinge innerhalb des Königreichs forderten. Um aus diesem Schlamassel herauszukommen, erklärte die jordanische Regierung, dass sie das Prinzip der Rückkehr befürworte, aber dennoch um eine Verbesserung der Lebensbedingungen der Flüchtlinge bis zu diesem Tag bemüht sei. Doch auch in Jordanien scheiterten die Sanierungspläne am öffentlichen und politischen Widerstand.[56]

1957 zitierte die damalige israelische Außenministerin Golda Meir in einer Rede vor den Vereinten Nationen einen Bericht der Forschungsgruppe für europäische Migrationsprobleme, wonach die arabischen Staaten jede Form der Integration oder Akklimatisierung der Flüchtlinge verhindert hätten, weil sie sie „als politisches Druckmittel ansahen, um Israel von der Landkarte zu streichen oder möglichst viele Zugeständnisse zu bekommen".[57]

Die Rehabilitierung der Flüchtlinge wurde von der arabischen öffentlichen Meinung als Verrat betrachtet. Arabische Staatsmänner, so urteilte der US-Botschafter in Kairo 1951, „wagen es nicht, eine solche Möglichkeit zuzugeben, und schon das Wort ‚Umsiedlung' wäre ruinös für ihre Karriere". Der Generalsekretär der Arabischen Liga, Azzam Pascha, wies die Bitten des Westens zurück, die Flüchtlinge zur Umsiedlung zu bewegen, und sagte: „Die Liga würde als an die Juden verkauft betrachtet und in die Luft gesprengt werden."[58]

Allem voran stand der Widerstand der Flüchtlinge selbst gegen die Rehabilitation. Bereits im ersten Jahresbericht der UNRWA von 1951 stellte der Direktor fest, dass die Flüchtlinge den Rehabilitationsprogrammen ablehnend gegenüberstanden, weil sie fest davon überzeugt waren, dass eine reguläre Beschäftigung in arabischen Ländern den Verzicht auf ihre Rückkehrforderung nach Israel bedeuten würde. „Der Wunsch, in ihre Heimat zurückzukehren", so der Bericht, „ist in allen Schichten verbreitet; sie wird bei allen Sitzungen und organisierten Demonstrationen mündlich verkündet sowie schriftlich in allen an die Agentur gerichteten Schreiben und allen Beschwerden, die an die Gebietsbeauftragten gerichtet werden. Viele Geflüchtete glauben nicht mehr an eine mögliche Rückkehr, doch das hindert sie nicht daran, auf ihr zu bestehen; sie meinen, dass sie mit einer anderen Lösung ihre Schwäche zeigen und ihr Grundrecht aufgeben würden."[59]

Der Bericht stellte fest, dass sich die Flüchtlinge wahrscheinlich in einer besseren Situation befanden als die in den ärmeren Schichten der arabischen Gesellschaft, und dass die Leistungen, die sie erhielten, oft besser waren als diejenigen, die sie vor dem Krieg von 1948 genossen hatten.[60] Diese Realität widerspricht der geläufigen Weltanschauung, von der die Westmächte geprägt waren und noch immer sind, nämlich dass die Lebensbedingungen der Palästinenser ein Problem darstellen. Im Gegenteil: Das Ungerechtigkeits- und Ehrgefühl der Flüchtlinge, so der Bericht, habe zu einer Ablehnung der

Zusammenarbeit mit der Agentur und sogar zu Körperverletzungen gegen ihre Mitarbeiter geführt.[61]

Die Unfähigkeit zur Aussöhnung mit der Vergangenheit und dem politischen Prozess, der zur Gründung des Staates Israel geführt hatte, war und ist der Kern der Sache. Die Versuche der UNRWA zur Verbesserung der Lebensbedingungen der Flüchtlinge stießen auf Widerstand: Feste Unterkünfte in den Lagern, die Regen und Kälte ausgesetzte Zelte ersetzen sollten, wurden zerstört; Schulen, die den Kindern eine Ausbildung ermöglichen sollten, waren wiederholten Schülerstreiks ausgesetzt.[62] All das, um bloß nicht den Eindruck von Rehabilitierung oder Rückkehr zu einem normalen Leben zu erwecken.

Hinzu kam der Hass der Flüchtlinge auf die Vereinten Nationen im Allgemeinen und den Westen im Besonderen, den die Palästinenser direkt für ihre Katastrophe und die Gründung des Staates Israel verantwortlich machten. Sie betrachteten die UNRWA mit großem Misstrauen, weil sie glaubten, sie sollte die Rückkehr nach Israel im Einklang mit ihrer Interpretation der Resolution 194 beaufsichtigen. Sie sahen die Hilfsbemühungen der UNRWA nicht als Akt der Nächstenliebe des Westens, sondern als seine Verpflichtung. „Einzelne Bemühungen, ihnen die Situation zu erklären, sind in der Regel vergeblich", heißt es im ersten Bericht der UNRWA. „Der Flüchtling wird höflich zuhören, bleibt aber am Ende sowohl von der bitteren Ungerechtigkeit überzeugt, die ihm angetan wurde, als auch von der Tatsache, dass wenig oder nichts getan wird, um sie wiedergutzumachen."[63]

1952 führte ein ehemaliger Beamter der Internationalen Flüchtlingsorganisation eine Feldstudie in den Flüchtlingslagern durch, um die Gründe für das Scheitern der Rehabilitationsversuche zu ermitteln. Er stellte fest, dass die Palästinenser eine Rehabilitierung als Anerkennung der Niederlage ansahen. Ihr Ungerechtigkeitsgefühl wurzelte in dem Glauben, dass ihnen etwas vorenthalten worden war, das ihnen allein gehörte. Eine Rückkehr nach Israel aufzugeben war für sie gleichbedeutend mit der Anerkennung einer Niederlage, wozu sie nicht bereit waren. Als die Palästinenser, die an der Studie teilnahmen, über Israel befragt wurden, stellte sich heraus, dass niemand in der Lage schien, „den Status quo mit etwas Besserem zu akzeptieren als mit einem tiefen Gefühl von Bitterkeit, Hass und Unruhe". Auch ihre Wahrnehmung des Westens war sehr negativ: Fast drei Viertel der Befragten gaben an, dass Großbritannien und die Vereinigten Staaten für das Schicksal der Flüchtlinge verantwortlich seien und der Westen verpflichtet sei, für sie zu sorgen.[64]

Die UNRWA wurde schnell zum Ziel von verbalen und körperlichen Angriffen durch arabische Flüchtlinge. Aus ihrer Sicht scheiterte die UNRWA an ihrer primären Aufgabe, die Flüchtlinge in ihre Heimat zurückzubringen. Wenige Tage nach der Gründung der Agentur Anfang 1950 wurde der Leiter der UNRWA-Niederlassung in der Stadt Nablus von Flüchtlingen überfallen, sein Auto mit Steinen beworfen und sein Fahrer verprügelt. Einige Monate später wurden Bomben auf das UNRWA-Hauptquartier in Damaskus abgeworfen. Die Büros der UNRWA in Sidon waren jahrelang Schauplatz hartnäckiger Angriffe von Flüchtlingen. Im Juni 1951 wurden die Fensterscheiben von Steinen zertrümmert und Sprengsätze hineingeschleudert. Solche Angriffe von Flüchtlingen auf Einrichtungen und Personal der UNRWA waren an der Tagesordnung.[65] In Wirklichkeit war die Haltung der Flüchtlinge selbst der Hauptgrund für das Scheitern der Bemühungen der UNRWA. Aus Sicht der Palästinenser beruhten alle Bemühungen der internationalen Gemeinschaft auf der Annahme, dass die Flüchtlinge zukünftig nicht in Israel leben würden. Westliche Diplomaten beklagten gelegentlich, dass die Palästinenser irrational handelten, weil sie nicht erkannten, dass die überwältigende Mehrheit niemals nach Israel zurückkehren würde und dass es an der Zeit sei, ihr Leben in ihren Gastländern aufzubauen. Aber die Position der Palästinenser war eigentlich sehr kohärent. Ihr oberstes Anliegen – vor allen humanitären Erwägungen – war die Nichtanerkennung des Staates Israel. Sie ordneten ihre eigenen Lebensbedingungen dem weitergehenden Kampf gegen den Staat Israel unter. Sie sahen die Lebensbedingungen von Hunderttausenden und später Millionen ihrer Bevölkerung als weniger wichtig an als dieses politische Ziel. Aus diesem Grund war es nur verständlich, eine Rehabilitation oder eine Rückkehr zur Normalität zu verweigern, wenn dies die Beendigung des Krieges mit Israel bedeutet hätte. „Die arabischen Staaten werden die Palästinaflüchtlinge nicht integrieren", sagte Ahmad Schukeiri, erster Vorsitzender der Palästinensischen Befreiungsorganisation (PLO), „weil die Integration ein langsamer Prozess der Liquidierung des Palästinaproblems wäre."[66]

Damit war das Schicksal von Alamis Vorzeigeprojekt besiegelt. Vom ersten Moment an wurde Alami des Verrats und der Zusammenarbeit mit den Zionisten und dem westlichen Imperialismus beschuldigt. Sein Rehabilitationsprojekt wurde als Rückschlag für die arabischen Bemühungen gewertet, die Rückkehr der Flüchtlinge auf israelisches Territorium zu garantieren. Seine hohe Abstammung und sein allgemein bekannter, eindeutig antizionistischer Aktivismus waren ihm keine Hilfe. Wie oft auch immer Alami betonte, dass seine Tätigkeit rein humanitärer Natur sei und dass er die Forderung nach Rückkehr nicht aufgebe – einigen Flüchtlingen den Umzug aus einem Flüchtlingslager und ein Leben in Wohlfahrt in einer dauerhaften Unterkunft und ein Leben der wirtschaftlichen Selbstversorgung zu ermöglichen, wurde als unverzeihlicher Treubruch angesehen.

Gerüchte über Alamis Projekt und Versuche, diesem zu schaden, begannen am Anfang der 1950er Jahre. Viele Bewohner der angrenzenden Lager verweigerten ihm die Zusammenarbeit, weil sie befürchteten, dass dies eine Verschwörung zur Verhinderung ihrer Rückkehr nach Israel war. Die Dinge spitzten sich im Dezember 1955 zu, als Tausende palästinensischer Flüchtlinge aus den Lagern um Jericho die Farm überfielen und dem Erdboden gleichmachten. Die Clanchefs in den Lagern heizten die Massen gegen die „Verräterbande" an, an deren Spitze der mutmaßliche Erzverräter Musa Alami stand. Sie riefen jeden auf, zu den Waffen zu greifen und auf die Farm zu gehen. Eine Gruppe von Flüchtlingen rückte auf Alamis Haus vor, um ihn zu töten. Auf der Suche nach ihm stießen die Randalierer eine Frau in den Wehen um. Alami selbst war zu dieser Zeit in Beirut und sicher. Die Randalierer verschafften sich gewaltsam Zutritt zu seinem Büro und brachen in seine Safes ein, um unter

Stapeln von Dokumenten Beweise für seine Zusammenarbeit mit Israel zu finden.

Eine Flüchtlingskolonne rückte auf die Schlafsäle der Waisenkinder vor, von denen die ältesten 13 Jahre alt waren. Sie zogen die Kinder aus, schlugen sie, verwüsteten ihr Bettzeug und verbrannten alles, was ihnen in den Weg kam. Ein Waise mit einem Gipsbein wurde aus dem Bett geworfen und brach sich dabei das andere Bein. Die Kinder konterten mit Steinschleudern und konnten einen Lehrer retten, der durch bei dem Angriff erlittene Schläge das Bewusstsein verloren hatte.

Irgendwann brach eine Gruppe von Randalierern in eine von mehreren Palästinenserinnen bewohnte Umgebung vor, um sie zu vergewaltigen. In diesem Moment trafen jordanische Polizisten vor Ort ein, hielten sie auf und verjagten sie. Aber zur Rettung von Alamis Lebenswerk war es zu spät. Als der Angriff endete, war sein Hof eine schwelende Ruine: Die Randalierer hatten den ganzen Ort niedergebrannt und geplündert, was möglich war. Die Wohnquartiere blieben verrußt und ohne Dächer zurück. Ein langer Konvoi von Flüchtlingen kehrte mit Tausenden von Hühnern, Gänsen, Töpfen und kaputten Möbeln nach Jericho zurück.[67]

Alami wurde noch am selben Abend über den Angriff informiert. Er war zutiefst beschämt und schockiert über diese Zurschaustellung von Gewalt und Hass. Es war ein erschütternder Schlag ins Gesicht für jemanden, der sein Leben der Hilfe für sein eigenes Volk gewidmet hatte. Und es war der bisher klarste und brutalste Beweis für die arabische Haltung, dass jeder Versuch einer Rehabilitation und Integration in die Wirtschaft und das normale Leben ein schwerer Verrat war. Angesichts der Wahl zwischen der Demütigung durch ein Leben in Armut und Not in den Flüchtlingslagern und der gefühlten Demütigung, einen Staat Israel als vollendete Tatsache zu akzeptieren, entschieden sich die Flüchtlinge für einen Verbleib in den Lagern.

Die Lehre aus dem Angriff war, dass die UNRWA keine Chance hatte, Flüchtlinge zu rehabilitieren, wenn diese sich zu Angriffen auf dessen Vertreter befähigt sahen. Wenn auch ein führender Nationalist wie Alami den Flüchtlingen nicht helfen konnte, war das gesamte

Rehabilitationsprojekt eindeutig zum Scheitern verurteilt. Die Flüchtlinge waren sich ihrer Wahl bewusst: Nein zum Staat Israel, auch um den Preis eines immerwährenden Verbleibens in den Lagern.[68]

Im November 1958 verbreiteten sich in New York hartnäckig Gerüchte, dass die Vereinigten Staaten die UNRWA schließen wollten, da sie keines der von ihnen gesetzten Ziele erreicht hatte. Der saudische Botschafter in den USA lud sich ins State Department in Washington, D. C. ein, um ein Angebot zu machen, das nicht abgelehnt werden könnte. Nachdem er alle in den Vereinigten Staaten stationierten arabischen Botschafter getroffen hatte, bat der saudische Botschafter Abdullah al-Khayyal, ein Mann mit einem durchdringenden Blick und einer dicken, schwarzen Hornbrille, sich mit US-Außenminister Christian Herter in Washington zu treffen, um eine klare Botschaft zu verkünden.

Khayyal begann das Treffen mit der Aussage, dass er alle arabischen Botschafter vertrete, um den Preis zu unterstreichen, der zu zahlen wäre, wenn die Vereinigten Staaten seine Forderung ablehnen würden. Er sagte, er sei vom Interesse der Vereinigten Staaten an engen Beziehungen zur arabischen Welt überzeugt. Washington müsse eine Wiederholung vergangener Fehler vermeiden. Die Abschaffung der UNRWA, fügte er hinzu, „würde in den arabischen Ländern ein schlechtes Echo haben".[69] Khayyal sagte weiterhin, dass die Araber erwarteten, dass keine Änderungen an der UNRWA vorgenommen würden, und dass sie wollten, dass die Agentur ihre Arbeit bis zur Findung einer „Lösung" fortsetzte.

Herter, ein Republikaner aus Massachusetts und für seine elegante Kleidung und Fliege bekannt, erkundigte sich nach den „Fehlern der Vergangenheit", die die Vereinigten Staaten gemacht hätten. Die Unterstützung des UN-Teilungsplans, antwortete Khayyal. Herter sagte, dass die Wahrscheinlichkeit einer weiteren Finanzierung der UNRWA durch die US-Regierung größer wäre, wenn die Araber eine gewisse Bereitschaft zur Diskussion über eine längerfristige Lösung zeigten. Herter sagte auch, dass die USA sich freuten, wenn die Araber einen Vertreter ernennen würden, der sich mit ihnen zusammensetze und über diese längerfristige Lösung diskutiere, und dass die USA auch bereit wären, sich hinzusetzen und mit den Israelis zu sprechen. Khayyal antwortete, dass „die Araber nicht bereit seien, sich mit den Israelis zusammenzusetzen“, und merkte an, dass Washington Druck auf Israel ausüben sollte, um eher UN-Resolutionen voranzutreiben „als die Araber zu Gesprächen mit Israel zu drängen“.[70]

Die Amerikaner waren tatsächlich zu dem Schluss gekommen, dass es an der Zeit war, die UNRWA zu schließen. Nach fast einem Jahrzehnt massiver US-Finanzierung, die nicht das Geringste zur Lösung des Flüchtlingsproblems beigetragen hatte, waren in Washington immer mehr Stimmen zu vernehmen, die gegen eine Verlängerung des Mandats plädierten. Die Frustration der Amerikaner über die Arbeit der UNRWA war angesichts der beeindruckenden Erfolge der US-Rehabilitationsbemühungen in Korea und Europa, die innerhalb weniger Jahre Früchte getragen hatten, besonders auffällig. Der einzige Unterschied zum Nahen Osten, der zum völligen Scheitern der Wiederaufbaubemühungen führte, war die fehlende Kooperation der arabischen Staaten und der Palästinenser.

Bereits 1952 teilte der US-Geschäftsführer in Jordanien dem US-Außenministerium in einem ausführlichen Telegramm seine Eindrücke von der Arbeit der UNRWA mit. „Ich bin seit einiger Zeit beunruhigt darüber, dass die UNRWA in Jordanien nichts Wesentliches im Bereich der Neuansiedlung von Flüchtlingen erreicht hat“, begann David Fritzlans Telegramm. Die jordanische Regierung verweigere die Zusammenarbeit, so schrieb er, mit der Folge, dass Monat für Monat Unmengen an Geld investiert würden, um die Flüchtlinge zu ernähren, ohne parallel zu versuchen, sie autark zu machen und von der Liste der Hilfsempfänger zu streichen. Die arabischen Staaten, so Fritzlan, müssten den Flüchtlingen erklären, dass wahrscheinlich viele von ihnen trotz der Versprechen und verschiedener UN-Resolutionen nicht in ihre frühere Heimat zurückkehren würden. Aber die Araber taten nichts dergleichen, sagte der US-Beauftragte. Trotz der vorgeblichen Unterstützung der Flüchtlingsrehabilitationsbemühungen bestand die grundlegende Politik der Arabischen Liga darin, sie zu frustrieren. „Der Zweck dieser Politik“, schloss Fritzlan, „[ist] einfach, das Palästinaproblem am Leben zu erhalten, in der Hoffnung, den Untergang Israels herbeizuführen."[71]

Der US-Beauftragte zitierte Treffen mit seinem britischen Amtskollegen und eine ähnliche Vereinbarung, die sich im Außenministerium in London abzeichnete. Er wies darauf hin, dass die Briten ihrerseits erwogen, die arabischen Staaten zu warnen, dass der Westen bei der bevorstehenden Generalversammlung Ende 1952 ohne Änderung ihres Verhaltens die Unterstützung der UNRWA beenden und die Verantwortung für das Flüchtlingsproblem ihnen selbst überlassen würde. Die Briten hofften, dass eine solche Drohung die arabischen Staaten dazu bringen würde, den Mut für die Aufnahme der Zusammenarbeit aufzubringen.[72] Aber Fritzlan war sich der politischen Grenzen der Vereinigten Staaten bzw. Großbritanniens und der Schwierigkeiten für die Verabschiedung einer Resolution der Generalversammlung der Vereinten Nationen bewusst. Er war der Meinung, dass die arabischen Staaten trotz dieser Drohung nicht kooperieren würden. Schlimmer noch, der Westen könnte seine Drohung nicht in die Tat umsetzen, weil das nicht nur in der gesamten arabischen Welt, sondern auch in Asien und Lateinamerika Wut auslösen würde. „Es ist vielleicht fraglich", schrieb er, „ob wir in dieser Frage so weit gehen und diese Länder vielleicht von dem entfremden, was wir als größere und wichtigere Themen erachten."[73]

Als Fritzlan „größere und wichtigere Themen" erwähnte, bezog er sich natürlich auf die geostrategischen Interessen der Vereinigten Staaten im Kalten Krieg. 1952, in dem Jahr, in dem Fritzlan sein Dokument verfasste, wurde Dwight D. Eisenhower zum Präsidenten der Vereinigten Staaten gewählt. Bei seinem Amtsantritt Anfang 1953 ernannte er John Foster Dulles zum Außenminister. Zusammen legten sie die weltweite Eindämmung des Kommunismus als ihre höchste außenpolitische Priorität fest. Während sich die Truman-Administration auf Europa und Asien konzentriert hatte, sah die Eisenhower-Administration den Nahen Osten als Hauptkonfrontationsgebiet mit der Sowjetunion. „Es gibt keinen strategisch wichtigeren Bereich auf der Welt", sagte Eisenhower. Die geografische Lage der Region und die Bedeutung des Erdöls ließen die Verantwortlichen in Washington glauben, dass der Wohlstand und das Wachstum der gesamten westlichen Welt vom Nahen Osten abhingen. Deshalb wendeten sie enorme Kräfte auf, um neue Freunde in dieser Region zu gewinnen und zu verhindern, dass einer von ihnen in sowjetische Hände fiel.[74]

Die neuen Freunde, die die Regierung Eisenhower suchte, waren jedoch nicht Israel, sondern die arabischen Staaten. Bei seinem ersten Besuch im Nahen Osten 1953 sagte Dulles in Beirut, sein Land werde „eine bessere und gerechtere Politik als die der Vergangenheit anstreben" und sei bereit, Maßnahmen in Erwägung zu ziehen, „um eine Aggression Israels zu verhindern". In Kairo versprach Dulles Präsident Gamal Abdel Nasser, dass die republikanische Regierung Eisenhowers nicht wie die demokratische Regierung von Truman den Juden politisch verpflichtet sei. Dulles sah das vorherige Weiße Haus als zu prozionistisch an, da es in der arabischen Welt Wut ausgelöst hatte, die die Sowjets jetzt ausnutzten. Im selben Jahr wurden US-Wirtschaftshilfen für Israel eingestellt.[75]

Die proarabische Orientierung von Eisenhower und Dulles wurzelte in ihrer Auffassung, dass der einzige Weg im Kampf gegen den sowjetischen Einfluss im Nahen Osten in der entschiedenen Abwendung von Israel bestand. Dieser Versuch, den Arabern den Hof zu machen, prägte die Außenpolitik der 1950er Jahre und erreichte ihren Höhepunkt während des Sinai-Krieges von 1956. Um Israel dazu zu bringen, einem Waffenstillstand zuzustimmen und es später zum Rückzug von der Sinai-Halbinsel zu zwingen, wurde ihm von der Eisenhower-Regierung mit nicht weniger als strengen Sanktionen und dem Ausschluss aus den Vereinten Nationen gedroht. Washington warnte sogar vor einer Blockierung privater Spenden von amerikanischen Juden an Israel. Gleichzeitig versuchten die USA, Nasser mit großen Waffenverträgen aus dem sowjetischen Einfluss zu locken; Israels Forderungen nach fortschrittlichen Waffensystemen während der 1950er Jahre wurden sofort abgelehnt.

Das war die Eisenhower-Doktrin für den Nahen Osten. Dessen Außenminister erläuterte später die Denkweise hinter dieser Politik.

Jede Neigung hin zu Israel, erklärte Dulles, würde „sicherlich den gesamten westlichen Einfluss im Nahen Osten gefährden". „Die Nationen dieser Region", sagte er, „würden zu dem Schluss kommen, dass die Politik der Vereinigten Staaten gegenüber dem Gebiet letzten Endes vom jüdischen Einfluss in den Vereinigten Staaten kontrolliert werde. In einem solchen Fall bestünde die einzige Hoffnung der arabischen Länder in einer festen Bindung an die Sowjetunion."[76]

Diese Mühe war nicht erfolgreich. Die Architekten der US-Außenpolitik glaubten, dass Israel das Haupthindernis für positive Beziehungen zur arabischen Welt wäre, von denen sie sich eine Eindämmung der sowjetischen Expansion in der Region erhofften. Aber bis zum Ende des Jahrzehnts konnten sich die Amerikaner mit nur wenigen Lorbeeren schmücken. Der antiwestliche Drift im Nahen Osten beschleunigte sich. Nasser erhielt immer noch große Waffenlieferungen aus der Sowjetunion und Washington hatte es versäumt, neue Freundschaftsbande in der Region zu knüpfen.[77]

Was das palästinensische Flüchtlingsproblem anbelangte, so gab es einige, die Fritzlan Recht gaben und glaubten, die UNRWA sei tatsächlich zu einem politischen Instrument der Aufrechterhaltung des Problems geworden. Diese Leute waren keine geringeren als die eigenen Chefs der Agentur, die in den 1950er Jahren wiederholt gewarnt hatten, dass die UNRWA in eine Sackgasse geraten sei und ihre Tätigkeit und sogar ihre Existenz einer Neubewertung bedürfe.

Bereits in ihrem Bericht von 1953 schlugen UNRWA-Chefs eine Reduktion der Agentur-Arbeit und die Übertragung von operativer Verantwortung für die Flüchtlinge auf die arabischen Staaten vor.[78] Als er ein Jahr später spürte, dass die Organisation von ihrem Weg abgekommen war, forderte ihr Direktor die UN-Generalversammlung zu einer Neudefinition der UNRWA-Ziele auf. 1956 bat der Direktor der Organisation die Generalversammlung in seiner jährlichen Überprüfung angesichts der gegenwärtigen Krise der UNRWA und der mangelnden Kooperation der arabischen Staaten um die Überprüfung der Aufgabenstellung seiner Agentur.[79] Er warnte angesichts der durch die arabischen Staaten gesetzten Hindernisse sogar davor, dass „für den Fall, dass die örtlichen Gegebenheiten in irgendeinem Gebiet die Wahrnehmung dieser Verantwortlichkeiten unangemessen behindern, es erforderlich sein kann, dass die Agentur ihren Betrieb in einem solchen Gebiet einstellt".[80]

Im Herbst 1958 erreichte die Enttäuschung über die UNRWA ihren Höhepunkt und die Amerikaner versuchten, dramatische Maßnahmen zu ergreifen. Ein Bericht einer Sonderstudienkommission für den Nahen Osten und Afrika, der dem Kongress vom Ausschuss für Auswärtige Angelegenheiten des Repräsentantenhauses vorgelegt wurde, übte scharfe Kritik an den arabischen Staaten. „Wenn lokale Regierungen nicht bereit sind, das Problem außer zu ihren eigenen Bedingungen anzugehen", heißt es darin, „gibt es wenig Anreiz für externe Regierungen, die finanzielle Unterstützung [für die UNRWA] fortzusetzen. [Der] ursprüngliche humanitäre Impuls, der zur Gründung und Aufrechterhaltung der UNRWA führte, wird nach und nach zu einer politischen Waffe pervertiert."[81]

Vor der UN erklärte das Mitglied der US-Delegation bei den Vereinten Nationen, George McGregor Harrison, dass der Fortbestand der UNRWA „nicht ... der richtige Umgang mit dem Flüchtlingsproblem" sei. Trotz aller Bemühungen der Agentur, sagte Harrison, sei die Zahl der Flüchtlinge in den letzten zehn Jahren nur gestiegen und sie seien überhaupt nicht in ihre Umgebung integriert worden. Die Geberländer seien nicht mehr bereit, die Last der auf Dauer zu zahlenden Hilfen zu tragen. Es müsse eindeutig etwas getan werden, schloss der Botschafter, was die Selbstversorgung der Flüchtlinge erheblich beschleunigen würde. „Es ist nicht gut", erklärte er, „den Abhängigkeitsstatus von fast einer Million Flüchtlingen bewusst über ein Jahrzehnt lang aufrechtzuerhalten."[82]

Das US-Außenministerium hatte die Rehabilitation der großen Mehrheit der Flüchtlinge und ihre Ansiedlung überall dort, wo sie Zuflucht gefunden hatten, beabsichtigt; doch diesmal wollten das die Vereinigten Staaten selbst tun. Washington wollte seine Gelder direkt an die arabischen Staaten oder an bestehende internationale Organisationen wie der WHO oder UNICEF auszahlen. Nach diesem Plan hätte die UNRWA mit der Beendigung ihres Mandats 1960 aufgehört zu existieren, und bis 1970 hätte eine umfassende Lösung des palästinensischen Flüchtlingsproblems erreicht werden sollen.

Während der Plan vorsah, dass jedem Flüchtling eine Rückführung in den Staat Israel angeboten werden sollte, ging man davon aus, dass von einer Million Flüchtlingen nicht mehr als 100 000 tatsächlich nach Israel zurückkehren würden, während der Rest an Ort und Stelle bleiben und in den arabischen Gastländern aufgenommen werden sollte.[83] Das war das erste Beispiel von vielen folgenden westlichen Plänen, die völlig die Berichte von UNRWA und anderer Organisationen über das Beharren der palästinensischen Flüchtlinge ignorierten, dass die „Gerechtigkeit" ihre Rückkehr in den Staat Israel verlangte. Im Plan von 1958 trafen die Amerikaner die naive und verfehlte Annahme, dass die palästinensischen Flüchtlinge nicht wirklich eine Rückkehr wollten oder erwarteten und stattdessen bereitwillig eine dauerhafte Ansiedlung anderswo akzeptieren würden. Mit ihrer Weigerung, die Flüchtlinge beim Wort zu nehmen, zeigten US-Diplomaten damals und heute ihre Unfähigkeit zu erkennen, dass genau dieselbe palästinensische Flüchtlingshaltung, die die Bemühungen der UNRWA vereitelte, auch für ein Scheitern des alternativen amerikanischen Plans sorgen würde.

Ein weiterer in Washington erwogener Vorschlag war die Schließung der UNRWA und die Einrichtung einer neuen und sich auf Finanzierung und Überwachung beschränkenden UN-Agentur. Die Verwaltung arabischer Flüchtlingsprogramme würde auf die arabischen Staaten übertragen, wobei auch an Israel herangetreten werden sollte, „dass es darauf drängt und bereit ist, öffentliche Schritte zu unternehmen, die wesentlich über das hinausgehen, was es bisher getan hat, und seine Sorge und Verantwortung für das zukünftige Wohlergehen von Flüchtlingen und die endgültige Lösung [des] Problems zum Ausdruck bringen sollten". In diesem Zusammenhang war geplant, dass arabische Staaten der neuen Agentur entsprechend ihrer gewünschten zu initiierenden Vorhaben jährliche Haushaltsanträge stellen sollten; die Agentur müsste dann detaillierte Fortschrittsberichte vorlegen. Die Absicht Washingtons war klar: Impulse für eine Lösung setzen und die Verantwortung auf die arabischen Staaten übertragen. Die US-Position, schrieb Herter, sei „durch [das] Fehlen von Fortschritten in Richtung [einer] Lösung während [des] letzten Jahrzehnts" gerechtfertigt. „[Die] Fortführung [der] UNRWA in [ihrer] gegenwärtigen Form", schrieb er, „stellte nicht mehr den richtigen Weg dar, [das] arabische Flüchtlingsproblem zu lösen."[84]

Damit signalisierten die USA ihre Bereitschaft, weiterhin Geld in die Rehabilitation von Flüchtlingen zu investieren und ihre Unterstützung nicht aufzugeben. Gleichzeitig machte Washington deutlich, dass es die UNRWA als eine ineffektive Agentur ansah, die nichts anderes als eine Aufrechterhaltung des Flüchtlingsproblems und seine Verlängerung auf unbestimmte Zeit verfolgte. Washington hatte unter diesen Umständen keinen vernünftigen Grund, die finanzielle Unterstützung der Organisation fortzusetzen.

Harrisons Rede vor den Vereinten Nationen und die Pläne zur Schließung der UNRWA provozierten eine harte Reaktion der Araber. Der Direktor der UNRWA berichtete, dass arabische Diplomaten von Washingtons Position „schockiert" gewesen seien und die Schließung der Agentur als Lossagen der Vereinten Nationen von ihrer Verantwortung für das Flüchtlingsproblem betrachteten. Sie glaubten auch, dass diese Politik ihre Länder zwingen würde, die Flüchtlinge aufzunehmen, was sie als einen schweren Schlag für ihren Standpunkt ansahen.[85]

Hochrangige Beamte des Außenministeriums hielten dennoch an ihrer Überzeugung der Notwendigkeit einer Schockbehandlung als Signal fest, dass die US-Unterstützung nicht garantiert war. In der Zwischenzeit stellte sich heraus, dass auch dem damaligen UN-Generalsekretär Dag Hammarskjöld mit der Existenz der UNRWA in ihrer damaligen Form unwohl war. In einem Brief an das US-Außenministerium gab Hammarskjöld zu, dass er weitreichende Änderungen an der UNRWA sehen wollte, bedauerte jedoch, dass Vorschläge für solche Änderungen „alle Araber zu den Waffen greifen lassen würden". Reformen würden nichts bewirken, schrieb er, außer dem Abwurf einer „Dynamitladung in die gesamte Situation im Nahen Osten".[86]

Je länger sich die internationale Gemeinschaft von den arabischen Staaten breitschlagen ließ, desto mehr wurden die politischen Grenzen des Westens (insbesondere Großbritanniens und der Vereinigten Staaten) deutlich, die der US-Chargé sieben Jahre zuvor in Jordanien vorausgesagt hatte. Obgleich die US-Administration in der bisherigen Existenz der UNRWA keinen Sinn sah, war ihre Schließung keine triviale Angelegenheit, weil sie die Gefahr einer spürbaren Verschlechterung der Beziehungen Washingtons zur arabischen Welt mit sich bringen würde. Im Lichte der Eisenhower-Doktrin wurde ein praktischerer Ansatz für die UNRWA von strategischen Erwägungen übertrumpft.[87]

Die Vereinigten Staaten gaben schließlich der Forderung der Araber nach und beließen die UNRWA, wie sie war. Im Dezember 1959, genau ein Jahrzehnt nach ihrer Gründung, wurde von der UN-Generalversammlung eine Verlängerung der UNRWA-Aktivitäten um weitere drei Jahre beschlossen. Trotz ihres früheren Widerstands gingen die Vereinigten Staaten mit den Befürwortern der Resolution konform und stimmten zudem auf den geballten Druck arabischer Staaten hin zu, ihre Forderung nach weitreichenden Änderungen fallen zu lassen. Darüber hinaus wurde die offizielle Agenda der Agentur geändert: Auf die Integration der Flüchtlinge in die regionale Wirtschaft durch Rehabilitationsprojekte wurde nicht weiter bestanden.[88] Die Würfel waren gefallen: Nach einem Jahrzehnt der Rehabilitierungsversuche und diesbezüglicher Diskussionen stellte die UNRWA die Durchführung ihrer Gründungsaufgabe ein. Der Westen war gezwungen, die UNRWA weiterhin zu stützen, nicht, weil sie an ihre Fähigkeit zur Erreichung eines klaren Ziels glaubte, sondern aufgrund des arabischen politischen Drucks.

Angesichts des heftigen Widerstands der arabischen Staaten und der Flüchtlinge selbst gegen die Rehabilitation und angesichts ihrer mangelnden Kooperation mit den Rehabilitationsprogrammen beschloss die UNRWA-Führung, dass die Agentur ihre Kräfte fortan auf die Berufsausbildung der Flüchtlinge konzentrieren sollte. Damit hoffte sie, Stabilität und wirtschaftlichen Fortschritt zu fördern.[89]

Diese Berufsbildung wurde schnell ausgeweitet und die UNRWA begann mit der Ausbildung von Flüchtlingskindern und zweigte Mittel für den Bau von Schulen und die Einstellung von Lehrern ab. Die Amerikaner hofften auf eine zukünftige Integration der Flüchtlinge am Arbeitsplatz durch Bildung und letztendlich die Verringerung der Anzahl der Hilfeempfänger, aber sie sagten es den Arabern nicht. Die arabischen Staaten ihrerseits begrüßten die Ausweitung der Unterstützung für die Flüchtlinge, hatten aber nicht die Absicht, deren Rehabilitierung jemals zu gestatten.

Die Resolution vom Dezember 1959 zur Verlängerung des UNRWA-Mandats und die Beendigung der Bemühungen um die Rehabilitation von Flüchtlingen in arabischen Ländern durch großangelegte Entwicklungsprojekte markierte effektiv das Ende des ein Jahrzehnt langen Kampfes zwischen den beiden Paten der UNRWA um den Charakter der Agentur. Den Arabern war es gelungen, die amerikanischen Absichten zu durchkreuzen. Die Vereinigten Staaten, die die Rehabilitierung der Flüchtlinge finanziert und geleitet hatten, mussten die Waffen strecken, um ihre Interessen gegenüber der arabischen Welt nicht zu verletzen. Sie hatten verstanden, dass sie, trotz mangelnder Errungenschaften und wegen ihrer eigenen diesbezüglichen Ohnmacht, den Fortbestand der Agentur würden akzeptieren müssen. Für die Araber, die alle Anstrengungen zur Vereitelung der amerikanischen Absichten unternommen hatten, war die Mission tatsächlich erfüllt.

Dies war der entscheidende Wendepunkt in der Geschichte der UNRWA. Ihr Überleben war fortan eine politische Zweckehe zwischen den USA und den arabischen Staaten. Die UNRWA blieb als eine leere Hülle zurück. Politische Wünsche von keiner Seite wurden durch sie erfüllt, aber es war für alle (außer Israel) besser, dass die UNRWA weiterhin existierte. Für die Araber war das ein großer Sieg: Selbst wenn die UNRWA Israel nicht zur Aufnahme von Flüchtlingen zwingen konnte, würde sie das Flüchtlingsproblem dennoch um viele Jahrzehnte verlängern. Die Flüchtlinge sahen in der UNRWA mehr als eine Hilfsorganisation: Es war das Gütesiegel der internationalen Gemeinschaft für ihre Rückkehrbestrebungen.

Die Amerikaner wollten die Agentur auflösen, aber nicht um den Preis eines Risses in ihren Beziehungen zur arabischen Welt. Am Ende war ein jährlicher Beitrag an die UNRWA der relativ geringe Preis, den Washington zum Erhalt seiner funktionierenden Beziehungen zur arabischen Welt zu zahlen bereit war.

In den damaligen Debatten über die Verlängerung des UNRWA-Mandats wurde nie argumentiert, dass der Fortbestand der UNRWA für das Wohl der Flüchtlinge nötig war. Es wurde auch nicht argumentiert, dass ihre besondere Situation oder die historischen Umstände, unter denen sie zu Flüchtlingen wurden, eine eigene ständige Vertretung erforderten. Diese Debatten waren, wie auch die letztendlich verabschiedete Resolution, rein politischer Natur. In Wirklichkeit sahen alle die UNRWA als ein allein politisches Instrument an: der Westen zum Erwerb des Stillhaltens der arabischen Welt, die Araber zur Fortsetzung des Konflikts mit Israel, und die Flüchtlinge als Nachweis ihres Rechts auf eine letztliche Rückkehr.

Der zeitgenössische Charakter der UNRWA wurde in derselben amerikanischen Entscheidung vom Dezember 1959 festgelegt, die bis 2018 der letzte US-amerikanische Versuch einer bedeutsamen Revision der UNRWA sein sollte. Die Verlängerung des Agentur-Mandats ist seitdem quasi automatisch zur jährlichen Tradition geworden. Keine ernsthafte Möglichkeit der Rehabilitation der Flüchtlinge in ihren Aufnahmeländern ist jemals wieder auf die Tagesordnung zurückgekehrt. Die UNRWA wurde zu einem festen und unverzichtbaren Bestandteil des Lebens im Nahen Ostens, so sicher wie die Sonne am Morgenhimmel. Israel konnte diese Entwicklungen nur aus der Ferne beobachten. Washington fing an, die UNRWA als Knochen im Hals anzusehen, der weder geschluckt noch ausgespuckt werden konnte, und ihre Existenz als Scheitern aller Versuche, das Flüchtlingsproblem zu lösen. Gleichzeitig bemühte man sich um den tröstenden Gedanken, dass die UNRWA zwar keinen wirklichen Nutzen brachte, aber auch keinen großen aktiven Schaden anrichtete. Immerhin war sie eine UN-Agentur. Diese Bewertung sollte sich bald als völlig falsch herausstellen.

4. TERROR AUSÜBEN

(1960–1987)

Die Waffe und die Rückkehr sind für uns eins.

John le Carré, DIE LIBELLE

ANZAHL DER REGISTRIERTEN FLÜCHTLINGE (1960): 1 120 889[1]
Jamal Al-Gashey war ein typischer Sohn der palästinensischen Flüchtlingslager. Er wurde 1953 im Lager Schatila im Libanon geboren, wohin seine Familie nach der Flucht aus Galiläa während des Krieges 1948 gekommen war. Wie der Rest seiner Generation war er mit Geschichten über ein „verlorenes Paradies" aufgewachsen, aus dem seine Familie vertrieben worden war. Er verbrachte seine Abende damit, den Geschichten seiner Eltern und Großeltern über die Juden, die ihr Land gestohlen hatten, und über den Verrat arabischer Anführer zu lauschen. Gashey wuchs umgeben von Kindern und Jugendlichen auf, die wie er von ihren Eltern und palästinensischen Führern nach dem Krieg zu einem Leben in den Flüchtlingslagern ohne Hoffnung und Chance auf Normalität verurteilt wurden. Zusammen mit Gleichaltrigen wurde Gashey einzig im Traum von der Tilgung der nationalen Schande und der Rückeroberung des „verlorenen Palästina" groß.

Unmittelbar nach dem Sechstagekrieg eröffnete die PLO im Lager ein Einberufungsbüro. Der damals 14-jährige Gashey schrieb sich sofort ein. Später erzählte er, dass er sich zum ersten Mal inspiriert fühlte, als er seine Pistole erhielt. „Ich war stolz und spürte, dass meine Existenz und mein Leben einen Sinn hatten“, erinnerte er sich.[2] Das Lager war gefüllt mit Kindern von Flüchtlingen wie ihm, die 20 Jahre nach dem Krieg immer noch behaupteten, aus Akkon, Haifa oder Tiberias zu kommen, obwohl sie im Libanon geboren wurden. In der Schule sangen sie Lieder über die Rückkehr nach Palästina. Im ganzen Lager sahen sie Graffiti mit bombastischen und heroischen Beschreibungen des Tages ihrer Rückkehr an den Hauswänden, an dem sie ihre Olivenbäume umarmen und ihre Erde küssen würden.[3] Diese ersehnte und immer gewaltsam beschriebene Rückkehr wurde für alle zu einer Art Obsession, ohne die das Leben keinen Sinn hatte.[4]

Im gleichen Zeitraum, Ende der 1960er Jahre, entwickelten die Palästinenser der Flüchtlingslager ein kollektives Bewusstsein, in dem sie sich als verfolgte Ethnie sahen, die das größte Unglück in der Geschichte der Menschheit erlitten hatte. Edward Said beschrieb diese Stimmung später treffend mit den Worten: „Die Palästinenser haben Jahrzehnte der Enteignung und rohen Qualen ertragen, denen andere Völker selten begegneten.“[5] In den Flüchtlingslagern, wie dem, in dem Gashey aufgewachsen war, sprachen die Leute von einer palästinensischen Erfahrung, die darin begründet war, dass sie eine indigene Nation von Fellachen (Bauern) waren, die durch eine brutale zionistische Verschwörung zu Unrecht von ihrem Land vertrieben wurde. In einer solchen Atmosphäre des Leidens und der Viktimisierung gab es absolute Gerechtigkeit eindeutig allein auf einer Seite.[6]

Einige Jahre später wurde Gashey in ein Trainingslager eingeladen, das vom Schwarzen September, einer von der Fatah Anfang der 1970er Jahre gegründete terroristische Untergrundbewegung, geleitet wurde. Die Gruppe richtete ihre Aktivitäten zunächst gegen die jordanische Regierung, um sich für die Vertreibung der PLO aus Jordanien zu rächen. Doch schon bald wurden auch israelische Ziele ins Visier genommen. Gashey wurde wie Dutzende anderer Terroristen, die in das Lager eingeladen wurden, bis zum letzten Moment nicht über seinen Auftrag informiert. Im Sommer 1972, am Vorabend des geplanten Anschlags, wurde ihm sein Ziel mitgeteilt: die Unterkünfte der israelischen Sportler im Olympischen Dorf in München.[7]

Gashey war einer der acht palästinensischen Terroristen, die sich am Morgen des 5. September 1972 in das Olympische Dorf einschlichen. Bei Tagesanbruch übernahmen die Terroristen die Kontrolle über die Unterkünfte des israelischen Teams und hielten die Athleten 19 Stunden lang als Geiseln. Während der Geiselnahme erschossen die Terroristen den Mannschaftstrainer Moshe Weinberg und warfen seinen nackten und blutgetränkten Körper anschließend aus dem Gebäude. Der israelische Ringer Josef Romano versuchte, die Terroristen anzugreifen, aber sie schossen auf ihn und verletzten ihn schwer. Später folterten sie ihn vor seinen Freunden, schnitten ihm die Genitalien ab und ließen ihn verbluten. Weitere neun Israelis wurden bei einem gescheiterten Rettungsversuch der bayerischen Polizei von den Terroristen erschossen. Die verpfuschte Mission wurde im Fernsehen ausgestrahlt, damit die ganze Welt sie sehen konnte. Nur eine Generation nach dem Holocaust wurden auf deutschem Boden unschuldige Juden verstümmelt und massakriert, während einer internationalen Veranstaltung, die die Fähigkeit der Menschheit zum Streben nach gemeinsamen Werten signalisieren sollte. Der globale Schock war offenkundig.[8] Gashey wurde bei dem Rettungsversuch verletzt, überlebte aber. Er wurde von den Deutschen inhaftiert, aber zweieinhalb Monate später mit zwei anderen Geiselnehmern freigelassen und tauchte prompt unter. Israel startete daraufhin die Operation „Wrath of God" und schickte Mossad-Agenten zur Ermordung der Anführer des Schwarzen Septembers aus. Gashey tauchte erst 1999 für ein Interview im Dokumentarfilm „One Day in September" aus seinem Versteck auf. Auf seine Bitte hin wurde sein Gesicht verschwommen dargestellt und seine Stimme verzerrt.

Sechs der acht Terroristen des Münchner Massakers waren wie Gashey Söhne der Flüchtlingslager. Einige hatten nebeneinander im Schatila Camp gewohnt und gemeinsam Fußball gespielt. „Wir waren alle gleich, Kinder der Flüchtlingslager", erinnert sich Gashey, „mit einer gemeinsamen Sache und einem gemeinsamen Ziel."[9] Abu Ijad,

Arafats Stellvertreter in der Fatah und Kommandant des Schwarzen September, erinnerte daran, wie die jungen Männer hinter dem Massaker bewusst aus den Flüchtlingslagern im Libanon, Syrien und Jordanien rekrutiert wurden. Sie waren seine treuesten Soldaten: „[Sie] brannten alle vor Ungeduld, zu den Auserwählten zu gehören", erzählte er.[10]

Der Hass und die Wut auf Israel machten solche Terroranschläge, bei denen unschuldige Zivilisten brutal ermordet wurden, in den Augen der Palästinenser und der gesamten arabischen Welt zu gerechtfertigten Heldentaten. Die Mutter eines der bei dem Münchner Rettungsversuch getöteten Terroristen sagte, sie sei stolz, als sie über den Ausgang des Attentats informiert wurde. Zehntausende Menschen marschierten in dem Trauerzug hinter den aus Deutschland zur Beerdigung in Libyen eingeflogenen Leichen der Terroristen. Der Radiosender „Stimme Palästinas" strahlte den angeblich hinterlassenen letzten Willen der Terroristen aus, in dem sie die Jugend der arabischen Welt aufriefen, „den Tod zu suchen, damit ihnen, ihren Ländern und ihren Menschen Leben geschenkt wird". „Jeder Tropfen Blut, der von dir und von uns vergossen wird", heißt es im Text, „wird Öl sein, um diese Nation mit Flammen des Sieges und der Befreiung zu entfachen."[11]

Gashey drückte nie Bedauern oder Reue über das Münchner Massaker aus, trotz der schieren Brutalität und Rohheit, die den unschuldigen Sportlern entgegengebracht wurde. Für Gashey hatte die Operation ihr Ziel erreicht, den Namen Palästinas auf die globale Agenda zu setzen. Diese Bereitschaft, die Leben Unschuldiger zu opfern und auszulöschen, sowie dieses absolute Vertrauen in die Gerechtigkeit ihres Weges wurden in einer Botschaft der Kommandeure des Schwarzen September ausgedrückt, die eine Woche nach dem Massaker in der libanesischen Zeitung *Al-Sayyad* veröffentlicht wurde. Darin behaupteten sie, der Angriff sei „100 % erfolgreich" gewesen: „Eine Bombe im Weißen Haus, eine Mine im Vatikan, der Tod von Mao Tse-tung, ein Erdbeben in Paris hätte nicht jedem Menschen auf der Welt so im Bewusstsein widerhallen können wie die Operation in München."[12]

Der hohe Anteil von Flüchtlingslagerkindern unter den Tätern des Münchner Massakers kam nicht von ungefähr: Auch viele Fußsoldaten, die sich in den 1960er und 1970er Jahren palästinensischen Terrorgruppen anschlossen, kamen aus diesem Milieu. Sie wurden nach 1948 geboren, in UNRWA-Schulen ausgebildet und hatten noch nie einen Fuß in Palästina gesetzt. Dennoch war ihre blinde Loyalität gegenüber der Idee einer gewaltsamen Rückkehr nach Palästina absolut. Auf die Frage, ob er am Vorabend des Anschlags in München Angst verspürt habe, antwortete Gashey: „Ich persönlich habe Stolz und Freude verspürt. Mein Traum, an einer Operation gegen die Israelis teilzunehmen, ging in Erfüllung. Seit dem Tag, an dem wir uns anschlossen, waren wir uns bewusst, dass im Namen Palästinas jederzeit die Möglichkeit des Martyriums bestand. Wir hatten keine Angst. Die Idee von Palästina und der Rückkehr dorthin war alles, was mein Denken und mein Sein kontrollierte.“[13]

Was gab diesen jungen Leuten ihren glühenden Glauben an eine gewaltsame Rückkehr nach Palästina? Was hatte sie dazu bewogen, sich massenhaft Terrorgruppen anzuschließen? Und was ermutigte sie, zu töten und getötet werden zu wollen, unschuldige Menschen zu ermorden oder zu verstümmeln und ihr Leben für einen Ort zu opfern, den sie noch nie gesehen hatten, ein Land, das für sie eher eine abstrakte Idee als eine greifbare Sehnsucht war?

Ende der 1950er Jahre glaubte und hoffte die internationale Gemeinschaft noch, dass der Fortbestand der Flüchtlingslager die am wenigsten schlechte Lösung sei. Die Amerikaner dachten, mit der weiteren Finanzierung der UNRWA die Radikalisierung der Flüchtlinge zu verhindern und den sowjetischen Einfluss einzudämmen. Doch genau das Gegenteil geschah: Unter dem wachsamen Auge und der Aufsicht der Vereinten Nationen manifestierte sich in den Flüchtlingslagern eine ausgeprägte palästinensisch-nationale Identität, die auf einer gewaltsamen und kompromisslosen Rückkehrforderung und der vollständigen Ablehnung des Staates Israel beruhte. Die palästinensischen Flüchtlingslager wurden zu einem Staat im

Staat, ein geschlossenes Territorium, von dem aus sich vergiftete und hasserfüllte Rhetorik ausbreitete.

Die UNRWA lieferte die physische und soziale Infrastruktur für den Aufbau dieser Identität. Im Nachhinein kann man die Bedeutung der Flüchtlingslagerkultur für die damalige Radikalisierung der Palästinenser kaum überschätzen. Im Mutterleib einer Hilfsorganisation zur Erfüllung humanitärer Bedürfnisse und im Rahmen der zum Schutz des Weltfriedens gegründeten Vereinten Nationen wuchsen palästinensische Terrorgruppen heran, die gegen alle von eben jenen Vereinten Nationen bekräftigten Prinzipien handelten und schon bald begannen, Flugzeuge in die Luft zu sprengen und Zivilisten zu ermorden. Durch den Beschluss, die Existenz der UNRWA im Jahr 1959 zu verlängern, konnte das Flüchtlingsproblem nicht nur nicht eingefroren werden, sondern es wurde auch seine Verschlechterung begünstigt: Die UNRWA wurde zum Gewächshaus, in dem die Saat der Katastrophe wuchs, die bald den gesamten Nahen Osten vergiften und überall Verwüstung säen sollte.

Besucher der palästinensischen Flüchtlingslager trafen Anfang der 1960er Jahre auf eine völlig andere Realität als noch ein Jahrzehnt zuvor. In den ersten Nachkriegsjahren konzentrierte sich die Nothilfe der UNRWA auf Lebensmittel, Kleidung und Behausung zur Bekämpfung von Hunger und Krankheiten. Ein Jahrzehnt später war das Problem der palästinensischen Flüchtlinge nicht mehr Hunger und Krankheit, sondern politische Entfremdung. Die Konzentration der Flüchtlinge in Lagern ohne Perspektive und Enddatum und die Entscheidung gegen ihre Rehabilitation in arabischen Ländern hatten eine Schicht von Hunderttausenden von Staatenlosen ohne Verwurzelung in den umliegenden arabischen Gesellschaften geschaffen. Viele dieser Palästinenser waren noch nie in Palästina gewesen: Die noch immer als „Flüchtlinge" registrierte Bevölkerung wuchs von rund 700 000 auf über eine Million. Etwa die Hälfte von ihnen wurde nach dem Krieg von 1948 geboren oder hatte Israel im Kindesalter verlassen. Außer gefiltertem Wissen aus UNRWA-Schulen, von ihren Eltern und arabischen Regierungen hatten sie keine Erinnerungen an das oder persönliche Erfahrungen mit dem Mandatsgebiet Palästina. Trotzdem war ihr Nationalbewusstsein stärker als das ihrer Eltern, denn sie wurden ständig daran erinnert, dass ihr Land gestohlen worden war.

Auch das Erscheinungsbild der Flüchtlingslager hatte sich komplett verändert. Aus Wind und Regen ausgesetzten Zeltstädten wurden Wohnviertel am Stadtrand. Angesichts der allgemeinen kostenlosen Bildung und qualitativ hochwertiger Gesundheitsversorgung genossen die Bewohner eine höhere Lebensqualität als Flüchtlinge in Indien, Pakistan oder Hongkong, sowie auch eine höhere Lebensqualität als die ärmeren Schichten der arabischen Länder. Die Lager wirkten nicht mehr ganz so provisorisch. Das Gefühl der Dringlichkeit, das die ersten Tage der UNRWA geprägt hatte, war verschwunden.

Die Zelte wurden gegen Lehmhäuser getauscht, die kurz darauf durch Gebäude aus Backstein und Beton ersetzt wurden. Jede Familie erhielt ein rund 100 Quadratmeter großes Grundstück mit einem Haus, dessen Größe sich nach der Anzahl der Familienmitglieder richtete. Die Flüchtlinge befestigten ihre Häuser und bauten Fenster und Küchen ein. Sie fügten Räume und oft ganze Stockwerke hinzu und errichteten hohe Mauern zwischen den verschiedenen Parzellen. Ein Straßennetz wurde gepflastert und es wurden Kliniken und Schulen gebaut, die oftmals hohen architektonischen Standards entsprachen.

Die Realität der palästinensischen Flüchtlingslager entfernte sich immer weiter von dem konventionellen Bild von Flüchtlingslagern rund um die Welt, das riesigen Zeltstädten mit Tausenden auf eine kleine Portion Essen wartenden Menschen entsprach. Die Straßen in den palästinensischen Flüchtlingslagern waren staubig, aber die Häuser und ihr Inventar waren besser als in Arbeitervierteln der arabischen Welt. In fast jeder Hinsicht wurden die meisten Flüchtlingslager seit den 1960er Jahren zu Nachbarvierteln innerhalb der arabischen Städte.[14]

Zu dieser Zeit, genauer gesagt im Jahr 1965, traf die UNRWA eine Entscheidung mit dramatischen Folgen: Der Generalkommissar der

Agentur beschloss eine Ausweitung des Anspruchs auf die Kinder von nach dem 14. Mai 1948 geborenen Personen, also auf die Enkel der tatsächlichen Flüchtlinge.[15] 17 Jahre später, 1982, verabschiedete die Generalversammlung der Vereinten Nationen eine Resolution, die den Anspruch auf alle Nachkommen der ursprünglichen palästinensischen Flüchtlinge ausdehnte und sie zu „Palästinaflüchtlingen" machte.[16] Dadurch wurde effektiv festgelegt, dass alle zukünftigen Generationen für immer als „Palästinaflüchtlinge" betrachtet würden. Diese Beschlüsse sind ausschlaggebend dafür, dass die Zahl der Flüchtlinge immer weiter ansteigt.[17]

Angesichts des Scheiterns der Rehabilitationsversuche der 1950er Jahre mussten die Direktoren der UNRWA eine Begründung für ihr Weiterbestehen schaffen. Sie beschlossen mit einer Umleitung ihrer Finanzierung die Agentur in eine Art massives Bildungsministerium zur Erziehung der palästinensischen Jugend zu verwandeln. Der für Bildung vorgesehene Anteil des UNRWA-Gesamthaushalts stieg von 23 Prozent im Jahr 1960 auf 66 Prozent im Jahr 1988, während der Anteil des Hilfsbudgets von 62 Prozent im Jahr 1960 auf 12 Prozent im Jahr 1984 zurückging. Die Zahl der Schulen verdoppelte sich in diesem Zeitraum beinahe (von 380 auf 630) und die Zahl der Lehrkräfte verdreifachte sich (von 3500 auf rund 10 500).

Dank dieses umfangreichen, international finanzierten Bildungssystems wurden die Palästinenser zu einer der am besten ausgebildeten Bevölkerungsgruppen in der arabischen Welt: Die Alphabetisierungsrate, insbesondere bei Mädchen, war höher als in den arabischen Aufnahmeländern. Die junge Generation von Flüchtlingskindern wurde anspruchsvoller und ideologisch eigensinniger als ihre Eltern. Sie neigten eher zu politischem Engagement und insbesondere zu Radikalismus als andere Araber gleichen Alters. Während die Mitglieder der vorherigen Generation eine konkrete Loyalität zu ihren Häusern, Feldern und Clans besaßen, wurde der jüngeren Generation eine ideologische Loyalität zu ihrer Nation, ihrem Land und dem größeren Kollektiv eingeflößt. In vielerlei Hinsicht war dies eine neue Nation. Sie unterschied sich stark von dem Volk, das 1948 seine palästinensischen Dörfer verlassen hatte; und sie wurde in den Flüchtlingslagern geschaffen.

Eine gesicherte Versorgung war kein Grund mehr zum Verbleib in den Lagern. Vielmehr basierte der Aufenthalt in den Lagern zu einem großen Teil auf der antipalästinensischen Flüchtlingsdiskriminierung durch die arabischen Aufnahmeländer. Jede arabische Regierung, mit Ausnahme der jordanischen, verweigerte den Palästinensern aktiv die Staatsbürgerschaft. Dies war teils aus Abneigung den Flüchtlingen gegenüber und teils aus der Wahrung der Rückkehrforderung heraus motiviert. Einerseits versprach die Arabische Liga eine ihren Bürgern gleiche Behandlung der palästinensischen Flüchtlinge, während ihr Status als „registrierte Flüchtlinge" in Erwartung ihrer eventuellen Rückkehr aufrechterhalten wurde. Diese Position wurde im Casablanca-Protokoll von 1965 offiziell bestätigt.[18] Auf der anderen Seite erlebten die Flüchtlinge jedoch eine eklatante und harte Diskriminierung bei Beschäftigung, Wohnung und Hochschulbildung. Diese verstärkte das Gefühl der Entfremdung und der einzigartigen nationalen Identität der Palästinenser.[19]

Das Land, das den palästinensischen Flüchtlingen am härtesten begegnete, war der Libanon. Er behandelte sie und ihre Nachkommen als „Ausländer" und zwang sie somit in ungelernte Tätigkeiten in der Land- und Bauwirtschaft. Andere arbeiteten auf dem Schwarzmarkt für niedrige Löhne. Palästinenser durften keine Sozialversicherung in Anspruch nehmen. Der Libanon schränkte auch die Möglichkeiten der Flüchtlinge, Eigentum zu erwerben und ihren Nachkommen zu vererben, stark ein.[20]

Auch Syrien verweigerte den palästinensischen Flüchtlingen die Staatsbürgerschaft. Sie durften weder an Wahlen teilnehmen noch landwirtschaftliche Flächen erwerben oder mehr als ein Haus besitzen. Eine Beteiligung an politischen Aktivitäten oder jegliche Form von Organisation war ihnen versagt. Ägypten wiederum verzichtete auf die Annexion des Gazastreifens und gab den Palästinensern nur befristete Dokumente, die ihnen weder das Recht zur Ausreise noch zur Einreise gewährten. Ägyptische Vorschriften marginalisierten die

Palästinenser und reduzierten sie auf den Status von Ausländern, was bedeutete, dass sie auf dem Arbeitsmarkt und anderswo diskriminiert wurden.[21]

Die Diskriminierungspolitik der arabischen Staaten spielte eine Schlüsselrolle beim Aufbau einer eigenen politischen palästinensischen Identität. Da ihnen die Staatsbürgerschaft in allen arabischen Staaten außer Jordanien verwehrt war, wurden die von der UNRWA ausgestellten Flüchtlingsausweise zu den De-facto-Personalausweisen der Flüchtlinge und den einzigen offiziellen internationalen Dokumenten, die ihre Herkunft und Identität bestätigten. Unterstützung von der UNRWA zu erhalten, war gleichbedeutend mit Palästina, und das Wort „Flüchtling" wurde gleichbedeutend mit „Palästinenser".

Ironischer- und tragischerweise gab es einen Moment, in dem die UNRWA behaupten konnte, die palästinensischen Flüchtlinge in ihren Aufnahmeländern erfolgreich rehabilitiert zu haben. Mit Ausnahme des Sonderfalls Libanon gelang den palästinensischen Flüchtlingen im Allgemeinen die wirtschaftliche Integration in die umliegenden Gesellschaften dank den Leistungen der UNRWA.[22] Doch gerade in dem Moment, in dem die meisten Flüchtlinge keine Hilfe oder sonstige internationale Hilfe mehr benötigten, war die UNRWA in eine Organisation umgewandelt worden, deren Hauptzweck die fortwährende Legitimation der palästinensischen Behauptung war, sie erwarteten trotz ihrer wirtschaftlichen Integration immer noch eine Rückkehr. Tatsächlich war die Versicherung ihres „Flüchtlings"-Status das, was den Palästinensern die Fortsetzung ihrer wirtschaftlichen Integration ohne die Sorge ermöglichte, damit ihre vorrangige Rückkehrforderung zu gefährden.

Die Flüchtlingslager waren nicht mehr die Orte, in denen Hilfsempfänger zeitlich begrenzte Hilfe erhielten, sondern die Orte, an denen eine neue palästinensische Identität geschmiedet wurde und die palästinensische Rückkehrforderung gären und wachsen konnte. Nicht mehr die humanitären Bedürfnisse der Flüchtlinge diktierten die vorübergehende Leistungserbringung, sondern der politische Wille zur Verlängerung des politisierten Status des „Flüchtlings".[23]

Der Verlust der humanitären Begründung für den Fortbestand der Flüchtlingslager machte sie zu einer Farce. Der Sprung in der wirtschaftlichen Situation der Flüchtlinge führte schnell zur Entwicklung eines Immobilienmarktes in den Lagern. Häuser und Grundstücke wurden zum Verkauf angeboten. Anfangs versuchte die UNRWA, den Prozess zu überwachen, indem sie von den Käufern die Registrierung eines jeden Erwerbs verlangte, aber sie verlor Ende der 1960er Jahre die Kontrolle und gab die Einmischung in den Verkauf von Immobilien in den Lagern auf.

Mit einem ökonomischen Status, der ihnen die Abkehr von den Lagern und den Umzug in die angrenzenden Städte ermöglichte, stiegen die Verkäufer meist die Immobilienleiter auf. Die Käufer kamen von außerhalb der Lager und mussten den vollen Preis für die Wohnungen der UNRWA sowie die im Laufe der Zeit durchgeführten Erweiterungen und Renovierungen zahlen. Abgesehen von kleinen Schmiergeldern, die zeitweise für das Schweigen der Bürokraten verlangt wurden, wurde kein Cent an die Lagerleitung gezahlt.[24]

Die UNRWA verlor daraufhin die Identität der Lagerbewohner aus den Augen, zu denen sich ein ständiger Strom von Neuankömmlingen gesellte. In einigen Lagern machten diese neuen Bewohner bald die Hälfte der Gesamtbevölkerung aus. Es waren meist Palästinenser, die früher in den Städten gelebt hatten, deren private Umstände sich jedoch verschlechtert hatten. Arbeitslose, Alte und Kranke zogen wegen der vielen Vorzüge, insbesondere der Lebensmittelrationen, in die Lager. Der Aufenthalt in den Lagern garantierte nicht automatisch die Essensrationen, aber das dortige Durcheinander bedeutete in der Regel für die Anwohner den Erhalt dieser Leistung. Zu den Vorzügen gehörten auch der freie Zugang zu Kliniken, Wasser- und Sanitäreinrichtungen sowie eine Befreiung von den Gemeindesteuern. Die Bevölkerungszahlen aus dem Westjordanland von 1948 bis 1968 belegen das Phänomen des Zustroms von Neuankömmlingen in die Flüchtlingslager ganz deutlich: Während die Gesamtbevölkerung nur um 13 Prozent wuchs, stieg die Bevölkerung der Lager um 53 Prozent an.[25]

Obwohl sich die meisten Flüchtlinge dank ihrer Arbeit außerhalb der Lager ihr Essen selbst leisten konnten, verteilte die UNRWA weiterhin tägliche Lebensmittelrationen von 1500 Kalorien pro Kopf. Das führte zur Entwicklung eines Schwarzmarktes für Lebensmittelgutscheine in den Lagern. Ein amerikanischer Journalist, der 1966 ein Flüchtlingslager in der Nähe von Amman besuchte, berichtete, dass solche Gutscheine für 98 Cent gekauft und für 1,40 Dollar verkauft würden. Die Gutscheine gehörten in der Regel Toten oder Flüchtlingen, die die Lager verlassen hatten.[26] Trotz der klaren Anweisung der UNRWA, nur die Gutscheininhaber selbst oder deren Angehörige mit Essen zu versorgen, entwickelte sich eine ganze Schicht von Profiteuren, die jeweils über Tausend Gutscheinkarten oder gar die eines ganzen Lagers hielten. Morgens kamen diese Lebensmittelhändler zu den Lebensmittelausgabestellen, um Mehl, Öl, Linsen und Zucker zu erhalten. Nachdem sie die Verteilungspunkte verlassen hatten, breiteten sie Decken auf dem Boden aus, stellten Messwaagen auf und fingen an, ihre Waren feilzubieten.

Dies war ein bekanntes Phänomen. Dem US-Senat wurde 1966 in einer Anhörung die Schätzung vorgelegt, dass 200 000 von etwa 450 000 Lebensmittelgutscheinkarten in Jordanien in den Händen solcher Händler waren. Auch die UNRWA war sich des Problems bewusst und schrieb in ihrem Jahresbericht, dass es sich um einen „lang andauernden Missbrauch" handelte. Obwohl auf Versuche zur Bewältigung des Problems von den Händlern und ihren Kumpanen mit Gewalt geantwortet wurde, wurde das Problem letzten Endes weitgehend beseitigt.[27]

Außerdem bestand kein Zusammenhang zwischen der Zahl der bei der UNRWA registrierten Flüchtlinge und der realen. Familien meldeten den Tod älterer Menschen oder ausgewanderter Verwandter nicht, damit sie deren Essensgeld nicht verloren. Jedes Jahr stellte die UNRWA in ihren Berichten fest, dass die Zahl der registrierten Flüchtlinge „nicht unbedingt die tatsächliche Flüchtlingsbevölkerung wegen nicht gemeldeter Todesfälle und unerkannter Falschregistrierungen widerspiegelt".[28]

Das krasseste Phänomen in dieser Hinsicht war die Auswanderung Hunderttausender junger Palästinenser aus den Flüchtlingslagern in die Persischen Golfstaaten in den 1960er und 1970er Jahren, was nicht dazu führte, dass auch nur ein einziger Flüchtling von den von der UNRWA gemeldeten Zahlen abgezogen wurde. Die gerade unabhängig gewordenen Golfemirate benötigten qualifizierte Arbeitskräfte, die auf offiziellem Wege aus den Flüchtlingslagern im Gazastreifen, im Libanon, in Syrien und in Jordanien eintrafen. Palästinensische Forscher schätzen, dass in dieser Zeit jeder dritte Palästinenser die Flüchtlingslager verließ; nach anerkannten Schätzungen hatten allein bis zum Sommer 1967 mindestens 100 000 Flüchtlinge das Westjordanland und den Gazastreifen verlassen.[29] Folglich wuchs die palästinensische Bevölkerung Kuwaits, darunter vermutlich ein großer Teil UNRWA-registrierte Flüchtlinge, von 35 000 im Jahr 1961 auf etwa 140 000 im Jahr 1970 und auf etwa 400 000 im Jahr 1990, am Vorabend der Invasion von Saddam Hussein.[30]

Zunächst waren es vor allem Männer und junge Leute, die gerade ihr Studium an UNRWA-Schulen abgeschlossen hatten, und die zudem als hervorragend ausgebildet und hochqualifiziert galten. Ihnen folgten sehr oft ihre Frauen und Familien. Das schnelle Wirtschaftswachstum in der Golfregion durch Ölexporte erhöhte die Nachfrage nach Arbeitskräften stark. Eine ganze Reihe palästinensischer Terroristenführer, darunter Jassir Arafat, Ghassan Kanafani und Leila Khaled, unternahm diese Reise von den Flüchtlingslagern zu Jobs im Bildungswesen oder im Ingenieurwesen in einem der reichen Golfstaaten. 1981 lebten eine halbe Million Palästinenser am Golf (Saudi-Arabien, Kuwait, Katar und die Vereinigten Arabischen Emirate) – mehr als im Gazastreifen.[31]

Auf den ersten Blick waren diese Zahlen eine große Errungenschaft für die UNRWA, der durch umsichtige Investitionen die Ausbildung einer ganzen Generation palästinensischer Jugendlicher gelungen war, die die Lager verließen, in den sich entwickelnden Volkswirtschaften am Golf Arbeit fanden und wirtschaftlich erfolgreich, autark, sogar wohlhabend wurden. Schließlich hatten sich die

USA und viele andere in der internationalen Gemeinschaft genau das erhofft: Die Nutzung der UNRWA zur Rehabilitierung der palästinensischen Flüchtlinge. Sie hatten zwar keine Staatsbürgerschaft erhalten, waren aber nicht mehr auf Hilfsleistungen angewiesen und hatten praktisch ein neues Leben begonnen. Es sah so aus, als hätten sie die typischen Wünsche eines jeden Flüchtlings dieser Welt erfüllt.[32]

Trotzdem hörte keiner dieser erfolgreichen Wanderarbeiter auf, Flüchtling zu sein: Sie waren immer noch „Palästinaflüchtlinge" in den Registern der UNRWA, die sie allenfalls als vorübergehend abwesend behandelte. In den jährlichen Zahlen der registrierten Flüchtlinge der UNRWA sind diese dramatischen Massenmigrationen nicht erwähnt: Zwischen 1960 und 1979 wuchs die Zahl der registrierten Flüchtlinge jedes Jahr – insgesamt von 1,1 Millionen auf 1,8 Millionen.[33]

Hier entstand also ein einzigartiger Flüchtling: Einer, der in erster Linie auf dem Papier existierte – der in einem Flüchtlingslager lebte, aber Immobilien verkaufte, mit Lebensmitteln und UN-Rationenkarten handelte oder zur Arbeit in ein fremdes Land ging. In den 1960er und 1970er Jahren hatte die palästinensische Flüchtlingserfahrung wirklich begonnen, die meisten der typischen Merkmale von Flüchtlingskrisen auf der ganzen Welt abzulegen. Die UNRWA war jedoch für die Palästinenser immer noch von unschätzbarem Wert, jedoch eher aus politischen als aus humanitären Gründen.

Äußerlich betrachteten die Palästinenser das Fortbestehen der UNRWA als Beweis für die Unterstützung der Welt für ihre Sache. „Solange die UNRWA existiert", so der Ostjerusalemer Journalist Hanna Siniora in den 1980er Jahren, „ist das ein Zeichen dafür, dass die UN das palästinensische Volk unterstützt."[34] Im Stillen hatten die Palästinenser beschlossen, der UNRWA neue Inhalte zu verleihen und sie zum wichtigsten Instrument nicht nur für die Aufrechterhaltung ihres politischen Status als „Flüchtlinge", sondern auch für die Schaffung einer neuen palästinensischen Nation zu machen.

Unterdessen wurde Anfang Januar 1959 der amerikanische Wirtschaftsprofessor John Davis zum Generalkommissar der UNRWA ernannt. 60 Jahre alt, mit breitem Gesicht und scharfen Augenbrauen, kam Davis ohne Vorkenntnisse im Nahen Osten im UNRWA-Hauptquartier in Beirut an. Wie viele seiner Vorgänger brachte er vor allem Kenntnisse und Erfahrungen in Agrarwirtschaft und Ökonomie mit, nachdem er zuvor Untersekretär in der Eisenhower-Administration und Wirtschaftsprofessor an der Harvard University gewesen war.

Im Gegensatz zu seinen Vorgängern wurde Davis zunehmend als Anwalt der Palästinenser auf der Weltbühne gesehen. Bereits 1960 stellte Davis in seinem ersten Jahresbericht an die UN-Vollversammlung fest, dass die arabischen Länder die Flüchtlinge nicht auf ihrem eigenen Territorium rehabilitieren könnten. Er erklärte auch, dass die Lösung des Flüchtlingsproblems für die UNRWA allein unmöglich sei, und räumte ein, dass „große Entwicklungsprojekte, die mit dem spezifischen Zweck der Umsiedlung von Flüchtlingen konzipiert wurden, für [die palästinensischen] Flüchtlinge und [die arabischen] Aufnahmeregierungen gleichermaßen inakzeptabel sind".[35]

1962 entschied er sich im Wesentlichen für das arabische Narrativ über den Konflikt in seinem Bericht, ohne zu erwähnen, dass es die arabische Ablehnung der Teilung war, die zur Enteignung der Palästinenser geführt hatte. „Von jedem Standpunkt aus betrachtet", schloss er, „schreibt das Los der palästinensischen Flüchtlinge in den letzten 14 Jahren eine tragische Seite der Geschichte der Menschheit."[36]

Dies waren die ersten Hinweise auf den generellen Kurswechsel der UNRWA. Die Jahresberichte des Generaldirektors an die UN-Vollversammlung wurden komplett überarbeitet. Stellten die Berichte in den 1950er Jahren die Palästinenser als bedürftige Individuen dar, drückten sie ab den 1960er Jahren verstärkt die nationalen und politischen Forderungen der Palästinenser aus, insbesondere ihre Forderung einer Rückkehr nach Israel. Trotz der Neutralitätsbeteuerungen der UNRWA war sie faktisch politisiert und konnte sich nicht mehr ohne weiteres aus ihrem Dienst für die palästinensische Sache befreien.[37]

Als Davis 1963 aus der UNRWA ausschied, befürchteten die Araber, einen wichtigen Verbündeten verloren zu haben. Tatsächlich führten seine Positionen und seine politischen Aktivitäten nach seinem Ausscheiden aus der Agentur 1970 dazu, dass die *New York Times* ihn als den bekanntesten proarabischen Lobbyisten in Washington bezeichnete.[38]

Während die Direktoren der UNRWA im vorangegangenen Jahrzehnt es vorgezogen hatten, die politischen Dimensionen des Flüchtlingsproblems zu ignorieren, und sich auf die Bemühungen zur Förderung von Rehabilitationsprogrammen konzentrierten, sagte Davis offen, dass das Problem insofern politisch sei, als die Araber nicht zu einer Akzeptanz Israels bereit seien. Er berief sich auf unzählige Gespräche und Begegnungen in arabischen Hauptstädten. Aus seinen Äußerungen ging hervor, dass er den geringsten Schein von Neutralität verraten und die arabische Position eingenommen hatte: Die Gründung des Staates Israel sei ein Fehler gewesen.

In einer Rede, die er kurz nach seinem Ausscheiden aus der UNRWA in den USA hielt, skizzierte Davis seine Sicht auf den Nahen Osten und erklärte, dass, selbst wenn das Flüchtlingsproblem gelöst würde, „der Widerstand und die Opposition der arabischen Völker gegen Israel als Staat praktisch unvermindert weitergehen würden". Weiter als das Flüchtlingsproblem, argumentierte er, gehe die Opposition der Araber gegen die Existenz Israels, weil sie Israel nicht als legitimen Staat, sondern als koloniales Projekt sahen, das erst durch die Intervention fremder Mächte möglich wurde.[39] Davis hatte mit seiner Analyse recht, aber er entschied, sich auf die Seite der Araber zu stellen, die die ganze Zeit sagten, dass nur die Abschaffung der jüdischen Souveränität die Sache für sie lösen würde.

Die Aktivitäten von Davis in den Folgejahren klärten seine Positionen auf. 1969 wurde er Leiter einer Organisation, die Gelder für palästinensische Flüchtlinge sammelte. Die *New York Times* druckte 1970 einen Brief ab, in dem Davis die Tötung von Zivilisten durch palästinensische Terrororganisationen rechtfertigte, weil diese aus dem gerechten Grund zur Wiederherstellung ihrer usurpierten Rechte heraus handelten. Wenn die Palästinenser gezwungen wurden, Zivilisten zu verletzen, schrieb er, sei dies nur eine Reaktion auf den ungerechten Krieg, der sie 1948 zum Verlassen ihrer Heimat gezwungen hatte.[40]

Es ist schwer zu sagen, wann genau Davis seine Haltung gegenüber Israel entwickelte, aber ein Mann mit solchen Ansichten hätte nicht an der Spitze einer scheinbar neutralen UN-Agentur stehen dürfen. Es beleuchtet auch das politische Klima und die Organisationskultur, die bei der UNRWA vorherrschten. Unmittelbar nach dem Sechstagekrieg 1967 veröffentlichte Davis ein Buch mit dem Titel „The Evasive Peace", das an die Diskussionspunkte der extremsten antizionistischen Organisationen unserer Zeit erinnert. Es enthält die bösartigsten Anschuldigungen der arabischen Welt gegen Israel.

Die Tatsache, ja die Geschichte ignorierend, dass Juden in dem Land einheimisch und seit biblischen Zeiten mit ihm verbunden waren, erklärte Davis, dass ein jüdischer Staat im Nahen Osten keinen Platz habe, weil die indigenen Araber die wahren Besitzer des Landes seien. Ihm zufolge sei die Idee eines jüdischen Staates allein deshalb unmoralisch, weil es erforderlich sei, den Interessen einer Bevölkerungsgruppe, den Juden, Vorrang vor denen einer anderen, den Arabern, zu geben (obwohl er die Erklärung schuldig blieb, weshalb eine Priorisierung der Interessen der Araber gegenüber denen der Juden nicht in ähnlicher Weise als unmoralisch angesehen werden kann). Die anhaltende Feindseligkeit der Araber gegenüber Israel, fügte Davis hinzu, rühre von der Gründung eines jüdischen Staates auf arabischem Land her, das gewaltsam übernommen worden sei. „Die einzige Hoffnung, den arabisch-israelischen Konflikt schnell und ohne Krieg zu beenden", schrieb er, „ist, dass Israel ... sich von den zionistischen Attributen befreit, die Konflikte verursachen."[41]

Davis' Buch gibt auch deutliche antisemitische Töne preis. Seine Kritik an Israel zielte nicht auf eine bestimmte Aktion ab, sondern war wahllos und umfassend. „Ein jüdischer Staat muss ein rassistischer Staat sein", schrieb er. Er bezog sich in seinem Buch auch auf das „Weltjudentum" und seinen enormen internationalen Einfluss. Davis konzentrierte sich auf die Zionistische Weltorganisation und beschrieb ihre Aktivitäten wie eine supranationale Regierung, deren Tentakel sich in Bereiche wie Medien und Wirtschaft erstreckten.[42]

Die Vorschläge von Davis zur Lösung des Konflikts begannen mit der Neutralisierung des jüdischen Charakters des Staates Israel und seiner Verwandlung in ein Land mit arabischer Mehrheit. Nur dann, erklärte er, könnten die Rechte des palästinensischen Volkes realisiert werden. Die Flüchtlinge müssten alle nach Israel zurückkehren dürfen, schrieb er, weil dies ihr gesetzliches Recht sei. Keiner seiner Vorgänger bei der UNRWA hatte eine solche Ansicht vertreten. Er empfahl den Vereinigten Staaten die Einstellung der Unterstützung des zionistischen Unternehmens, da das Hauptproblem im Nahen Osten die ungerechte Forderung der Juden nach Souveränität sei.[43]

Unter der Leitung von Davis spielte die UNRWA eine zentrale Rolle in den frühen Stadien der Entwicklung einer nationalen palästinensischen Identität sowie in der Überlebensfähigkeit der palästinensischen Gesellschaft nach der Niederlage von 1948. Die Beständigkeit der Agentur und die Aufrechterhaltung der Flüchtlingslager waren Schlüsselkomponenten bei der Kultivierung einer nationalen Identität, die sich von anderen Arabern unterschied und sich um den gewaltsamen Widerstand des Zionismus herum formte.

Als westliche Nationen Ende der 1950er Jahre ihre Absichten zur Rehabilitation der Flüchtlinge aufgegeben hatten, entstand ein Vakuum im Zentrum der UNRWA. Da die Agentur jeglicher klaren Zielsetzung und Substanz beraubt worden war, konnten die Palästinenser – angeführt von der PLO – sie mit ihrer eigenen Agenda füllen. Auf diese Weise wurde die UNRWA von einer gescheiterten Organisation für die Rehabilitation von Flüchtlingen zu einer sehr erfolgreichen Organisation zur Entwicklung einer palästinensischen Identität und eines Nationalbewusstseins. Das Problem war, dass im palästinensischen Fall dieses Nationalbewusstsein ausschließlich auf der Negation der Bestrebungen des jüdischen Volkes nach nationaler Selbstbestimmung im Land gebildet wurde. Diese spezifische Formierung eines Nationalbewusstseins war tragischerweise unnötig, da beide Völker Seite an Seite die Selbstbestimmung im Land hätten erreichen können.

Für die Palästinenser diente die UNRWA als institutioneller Rahmen für ein nationales Erwachen und als Grundlage für den Aufbau und die Schaffung einer Nation. Die Palästinenser begannen, die UNRWA als Inkubator zur Entwicklung und zum Wachstum ihrer Nationalbewegung und als Nährboden für das Erreichen politischer, sozialer und wirtschaftlicher Ziele zu sehen. In Anlehnung an die Geschichte der zionistischen Bewegung könnte man sagen: Ebenso wie die Jewish Agency die notwendige Infrastruktur für die Errichtung des jüdischen Staates war, so war es die UNRWA für die Schaffung der palästinensischen Nationalbewegung und der PLO. Der große Unterschied bestand darin, dass die Jewish Agency eine ausschließlich jüdische Organisation war, während die UNRWA die internationale Gemeinschaft repräsentierte.

Die UNRWA hat diese Rolle in mehrfacher Hinsicht erfüllt. Erstens und vor allem bewahrten die Flüchtlingslager die vor dem Krieg von 1948 existente palästinensische Gesellschaftsordnung, einschließlich der Clanstruktur. Hätte die UNRWA die Flüchtlingslager nicht unterhalten, hätten die Palästinenser als Einzelpersonen oder in Kernfamilien in ihren Aufnahmegesellschaften rehabilitiert werden müssen, und ihr sozialer Zusammenhalt wäre untergraben worden; auf ihre in den Lagern unverändert erhalten gebliebenen Clans hätten sie sich nicht verlassen können. Sie hätten anfangen müssen, für sich selbst zu sorgen, Arbeit zu suchen und sich um ihr tägliches Leben individuell zu kümmern.

Die Lager waren in der Regel in Nachbarschaften unterteilt, die nach Dörfern in Israel (unter Einbezug der Namen von Wahrzeichen dieser Dörfer) benannt waren, aus denen die Flüchtlinge gekommen waren. Zum Beispiel hat das Flüchtlingslager Dheisheh in Bethlehem ein Viertel namens Beit Jibrin mit aus dem Dorf Beit Jibrin vertriebenen Bewohnern; das Flüchtlingslager Al-Yarmouk in Syrien ist in Stadtteile wie Tira, Lubya und 'Ain Ghazal unterteilt, alle benannt nach den Herkunftsdörfern der Flüchtlinge.[44] So blieb die geografische und emotionale Bindung sehr real und konkret.

Ein weiteres Schlüsselelement in der Rolle der UNRWA waren wirtschaftliche und organisatorische Aspekte. Im Gegensatz zu anderen UN-Organisationen beschäftigte die UNRWA hauptsächlich lokale Flüchtlinge; Anfang der 1960er Jahre waren fast alle ihre Mitarbeiter Palästinenser. Die von der UNRWA gebotenen Beschäftigungsmöglichkeiten und die großzügigen Gehälter, die damit Zehntausenden von Haushalten zur Verfügung standen, verbesserten die wirtschaftlichen Bedingungen in den Lagern erheblich. Palästinenser stiegen auch in wichtige Managementpositionen auf. Tatsächlich wurde die UNRWA die größte und wichtigste von Palästinensern seit ihrer Niederlage im Krieg von 1948 geführte Organisation. Die UNRWA bildete auch die nächste Generation von Führungskräften aus: Die für die Agentur arbeitenden Palästinenser erwarben Wissen und Bildung und trugen zur Entstehung einer neuen bürokratischen Mittelschicht bei, deren Mitglieder später eine wichtige Rolle in den Flüchtlingsgemeinwesen spielten. In ihren Augen war die UNRWA gerade wegen ihrer Rolle in diesem Prozess des palästinensischen Nation Building ein palästinensischer Akteur im Inland.[45]

Während den Palästinensern die Souveränität über das Territorium, in dem sie lebten, fehlte, wurden die Flüchtlingslager zu palästinensischen Zonen. Sie waren de facto extraterritoriale autonome Inseln, von der UNRWA verwaltete Territorien, die selten von Beamten der arabischen Aufnahmeländer betreten wurden. Diese relative Unabhängigkeit erleichterte das Wachstum von politischem und später militärischem Aktivismus in den Lagern. Um die Lager herum bildeten sich politische Gesellschaften, und die palästinensischen Mitarbeiter der UNRWA waren durch Parteitreue gespalten. Darunter waren die Kommunisten, Fatah, Baath und die Muslimbruderschaft. Gleichzeitig entstanden in den Lagern auch mächtige Arbeiterverbände, wie beispielsweise der Lehrerverband der UNRWA.

Das Wachstum der politischen Organisierung wäre ohne die Lager und die UNRWA nicht möglich gewesen. Die arabischen Aufnahmeländer betrachteten die politischen Aktivitäten der Palästinenser nicht mit Wohlwollen. Jordanien war komplett gegen jeden Ausdruck einer unabhängigen und getrennten palästinensischen nationalen Identität. Erst in den Flüchtlingslagern konnten die Palästinenser losgelöst von den sie umgebenden Gesellschaften und unter dem Schutzschirm einer internationalen Agentur mit der Konsolidierung ihrer eigenen politischen und organisatorischen Struktur beginnen. Mit anderen Worten: Ohne die UNRWA wäre die Förderung einer ausgeprägten palästinensischen Identität zumindest ausgesprochen schwierig gewesen.

Aber es ist zweifellos das Bildungssystem der UNRWA, das zu einem der wichtigsten palästinensischen Instrumente der Bewusstseinsbildung wurde. Die UNRWA schuf ein umfassendes Bildungssystem für die Flüchtlinge, das neben der akademischen Grundausbildung auch die Schaffung eines eigenständigen Nationalbewusstseins durch Poesie, Erzählung, Musik, Kunst und Theater ermöglichte. Wie Khaled Al-Hassan, ein Fatah-Führer, viel später einräumte, konnten die Terrorzellen der Fatah zwar nur jeweils einen Agenten ausbilden, die UNRWA-Schulen jedoch die Herzen der Massen formen.[46]

Nationale Bildungssysteme spielen eine zentrale Rolle beim Aufbau und Erhalt von nationalen Identitäten. Dies ist ein allgemeines Phänomen. Aber die Palästinenser besaßen bis zu seiner Schaffung durch die UNRWA kein eigenes Bildungssystem. Es war das Bildungssystem der UNRWA, das die Kinder der Flüchtlinge unter einem Dach vereinte. Studien haben erhebliche Unterschiede zwischen dem Nationalbewusstsein von in UNRWA-Schulen ausgebildeten Palästinensern und dem von in privaten oder öffentlichen Schulen in der arabischen Welt ausgebildeten festgestellt. In einer Studie wurden palästinensische Kinder in Jordanien und Ägypten nach ihrer Familiengeschichte und palästinensischen Militärführern befragt, die 1948 gegen Israel gekämpft hatten. Während nur wenige der Kinder, die in ihren Aufnahmeländern in privaten oder öffentlichen Schulen ausgebildet wurden, diese Fragen beantworten konnten, vermochten die Kinder in den Flüchtlingslagern die Namen der Dörfer und Führer auswendig aufzusagen.[47]

Palästinensische Flüchtlingskinder verbrachten jeden Tag viele lange Stunden in UNRWA-Schulen. Dort befanden sie sich nicht nur in einem kollektiven physischen, sondern auch geistigen Raum, in dem ihre Identität durch die Erfahrung der Entwurzelung ihrer Familien und ihre Rückkehrforderung geprägt wurde. Neben dem Erlernen von Fakten, wie der Geographie des Landes, wurden den Schülern vor allem Ansprüche auf exklusive palästinensische Rechte über das gesamte Land, die Unrechtmäßigkeit des jüdischen Staates und die beispiellose ihnen widerfahrene Ungerechtigkeit indoktriniert.

Die palästinensischen Flüchtlingskinder wurden von der UNRWA nicht nur als Teil einer weiterreichenden arabischen Welt behandelt; sondern es wurde ihnen auch ein Rahmen zum Studium einer für sie einzigartigen Geschichte geboten. Die neue historische Zeitachse, die in den UNRWA-Klassenzimmern unterrichtet wurde, erstreckte sich von der Balfour-Deklaration bis zur antibritischen Revolte 1936–1939; alles kreiste um die Notwendigkeit und das Erfordernis, die Uhren zurückzudrehen. „Rückkehr nach Palästina" war das Herzstück des UNRWA-Bildungssystems. Die Helden, deren Taten gelobt und gefeiert wurden, waren Männer wie der im ersten Kapitel erwähnte antizionistische Milizenführer Abd Al-Qadir Al-Husseini. Nie zuvor in der Geschichte, auch nicht während der türkischen oder britischen Herrschaft, waren Rebellenfiguren wie er in arabischen Schulen als Quelle der Bewunderung studiert worden.

Diese Schulen wurden oft inmitten der Flüchtlingslager errichtet und wurden zum Zentrum des gemeinschaftlichen Lagerlebens. Sie veranstalteten Aktivitäten während und nach der Schulzeit. Die Lehrer waren Palästinenser – Flüchtlinge und ihre Nachkommen in den Lagern –, die ihre persönlichen Erfahrungen weitergaben. Die Schüler berichteten, dass ihre Lehrer dem nationalen Kampf treu waren. Sie waren es, die ihnen ihren Sinn für die palästinensische Nationalität einprägten. Die Lehrer wiederum stellten fest, dass der Lehrplan der UNRWA der wichtigste Faktor bei der Förderung des politischen

Bewusstseins ihrer Schüler war. Ein Lehrer brachte die Rolle der Flüchtlingslager perfekt auf den Punkt: Sie seien „ein Ort des Exils", sagte er, „ein vorübergehender Staat; ein Dorf von vor 1948; und ein Ort des politischen Widerstands".[48]

Die Schulen der UNRWA betonten immer wieder die Idee einer gewaltsamen Rückkehr auf das Territorium des Staates Israel. Hier zum Beispiel im Eid, den die Schulkinder Anfang der 1960er Jahre jeden Morgen in UNRWA-Schulen im Gazastreifen vortrugen – finanziert und unterstützt von westlichen Staaten. In einer Reihe stehend und in Richtung Israel gewandt, rezitierten die Schüler diese Worte:

Palästina ist unser Land, Unser Ziel ist die Rückkehr.
Der Tod macht uns keine Angst, Palästina ist unser.
Wir werden es nie vergessen.
Eine andere Heimat werden wir niemals akzeptieren!
Unser Palästina, seid Zeuge, o Gott und Geschichte:
Wir versprechen, unser Blut dafür zu vergießen![49]

Hier ist ein Beispiel für ein Gedicht, das in UNRWA-Schulen gelehrt wird:

Wird es eine Rückkehr geben?
Ein Ende des langen Exils?
Und ob! Bald werden wir zurückkehren,
Die Welt wird unseren Marsch hören, wenn wir zurückkehren!
Dann werden wir die taufeuchte Erde küssen,
Mit Lippen, die nach mehr dürsten!
Mit donnernden Stürmen werden wir zurückkehren!
Mit heiligem Blitz, unerschrockenen Kriegern.
Wir sind die Rebellen aus jeder Stadt,
Wir kamen mit Feuer, um das Joch zu brechen![50]

Und noch ein Beispiel:

Die Flüchtlinge entfachen immer wieder
In ihren Lagern, in dieser Welt der Dunkelheit,
Die Glut der Revolte,
Sich sammelnde Kräfte, für die Rückkehr
Ihre gestohlenen Rechte weinen in ihren Herzen,
entzündet von Elend und Hunger.[51]

Alle in den Schulen verwendeten Karten von Palästina bildeten ganz Israel schwarz gestrichen ab. In einer Ecke hing ein Bild des Felsendoms und anderer historischer Stätten, während die anderen Ecken Illustrationen von Flüchtlingen in Zelten und Höhlen zeigten. Das gesamte Gebiet des Negev von Aqaba bis Beerscheba wurde mit den Worten „Wahrlich, wir kehren wirklich zurück" sowie Infanterie, Panzern und Flugzeugen im Hintergrund überlagert.[52]

Das Bildungssystem der UNRWA wurde effektiv zu einem Instrument der Mobilisierung der Lagerbewohner für den bewaffneten palästinensischen Kampf. „Wir hoffen, Kräfte mobilisieren zu können, die viel stärker sein werden als die Armeen, die 1948 von der Arabischen Liga ins Feld geschickt wurden", erzählte ein Lehrer aus einem Flüchtlingslager. Diese von der internationalen Gemeinschaft finanzierten und betriebenen Bildungseinrichtungen wurden in „Fedayin" umbenannt (nach den bewaffneten palästinensischen Männern, die jüdische Dörfer infiltrierten und Zivilisten töteten). All dies sollte die ihre Absichten zur gewaltsamen Eroberung Israels öffentlich proklamierende „palästinensische Revolution" verherrlichen, verklären und loben.[53]

Die Indoktrination in den UNRWA-Schulen war so intensiv, dass die Kinder in den Lagern die Geschichten ihrer Eltern und Großeltern vom Auszug aus Palästina während des Krieges auswendig aufsagen konnten. Es war, als hätten sie diese Erfahrungen selbst gemacht. Sie konnten die zurückgelassenen Häuser bis ins kleinste Detail beschreiben, einschließlich der Farbe der Vorhänge, der Form der Fenster, des Gartens und des Duftes der Blumen. Im Mathematikunterricht schrieben die Lehrer Übungen an die Tafel, basierend auf der Zahl „418", die als Zahl der palästinensischen Dörfer vor dem Krieg galt; und im Grammatikunterricht verfeinerten die Kinder ihre Konjugation des Verbs „wollen" mit Sätzen wie „Ich will mein Recht auf Heimkehr ausüben". In Jordanien achteten palästinensische Lehrer an UNRWA-Schulen darauf, den palästinensischen Dialekt zu sprechen. Kinder, die in Flüchtlingslagern lernten, sprachen daher bestimmte Wörter anders aus als ihre Altersgenossen in jordanischen

Schulen. In bestimmten Fällen bescheinigten diese Kinder, dass sie ohne das Bildungssystem der UNRWA wahrscheinlich ihre Identität verloren und sich in die umgebende Gesellschaft assimiliert hätten.[54]

UNRWA-Schulen mögen es geschafft haben, eine Generation mit einer in der arabischen Welt unvergleichlichen Bildung zu erziehen. Doch es war auch eine verbitterte, wütende und frustrierte Generation, die mit Mythen über ethnische Säuberungen durch die Juden, der Treulosigkeit arabischer Führer und einem Gefühl der Opferrolle aufgewachsen war, sowie einer Weigerung zur Übernahme von Verantwortung für die Ergebnisse der palästinensischen Handlungen in den Jahren und Monaten vor der Gründung Israels und danach. Die Palästinenser wurden weder zur Auseinandersetzung mit der Realität ermutigt, noch dazu, ihr Leben weiterzuleben. Nirgendwo war Platz für die Rechte der Juden oder die Möglichkeit des Zusammenlebens in einem gemeinsamen Land – eine offensichtliche Voraussetzung für den Frieden. Statt die eigene Neutralität zu wahren, förderte die UNRWA eine kompromisslose Haltung unter den palästinensischen Flüchtlingen und ermöglichte deren tiefe Verankerung. UNRWA-Schüler wie der Münchner Massaker-Terrorist Gashey zogen die nötigen Schlüsse.

Sogar die Vereinten Nationen waren sich einig, dass die in den UNRWA-Schulen genutzten Lehrbücher nicht den anerkannten internationalen Standards entsprachen. Nach Beschwerden über die Geschehnisse in den UNRWA-Klassenzimmern setzten die Vereinten Nationen ein dreiköpfiges Expertenkomitee zur Prüfung der Lehrbücher und ihrer Eignung im Hinblick auf universelle Bildungsgrundsätze ein. Nach einer monatelangen Untersuchung stellte das Komitee in seinem Bericht vom April 1969 fest:

„Abgesehen von Passagen, in denen mehr oder weniger offen zur Gewalt aufgerufen wird, gibt es Fälle, in denen die Verwendung von Begriffen wie Befreiung (tahrir), Rückkehr (‚awda) und sogar Säuberung (tathir) auf den ersten Blick keinen wirklichen Appell zu Gewalt zu beinhalten scheint. Da sie jedoch häufig den Stoff für weit weniger zweideutige Übungen oder Kommentare liefern, kann ihre Verwendung unter solchen Bedingungen als geeignet zur Implizierung, Vermutung, Legitimierung oder Befürwortung eines Appels zu Gewalt angesehen werden."[55]

Das Komitee kam daher zu dem Schluss, dass die meisten Bücher (79 von 127) verboten oder inhaltlich geändert werden sollten.[56] Der Ausschuss fand zum Beispiel heraus, dass Übungen in Grammatikbüchern „offensichtlich dazu gedacht waren, die Sehnsucht nach der ‚usurpierten Heimat' aufrechtzuerhalten und den Wunsch zu stärken, sie eines Tages zu erobern". Eine Beispielübung beinhaltete diesen Satz: „Die palästinensische Armee wurde als Vorhut der arabischen Armeen geschaffen, die darum kämpfen, die Israelis zu vertreiben und Palästina seinen rechtmäßigen Bewohnern zurückzugeben." In arabischen Studienbüchern gab es ein wiederkehrendes Motiv der Befreiung vom Kolonialismus. Das Komitee argumentierte, dass dies wahrscheinlich „die Frustration oder den Rachegedanken in den Köpfen der Kinder verstärken" würde. Einige Geschichtsbücher stellten die Araber als Opfer der Kreuzfahrer, Mongolen und Osmanen in ferner Vergangenheit und des westlichen Imperialismus und Zionismus in der jüngeren Vergangenheit und Gegenwart dar. Das Komitee fragte sich, ob es aus rein pädagogischer Sicht nicht besser wäre, „eine ganze Generation nicht in einer so akuten Atmosphäre der Verzweiflung, Frustration und Feindseligkeit großzuziehen".[57]

Das Komitee stellte auch fest, dass der Staat Israel auf keiner der Karten in Geographie-Lehrbüchern auftauchte. Religionslehrbücher maßen den problematischen Beziehungen zwischen dem Propheten Mohammed und den Juden in Arabien (im 7. Jahrhundert) dermaßen großes Gewicht bei, dass die Kinder sehr wahrscheinlich überzeugt sein würden, dass die Juden immer schon der „unversöhnliche Feind" der Muslime gewesen waren und sein würden. Das Komitee stellte ferner fest, dass Lehrbücher für Staatsbürgerkunde weit verbreitete „Indoktrinationen" enthielten, und argumentierte, dass eine solche systematische Gehirnwäsche nicht mit den Werten der Vereinten Nationen vereinbar sei.[58]

Das Komitee entdeckte in den Lehrbüchern Juden verunglimpfende und erniedrigende Begriffe, darunter „Lügner“, „Betrüger“, „Geldverleiher“ und „Idioten“. In den Büchern wurden häufig Begriffe verwendet, die implizite Aufrufe zur Gewalt darstellten, wie „das usurpierte Heimatland“, „die Usurpatoren“ und „Säuberung“ (Palästinas von den Juden). In seinen Empfehlungen schlug das Komitee vor, dass die UNESCO einige „Modell-Lehrbücher“ erstellen sollte, um palästinensischen Kindern „einen breiteren Blick auf die Welt um sie herum zu ermöglichen und mit einer objektiveren und optimistischeren Sicht auf das Leben in ihnen mehr Vertrauen in sich selbst zu erzeugen“.[59]

Aber die Empfehlungen des Komitees änderten nichts. Jordanien war das einzige Land, das Änderungen an den Lehrbüchern der UNRWA zustimmte. Syrien hingegen verurteilte den Bericht als Verletzung seiner Souveränität. Die palästinensischen Lehrer in den Klassen jedenfalls änderten – auch in Jordanien – nichts an ihren Unterrichtsplänen und unterrichteten die Flüchtlingskinder weiter über das „verlorene Paradies“, das die Juden ihnen unrechtmäßig entrissen hätten.[60]

Das Ergebnis all dessen waren eine nationale Identität, die ganz auf einem Gefühl von Opferrolle und Ungerechtigkeit beruhte, und die Ansicht, dass das nur mit gewaltsamen Mitteln wiedergutgemacht werden könne. Die konstituierende Erfahrung des palästinensischen Volkes, wie sie Tag für Tag, Jahr für Jahr in UNRWA-Schulen gelehrt wurde, war der Auszug aus Palästina, an dem allein die Juden schuld seien. Die Direktoren der UNRWA und ihre Geldgeber in Washington und New York hatten gehofft, dass das Bildungssystem der UNRWA dem palästinensischen Flüchtlingsproblem den Stachel nehmen könnte und dass eine Generation junger, gebildeter Palästinenser ihre Bemühungen in den Aufbau einer positiven Zukunft investieren würde. Doch in der Praxis dienten die Schulen in den Lagern in erster Linie als hoch politisierte Kulturakteure, die den Ansatz einer Ablehnung gegenüber der Vorstellung von Umsiedlungen in arabische Länder kultivierten, die Existenz des Staates Israel ablehnten und eine Rückkehr zu Realitäten von vor 1948 forderten.

Die UNRWA wurde dadurch zu einem innenpolitischen palästinensischen Akteur, ohne als solcher offiziell autorisiert oder extern anerkannt zu sein. Trotz der erklärten Politik der UNRWA zur Ansiedlung und Assimilierung der Flüchtlinge in ihrem Umfeld, wurde ihr Bildungssystem in der Praxis zu einem der größten Hindernisse für solche Prozesse. Wäre dem UNHCR das Mandat zur Betreuung palästinensischer Flüchtlinge übertragen und seine Politik der Rehabilitation und Neuansiedlung in den Aufnahmeländern auf palästinensische Flüchtlinge angewendet worden, wäre die überwiegende Mehrheit von ihnen in den umliegenden arabischen Staaten aufgegangen.

Die Kinder, die in den Flüchtlingslagern aufwuchsen und erzogen wurden, wurden zur Gruppe mit dem ausgeprägtesten politischen Bewusstsein sowohl in Palästina als auch in anderen arabischen Gesellschaften. Die Lager brachten viele Persönlichkeiten hervor, die in der palästinensischen Bewegung an Bedeutung gewinnen sollten, darunter Hamas-Führer Ahmed Jassin, die Nummer Zwei der Fatah Abu Jihad, den Schriftsteller und Sprecher der Volksfront für die Befreiung Palästinas (PFLP) Ghassan Kanafani, den Fatah-nahen Dichter Ahmad Dahbour und den Karikaturisten Nadschi Al-Ali.

Die UNRWA wurde von diesen antiisraelischen Ansichten nicht in einem Vakuum infiltriert. Gleichzeitig erlebten die Vereinten Nationen einige weitreichende Veränderungen, die einen dramatischen Einfluss auf das internationale Klima und das Arbeitsumfeld der UNRWA hatten. In den 1950er Jahren begann ein Prozess der Entkolonialisierung der Welt, wodurch die Zahl der UN-Mitgliedsstaaten in kürzester Zeit erheblich anwuchs – von 51 bei ihrer Gründung 1945 auf 144 bis 1975. Dies waren Nationen in Afrika und Asien, die nach der Befreiung vom Joch der vornehmlich französischen und britischen Kolonialherrschaft ihre Unabhängigkeit erlangt hatten. Viele mochten die westlichen Staaten nicht, weil sie nur ihre despotischen Kolonialherren gewesen waren, und gründeten 1961 die Blockfreie Bewegung (NAM). Sie erklärten, dass sie sich weder mit dem kapitalistischen Westen noch mit dem kommunistischen Osten identifizierten (obwohl sie in der Praxis eher Richtung Ostblock geneigt waren).

Diese Entwicklung war schlecht für Israel. Im ewigen Tauziehen bei den Vereinten Nationen zwischen Ost und West erhielt der kommunistische Block einen überraschenden Kraftmultiplikator: die erhobenen Hände der Gesandten der erwachenden Dritten Welt. Dank der gemeinsamen Unterstützung der Staaten Osteuropas, der arabischen Welt und der Blockfreien Bewegung konnte die Sowjetunion nun bei den Vereinten Nationen fast jede gewünschte Resolution verabschieden. Jede noch so heftige und voreingenommene Verurteilung Israels erhielt auf der UN-Vollversammlung fast automatisch eine Mehrheit. Diese Veränderungen erlebte Abba Eban zunächst als Israels Botschafter bei den Vereinten Nationen und später als dessen Außenminister hautnah mit und wurde mit den Worten zitiert: „Wenn Algerien eine Resolution einbringen würde, in der erklärt wird, dass die Erde flach ist und Israel sie abgeflacht hat, würde es mit 164 zu 13 Stimmen bei 26 Enthaltungen angenommen."[61] Dieser Trend in der arabischen Flüchtlingsproblematik war bereits in der ersten Hälfte der 1960er Jahre zu spüren und wurde nach der Niederlage der Araber im Sechstagekrieg stark befeuert. Zu diesem Zeitpunkt begann das „Palästina-Problem" oder die „Frage Palästinas" einen immer zentraleren Platz auf der Agenda der Vereinten Nationen einzunehmen. Die ersten Anzeichen für diesen Wandel hin zur Flüchtlingsproblematik und die Stärkung der antiisraelischen Ausrichtung der Vereinten Nationen waren unmittelbar nach dem Krieg sichtbar, als der UN-Sicherheitsrat Israel zur Rückführung der während des Sechstagekriegs aus dem Westjordanland nach Jordanien geflohenen Flüchtlinge aufrief. Die Generalversammlung folgte diesem Beispiel, beschloss aber auch, dass ein Sonderausschuss zur Untersuchung der israelischen Praktiken in den besetzten Gebieten erforderlich sei.[62]

Dies waren nur die ersten Tropfen, denen bald eine Flut einseitiger Resolutionen folgte, die eine wachsende Akzeptanz der palästinensischen Erzählung über die Entstehung des Konflikts und die beste Lösung dafür zum Ausdruck brachten, auch wenn sie die Existenz des Staates Israel negierte. Beispielsweise ignorierte die Generalversammlung 1969 völlig die arabische Verantwortung für den Konflikt und „erkannte an", dass das Problem der Flüchtlinge nur durch Israels Weigerung zum Eingeständnis ihrer „unveräußerlichen Rechte" entstanden war. Bis dahin hatten die Vereinten Nationen versucht, sich nicht zu den Gründen für das Fortbestehen des Flüchtlingsproblems zu äußern – ein Phänomen, für das sie in nicht geringem Sinne selbst verantwortlich waren. Nun änderten sie ihre Strategie, indem sie die palästinensische und arabische Version der Ereignisse vollständig übernahm und die ganze Schuld allein Israel zuschrieb.[63]

Die Generalversammlung verabschiedete jedes Jahr immer mehr Beschlüsse in ähnlicher Weise. Wie bei einem religiösen Ritual, dessen Schritte im Voraus bekannt sind, erwirkte ein arabischer Staat eine Resolution und brachte sie zur Abstimmung; die Botschafter im großen Saal der Generalversammlung hoben einstimmig und ohne Einwände die Hand. 1970 erkannten die Vereinten Nationen das Recht der Palästinenser auf Selbstbestimmung an, ohne Gebietsgrenzen festzulegen. Dadurch stellte die UN-Vollversammlung die endgültige, bis heute unbeantwortete Frage: Wenn die Palästinenser von Rückkehr sprechen, wohin genau wollen sie zurückkehren, und wie lässt sich diese Forderung mit Israels eigenem Recht zur Selbstbestimmung in Einklang bringen?[64]

Es dauerte nicht lange, bis die Vereinten Nationen ihre eigene empörende Antwort gaben: Die Generalversammlung stellte 1973 klar, dass das „Recht der Flüchtlinge auf Rückkehr in ihre Häuser und ihr Eigentum unverzichtbar für die Erzielung einer gerechten Lösung des Flüchtlingsproblems und für die Ausübung des Rechts auf Selbstbestimmung durch das palästinensische Volk ist".[65] Eine Rückkehr in ihre früheren Wohn- und Besitztümer konnte jedoch nur auf dem Territorium des Staates Israel auf den Trümmern des jüdischen Selbstbestimmungsrechts realisiert werden.

Die Vereinten Nationen, die nach dem Zweiten Weltkrieg zur Wahrung des Weltfriedens gegründet worden waren, beschlossen, die Souveränität eines Mitgliedsstaates im Widerspruch zu ihrer eigenen Charta zu verletzen. Aus einer vermeintlichen Neutralität heraus wurden die Vereinten Nationen gegenüber dem Staat Israel feindselig. Dabei waren diese Positionen mit denen der Staaten identisch, die die Vernichtung Israels begehrten.

Das Glas-Beton-Gebäude am New Yorker East River wurde von einer regelrechten Anti-Israel-Manie erfasst. Die „Frage Palästinas" wurde 1974 auf die offizielle Tagesordnung der Generalversammlung gesetzt und ist dort bis heute erhalten geblieben. Im selben Jahr erkannten die Vereinten Nationen die PLO – eine Organisation, die für eine Vielzahl brutaler Terroranschläge und Massaker an Familien und Schulkindern verantwortlich ist und noch immer öffentlich zur Vernichtung Israels aufrief – als Repräsentantin des palästinensischen Volkes an und erteilten ihr einen Beobachterstatus. Im selben Jahr verabschiedete die UN-Generalversammlung die Resolution 3236, ihre ausführlichste zu palästinensischen Rechten, in der das „unveräußerliche Recht der Palästinenser auf Rückkehr in ihre Heimat" noch einmal bekräftigt wurde.[66] Und 1975 gründeten die Vereinten Nationen ihr Komitee zur Ausübung der unveräußerlichen Rechte des palästinensischen Volkes (CEIRPP).

Vor dieser Flut von Resolutionen war die palästinensische Rückkehrforderung nie als „Recht" anerkannt worden – schon gar nicht als „unveräußerliches". Dies war nun jedoch die offizielle Politik der Generalversammlung. In der Folge tauchte in den Jahresberichten der UNRWA der Begriff „Rückkehrrecht" auf. Die Resolutionen 3089 und 3236 von 1973 bzw. 1974 legten fest, dass die Palästinenser nicht nur ein Rückkehrrecht hatten, sondern dass dieses im Rahmen ihres Rechts auf Selbstbestimmung lag; damit also auf Kosten Israels. Völkerrechtsexperten fragten, ob die Vereinten Nationen befugt seien, Empfehlungen auszusprechen, die eine Verletzung der Souveränität eines Landes bedeuten. „Es ist schwer [sic] sich vorzustellen", schrieb der Jurist Kurt René Radley, „wie viel näher die Generalversammlung der teilweisen oder vollständigen Zerstörung eines [UN]-Mitgliedstaates hätte zustimmen können."[67]

In den Beratungen zur Resolution 3236 wandten sich die opponierenden Staaten – meist aus dem Westen – dagegen, dass die Resolution das Prinzip des Schutzes der souveränen Rechte Israels missachtete. Der Gesandte von Barbados stellte fest, dass sein Land zwar die Rechte des palästinensischen Volkes anerkenne, aber zur Unterstützung der Resolution zunächst verstehen müsse, wo genau Palästina sei, in das die Flüchtlinge zurückkehren wollten. Wenn „Palästina" den Staat Israel meinte, dann wäre dies eine Verletzung des Existenzrechts Israels. Seine Bemerkungen wiesen auf die grundsätzlich problematische Natur der Forderung der Palästinenser hin, „in ihre Heimat zurückzukehren". Was damals war, bleibt auch heute gültig.[68]

Die beunruhigendste und in vielerlei Hinsicht bahnbrechende Episode für den hemmungslosen Angriff der Vereinten Nationen auf Israel ereignete sich ein Jahr später, am 10. November 1975, als die Generalversammlung ihre mittlerweile berüchtigte Resolution verabschiedete, in der Zionismus als Rassismus bezeichnet wurde. Die Abstimmung schockierte viele, vor allem in den USA. Diese Resolution galt zu Recht als Höhepunkt des diplomatischen Feldzugs der Sowjetunion und ihrer arabischen Verbündeten gegen Israel. Die Resolution ignorierte völlig, dass der Zionismus eine nationale Bewegung war, die keine besonderen – geschweige denn kolonialen, exklusiven oder rassistischen – Privilegien für das jüdische Volk anstrebte, sondern lediglich wie bei jedem anderen Volk auch das Recht auf Selbstbestimmung. Stattdessen nahmen die Vereinten Nationen damals eine scharfe und aggressive Haltung gegen Israel ein, so wie mit den anderen Resolutionen und Erklärungen zuvor.[69]

Zu dieser Reihe von Resolutionen und Erklärungen gesellte sich kurze Zeit später eine beispiellose Bürokratie, die innerhalb des Gebäudes der Vereinten Nationen operierte: 1977 wurde die Sondereinheit für palästinensische Rechte (heute Division für palästinensische Rechte), praktisch ein Propagandaarm der Palästinenser, unter dem

UN-Sekretariat gegründet. Sie finanzierte Forschung und Publikationen, hielt Konferenzen ab, veröffentlichte Flugblätter und Broschüren und arbeitete mit anderen internationalen Organisationen zum Vorantreiben der Palästinenserfrage zusammen. All dies wurde und wird unter der Schirmherrschaft und mit finanzieller Unterstützung der Vereinten Nationen durchgeführt, die damit im Konflikt eine kompromisslos militante Haltung eingenommen und die Rechte der Palästinenser nicht nur über die der Israelis, sondern auch über die Rechte aller anderen auf der Welt gestellt hatten. Noch heute sind die Palästinenser die einzige Gruppe auf der Welt mit einer ganzen sich dem Schutz ihrer Rechte verschriebenen Abteilung im UN-Sekretariat. Selbst die Opfer der Genozide in Kambodscha, Darfur und Ruanda erhielten nie eine solche Unterstützung.[70]

In den Vereinigten Staaten wurde Edward „Ted" Kennedy 1962 das jüngste Mitglied des Senats, als er ins Amt gewählt wurde, kurz nachdem sein älterer Bruder John zum Präsidenten gewählt worden war. Der junge Senator war unter anderem Vorsitzender des Senatsunterausschusses für Flüchtlinge. Wenige Jahre nach seiner Wahl erhielt er überraschend Neuigkeiten aus dem Nahen Osten: Die UN-Agentur für palästinensische Flüchtlinge UNRWA, die großzügig von der US-Regierung unterstützt worden war, half Terroristen der PLO, die erst kürzlich mit dem Ziel der Vernichtung des Staates Israel gegründet worden war.

Diese Überraschung war fehl am Platz. Die Symbiose zwischen UNRWA und der PLO und der Zusammenhang zwischen der Kultur der Flüchtlingslager und der palästinensischen Radikalisierung waren ganz selbstverständlich und unweigerlich entstanden. Es war nur eine Frage der Zeit, bis die UNRWA und die PLO kooperieren würden. Wenn Schulen palästinensische Kinder mit einer Opfergeschichte fütterten, die auf einer einzigartigen und auffälligen Ungerechtigkeit beruhte, die nur durch gewaltsame Selbstaufopferung für ihre gestohlene Heimat getilgt werden konnte, war das Ergebnis unweigerlich eine Massenanwerbung durch Terrororganisationen. Eine gerade Linie verband den Fortbestand der UNRWA aus politischen

Gründen mit dem Auftauchen von Persönlichkeiten wie dem Terroristen Jamal al-Gashey.

Tatsächlich wurden UNRWA-Mitarbeiter eingeladen, an der ersten Sitzung des Palästinensischen Nationalrats im Mai 1964 im Intercontinental Hotel in Ost-Jerusalem teilzunehmen, wo die Gründung der Palästinensischen Befreiungsorganisation (PLO) offiziell verkündet wurde. Bei diesem Treffen wurde auch die erste Version der palästinensischen Nationalcharta genehmigt, die besagte, dass die Araber ein ausschließliches Recht auf das gesamte Land hätten und dass die Gründung des Staates Israel illegal gewesen sei.[71] Das Prinzip der Rückkehr war von Anfang an eines der wichtigsten ideologischen Elemente der PLO. Ein Jahr später wurde in Gaza eine PLO-Zweigstelle gegründet und in einem Wehrpflichtgesetz jeder männliche Palästinenser im Alter von 18 bis 30 Jahren zum Eintritt in die Palästinensische Befreiungsarmee verpflichtet. Ein interner UNRWA-Bericht stellte damals fest, dass das Gesetz für Hunderte der eigenen Mitarbeiter der Agentur galt.[72]

Kennedys Unterausschuss für Flüchtlinge in Washington begann, Berichte über UNRWA-Mitarbeiter entgegenzunehmen, die immer noch Gehälter von den Vereinten Nationen bezogen, während sie gleichzeitig der gewaltsamen Vernichtung des Staates Israel Treue schworen. Als UN-Agentur war die UNRWA verpflichtet, weder an militärischen Aktivitäten teilzunehmen noch sie zu unterstützen, auch nicht durch Bereitstellung von Nahrung, Kleidung oder Unterkunft. Aber 1966, nur zwei Jahre nach der Gründung der PLO, schätzte man, dass etwa 15 000 PLO-Mitglieder in den Lagern Nahrungsmittelrationen und andere Hilfe von der UNRWA bekamen.[73]

Senator Kennedy machte sich an die Recherchen. „Es ist unvereinbar mit der Politik der Vereinigten Staaten und mit dem grundlegenden Konzept der Vereinten Nationen", sagte er 1966, „den Angehörigen einer Armee, deren erklärtes Ziel die Vernichtung eines Mitgliedsstaates der Vereinten Nationen ist, in irgendeiner Weise Hilfe zu leisten." Er schickte zwei Ermittler zum Flüchtlingslager in Syrien und im Gazastreifen und erkannte, dass die Verbindungen zwischen der UNRWA und der PLO real waren: Von den Vereinten Nationen unterstützte Flüchtlinge durchliefen eine militärische Ausbildung.[74]

Die Episode hatte den Charakter des Kalten Krieges. Zur gleichen Zeit traf Ahmad Schukeiri, der erste Vorsitzende der PLO, den nordvietnamesischen Botschafter in Kairo und versprach, palästinensische Kämpfer nach Vietnam zum Kampf gegen die Amerikaner zu schicken (die Palästinensische Befreiungsarmee erhielt Waffen und Munition von den Sowjets und Chinesen). So kam es dazu, dass die US-Regierung nicht nur indirekt Versuche zur Zerstörung Israels unterstützte, sondern sogar zu den Bemühungen ihrer eigenen größten globalen Rivalen beitrug.[75]

Das US-Außenministerium forderte von der UNRWA die Einstellung der Versorgung von PLO-Mitgliedern mit Nahrungsmitteln. Ende 1966 erließ der Kongress ein Gesetz, dass der Transfer von Geldern an die UNRWA gestoppt werden sollte, wenn die Agentur ihre Unterstützung für PLO-Mitglieder nicht einstellte. Eine solche Änderung hätte die Zusammenarbeit der UNRWA mit den arabischen Aufnahmeländern erfordert, aber diese hatten nicht die Absicht dazu. Die Regierungen Syriens und Ägyptens argumentierten beispielsweise, dass eine Preisgabe der Zahl und Namen der PLO-Kämpfer in den Lagern „aus Sicherheitsgründen" nicht möglich wäre. UNRWA-Verwalter in Beirut zitierten das Chaos in den Flüchtlingslagern: „Wenn man tote Männer nicht immer aus den Rationslisten für Flüchtlinge eliminieren kann", sagten sie, „wie kann man junge Männer in der Militärausbildung verfolgen, die nachts häufig zum Schlafen nach Hause kommen?"[76]

Der Griff der PLO um die Flüchtlingslager wurde nur noch fester. Nach dem Sechstagekrieg wurden die Lager im Wesentlichen zu militärischen Außenposten der PLO und zur Hauptquelle der eingezogenen Arbeitskräfte für die verschiedenen Terrororganisationen. Die PLO führte in den Lagern Militärübungen durch und stellte bewaffnete Milizen in Jordanien, Gaza, Syrien und im Libanon auf. Die Bewohner der Lager ihrerseits stürmten in Massen zu den neuen Terrorgruppen, die wie Pilze aus dem Boden schossen: Allein in Jordanien wurden 1970 schätzungsweise nicht weniger als 50 000 Palästinenser militärisch für den Guerillakrieg ausgebildet.[77] Einer von ihnen war, wie bereits erwähnt, Jamal al-Gashey.

Bewaffnete Männer begannen ungehindert die Lager zu durchstreifen. In Jordanien und im Libanon wurde von der Fatah das Ashbal-Programm („Löwenjungen") durchgeführt, bei dem Kinder und Jugendliche ein quasi-militärisches Bootcamp-Training absolvierten. Eine Bewohnerin des Lagers Bourj el-Barajneh im Libanon erinnerte sich später an ihre Kindheit:

„Sie zeigten Filme über die Fedayin und über Palästina ... [und] über Iz el-Deen al-Qassam, den Rebellen, der die Thaura [Revolution] in Palästina begann. All diese Dinge haben wir durch das Fernsehen gelernt, nicht von unseren Eltern ... Ich habe drei Monate trainiert. Jedes Kind, jedes Mädchen, jeder Junge, jeder Mann, jede Frau und jeder alte Mensch musste bewaffnet sein. In erster Linie, weil wir uns unserer Sache bewusst sein mussten."[78]

Bis 1969 wurde die De-facto-Verwaltung der Lager im Libanon von bewaffneten PLO-Agenten übernommen und für militärische Zwecke genutzt. Im selben Jahr wurde das Kairoer Abkommen unterzeichnet, das der PLO die formelle Kontrolle über die Lager im Libanon zugestand und die libanesische Armee abbeorderte.[79] Guerillas begannen, Steuern von den Bewohnern der Lager zu erheben, Gerichte zu installieren und den Lehrplan der UNRWA-Schulen zu überarbeiten. Ein Bewohner des Flüchtlingslagers Tel al-Zaatar bei Beirut beschrieb die Situation so:

„Als ich im ersten Moment aus dem Auto stieg, sah ich statt der libanesischen Flagge die palästinensische Flagge und statt der libanesischen Polizei eine Gruppe Palästinenser in Fedayin-Kleidung. Als ich mich durch die Menge bewegte, sah ich Freude in den Gesichtern der Leute ... Der Scheich in der Moschee sprach nun deutlich über die Heimat ... Zuhause sprachen Mütter mit ihren Kindern deutlich über Palästina – früher geschah dies nur im Flüsterton."[80]

Die Lager waren in der Tat ein Staat im Staat geworden. Der Vorsitzende der PLO, Jassir Arafat, sagte immer, der israelische Verteidigungsminister Moshe Dayan mochte tagsüber die Flüchtlingslager im Gazastreifen kontrollieren, aber er, Arafat, kontrollierte sie nachts. Tatsächlich waren die Lager die wichtigste Unterstützungsbasis der PLO. Sie waren Ausgangspunkt ihrer Aktivitäten und ein schier unerschöpfliches Reservoir an Rekruten. Da die arabischen Staaten Arafat und die PLO nicht mochten, waren die Lager praktisch der einzige Raum, in dem sie Handlungsfreiheit hatten.

Im Libanon mussten UNRWA-Beamte ihre Besuche in den Lagern mit der PLO koordinieren. An den Eingängen zu Lagern im Libanon standen bewaffnete Palästinenser, um ungebetene Besucher abzuhalten. In einem Leitartikel der *New York Times* aus dem Jahr 1972 wurde mit Erstaunen beschrieben, wie ein bewaffneter PLO-Mann einen ihrer Reporter am Eintreten hinderte. Die Büros der PLO-Lagerregistratoren zeigten die typischen Plakate der Führer der Organisation in Guerilla-Anzügen. „Es ist nicht hinnehmbar, dass dieses humanitäre Unterfangen, für das der Generalsekretär erst kürzlich einen neuen Finanzierungsaufruf erlassen hat, so zynisch missbraucht wird“, argumentierte der Leitartikel. Beitragszahler der UNRWA, einschließlich der Vereinigten Staaten, hätten das Recht, darauf zu bestehen, dass „UNRWA-Gelder Lagern vorenthalten werden, die unter extremistischer Kontrolle bleiben“.[81]

Dies war auch die Zeit, als palästinensische Terrororganisationen wegen ihrer Terroranschläge und Flugzeugentführungen auf der ganzen Welt Schlagzeilen machten. Das veränderte die Sicherheit in Fluggesellschaften für immer und säte Angst in den Herzen all derjenigen, die eine Ankunfts- oder Abflughalle eines Flughafens betraten. Was als humanitärer Versuch zur Rehabilitierung von Kriegsflüchtlingen begonnen hatte, endete mit dem Blutbad am Flughafen Lod und dem Massaker und der Verstümmelung unbewaffneter Sportler im Münchner Olympischen Dorf.

Durch die Verankerung dieses ausgeprägten, bewaffneten palästinensischen Nationalismus unter der Beobachtung der internationalen Gemeinschaft wurde nicht nur europäischen Hauptstädten und weltweiten Fluggesellschaften Schaden zugefügt. Nach dem Sechstagekrieg wurden von palästinensischen Guerillagruppen in Jordanien, wo die Fatah ihre Operationsbasis hatte, politische Unruhen geschürt. Fatah-Mitglieder sprachen davon, Amman zum „palästinensischen Hanoi" zu machen und zu einem Sprungbrett für Angriffe auf das „israelische Saigon" von Tel Aviv. Am 6. September 1970 demütigten die Palästinenser König Hussein zutiefst, als durch Agenten der Volksfront zur Befreiung Palästinas von George Habash drei Passagierflugzeuge westlicher Fluggesellschaften entführt und zur Landung in Jordanien gezwungen wurden.

Am folgenden Tag brachen Kämpfe zwischen der jordanischen Armee, die die Guerillakämpfer entwaffnen wollte, und palästinensischen Guerillas aus, die den Norden des Königreichs teilweise zum „befreiten palästinensischen Gebiet" erklärt hatten. Dies war eine direkte Herausforderung für die Herrschaft von König Hussein und wäre ohne die Stärke und das Selbstbewusstsein der Palästinenser unmöglich gewesen. Der König setzte seine Artillerie, Infanterie und Luftwaffe ein und schreckte nicht davor zurück, Bevölkerungszentren zu bombardieren. Viele der Kämpfe fanden in und um die Flüchtlingslager herum statt. Nach einigen Wochen der Kämpfe waren etwa 3000 Palästinenser tot. Die PLO wurde aus Jordanien vertrieben und flüchtete sich in den Libanon.[82]

Auch im Libanon gelang es der PLO, einen Staat im Staat zu bilden. Bewaffnete Palästinenser erlangten in einem weiten Gebiet, das die Städte Tyros und Sidon im Süden des Landes umfasste, fast die totale Kontrolle. Die wachsende Stärke der Gruppe verschärfte die bereits bestehenden sektiererischen Spannungen im Libanon. Es führte auch zu einer Eskalation im libanesischen Bürgerkrieg von 1975 bis 1990, der mehr als 100 000 Menschenleben kostete. Palästinensische, schiitische, drusische und maronitische Milizen kämpften um die Kontrolle in einem der brutalsten sektiererischen Konflikte, den der Nahe Osten je erlebte. Wie in Jordanien zuvor zahlte auch hier ein arabisches Land einen hohen Blutpreis für die Aufrechterhaltung der Flüchtlingslagerkultur.

Beim Ausbruch der Kämpfe spielten die Flüchtlingslager und die PLO eine zentrale Rolle: Ein lauter Streit zwischen einem bewaffneten Palästinenser und einem christlichen Phalangisten im Herzen Beiruts war am 13. April 1975 der Auslöser gewaltsamer Zusammenstöße. Am selben Tag wurde eine maronitische Kirche in der Stadt angegriffen. Die Reaktion darauf war ein Angriff auf einen Bus voller Palästinenser auf dem Weg vom Lager Tel al-Zaatar zum Flüchtlingslager Sabra. In drei Tagen wurden mehr als 300 Menschen getötet.[83]

Zwölf Jahre später kam es in weiteren palästinensischen Flüchtlingslagern zu Zusammenstößen. Am Morgen des 8. Dezember 1987 kollidierte ein israelischer Lastwagen mit zwei Pickups, die Arbeiter aus dem Flüchtlingslager Jabalia im Gazastreifen transportierten. Vier Palästinenser wurden getötet. Schnell verbreitete sich das Gerücht, der Unfall sei vorsätzlich gewesen. Bei einer Beerdigung an diesem Abend stürmten Tausende Palästinenser einen nahegelegenen israelischen Militärposten; viele von ihnen wurden verletzt, als die Soldaten das Feuer erwiderten. Am nächsten Tag waren die Gassen des Lagers Jabalia mit Barrikaden versehen. Die Erste Intifada hatte begonnen: Innerhalb eines halben Jahres wurden mehr als 42 000 gewalttätige Zwischenfälle zwischen Palästinensern und IDF-Soldaten registriert.

Der Aufstand beschränkte sich lange Zeit auf die Flüchtlingslager – zunächst im Gazastreifen, später im Westjordanland. Erst nach über einem Monat, gegen Ende Januar 1988, schlossen sich die Städte den Auseinandersetzungen an. In den Lagern waren militante Organisationen wie die „Schockkräfte", „Volkskomitees" und „Fatah Hawks" prominent. Während der gesamten Intifada produzierten die Lager weiterhin Anführer der Aufstände: junge Menschen, die von einer heftigen Form von extremem Nationalismus und einem radikalen politischen Bewusstsein erfüllt waren.[84]

Wie bei Jamal al-Gashey hatte die jahrzehntelange nationalistische Indoktrination verbunden mit dem Ausschluss jeglicher Rehabilitationsmöglichkeit ihre blutige Frucht getragen.

5. FRIEDEN VERHANDELN

(1988 – GEGENWART)

Der 15. November markiert 28 Jahre unseres historischen Kompromisses zur Anerkennung des Staates Israel in den Grenzen von 1967.

Saeb Erekat

ANZAHL DER REGISTRIERTEN FLÜCHTLINGE (1988): 2 268 595[1]

Jassir Arafat wartete im Foyer. Es war April 1988 und hinter der Tür befand sich der erste Sekretär der KPdSU. Moskau hatte die PLO schon seit Jahren mit Geld, Waffen und militärischem Training im kommunistischen Block unterstützt. Der PLO-Vorsitzende war es gewohnt, von Vertretern der Kommunistischen Partei in Moskau mit einem warmen Lächeln und Wangenküssen begrüßt zu werden. In den 1970er Jahren war er sogar von Leonid Breschnew eingeladen worden, von der VIP-Loge aus die Maiparade auf dem Roten Platz mitzuverfolgen.[2]

Isoliert in der arabischen Welt und fernab des Geschehens in seinem Hauptquartier in Tunis, war Arafat nun aber angeschlagen und leckte seine Wunden. Drinnen wartete ein junger, energischer sowjetischer Politiker namens Michail Gorbatschow, der innerhalb eines Jahres den Fall der Berliner Mauer und das Ende des Kalten Krieges ermöglichen würde. Arafat hatte schon lange vergeblich um ein Treffen mit Gorbatschow gebeten. Der Generalsekretär sah in der Unterstützung der PLO keinen großen Nutzen für die Sowjetunion; und seinen Beratern war es sogar gelungen, das Politbüro davon abzuhalten, Arafat eine formelle Einladung zukommen zu lassen. Auf Druck des sowjetischen Außenministers Eduard Schewardnadse fand das Treffen jedoch im Frühjahr des gleichen Jahres statt.

Gorbatschow war nicht interessiert. „Ich sollte jeden von euch feuern", schalt er seine Berater. „Ich habe einfach die Füße hochgelegt und ihr alle häuft immer mehr Besucher an. Und jetzt ist da euer Arafat. Was soll der Sinn meines Treffens mit ihm sein?" Einer seiner leitenden Berater erinnerte sich später daran, wie Gorbatschow Partner zu verspotten pflegte, die er nicht mehr brauchte. Arafat war jetzt einer dieser Partner. Während ihres frostigen Treffens warnte Gorbatschow Arafat davor, während der laufenden Intifada scharfes Feuer einzusetzen. Später sorgte der Kreml dafür, dass zur Presse durchsickerte, Gorbatschow habe Arafat unter Druck gesetzt, das Existenzrecht des Staates Israel anzuerkennen.[3]

Dieses bittere Treffen war ein klarer Beweis dafür, dass die Kluft zwischen der PLO und Moskau wuchs und Arafats beim Kreml in Ungnade gefallen war. Im Rahmen seiner auf einen Abbau der Spannungen mit dem Westen abzielenden Außenpolitik beschloss Gorbatschow, die Waffenlieferungen an terroristische Organisationen einzustellen, die seine Beziehung mit den USA und Europa bedrohten. Palästinensische Organisationen hatten sich nicht bereit erklärt, ihre terroristischen Aktivitäten aufzugeben, und so schränkten die Sowjets ihre Unterstützung für die PLO gebührend ein: 1987 setzte die Sowjetunion mit der Schließung der PLO-Büros in Moskau ein klares Zeichen.[4]

Der neue Wind aus dem Kreml war in der arabischen Welt deutlich spürbar, die seit Mitte der 1950er Jahre massive sowjetische Hilfen in Form von Waffen, Munition und diplomatischer Unterstützung erhielt. Bei den Palästinensern provozierte diese schnelle und unerwartete Kehrtwende in der sowjetischen Politik eine akute Krise. Die PLO hatte immer gewusst, dass sie in internationalen Foren wie den Vereinten Nationen auf sowjetische Unterstützung und auf einen ständigen Waffen- und Munitionsfluss zählen konnte. Das Ende des Kalten Krieges löste in der PLO Panik aus und zwang sie, die Möglichkeit einer Fortführung des palästinensischen Kampfes ohne eindeutige Schirmherrschaft oder internationale Unterstützung zu prüfen. „Wir müssen zugeben, dass wir nicht alle Zeit der Welt haben“, bestätigte Abu Ijad, Arafats Stellvertreter, am Ende der 1980er Jahre. „Wir sind nicht kriegsfähig ... Wir brauchen eine Initiative, um unserem Volk zu beweisen, dass wir auf der politischen Landkarte existieren, damit es ein Ziel für die Fortsetzung der Revolution und des Kampfes gibt.“[5]

Arafats Lösung bestand darin, eine Freundschaft mit der einzigen verbliebenen Supermacht aufzubauen: den Vereinigten Staaten von Amerika. In der zweiten Hälfte der 1980er Jahre hatte Arafat eine enthusiastische Umwerbung Washingtons begonnen, damit es die PLO offiziell anerkannte. Die Amerikaner hatten dies immer mit der Begründung abgelehnt, es handele sich um eine Terrororganisation, die sich auf die Vernichtung Israels eingeschworen hatte. Um offizielle Verhandlungen aufzunehmen, forderte Washington Arafat zu dem auf, was immer für unmöglich gehalten wurde – der Abkehr vom Terrorismus und die Anerkennung Israels.[6]

Dies war nicht das erste Mal, dass der PLO-Vorsitzende eine politische Kehrtwende vollziehen musste. In den 15 Jahren seit dem Jom-Kippur-Krieg hatte Arafat mehrmals versucht, das Image eines Terroristen gegen die Insignien eines politischen Führers einzutauschen, der nur sein Volk zu befreien versuchte. Die Niederlage der Araber im Jahr 1973 hatte deutlich gemacht, dass ein totaler Krieg zur Vernichtung Israels und zum Zurückdrehen der Uhren nicht möglich war, was zu einem Tonwechsel in der arabischen Welt führte. Arafat verstand, dass sein Traum von der „Befreiung Palästinas“ mit ägyptischen und syrischen Panzern und Flugzeugen nicht mehr wahr werden würde; er musste einen anderen Weg einschlagen.

Seine Vertreibung aus benachbarten arabischen Staaten, zunächst aus Jordanien im Jahr 1970 und dann aus dem Libanon nach der Operation „Frieden für Galiläa“ im Jahr 1982, hatte ihn ohne klare

Basis oder Infrastruktur für militärische Operationen zurückgelassen. Israels Friedensvertrag mit Ägypten hatte die arabische Welt gespalten und die panarabische Unterstützung für die PLO ernsthaft geschwächt. Die palästinensische Führung und insbesondere Arafat waren sich einig, dass militärische Mittel allein ihr Ziel nicht verwirklichen würden. Arafat vertraute dem israelischen Friedensaktivisten Uri Avnery an, was er aus der Niederlage 1973 gelernt hatte: „Ich kam zu dem Schluss, dass es keine Möglichkeit gibt, unser Land durch Krieg zurückzubekommen."[7]

Arafat schlug daher einen Weg ein, der noch gestaltet werden musste, um „unser Land zurückzubekommen" – wobei das Land ganz Palästina war –, aber mit Alternativen zu Krieg. Da er nicht mehr die Unterstützung der Sowjetunion hatte und sich nicht mehr darauf verlassen konnte, dass die arabischen Länder Israel im Krieg auslöschen würden, konnten seine einzigen potentiellen Verbündeten nur im Westen liegen. Um die westlichen Befindlichkeiten anzusprechen, musste Arafat einen Weg finden, die mit dem palästinensischen Kampf verbundene Rhetorik grundlegend zu ändern, ohne die Sache selbst aufzugeben.

Als allgemeine Taktik verwendete Arafat zunehmend eine vage und mehrdeutige Sprache, die für westliche Ohren gemäßigt klingen sollte. Gleichzeitig trat er nie wirklich von der Forderung nach der Rückkehr aller Flüchtlinge auf israelisches Territorium und der daraus resultierenden vollständigen Befreiung Palästinas ab. Das stand in krassem Gegensatz zu der Sprache, die die PLO-Führer im ersten Jahrzehnt ihrer Tätigkeit nutzten, als sie klare und eindeutige Aussagen über die physische Vernichtung des Staates Israel machten. Die palästinensische Nationalcharta von 1968 beispielsweise besagte ausdrücklich, dass der Kampf gegen Israel militärischer Natur sein müsste.[8] Aber nach der endgültigen Niederlage der arabischen Armeen 1973 sprach Arafat immer mehr von der Notwendigkeit einer politischen Lösung.

Der palästinensische Historiker Yezid Sayigh, ein Spezialist für PLO-Geschichte, schrieb, dass das wahre Ziel der Gruppe nach wie vor die Eliminierung des Staates Israel blieb; aber sie war sich bewusst, dass die regionalen und internationalen Kräfte sie an der Erreichung ihres Ziels hinderten. „Die PLO stand vor der hypothetischen Wahl“, bemerkte Sayigh, „zwischen einer indirekten, ‚gestaffelten‘ Strategie, die die Errichtung eines Staates in den besetzten Gebieten als erste Stufe sieht, und einer direkten Strategie unerbittlicher militärischer Konflikte ... Die letztere Option war einfach nicht verfügbar, [aber] die indirekte Strategie war nach wie vor die Errichtung eines säkularen, demokratischen Staates über das gesamte Mandatsgebiet Palästina.“[9]

Die wachsende Schwäche der PLO und die Notwendigkeit, sich an geopolitische Realitäten anzupassen, erzwangen lediglich einen Taktikwechsel; sie führten aber nicht zu einer echten, tiefgreifenden Auseinandersetzung mit der jüdischen Souveränität. Arafat blieb hartnäckig in seiner Ablehnung der gleichen Rechte des jüdischen Volkes auf Selbstbestimmung, selbst in einem Teil des Landes. Daher fing Arafat in den 1970er Jahren an, von einem einzigen „säkularen und demokratischen“ Palästina zu sprechen. Die Idee von der Verwendung des Begriffs „demokratisches Land“ sollte die westliche Öffentlichkeit beschwichtigen und sie davon überzeugen, dass Palästina als einziges Land in der arabischen Welt eine robuste Demokratie werden würde, in der Juden sicher leben könnten. So sehr diese Vision allen Beweisen für das vollkommene Demokratiedefizit in der arabischen Welt und ihrem Umgang mit ethnischen Minderheiten, insbesondere Juden, widersprach, appellierte diese Vision (und appelliert weiterhin) an westliche Ohren. Die Tatsache, dass diese Vision in hohem Maße auf die Aufhebung des Selbstbestimmungsrechts des jüdischen Volkes ausgerichtet war, dass aber der Charakter des Landes von seiner arabischen Mehrheit bestimmt werden würde, wodurch die Juden zu einer bescheidenen Minderheit unter muslimischer Herrschaft und damit der einzigen Rolle, die sie je in arabischen Ländern spielten, bestimmt waren, wurde als Paranoia abgetan. Fakt war, dass Arafat trotz seiner weniger militanten Rhetorik immer noch von der Gründung eines arabischen Staates auf den Ruinen des Staates Israel sprach.[10]

Zusätzlich zu dieser betörenden Vision eines einzigen „demokratischen Staates“, der nichts anderes bedeutete als einen Israel ersetzenden arabischen Staat, bestand einer der wichtigsten und effektivsten Wege für Arafat darin, die internationale Gemeinschaft glauben zu machen, dass er tatsächlich ein Partner für Frieden sei. Er betonte das palästinensische Recht auf Selbstbestimmung und spielte gleichzeitig die Forderung nach Rückkehr herunter und verschleierte sie. Seit dem Sechstagekrieg war die nationale Identität der Palästinenser deutlicher geworden und ihre Forderung nach Selbstbestimmung als eigenständige Nation gewachsen. Dies war der Hauptgrund für die anfängliche Ablehnung der Resolution 242 des Sicherheitsrates vom November 1967 durch die PLO nach dem Sechstagekrieg. In ihr wurde nicht von den Palästinensern als Konfliktpartei gesprochen, sondern nur von einem Prinzip von „Land für Frieden“. Die Palästinenser seien nicht nur eine Gruppe von Flüchtlingen, erklärte Arafat, sondern eine Nation, die ihr Recht auf Selbstbestimmung einforderte. Diese Forderung wiederholte Arafat in den 1970er und 1980er Jahren vehement.[11]

Das Selbstbestimmungsrecht der Palästinenser ist natürlich theoretisch mit dem parallelen Recht des jüdischen Volkes auf Selbstbestimmung kompatibel. Aber das ist nur dann der Fall, wenn das Ziel der Palästinenser wirklich ein unabhängiger Staat ist und nicht die Eliminierung Israels. Das war die ursprüngliche Überlegung hinter dem Teilungsplan gewesen. Die konsequenten Berufungen von Arafat auf das palästinensische Selbstbestimmungsrecht wurden daher von vielen im Westen als Verzicht auf seine Forderung nach einer Vernichtung Israels durch Rückkehr gedeutet.[12]

Die zunehmende Betonung des Rechts auf Selbstbestimmung war für Arafat notwendig, um das Image des Erzterroristen gegen das des Staatsmanns auszutauschen, der sein Volk in die Unabhängigkeit führen will. Diese Betonung der palästinensischen Selbstbestimmung bedeutete aber im Gegensatz zur westlichen Interpretation nicht den Verzicht auf die Rückkehrforderung. Die Flüchtlingsfrage blieb (und bleibt bis heute) die Gretchenfrage zum Verständnis der wirklichen und endgültigen palästinensischen Position; die Forderung nach einer Massenrückkehr von Flüchtlingen ist nämlich nicht mit dem Selbstbestimmungsrecht des jüdischen Volkes in seinem eigenen Staat vereinbar. Die Forderung nach einer Massenrückführung von Flüchtlingen in den Staat Israel bedeutete, dass die Palästinenser die Existenz des jüdischen Staates im Nahen Osten nicht akzeptierten, und schon gar nicht in der Weise, wie es die Israelis gewollt hätten. Indem sie die Souveränität über das Westjordanland und den Gazastreifen forderten, ohne Aufgabe ihrer Ambitionen nach einer Rückkehr nach Haifa, Akkon und Jaffa, sagten sie, dass jede Änderung ihrer Position nur kosmetischer Natur sei. Es war ein taktischer Schachzug für Arafat und die PLO, um beim Westen zu punkten, ohne eine strategische Entscheidung zur Akzeptanz der jüdischen Souveränität.

Die Reihe der kalkulierten Umschwünge der PLO unter Arafat seit 1974 muss so verstanden werden. Im Juni 1974 verabschiedete die Organisation ihren „Stufenplan" mit der offiziellen Absichtsbekundung, in der ersten Phase einen palästinensischen Staat in allen von Israel abgetretenen Gebieten zu errichten. Einige Monate später wurde Arafat zu einer Ansprache vor der UN-Vollversammlung eingeladen, in der er erklärte, er sei „mit einem Olivenzweig in der Hand" gekommen.[13] Der Palästinensische Nationalrat verabschiedete 1977 eine Resolution mit der Forderung nach einem unabhängigen Staat auf dem gesamten von Israel zu räumenden Territorium. Später befürwortete sie einen Plan für eine Konföderation zwischen Jordanien und dem in den Gebieten zu errichtenden palästinensischen Staat. In den 1980er Jahren verkündete Arafat mehrmals seinen Wunsch nach einer „friedlichen Lösung" und unterstützte die Schaffung einer internationalen Konferenz auf der Grundlage der Resolution 242.[14]

Gleichzeitig beteuerten Arafat und die PLO wiederholt, dass sich ihr strategisches Ziel nicht geändert habe. In dem „Stufenplan" etwa, der angeblich auf die Schaffung eines palästinensischen Staates neben Israel abzielte, wurde beschlossen, dass der künftige palästinensische Staat in jenen Gebieten als Basis für künftige Angriffe auf

Israel genutzt werden sollte. Dies sei kein Friedensplan, stellte Arafat klar, sondern eine Strategie zur Befreiung des restlichen Palästinas. Sein Stellvertreter Abu Ijad sagte, die palästinensische Führung habe sich in der Vergangenheit geirrt, nicht in ihren Zielen, sondern in ihrem Versäumnis, eine mehrstufige Politik zu verfolgen: „Ein unabhängiger Staat im Westjordanland und im Gazastreifen ist der Anfang für die Endlösung. Diese Lösung besteht darin, in ganz Palästina einen demokratischen Staat zu errichten."[15]

Arafat behauptete in Interviews auf Arabisch weiterhin, dass es keine Zugeständnisse, keine Aussöhnung, keine Anerkennung Israels und keinen Frieden geben würde. Bei einer großen Kundgebung in Beirut 1978 sagte er: „Der bewaffnete Kampf ist unser einziger Weg. Wir haben keine andere Möglichkeit, Jerusalem, Tel Aviv und den Rest unserer besetzten Heimat zu holen." Dem Thema Flüchtlinge wurde von der palästinensischen Führung ihre deutlichsten Äußerungen vorbehalten. Farouk Kaddoumi, Leiter der politischen Abteilung der PLO, sagte Anfang der 1980er Jahre über den Reagan-Plan: „Es beschränkt das Recht der Flüchtlinge auf Rückkehr ins Westjordanland und in den Gazastreifen und nicht in ihre ursprünglichen Heimatorte Jaffa, Haifa und Safed. Unser Recht gilt über das Westjordanland hinaus."[16] Arafat selbst hat 1980 klar gesagt: „Wenn wir von der Rückkehr der Palästinenser sprechen, meinen wir: Akkon vor Gaza, Beerscheba vor Hebron. Wir erkennen eines an, nämlich dass die palästinensische Flagge über Jaffa wehen wird."[17]

Mitte Dezember 1988 klingelte das Telefon im PLO-Hauptquartier in Tunis. In der Leitung war Robert Pelletreau, US-Botschafter in Tunesien, der von Washington zur Aufnahme formeller Verhandlungen mit der PLO ermächtigt worden war. „Hier spricht der amerikanische Botschafter", sagte Pelletreau der Sekretärin, die ans Telefon gegangen war. Er hörte sie aufgeregt am anderen Ende der Leitung rufen: „Der amerikanische Botschafter! Der amerikanische Botschafter ruft an!" Die Sekretärin wusste, dass die PLO lange auf diesen Anruf gewartet hatte. Kurz zuvor war Pelletreau bei einem Empfang zum tunesischen Unabhängigkeitstag an dem in der Reihe der Würdenträger stehenden Arafat ohne Händeschütteln vorbeigegangen.[18] Die Geschichte zeichnete 1988 als das Jahr, in dem die PLO den Weg des bewaffneten Kampfes aufgab, Israel anerkannte und den historischen Kompromiss der Akzeptanz der Teilung einging.[19] Mit der formellen Anerkennung durch die Vereinigten Staaten wurde sicherlich der Höhepunkt des Legitimationsprozesses der PLO markiert und das Gefühl zum Ausdruck gebracht, dass Arafat und seine Organisation tatsächlich Partner für den Frieden seien. Aber diese Behauptung bedarf einer Überprüfung. Da von der Wahrnehmung Arafats als Friedenspartner der Gang der Ereignisse der folgenden drei Jahrzehnte geprägt war, sollte diese Behauptung detailliert ausgewertet werden.

Im November 2016 schrieb PLO-Chefunterhändler Saeb Erekat in der *Haaretz*, dass der 15. November 1988 das Datum des „historischen Kompromisses der Palästinenser zur Anerkennung des Staates Israel in den Grenzen von 1967" war.[20] Erekat bezog sich auf die palästinensische Unabhängigkeitserklärung, die Arafat an diesem Tag vor dem palästinensischen Nationalrat in Algier verkündete. Die Erklärung wurde vom palästinensischen Dichter Mahmud Darwisch verfasst und von Edward Said ins Englische übersetzt.[21]

Palästinensische Sprecher im Westen gaben sich damals alle Mühe zu behaupten, die Erklärung sei ein Kompromiss seitens der Palästinenser. Rashid Khalidi, ein amerikanischer Historiker palästinensischer Herkunft, argumentierte beispielsweise, dass die PLO ihre militante Sprache abgelegt habe und mit dieser Erklärung einen pragmatischeren Ansatz verfolge, der die Zwei-Staaten-Lösung akzeptiere. Ihm zufolge nutzte die PLO ihre Unabhängigkeitserklärung, um ihre Forderungen nach einem Friedensabkommen in international anerkannten Grundsätzen wie etwa den Beschlüssen des Sicherheitsrats zu verankern. Khalidi zitierte die Verweise des Dokuments auf die Resolution 181 der UN-Generalversammlung (den Teilungsplan) und die Resolutionen des Sicherheitsrats 242 und 338 (als Symbol für das „Land for Peace"-Prinzip) als Beweis dafür, dass die PLO den Kriegspfad verlassen und sich der Diplomatie zugewandt habe.[22]

Aber in der Praxis war die Erklärung ein Beweis für die fortgesetzte Taktik von Verschleierung und Mehrdeutigkeit durch die PLO. Anstatt deutliche Erklärungen abzugeben, dass die PLO nun echten Frieden mit Israel anstrebte und ihre Vision eines exklusiv arabischen Staates im gesamten Land aufgegeben hatte, anstatt den Weg des tatsächlich Frieden suchenden ägyptischen Präsidenten Anwar Sadat in seiner Rede in der Knesset zu gehen, zeigte eine genaue Lektüre der Erklärung, dass das Dokument zwar Aussagen enthielt, die westlichen Ohren gefallen mussten, aber auch eine Wiederholung der bekannten, feindseligen Rhetorik. Neben Äußerungen zum langjährigen Streben des palästinensischen Volkes nach Frieden enthielt die Erklärung auch heftige Äußerungen des Hasses auf Israel. Lange und verschlungene Sätze, die zu verbergen suchten, dass der Pragmatismus in der Realität nur ein Lippenbekenntnis war.

Die Erklärung enthält ferner Hinweise auf eine bewusste Politik der Täuschung und Versuche zur Ausnutzung von Spaltungen innerhalb Israels, da sie „die mutige Rolle der israelischen Friedenskräfte bei ihrem Trotz und der Demütigung der faschistischen und rassistischen Kräfte und der Aggression, in ihrer Unterstützung für den Kampf und den tapferen Aufstand unseres Volkes“ begrüßte.[23] Der palästinensische Historiker Rashid Khalidi traf eine ähnliche Aussage und deutete an, dass die Änderung eher kosmetischer als inhaltlicher Natur war. „Was von der PLO jetzt verlangt wird, sind keine Zugeständnisse“, sagte er, „sondern Klarheit darin, die friedensorientierte Seite Israels zu erreichen.“[24]

Darüber hinaus ging es in dem Dokument zwar um die Unabhängigkeit der Palästinenser und die Forderung nach Anerkennung des Selbstbestimmungsrechts der Araber. Dennoch bestand es auf der „Rückkehr“ der arabischen Flüchtlinge auf israelisches Territorium. Diese Rückkehrrechtsforderung tauchte in ihrer Unabhängigkeitserklärung an mehreren Stellen auf, oft angehängt an die Wendung: „unveräußerliches Recht“.[25] Die Grenzen des palästinensischen Staates wurden immer noch nicht definiert, und schon gar nicht auf das Westjordanland und den Gazastreifen beschränkt. Die Behauptung von Erekat, dass die Unabhängigkeitserklärung eine Anerkennung Israels in den Grenzen von 1967 beinhalte, ist daher falsch.

Die Erklärung sah vor, dass eine politische Einigung im Nahen Osten „jedem Staat in der Region" Frieden und Sicherheit bieten sollte, ohne eine ausdrückliche Erwähnung Israels. Obgleich an einigen Stellen „das zionistische Gebilde" auftauchte, wurde dieses Staatswesen in einer außergewöhnlich vernichtenden Sprache beschrieben: als „kolonialistischer, rassistischer, faschistischer Staat, der auf der Eroberung palästinensischen Landes [und] der Vernichtung des palästinensischen Volkes fußte". In der Erklärung hieß es weiter, dass das palästinensische Volk mit seinem Widerstand gegen Israels „rassistisch-faschistischen Angriff" nicht allein sei. Es bezog sich auf „die israelische Besatzung und ihre rassistisch-faschistischen Praktiken" und auf Israels „offiziellen militärischen und faschistischen Terrorismus". Wie ein einfacher Palästinenser, der dieser Erklärung zuhörte, eine Friedensbotschaft erkennen sollte, ist schwer vorstellbar: Wenn Israel für die Vernichtung des palästinensischen Volkes verantwortlich wäre, hätte eine Aussöhnung keinerlei Logik folgen können.[26]

Die Berufung auf internationale diplomatische Resolutionen in der Erklärung als Grundlage für die Forderung nach Unabhängigkeit war ebenso irreführend. Die Anspielung auf Resolution 181 der UN-Generalversammlung (der Teilungsplan) war erstaunlich. Auf den ersten Blick hätte dies die Akzeptanz der Teilung und des Souveränitätsrechts des jüdischen Volkes bedeuten müssen; in der Praxis bedeutete es das Gegenteil. Darin hieß es: „Trotz der historischen Ungerechtigkeit, die dem palästinensisch-arabischen Volk nach der Verabschiedung Resolution 181 der Generalversammlung zugefügt wurde, knüpft diese Resolution dennoch Bedingungen an die internationale Legitimität, die dem palästinensisch-arabischen Volk das Recht auf Souveränität und nationale Unabhängigkeit garantieren."

Mit anderen Worten: Die Erwähnung von Resolution 181 sollte nur eine Begründung für das Recht des palästinensisch-arabischen Volkes auf Unabhängigkeit sein, ohne eine Anerkennung des gleichzeitigen Rechts des jüdischen Volkes. Beobachter, die die Erklärung als

Anerkennung der Rechte der Juden verstehen wollten, taten dies aus eigenem Antrieb. Wenn jemand die Anspielung auf die Resolution 181 als Hinweis auf die Akzeptanz des Prinzips der Teilung und eine Hinwendung zu einem historischen Kompromiss verstehen wollte, kamen die Palästinenser und nannten die Resolution eine historische Ungerechtigkeit und machten deutlich, dass diese optimistische Interpretation falsch war.

In der palästinensischen Unabhängigkeitserklärung von 1988 mochte festgestellt worden sein, dass die PLO eine politische Lösung des Konflikts erreichen wollte und dass eine solche Lösung im Rahmen der „Charta der Vereinten Nationen, der Prinzipien und Bestimmungen der internationalen Legitimität, der Regeln des Völkerrechts" und der Resolutionen der Vereinten Nationen erfolgen sollte; aber es hieß darin auch, dass eine Lösung „in einer Weise, die das Recht des palästinensisch-arabischen Volkes auf Rückkehr sicherstellt", erreicht werden sollte. Das war mit anderen Worten kein Zeichen für die Akzeptanz der Prinzipien des Völkerrechts durch die PLO, sondern ein Rosinenpicken bei Resolutionen, die als Unterstützung für die Rückkehr der Flüchtlinge interpretiert werden konnten.

Das angeblich den historischen Kompromiss der Palästinenser zum Ausdruck bringende Dokument erkannte daher das jüdische Selbstbestimmungsrecht überhaupt nicht an, verurteilte den jüdischen Staat in der schärfsten Sprache und forderte die Rückkehr der palästinensischen Flüchtlinge in dessen Staatsterritorium. Am nächsten Morgen nannte die *New York Times* das Treffen des Palästinensischen Nationalrats in Algier eine „verschenkte Gelegenheit" und berichtete, dass dessen Abschlusskommuniqué „dieselben ollen Kamellen" beinhaltete, die Arafat seit Jahren angeboten hatte.[27]

Arafats Unabhängigkeitserklärung für Palästina sollte die Amerikaner von der zeitigen Aufnahme formeller Beziehungen überzeugen. Doch das State Department in Washington zeigte sich unbeeindruckt und bemühte sich um verurteilende Erklärungen gegen den Terrorismus. Einen ganzen Monat lang, bis zum 14. Dezember 1988, unternahm Arafat mehrere Beschwichtigungsversuche, wobei er verworrene und mehrdeutige Aussagen machte, bis er den Amerikanern schließlich auf einer Pressekonferenz in Genf mitteilte, was sie hören wollten. „Unser Wunsch nach Frieden ist eine Strategie und keine Übergangstaktik“, sagte Arafat und erkannte das Recht jedes Landes in der Region an, „einschließlich ... Israel“, „in Frieden und Sicherheit zu existieren“.[28]

Zwei Tage nach der Genfer Pressekonferenz wurde das erste offizielle Treffen von Vertretern der USA und der PLO abgehalten. Bei seinem Auftritt in Genf sah es so aus, als hätte Arafat endlich bewiesen, dass er ein Friedenspartner war. Er versprach dreimal, den Krieg aufzugeben und bekräftigte sein Bekenntnis zum Frieden und gegenseitiger Akzeptanz. Aber auch diesmal war die Veränderung nur vordergründig. Sofort und neben den sich an ausländische Ohren richtenden versöhnlichen Tönen machten die Beamten Arafats und der PLO weiterhin eindeutig kriegerische Statements. Im September 1988 sagte beispielsweise das hochrangige PLO-Mitglied Nabil Shaath, dass die Errichtung eines palästinensischen Staates „auf einem Teil und nicht auf dem gesamten nationalen Boden“ nur eine Zwischenstufe sein sollte.[29] Abu Ijad sagte am Vorabend der Unabhängigkeitserklärung in Algier, dass die Strategie der PLO keine Zugeständnisse vorsehe und sie nicht die Absicht habe, Israels Existenzrecht in irgendeinem Teil Palästinas anzuerkennen.[30] In seiner Rede auf der Abschlusssitzung des Rates in Algier sprach er noch unverblümter: „Dies ist ein Zustand für die kommenden Generationen“, sagte er. „Zuerst wäre [der palästinensische Staat] klein ... so Gott will, würde es sich nach Osten, Westen, Norden und Süden ausdehnen ... Ich bin an der Befreiung Palästinas interessiert ... aber ... Schritt für Schritt.“[31]

Etwa ein halbes Jahr später, im Sommer 1989, wurde vom Generalrat der Fatah eine Resolution verabschiedet, in der die Gründung des „Zionistischen Gebildes“ als Verbrechen bezeichnet und eine dagegen gerichtete Eskalation des bewaffneten Kampfes gefordert wurde.[32] Khaled al-Hassan, ein Mitbegründer der Fatah und weithin als Außenminister der PLO bekannt, sagte, dass jeder, der einen Teil Palästinas aufgebe, ein Verräter sei. Trotz Arafats öffentlicher Verpflichtung zur Einstellung terroristischer Aktionen, gingen die Anschläge der PLO unvermindert weiter. Darunter war die Bombardierung des Jerusalemer Mahane-Yehuda-Marktes im Jahr 1990 und der einen Monat später versuchte Angriff am Strand von Tel Aviv.[33]

Arafat gelang es, das westliche Publikum davon zu überzeugen, dass er zu dem geworden war, was sie gewollt hatten. Ob er ein fanatischer Ideologe war, der bis zu seinem Tod an der ursprünglichen palästinensischen Nationalcharta festhielt und wissentlich log, oder ein gut geölter Politiker, der eine Reihe taktischer Manöver für sein Überleben als Chef der PLO durchführte, aber sich nie wirklich für jedwedes propagierte Ziel engagierte, ist offen für historische Debatten. Wichtig ist, dass Arafat niemals das Prinzip der jüdischen Souveränität über irgendeinen Teil des Landes akzeptierte und nichts tat, um sein Volk zu dem historischen Kompromiss zu führen, der für das Erreichen einer echten Zwei-Staaten-Lösung mit der Akzeptanz des Selbstbestimmungsrechts beider Völker gleichermaßen notwendig ist.

1990 verbündete sich Arafat mit Saddam Hussein in dessen Machtspiel um die Führung der arabischen Welt. Hussein versprach die Eroberung Israels für Arafat, der wiederum den irakischen Diktator als großen Helden anpries. „Wir werden siegreich in Jerusalem einziehen und unsere Fahne an seinen Mauern hissen", erklärte Arafat im März 1990 bei einer großen Kundgebung in Bagdad.[34] Der Mann, der augenscheinlich kurz zuvor seinen Frieden mit der Existenz Israels gemacht und dem Pfad der Gewalt abgeschworen hatte, fuhr fort, seinen eingebildeten Einzug in die Stadt mit Saddam zu beschreiben: „Du wirst mit mir auf deinem weißen Hengst hinein reiten", und fügte hinzu, dass Palästinenser und Iraker gemeinsam „mit Steinen, mit Gewehren" und mit Saddams Scud-Raketen gegen Israel kämpfen würden.[35] Einige Monate später kündigte Arafat an, der Irak werde im Krieg chemische Waffen und Anthrax einsetzen und „die erste Rakete gegen Israel starten".[36] Als der Irak 1991 während des Golfkriegs Israel angriff, bestiegen Palästinenser die Dächer des Westjordanlands, um den Anblick der Scud-Raketen zu bejubeln, die über ihnen in Richtung Tel Aviv flogen.[37]

Im Sommer 2000, zwei Tage nach der Eröffnung des Camp-David-Gipfels, erhielt Daniel Reisner, Anwalt und Offizier des Militäranwalts-Generalkorps der IDF, einen Anruf aus dem Rückzugsort des US-Präsidenten. Reisner hatte die Verhandlungen mit den Palästinensern seit dem Oslo-Abkommen 1993 geführt. „Wir brauchen Sie hier", wurde ihm von Danny Yatom mitgeteilt, dem Sicherheits- und politischen Stabschef des israelischen Premierministers Ehud Barak und einem Mitglied der israelischen Delegation auf dem vom ehemaligen US-Präsidenten Bill Clinton organisierten Gipfel.[38]

Nur zwölf Personen von jeder Delegation – Israelis und Palästinenser – waren in diesem abgelegenen Ort zugelassen. Dutzende weitere Berater, darunter Reisner, waren in einer Nachbarstadt untergebracht und diskutierten dort über als Nebenthemen definierte Punkte.

Reisner war für die Ausarbeitung der Abkommen für die israelische Delegation verantwortlich. Deshalb weckte seine Einladung nach Camp David Optimismus bei den israelischen Reportern, die über den Gipfel berichteten. „Es sieht so aus, als würde es einen Deal geben", berichtete *Haaretz* am nächsten Tag.[39]

Doch als Reisner drinnen war, tat sich ihm eine ganz andere Realität auf. Ihm wurde schnell klar, dass es in fast jedem Thema – insbesondere in der Flüchtlingsfrage – keine Einigung zwischen den beiden Seiten geben würde. Ein weiterer Tag verging und dann noch einer, und der erfahrene Anwalt verstand, dass zwischen den beiden Seiten eine große Kluft lag. Das war der Moment, erinnerte er sich, als er zu sich sagte: „Houston, wir haben ein Problem."[40]

Die israelischen Verhandlungsführer hatten die jahrelange westliche Interpretation von Arafats Transformation und die vorherrschende Annahme übernommen, dass die Palästinenser beim Recht auf Rückkehr in Verhandlungen Zugeständnisse machen würden. Die Israelis waren ernsthaft davon überzeugt, dass die Palästinenser das Rückkehrrecht als Verhandlungsmasse nutzten und diese Forderung letztendlich aufgeben würden. In jedem vor dem Gipfel vorbereiteten Abkommensentwurf hatte sich Reisner um einen ehrenvollen Ausweg für die Palästinenser bemüht, ohne jedoch eine Rückkehr zu gestatten. Die symbolische Rückkehr nach Israel aus humanitären Gründen, dachten die Israelis, würde die Palästinenser zur Abkehr vom fundamentalen Prinzip der Rückkehr bringen.

Israels Position war, dass es im Rahmen einer Friedensregelung der Schaffung eines palästinensischen Staates zustimmen, eine Teilverantwortung für die Entstehung des Flüchtlingsproblems übernehmen und zu den notwendigen wirtschaftlichen Anstrengungen zur Entschädigung und Neuansiedlung der Flüchtlinge beitragen würde. Die Lösung für die Flüchtlinge sollte nach dem israelischen Plan im künftigen palästinensischen Staat und in den von ihnen bewohnten arabischen Staaten oder in Drittstaaten liegen. Israel seinerseits würde als symbolische Geste eine begrenzte Zahl von Flüchtlingen aufnehmen.

Im Rahmen eines Friedensabkommens wollte Israel von der PLO – als Vertreterin des palästinensischen Volkes – auch im Namen der Flüchtlinge eine Erklärung, dass sie auf alle Ansprüche gegen Israel verzichte und das Ende des Konflikts proklamiere. Die Annahme war, dass die PLO als für das palästinensische Volk als Ganzes verhandelnde Partei natürlich die Verantwortung für palästinensische Flüchtlinge weltweit übernehmen und ihnen mitteilen würde, dass ihre Heimat im Staat Palästina und nicht in Israel liege. Da es sich um einen Friedensvertrag zwischen zwei Völkern handelte, musste eine Situation, in der Einzelne der jeweiligen Seite ihre eigenen individuellen Forderungen vorlegen konnten oder in der jede Seite nach bereits erfolgten und erheblichen Zugeständnissen zu noch mehr aufgefordert werden würde, ausgeschlossen werden. Dass die Palästinenser einer solchen Lösung zustimmen würde, wurde als selbstverständlich angenommen.

Dieser Glaube, dass eine Lösung des Flüchtlingsproblems in Endstatusgesprächen relativ leicht gefunden werden könnte, war in den 1990er Jahren sowohl für die internationale Gemeinschaft als auch für die israelischen Unterhändler charakteristisch. Überzeugt, dass die israelische Besetzung der Gebiete den Kern des Konflikts mit den Palästinensern bildete, glaubten Friedensbefürworter und Diplomaten gleichermaßen, dass sich die Palästinenser mit der Existenz Israels abgefunden hätten. Sie hätten daher sicherlich verstanden, dass die Millionen von Flüchtlingen nicht dorthin zurückkehren würden, weil das den nationalen Charakter des jüdischen Staates untergraben hätte. Daher wurde angenommen, dass für die Lösung nur noch die Absteckung der Grenzen, Sicherheitsvorkehrungen und die Art und Weise der Aufteilung und Regierung von Jerusalem notwendig war. Das Thema „Flüchtlinge“ wurde schlicht als Nicht-Thema abgetan.

Vor dem Krieg von 1967 bestand in Israel ein breiter Konsens über den existenziellen Charakter des Konflikts. Den Israelis war klar, dass die Araber die Abschaffung des Staates Israel in egal welchen Grenzen forderten und ernsthaft die Rückkehr aller Flüchtlinge erwarteten. Aber nach 1967 wurde dieser Konsens erschüttert; immer mehr Israelis fingen an zu glauben, dass Israel effektiv mit den Arabern um Frieden verhandeln könnte, indem es territoriale Zugeständnisse mit dem im Krieg von 1967 erworbenen Land machte. Genau das war die Logik hinter Resolution 242 des UN-Sicherheitsrats vom November 1967, die den Grundstein für eine künftige Friedensregelung zwischen Israel und den arabischen Staaten legen wollte. Das in Resolution 242 verankerte Grundprinzip lautete „Land für den Frieden“ – Israel würde sich im Austausch für einen Friedensvertrag mit den arabischen Staaten aus den im Sechstagekrieg eroberten Gebieten zurückziehen. Was die Flüchtlinge anbelangte, so bekräftigte die Resolution nur vage die Notwendigkeit einer „gerechten Lösung“. Zusammen mit Israels Präsenz in den Territorien verlagerte die Resolution den Schwerpunkt des arabisch-israelischen Konflikts weg von der Existenzfrage – ob die Araber die Existenz eines souveränen jüdischen Staates in irgendeinem Teil des Landes akzeptieren konnten – hin zu einer Frage des territorialen Kompromisses.[41] In den Jahren vor dem Sechstagekrieg wurde das UN-Plenum von Abba Eban und Golda Meir zur Diskussion des Flüchtlingsproblems genutzt. Nach 1967 rückte das Thema aus Israels Blickfeld.

Diejenigen, die sich seit 1967 sowohl in Israel als auch auf internationaler Bühne um eine Lösung des arabisch-israelischen Konflikts bemühten, setzten ihre Hoffnungen auf die Möglichkeit, dass die Araber Israel anerkennen und normale Beziehungen mit ihm im Austausch für einen israelischen Rückzug aus den im Krieg besetzten Gebieten aufnehmen würden. Nach den Friedensabkommen mit Ägypten schien der nächste Moment, auf den sie warteten, Anfang der 1990er Jahre mit dem Osloer Friedensprozess gekommen zu sein. Das 1993 nach mehreren schwierigen Jahren des Terrorismus und der Ersten Intifada unterzeichnete Oslo-Abkommen wäre ohne die vorherrschende Überzeugung, dass die Palästinenser an der Seite – nicht anstelle – von Israel an Selbstbestimmung interessiert waren, niemals zustande gekommen.

Die israelischen Unterhändler dachten, dass die Palästinenser tatsächlich eine strategische Entscheidung zur Teilung des Landes mit den Juden getroffen hatten, und dass ihre Forderungen im Kern ausschließlich territorialer Natur waren. „Die bis dahin vorherrschende Situation“, schrieb der Israeli Ron Pundak, einer der Architekten des Oslo-Abkommens, „war ein Rezept für die Fortsetzung des gewaltsamen Konflikts mit den Palästinensern und eine Eskalation des arabisch-israelischen Konflikts. Jahre des gewaltsamen Kampfes, der wahllosen palästinensischen Terroranschläge und einer demütigenden Besatzung hatten die Seiten erschöpft.“ Pundak glaubte, dass die Wurzel des Wandels „ein Prozess der Mäßigung unter den PLO-Rängen und ein wachsendes Verständnis war, dass der Konflikt nach dem Muster von zwei Staaten für zwei Völker gelöst werden muss und nicht ein Gefühl einseitiger Gerechtigkeit oder ein Gefühl von ‚alles gehört mir‘“.[42] Ähnlich erinnerte sich der stellvertretende Außenminister Jossi Beilin später an seine Grundannahme, dass der Konflikt lösbar gewesen sei, dass es jemanden gab, mit dem man reden konnte (die PLO), und dass es etwas zu bereden gab.[43]

Die Osloer Abkommen befassten sich ausführlich mit Angelegenheiten wie der Übertragung von Behörden und Territorien und natürlich der gegenseitigen Anerkennung zwischen der PLO und Israel, während das Flüchtlingsproblem auf einen späteren Zeitpunkt verschoben wurde.[44] Die israelischen Unterhändler gingen davon aus, dass die Akzeptanz des Teilungsprinzips durch die Palästinenser im Rahmen der Endstatusgespräche in einigen Jahren zu einer Aufgabe der Flüchtlingsrückkehr führen würde.

Doch in der euphorischen Stimmung von großem Optimismus und Enthusiasmus über die Erringung eines Friedensvertrags, und in ihrer Überzeugung, die Palästinenser mit der Existenz Israels ausgesöhnt zu haben, verkannten die Architekten des Oslo-Abkommens die Tiefe des Flüchtlingsproblems und die Notwendigkeit, es ernst zu nehmen. Zu diesem Zeitpunkt gab es bereits mehr als drei Millionen Flüchtlinge, von denen die meisten in Wirklichkeit Nachkommen der ursprünglichen Flüchtlinge waren. Doch Israel hatte eine diplomatische, juristische oder strategische Vorbereitung auf das Thema versäumt.

Aufeinanderfolgende israelische Regierungen in den 1990er Jahren waren zusammen mit der gesamten internationalen Gemeinschaft völlig blind gegenüber dem palästinensischen Flüchtlingsproblem und seiner absoluten Zentralität für die palästinensische Seite. Für die Israelis, die diese Verhandlungen leiteten und unterstützten, schien es offensichtlich, dass die Palästinenser mit der Lösung der Grenzfrage und der Erlangung ihrer Souveränität zufrieden sein würden und das Flüchtlingsproblem sich von selbst lösen würde. Die UNRWA, die offiziell noch immer eine provisorische Einrichtung war, sollte nach Unterzeichnung eines dauerhaften Friedensabkommens natürlich aufgelöst werden. Daher, so glaubten die Israelis, gäbe es keinen Anlass für besondere Vorbereitungen oder Gedanken über den Status der Agentur. Da das Flüchtlingsproblem kein wirkliches Problem sei, argumentierten sie, könne auch die UNRWA kein wirkliches Problem sein.

Auf palästinensischer Seite entwickelte sich jedoch ein ganz anderer Prozess. Die Zeit für Verhandlungen über den zukünftigen Status, die fünf Jahre nach der Unterzeichnung des Oslo-Abkommens 1993 beginnen sollten, rückte näher. Anstatt ihren Frieden damit zu schließen, dass die Flüchtlinge nicht nach Israel zurückkehren würden, verschärften die Palästinenser ihre Rhetorik. Die Forderung nach

Rückkehr erhob sich diesmal mit voller Wucht. Gerade als den Palästinensern klar wurde, dass Israel wirklich zu einer Diskussion über bedeutende territoriale Zugeständnisse bereit war und die Möglichkeit eines eigenen Staates und die Ausübung des Selbstbestimmungsrechts in greifbare Nähe rückte, wurden die palästinensischen Stimmen gegen Zugeständnisse beim Rückkehrrecht immer lauter.

Die Palästinenser wählten diese Zeit zur Gründung von einer langen Reihe von Nichtregierungsorganisationen, einzig zum Zweck, das Flüchtlingsproblem in den Mittelpunkt zu stellen und beiden Seiten der Verhandlungsführer zu signalisieren, dass sie einen Friedensvertrag ohne Garantie auf die Rückkehr der Flüchtlinge nach Israel nicht akzeptieren würden. Die bekannteste dieser NGOs war die 1998 gegründet BADIL, die Aufmerksamkeit für die Interessen der Flüchtlinge gewinnen sollte. Andere kamen hinzu: Aidoun („Wir werden zurückkehren") im Libanon und in Syrien, Flüchtlingskomitees in Jordanien und das Palästinensische Flüchtlings- und Diasporazentrum (SHAML) in Jerusalem. 1999 wurde in Nordamerika und Europa die propalästinensische Graswurzelbewegung Al-Awda („Rückkehr") geschaffen, die die Palästina-Koalition für das Recht auf Rückkehr gründete; sie begann im September 2000 mit der Organisation von Protesten.[45]

Auch die Medien bekundeten wachsendes Interesse an der Flüchtlingsproblematik. Mitte der 1990er Jahre wurden in der *New York Times* zwei oder drei Artikel jährlich über das Rückkehrrecht publiziert. 1996 stieg diese Zahl auf vier. Im Jahr 2000 veröffentlichte die Zeitung 36 Artikel zum Thema; nach dem Ausbruch der Zweiten Intifada waren es sogar 46. In arabischen und palästinensischen Medien war das Interesse an den Flüchtlingen und der Rückkehr noch intensiver. Es wurden Konferenzen abgehalten und Studien und Umfragen durchgeführt. Hunderte von Kommentaren und ganze Artikelserien über die im Krieg von 1948 zerstörten Dörfer und Bevölkerungszentren wurden publiziert. Während die Zeit für die Verhandlungen um den zukünftigen Status näher rückte, wurden viele Flüchtlinge nach der ihrer Meinung richtigen Lösung befragt.

Bei all diesen Publikationen und Veranstaltungen stach eine Tatsache hervor: Die Flüchtlinge und ihre Enkelkinder hatten ihre Forderung nach Rückkehr in ihre Heimat nicht aufgegeben. Viele sagten ausdrücklich, dass sie, wenn ihr Recht auf Rückkehr anerkannt würde, es auch ausüben wollten. Sie waren zur Akzeptanz einer Rückkehr in einen palästinensischen Staat als Ersatz nicht bereit.[47]

Auch palästinensische Intellektuelle waren an diesem Prozess beteiligt. In den späten 1990er Jahren kam es zu einer breiten akademischen und öffentlichen Aktivität, die auf eine Rückführung des Flüchtlingsproblems in den Mittelpunkt der Debatte abzielte. Palästinensische Sprecher im Westen berichteten ausführlich von dem Flüchtlingsproblem und sandten Delegationen, die erklärten, dass es ohne Rückkehr kein Friedensabkommen mit Israel geben würde.[48]

Der tragische Höhepunkt dieser Entwicklung war die palästinensische Ablehnung der von Präsident Bill Clinton vorgeschlagenen Grundlagen („Clinton-Parameter") zur Lösung des Konflikts, die am 23. Dezember 2000 nach dem Scheitern des sommerlichen Camp-David-Gipfels vorgelegt wurden. Clinton schlug die Gestattung der Flüchtlingsrückkehr in das Territorium des palästinensischen Staates vor, der im Westjordanland und im Gazastreifen errichtet werden sollte; Israel wiederum sollte auf freiwilliger Basis eine begrenzte Zahl von Flüchtlingen aufnehmen. „Die Lösung muss mit dem Zwei-Staaten-Ansatz vereinbar sein", schrieb Clinton und stellte klar, dass dies „den Staat Palästina als Heimat des palästinensischen Volkes und den Staat Israel als Heimat des jüdischen Volkes bedeute." Um den Wünschen der Palästinenser nachzukommen, erklärte Clinton, würde das Rückkehrrecht für das „historische Palästina" oder für das palästinensische „Heimatland" gelten. Die Flüchtlinge und ihre Nachkommen könnten daher ihr „Rückkehrrecht" in Ramallah und Nablus ausüben, nicht aber im Staat Israel.[49]

Israel akzeptierte die Clinton-Parameter. Die Palästinenser taten es nicht.[50] Daniel Reisner, der Anwalt der Camp-David-Verhandlungen, erinnerte sich, dass er erst an diesem Punkt verstanden habe, dass die Palästinenser auf dem „Rückkehrrecht" beharrten und ernsthaft die Massenrückführung von Flüchtlingen nach Israel anstrebten. „Wir hatten keine Ahnung von den [wahren] Anliegen der Palästinenser, ihrer Wahrnehmung des Rückkehrrechts und der Bedeutung des gesamten Flüchtlingsproblems“, sagte er. An einem Punkt der Gespräche forderte Arafat, dass den Flüchtlingen im Libanon zusammen mit Hunderttausenden ihrer Nachkommen die Rückkehr nach Israel erlaubt werden sollte. „Mitglieder der israelischen Delegation fragten sich: Meint er das ernst? Diejenigen, die uns am meisten hassen, in den Lagern von Sabra und Schatila – das sind die Leute, von denen er möchte, dass wir sie zurückkehren lassen? Glaubt er wirklich, dass das zur Debatte steht?“ Ehud Barak verglich später die Distanz zwischen den Positionen der beiden Seiten mit einem klaffenden Abgrund über einer riesigen Schlucht: eine kurze Distanz, aber eine extrem tiefe Kluft. Barak erinnerte sich, dass Arafat es rundweg ablehnte, als er begriffen hatte, dass er das Rückkehrrecht in der seit Jahren propagierten Form aufgeben musste.[51]

Ein internes und kurze Zeit nach dem Scheitern des Gipfels verfasstes palästinensisches Dokument erläuterte ausführlich die Gründe für die Ablehnung der Clinton-Parameter. Seine ausführlichste Erörterung betraf das Flüchtlingsproblem. In dem Memo hieß es, dass „es keinen historischen Präzedenzfall für ein Volk gibt, das sein Grundrecht auf Rückkehr in seine Heimat aufgibt“ und dass die Palästinenser „nicht die ersten sein werden, die dies tun“, wobei die Tatsache ignoriert wurde, dass es ein solches Recht nie gab, und dass, wenn überhaupt, historische Präzedenzfälle aus den 1940er Jahren uns das genaue Gegenteil lehren: nämlich, dass die Menschen ihr Leben am neuen Ort weiterleben, wie bereits in diesem Buch erwähnt.[52]

In dem Memo hieß es auch, dass die Palästinenser forderten, in „ihre Heimstätten“ und nicht in „ihr Heimatland“ zurückzukehren – was zweifelsfrei klarstellte, dass die Palästinenser eine Rückkehr nach Israel und nicht in den vorgeschlagenen palästinensischen Staat forderten. Und als ob das nicht deutlich genug war, schrieben sie darin auch, dass sie „nicht akzeptieren können, dass der palästinensische Staat als ‚Heimat des palästinensischen Volkes‘ definiert wird“, weil „dies das Recht auf Rückkehr zunichte macht“. Das war der deutlichste Hinweis darauf, dass, wenn der Preis für den Besitz eines palästinensischen Staates in einem Teil des Landes im Verzicht auf ihre Forderung nach dem gesamten Land bestand, die Palästinenser ablehnen würden, so wie Arafat es tatsächlich tat.[53]

In dem Memo hieß es dezidiert: „Die Anerkennung des Rückkehrrechts und die Wahlfreiheit der Flüchtlinge ist Voraussetzung für die Beilegung des Konflikts.“ Der einzige Artikel, dem Israel absolut nicht zustimmen konnte, da er seinen Selbstmord zur Folge gehabt hätte, war derjenige, ohne den der Konflikt niemals enden würde.

Dieses aufschlussreiche Geständnis widersprach den von der gesamten internationalen Gemeinschaft getragenen Friedensbemühungen, die auf dem Prinzip zweier Staaten für zwei Völker beruhten. Die Palästinenser erklärten in aller Deutlichkeit, dass sie das Territorium, in dem sie ihr Rückkehrrecht ausüben wollten, nicht einschränken lassen würden; sie hatten also, wie schon 1947, ausdrücklich nicht die Absicht, das Prinzip der territorialen Teilung anzuerkennen.[54]

Gleichzeitig wurde in der ersten Januarwoche 2001 im offiziellen Fatah-Magazin eine detaillierte Erklärung zur Ablehnung der Clinton-Parameter publiziert: Die Palästinenser seien bereits Territorialkompromisse eingegangen, aber das Rückkehrrecht sei heilig und nicht verhandelbar. „Die Flüchtlingsfrage ist der Kern des arabisch-israelischen Konflikts“, wurde dort argumentiert und festgestellt, dass die Flüchtlinge Rechte hätten und sich einer Umsiedlung in arabische Länder widersetzten. Die Flüchtlinge würden ihr „Rückkehrrecht“ nach Israel nicht aufgeben, und da die Clinton-Parameter diese Option nicht vorsahen, seien sie inakzeptabel. Zur Unterstreichung der palästinensischen Erwartung einer tatsächlichen Massenrückkehr von Flüchtlingen in den Staat Israel, wurde in dem Artikel Israels Aufnahme von einer Million jüdischer Einwanderer aus der ehemaligen Sowjetunion in den 1990er Jahren zitiert und argumentiert, wenn Israel die Kapazität zur Aufnahme so vieler jüdischer Einwanderer hatte, könnte es auch die Palästinenser aufnehmen.[55] Dabei tat der Artikel so, als ob die Frage der palästinensischen Rückkehr lediglich eine neutrale Frage der „Aufnahmekapazität" war und nicht die Kernfrage der arabischen Weigerung der Anerkennung des souveränen Rechts der Juden auf ihren eigenen Staat beinhaltete.

Um jeden Zweifel auszuschließen, wurde in dem Artikel erklärt, dass eine Nichtanerkennung des Rückkehrrechts die Fortsetzung des Kampfes auf unbestimmte Zeit und den Ausschluss jeder Möglichkeit einer israelisch-palästinensischen Koexistenz bedeuten würde. Aufschlussreich heißt es an anderer Stelle, dass die Massenrückkehr von Flüchtlingen „den Juden helfen würde, den rassistischen Zionismus abzuschütteln, der ihre dauerhafte Isolation vom Rest der Welt durchsetzen will". Die Palästinenser machten klar, dass die Ausübung des Rückkehrrechts Israels Charakter verändern und seine Natur als Nationalstaat des jüdischen Volkes beenden würde.[56] Darin präsentierten sich die Palästinenser als die freundlichen Ärzte, die Sterbehilfe für einen lebenswilligen Patienten anboten.

Was die Palästinenser angeblich gewollt hatten – nämlich die Beendung der militärischen Besetzung des Westjordanlandes und des Gazastreifens durch Israel und die Gründung eines eigenen Staates – war nun in Reichweite. Dennoch wandten sie sich von dieser Gelegenheit ab. Es wurde keine Reue gezeigt, es wurde in Kommentaren weder die verpasste Gelegenheit beklagt, noch stellte auch nur ein einziger Palästinenser Arafats Entscheidung in Frage, geschweige denn wurde eine NGO gegründet, um sicherzustellen, dass eine solche Gelegenheit nicht noch einmal verpasst würde. Die Palästinenser machten klar, dass es keine Einigung ohne Gewährung des Rückkehrrechts nach Israel an jeden einzelnen der Millionen Prätendenten geben würde.

Man hätte annehmen können, dass die Ablehnung der Clinton-Parameter durch die palästinensische Führung die internationale Gemeinschaft dazu hätte veranlassen müssen, ernsthaft in sich zu gehen. Das dramatische Scheitern von allem, woran sie geglaubt hatten, hätte Diplomaten und Politiker dazu bewegen sollen, ihre Grundannahmen über die Natur des Konflikts zu überdenken. Nachdem klar wurde, dass die Palästinenser tatsächlich auf der Anerkennung ihres Rückkehrrechts und der Rückkehr der Flüchtlinge auf das Territorium des Staates Israel bestanden, hätte eine ernsthaftere Auseinandersetzung mit dem Flüchtlingsproblem als zentralem Thema im arabisch-israelischen Konflikt sowohl in Israel als auch im Ausland erwartet werden können.

Nichts davon geschah. Es wurde ignoriert, was zu diesem Zeitpunkt zu einem ausreichenden Beweis für die zentrale Bedeutung des Flüchtlingsproblems geworden war, und über die explizitesten Aussagen der Palästinenser hinweggeschaut. Während man auf ihre dürftigsten Bemerkungen aufsprang, entwickelte sich im Westen, und sogar bis zu einem gewissen Grad in bestimmten Kreisen in Israel, ein System von Ausreden, das zu erklären suchte, dass die Palästinenser effektiv auf ihre Forderung nach Rückkehr verzichtet hätten. Dieses Phänomen wird in diesem Buch mit dem neuen Begriff „Westplaining" („Westklären") vorgestellt. Die Apologeten meinten, die Palästinenser mochten das vielleicht nicht explizit gesagt haben, so ziemlich alles meinte das Gegenteil, aber das waren nur „Worte", und irgendwie „verstanden" die Palästinenser auf magische Weise, dass es in der Praxis keine Massenrückkehr auf israelisches Territorium geben würde.

Die ideologische Grundlage für diesen Ansatz wurde von keinem Geringeren als Jassir Arafat umrissen. In einem Artikel, der im Februar 2002 in der *New York Times* veröffentlicht wurde, erläuterte Arafat seine Vision für eine Einigung mit Israel und führte mehrere Begriffe ein, die bis heute im Gespräch eine wichtige Rolle spielen. „Jetzt ist die Zeit", schrieb Arafat, „dass die Palästinenser die palästinensische Vision klar zum Ausdruck bringen und die Welt die palästinensische Vision klar hört." Im Kern des Artikels legte Arafat zwei zentrale Forderungen vor: die Errichtung eines palästinensischen Staates und die Rückkehr der Flüchtlinge nach Israel. Der Status von Jerusalem wurde in nur einem Satz erwähnt.[57]

In dem Kommentar forderte Arafat eine „faire und gerechte Lösung für die Notlage der palästinensischen Flüchtlinge", die seit

Jahrzehnten daran gehindert worden waren, in „ihre Heimstätten" zurückzukehren. Kein Friedensvertrag zwischen Israel und den Palästinensern wäre möglich, warnte Arafat, wenn „die legitimen Rechte" der einfachen Palästinenser nicht berücksichtigt würden. Ohne eine Lösung, sagte Arafat, würde das Flüchtlingsproblem jede dauerhafte israelisch-palästinensische Einigung destabilisieren: Wie könnte irgendjemand den palästinensischen Flüchtlingen erklären, dass ihnen nicht die Möglichkeit gegeben würde, „zurückzukehren", wenn Afghanen, Kosovaren und Osttimoresen diese Wahl gehabt hätten? Arafat ignorierte die Tatsache, dass diese Rückführungen nicht gegen den Willen des Aufnahmelandes erfolgten und dass sie nicht das Ergebnis einer rechtlichen Verpflichtung waren.

Arafat behauptete auch, dass die Rückkehr der Flüchtlinge ein durch das Völkerrecht und Resolution 194 (was jeweils nicht der Fall ist) garantiertes Recht war. Mit einem Taschenspielertrick sagte Arafat dann, dass die Palästinenser Israels „demografische Bedenken" verstanden und wussten, dass diese Rückkehr „auf eine Weise umgesetzt werden muss, die solche Bedenken berücksichtigt". Die Palästinenser, erklärte er, müssten im Hinblick auf Israels Anliegen in Bezug auf seine Demografie eine realistische Haltung einnehmen.[58]

Dieser Kommentar exemplifiziert wieder einmal die Strategie Arafats und die der Palästinenser perfekt, in der Verwendung von Begriffen und Phrasen, die für westliche Ohren Mäßigung implizierten; dabei mäßigten sie ihre Position mitnichten. Viele nahmen den Ausdruck „berücksichtigt [Israels demografische] Bedenken" so, als ob die Palästinenser im Kern verständen, dass es keine Massenrückkehr geben würde. Andere behaupteten, dass der palästinensische Diskurs über das Rückkehrrecht damit unverkennbar beschwichtigt wurde und dass er, obwohl er früher umfassend und absolut war, jetzt wesentlich qualifizierter klang.[59]

Viele griffen auch die Tatsache auf, dass Arafat von einer „gerechten" und „vereinbarten" Lösung des Flüchtlingsproblems sprach (zwei Formulierungen, die auch von der Arabischen Friedensinitiative von 2002 verwendet wurden). Dieser Interpretation zufolge musste es zwischen den Zeilen effektiv ein Entgegenkommen beim Rückkehrrecht sein, wenn die Palästinenser selbst über eine vereinbarte Lösung im Wissen, dass Israel niemals einer Massenrückkehr zustimmen würde, sprachen.

Jede dieser Behauptungen verdient eine separate und detaillierte Bewertung. Betrachten wir zuerst den Begriff „gerecht". Der renommierte Nahost-Experte Jehoschafat Harkabi zeigte die besondere Bedeutung dieses Begriffs im arabischen Verständnis auf, sowie die Geschichte des Ausdrucks „gerechte Lösung". Als Nikita Chruschtschow in den 1960er Jahren Port Said besuchte und von einer „gerechten Lösung für die Palästinafrage" sprach, interpretierte eine ägyptische Zeitung seine Äußerungen so: „Die Menschen in Port Said sind sich sehr wohl bewusst, dass eine gerechte Lösung des Palästina-Problems die Wiederherstellung Palästinas an die Araber und die Rücksiedlung aller Flüchtlinge in ihr geraubtes Heimatland bedeutet." Wenn Außenstehende den Begriff „gerechte Lösung" benutzten, verstanden die Araber ihn im Allgemeinen als Unterstützung für eine Israels Existenz ablehnend gegenüberstehende Haltung.[60]

Ägyptens Präsident Nasser pflegte auch von seinem Wunsch nach „einem Frieden auf der Grundlage von Gerechtigkeit" zu sprechen; dieser würde nach dem Verschwinden Israels herrschen. In diesem Zusammenhang bedeutet eine „gerechte Lösung" das Gegenteil einer Lösung, die auf einem Status quo mit Israel basierte. Erinnern wir uns daran, dass die Gründung des Staates Israel in arabischen Augen als eine beispiellose Ungerechtigkeit und ein Verbrechen angesehen wird, das nur durch Israels Eliminierung angemessen behoben werden kann. Als also ein achtzigjähriger Flüchtling aus dem Lager Ain al-Hilweh im Libanon arabische Führer wie Arafat über eine „*gerechte* Lösung des Flüchtlingsproblems" (Herv. d. A.) sprechen hörte, verstand er darunter die Rückkehr der Flüchtlinge und die Errichtung eines arabischen Staates an Israels statt.[61]

Das Wort „vereinbart" ist zudem höchst irreführend, weil es ein Entgegenkommen in der Rückkehrforderung zu sein scheint. Zum Verständnis der palästinensischen Interpretation dieses Begriffs soll eine Fernsehsendung des katarischen Nachrichtensenders *Al Jazeera* in den späten 1990er Jahren herangezogen werden, in der eine Frau aus Amman, die in eine Flüchtlingsfamilie aus Jaffa hineingeboren wurde, nach ihrer Meinung über die Flüchtlinge gefragt wird. Die Frau antwortet, dass Arafat nicht ihr Anwalt ist und dass sie ihm nie die Vollmacht erteilt hat, in ihrem Namen über das Eigentum ihrer Familie in Jaffa zu verhandeln. „Wenn Arafat will, kann er das Haus seines eigenen Vaters aufgeben", erwidert sie. „Das Haus meines Vaters kann er nicht aufgeben."[62]

Das war auch die Position der palästinensischen Führung: Das Rückkehrrecht ist ein persönliches Recht, das jedem einzelnen der Millionen von Flüchtlingen und ihren Nachkommen vorbehalten ist, und niemand darf in ihrem Namen darauf verzichten. Selbst wenn die PLO in einem Friedensvertrag der Rückgabe einer „vereinbarten Zahl" – vielleicht Tausenden oder Zehntausenden – zustimmen würde, wäre dies nicht das Ende. Die Palästinenser würden immer noch glauben, dass jeder einzelne der Millionen Flüchtlinge ein Recht auf Rückkehr nach Israel hat. Der PLO-Vorsitzende Mahmud Abbas sagte dies bei zahlreichen Gelegenheiten. Im November 2012 sagte er in einem israelischen Fernsehinterview, dass er persönlich nicht nach Safed zurückkehren wollte, aber er stellte einige Tage später klar, dass dies die Rechte anderer Flüchtlinge nicht beeinträchtigte. „Das ist eine persönliche Entscheidung", erklärte er. „Niemand kann im Rückkehrrecht der Palästinenser in ihrem Namen Zugeständnisse machen."[63]

Die Aussagen von Arafat und Abbas und vielen anderen Palästinensern waren also widersprüchlich. Wenn jeder palästinensische Flüchtling ein Rückkehrrecht besitzt und das Recht „unveräußerlich" und „gerecht" ist und immer besteht, da Rechte nicht wegverhandelt werden können und eine „Voraussetzung" sind, gibt es absolut keine Möglichkeit zu einer kollektiven und definitiven Verpflichtung zu seiner eingeschränkten Umsetzung. Wenn Israel einer bestimmten Anzahl zustimmte, konnte es nie sicher sein, dass es zu Ende war. Umstände änderten sich. Selbst wenn man beiläufig davon ausgehen würde, dass nur wenige Flüchtlinge das „Recht" zu einem bestimmten Zeitpunkt ausüben wollten, gab es keine Garantie, dass sich dies nicht ändern würde. Sobald man die Rückkehr als „unveräußerliches Recht“ bezeichnete, wurde Israels Souveränität dauerhaft geschwächt und der Konflikt konnte nie zu einem Ende kommen. Doch wer glauben wollte – trotz Arafats klarem Beharren darauf, dass es für Millionen von „Flüchtlingen“ ein Rückkehrrecht gab und es in jedem Abkommen als solches anerkannt werden sollte –, dass Frieden noch möglich war, der ignorierte diesen offensichtlichen Widerspruch.

In Wirklichkeit meinten Arafat und Abbas, dass die PLO und Israel sich auf eine bestimmte Anzahl von zurückkehrenden Flüchtlingen einigen würden, ohne die „Rechte“ aller anderen wegzunehmen. Sie wiederum könnten dann vor israelischen oder internationalen Gerichten oder durch einen wie zuletzt in Gaza beim „Großen Marsch der Rückkehr“ erfolgten Gang zur Grenze um die Erfüllung ihres „Rechts“ bitten.[64] Israel müsste sich dann allein mit ihnen auseinandersetzen.

Das war auch der Grund, warum die Palästinenser keine Verzichtserklärung bezüglich weiterer Ansprüche gegen Israel unterzeichnen wollten, wann immer die Seiten in früheren Gesprächsrunden eine begrenzte Anzahl von in Israel zu repatriierenden Flüchtlingen vereinbart hatten; das hätte nämlich bedeutet, dass es kein Rückkehrrecht für die verbleibenden Flüchtlinge gäbe. Nach intensiven Verhandlungsrunden verzichteten die Palästinenser unter der Führung von Präsident Mahmud Abbas im Jahr 2008 erneut auf die Chance zur Gründung eines palästinensischen Staates. Sie waren in der Position gewesen, die Besatzung zu beenden und einen palästinensischen Staat auf effektiv 100 Prozent des Territoriums des Westjordanlands und des Gazastreifens ohne jegliche (jüdische, Anm. d. Ü.) Siedlungen zu errichten; zudem eine Hauptstadt in Ostjerusalem und 5000 Flüchtlinge, die sich über fünf Jahre im souveränen Staat Israel niederlassen durften.[65] Der Deal Breaker war wieder das Rückkehrrecht. Als Außenministerin Condoleezza Rice im Mai 2008 die Details des Vorschlags des israelischen Premierministers Ehud Olmert an Abbas umriss, lautete seine Antwort: „Ich kann nicht vier Millionen Palästinensern sagen, dass nur 5000 von ihnen nach Hause gehen dürfen."[66]

Abbas, wie Arafat vor ihm, unternahm keine Anstrengungen, um sein Volk für die Tatsache zu sensibilisieren, dass es kein Zurück geben würde und sie kein solches „Recht" besaßen. Infolgedessen gab es wieder keine Anzeichen von Reue unter den Palästinensern, keine Kritik an Abbas, keine Kommentare, die diese eine großartige und mit beiden Händen greifbare Gelegenheit beschworen, und keine neugegründeten NGOs, die den Palästinensern von der Fixierung auf die Rückkehr wegzukommen halfen.

Während all diese Positionen offenkundig jedem zugänglich waren, der den Erklärungen der palästinensischen Vertreter folgte und kein „Westklären" versuchte, wurde die Tatsache, dass die Palästinenser selbst während der Verhandlungen nicht einen Augenblick lang die Erzielung eines echten Kompromisses beabsichtigt hatten, vor einigen Jahren nach einem Leak an die Medien enthüllt. Dabei wurden die geheimen Überlegungen der PLO-Würdenträger offenbart.

Anfang 2011 wurden rund 1700 Originaldokumente aus dem Büro des palästinensischen Chefunterhändlers Saeb Erekat geleakt und von *Al Jazeera* veröffentlicht. Es war wirklich explosives Material. Die Dokumente, die als „Palestine Papers" bekannt geworden sind, waren interne, hauptsächlich englischsprachige Memos der Palästinensischen Autonomiebehörde (PA) und andere Papiere, die ein Jahrzehnt der Friedensverhandlungen mit Israel dokumentieren. Viele der Dokumente wurden von Mitgliedern der Palästinensischen Verhandlungsunterstützungseinheit verfasst, die die palästinensischen Unterhändler politisch und rechtlich beriet und an der Formulierung der offiziellen Positionen der Palästinenser arbeitete. Die Echtheit der Dokumente wurde von palästinensischen Würdenträgern weder bestritten, noch wurde versucht zu behaupten, dass sie gefälscht seien.[67]

Zeitgleich mit den „Palestine Papers" wurden mehrere Kommentare sowohl von *Al Jazeera* als auch von der britischen linksgerichteten Tageszeitung *Guardian* publiziert. Laut *Al Jazeera* wiederholten die Papiere die „Kompromisse, die die Palästinensische Autonomiebehörde in Bezug auf Flüchtlinge und das Rückkehrrecht einzugehen bereit war".[68] Im *Guardian* wurde dies wiederholt und erklärt, dass palästinensische Unterhändler „sich einig waren, dass nur Zehntausend Flüchtlinge und ihre Familien von einer Gesamtflüchtlingsbevölkerung von mehr als fünf Millionen im Rahmen einer Friedensregelung nach Israel zurückkehren könnten".[69]

Eine sorgfältige und erschöpfende Überprüfung der tatsächlichen Dokumente ergab jedoch, dass das Gegenteil der Fall war und dass die palästinensische Führung die Frage der Flüchtlingsrechte als zentral für die Lösung des Konflikts mit Israel betrachtete.[70]

Palästinensische Unterhändler und Politiker sprachen immer vom „Rückkehrrecht" als einer Frage der individuellen Wahl, die auf jeden der inzwischen über sieben Millionen „Flüchtlinge" ausgedehnt werden müsste.[71] In einer Präsentation aus dem Jahr 2009 hieß es beispielsweise, dass jede Lösung „die Wahl der Flüchtlinge widerspiegeln muss".

Demzufolge sollte es also nicht in den Händen der Verhandlungsführer liegen: Jeder Flüchtling, der zurückkehren will, müsse dies tun dürfen. In einem anderen Dokument heißt es: „Das Rückkehrrecht ist im Wesentlichen ein Wahlrecht. Die palästinensischen Flüchtlinge erwarten ein Abkommen, das ihr Recht respektiert, zu wählen, ob sie in ihr ursprüngliches Land zurückkehren oder sich anderswo niederlassen wollen."[72]

In den „Palestine Papers" heißt es immer wieder, dass man „bei der Lösung individuelle Gerechtigkeit walten lassen sollte", basierend auf der freien Wahl der Flüchtlinge. In einem vor einem Treffen mit dem israelischen Unterhändler Tal Becker im Jahr 2008 vorbereiteten Memo heißt es: „Die PLO wird die Anerkennung aller Rechte der Flüchtlinge und ihre Befriedigung mit besonderer Sorgfalt anstreben, zumal es sich um *individuelle Rechte* handelt" (Herv. d. A.). Im selben Jahr hieß es in einem palästinensischen Vorschlag zur Flüchtlingsfrage, dass die Flüchtlinge *„in ihrem gewählten Zielland* (Israel, Palästina, Drittländer)" (Herv. d. A.) neu angesiedelt werden sollten.[73]

Darüber hinaus engagierte die Palästinensische Autonomiebehörde externe Experten zur Durchführung einer demografischen Studie über die „Aufnahmekapazität", in der angeblich bewiesen wurde, dass Israel über die demografische Kapazität zur Aufnahme einer sehr großen Anzahl palästinensischer Flüchtlinge verfügte und gleichzeitig seine jüdische Mehrheit beibehalten würde.[74] Auf der Grundlage dieser Studie nahm die PA die mögliche Rückkehr von Millionen von Palästinensern in den Staat Israel vorweg. Dabei sollten die Palästinenser das unbefristete Recht zur Aushandlung zusätzlicher „Rückführungen" behalten, die über die ursprünglich in einem Friedensvertrag vereinbarte Anzahl hinausgingen.[75]

In einem geheimen Dokument vom April 2008 hieß es ausdrücklich, dass das Ziel der Studie darin bestand, „der palästinensischen Führung einen wissenschaftlichen Ansatz zu diesem Thema zu übermitteln, um ihre Position in der Debatte über die Rückkehr nach Israel zu unterstützen. Mit anderen Worten, der Zweck ist es, eine rationale Analyse zu erstellen, die die palästinensischen Forderungen nach der Rückkehr von Flüchtlingen unter Berücksichtigung der früheren Einwanderungsgeschichte und der Aufnahmekapazitäten Israels unterstützt."[76]

Die Studie wurde 2008 von Youssef Courbage, einem Experten des französischen Instituts für demografische Studien, durchgeführt. Er untersuchte drei mögliche Rückkehrszenarien – zwischen Hunderttausend und zwei Millionen Rückkehrern nach Israel – und versuchte aufzuzeigen, dass die Juden in jedem Szenario immer noch die Mehrheit im Staat Israel bleiben würden. Im ersten Szenario durften 15 Jahre lang (zwischen 2013 und 2028) jedes Jahr 41000 Flüchtlinge zurückkehren; insgesamt also 615 000 Flüchtlinge. Im zweiten Szenario wurde 38 000 Flüchtlingen erlaubt, jedes Jahr im gleichen Zeitraum zurückzukehren; insgesamt also 570 000 Flüchtlinge. Im letzten Szenario würden etwa zwei Millionen Flüchtlinge die Rückkehr nach Israel versuchen.[77]

Der Zweck der Studie war es, die Unmöglichkeit der Bedrohung der jüdischen Mehrheit im Land aufzuzeigen, selbst bei einer Rückkehr von Hunderttausenden von Palästinensern. Die Studie argumentierte, dass selbst bei einer Rückkehr von zwei Millionen Flüchtlingen der Anteil der Palästinenser in Israel im Jahr 2058 nur 36 Prozent erreichen würde, womit die Juden immer noch eine Mehrheit bilden würden. Die Zahl der ankommenden Flüchtlinge im ersten und zweiten Szenario basierte auf dem Durchschnitt der jüdischen Einwanderung zu verschiedenen Zeitpunkten: das erste von 1948 bis 1967, als Israel jährlich 41 000 jüdische Einwanderer aufnahm, und der zweite von 1996 bis 2007, als es 38 000 pro Jahr willkommen hieß. Israel erlebte in diesen Jahren eine Masseneinwanderung. Die Palästinenser versuchten zu argumentieren, dass, wenn Israel so viele jüdische Einwanderer aufnehmen könnte, es ebenso viele palästinensische Flüchtlinge aufzunehmen vermöge.

Die große Bedeutung der hier erstmals veröffentlichten Studie besteht darin, dass sie eine sehr detaillierte Einschätzung der wahren Gefühle der Palästinenser zur Rückkehr von Flüchtlingen nach Israel darstellt und dass die von den Palästinensern angestrebte großangelegte Rückkehr in der Tat sehr groß ist: Die Zahl von zwei Millionen ist die Einschätzung der Palästinenser zur Zahl der Flüchtlinge, die nach Israel zurückkehren wollen, wenn sie die Wahl hätten. Die Papiere verraten auch, dass die Einschätzungen der Studie die Grundlage für die arabischen Forderungen in Verhandlungen mit Israel waren.[78]

Damit verdeutlicht die Studie die scheinbar harmlose Formulierung „berücksichtigt solche Bedenken“. Nachdem sie von Jassir Arafat in seinem Kommentar in der *New York Times* geprägt wurde, wurde das als Zufriedenheit der Palästinenser mit der symbolischen Geste Israels der Rückkehr von einigen Tausend Flüchtlingen interpretiert. Aber das ist nicht der Fall: Wenn Palästinenser diesen Ausdruck verwenden, meinen sie die Rückkehr von Hunderttausenden oder Millionen. Ein weiteres Memo aus dem Jahr 2008 legte nahe, dass die Palästinenser die Rückkehr von einer Million Flüchtlingen forderten.[79]

Das war nicht das letzte Wort. Was die Palästinenser vor ihrem geistigen Auge sehen, ist praktisch eine unbegrenzte Rückkehr. Aus den Dokumenten geht hervor, dass die Palästinenser jedes Jahr eine vereinbarte Quote für die Einreise von Flüchtlingen nach Israel für eine vereinbarte Anzahl von Jahren verlangten. Die Palästinenser forderten aber auch, dass nach dieser Zeit ein Rückführungsprozess mit Zustimmung beider Seiten noch möglich sein sollte. Mit anderen Worten, die Palästinenser sahen in der ersten Phase der Rückkehr nicht das Ende der Sache und beabsichtigten, von Israel eine weitergehende Rückkehr in der zweiten Phase zu fordern.[80]

In einem der Dokumente heißt es zum Beispiel, dass ein Friedensvertrag einer vereinbarten Zahl von Flüchtlingen die Rückkehr über einen Zeitraum von 15 Jahren erlauben sollte. Danach könnten sich beide Seiten auf eine weitere Zahl von Rückkehrern einigen. Die scheinbar unschuldige und unproblematische Formulierung enthält die eingebaute Möglichkeit, die Flüchtlingsfrage immer wieder von neuem zu stellen. In diesem Szenario könnten die Palästinenser nach den vereinbarten 15 Jahren die Rückkehr weiterer Flüchtlinge fordern. Wenn Israel sich weigerte, könnten die Palästinenser ihre Forderungen erneuern und erklären, dass das Problem nicht gelöst sei und der Konflikt noch andauere. Auf diese Weise könnten sie den Konflikt aufrechterhalten und auf Dauer ungelöst lassen, außer Israel stimmte letztendlich der Rückkehr einer potenziell unendlichen Zahl von Flüchtlingen zu.[81]

Die Kombination dieser beiden Faktoren – die Forderung nach Anerkennung des individuellen Rechts jedes Diaspora-Palästinensers auf eine Rückkehr nach Israel, und die Möglichkeit auf Neuverhandlungen des Abkommens nach 15 Jahren – enthüllt auch die Wahrheit über die scheinbar harmlose Formulierung über die „vereinbarte Lösung des Flüchtlingsproblems“. Das bedeutet, dass, selbst wenn die PLO mit Israel eine gewisse, relativ geringe Zahl von Flüchtlingen vereinbarte, die nach Israel zurückkehren würden, jeder einzelne Flüchtling dennoch eine Rückkehr nach Israel verlangen könnte. Damit wären die PLO und der Staat Palästina von der Verantwortung für deren Schicksal befreit.

Die Palästinenser nehmen das Rückkehrrecht so ernst, dass sie Phrasen und Formulierungen, die es gefährden könnten, nicht hinnehmen wollen. Sie stellen den Begriff „zwei Staaten für zwei Völker" als Bedrohung für die Verwirklichung ihrer Rückkehrforderung und das Zugeständnis an ihr Selbstbestimmungsrecht innerhalb der Grenzen des Staates Israel dar. In einem Memorandum für Saeb Erekat vom 3. Mai 2009 wurde von dem Verhandlungsteam beispielsweise geschrieben:

„Der Hinweis auf das Selbstbestimmungsrecht der beiden Völker in zwei Staaten kann sich nachteilig auf die Flüchtlingsrechte, nämlich das Rückkehrrecht, auswirken, da es suggeriert, dass die palästinensischen Flüchtlinge ihr Rückkehrrecht nur in Verbindung mit ihrem Recht auf Selbstbestimmung werden ausüben können. Darüber hinaus bestätigt eine Anerkennung des Prinzips zweier Staaten für zwei Völker als Lösung des israelisch-palästinensischen Konflikts, dass *die PLO keine palästinensische Selbstbestimmung im Staatsgebiet Israels mehr vorsieht.* (Herv. d. A.) Dementsprechend dürfte die Umsetzung des Rückkehrrechts der palästinensischen Flüchtlinge nur im Rahmen der Errichtung eines palästinensischen Staates an der Seite Israels erfolgen."[82]

In einem anderen Memorandum vom November 2007 erklärte das palästinensische Verhandlungsteam, dass die Anerkennung Israels als jüdischen Staat „wahrscheinlich als ... ein impliziter Verzicht auf das Rückkehrrecht behandelt" und „die gesetzlichen Rechte der Flüchtlinge untergraben würde". Ein weiteres Dokument vom Juni 2008, das Empfehlungen zur Flüchtlingsfrage enthält, stellt fest, dass die „Formulierung ‚zwei Staaten für zwei Völker' keine Rückkehr von Flüchtlingen nach Israel impliziert". Und in einem Dokument vom Mai 2009 heißt es, dass in Bezug auf die Flüchtlingsrechte und Israels Verantwortung für die Entstehung des palästinensischen Flüchtlingsproblems „die Bezugnahme auf ‚zwei Staaten für zwei Völker' ähnliche Risiken beinhaltet wie die, die mit der Anerkennung Israels als Staat des jüdischen Volkes assoziiert werden".[83]

Darin räumte die palästinensische Negotiations Support Unit ein, dass ihre Weigerung, die Formulierung von „zwei Staaten für zwei Völker" zu akzeptieren, darauf zurückzuführen sei, dass die PLO selbst dieses Prinzip ablehnte und sich nicht nur mit einem arabischen Staat zwischen Fluss und Meer begnüge. Mitglieder des Verhandlungsteams schlugen Saeb Erekat vor, den Satz „zwei Staaten für zwei Völker" durch den Satz „zwei Staaten, die in Frieden Seite an Seite leben" zu ersetzen. Aus der genauen Betrachtung palästinensischer Erklärungen lässt sich erkennen, dass dies tatsächlich ihr bevorzugter Ausdruck ist. Auch wenn diese Formulierung für ausländische Beobachter harmlos und sogar friedliebend klingen mag, ist sie in Wirklichkeit ein Beleg für den Widerstand der Palästinenser gegen die Existenz eines jüdischen Staates.[84]

Die „Palestine Papers" zeigen auch, dass die Palästinenser sowohl die Resolution 194 der UN-Generalversammlung als auch die Arabische Friedensinitiative als Bestätigung ihres Rückkehrrechts verstehen. Mitglieder der Palästinensischen Unterstützungseinheit für Verhandlungen schrieben im März 2008 an Saeb Erekat, dass, „wenn Israelis einen ausdrücklichen Verweis auf das Rückkehrrecht im Friedensabkommen ablehnen, der Verweis auf Resolution 194 als indirekte Erwähnung des Rückkehrrechts verwendet werden [könnte]. Diese Resolution ist in der Tat eine Bestätigung des Rückkehrrechts der palästinensischen Flüchtlinge." Aus einem weiteren internen Memo aus dem Jahr 2002, in dem palästinensische Würdenträger den Wortlaut der Arabischen Friedensinitiative kommentierten, geht klar hervor, dass sie die Initiative für eine Unterstützung ihrer Rückkehrforderung halten.[85]

Was erklärt diese kreativen Formulierungen, die sowohl im Westen als auch in Israel als wirksames Zugeständnis verstanden werden konnten, während sie es aus innerarabischer Sicht nicht sind? Höchstwahrscheinlich wissen die Palästinenser, dass ein öffentliches Beharren auf einer Massenrückführung von Flüchtlingen nach Israel im Westen schlecht aufgenommen würde, der das als Bedrohung von Israels Charakter als Nationalstaat des jüdischen Volkes versteht. Ein Beispiel für einen solchen bewussten Umgang mit erfinderischen Formulierungen findet sich in einem Dokument aus dem Jahr 2008, in dem das Referat „Negotiations Support" schwarz auf weiß erklärt, was der Ausdruck „vereinbarte Lösung der Flüchtlingsfrage" bedeutet. „Nur die Formel angeben, nach der eine vereinbarte Lösung im Vertrag erreicht wird", wird empfohlen. „Dieser Ansatz ist offensichtlich die beste politisch-strategische Option für die Palästinenser, da sie nicht erfordert, dass Millionen von Palästinensern auf die Rückkehroption werden verzichten müssen."[86] Dies ist ein klares und unzweideutiges Eingeständnis, dass das, was der Westen unter dem israelischen Veto zu der Rückkehr von Flüchtlingen versteht, keines ist und dass Palästinenser mit einer „vereinbarten Lösung" nicht meinen, auf eine massive Flüchtlingsrückkehr zu verzichten.

Frei von den Zwängen der Diplomatie und westlicher Höflichkeit, verwenden palästinensische Würdenträger ihrem Volk gegenüber eine viel deutlichere Sprache. Eine Feldstudie der International Crisis Group (ICG) im Westjordanland und im Gazastreifen aus dem Jahr 2014 ergab beispielsweise, dass eine absolute Mehrheit der Palästinenser in diesen Gebieten jedes Abkommen ablehnen würde, das die Rechte der Flüchtlinge und ihrer Millionen Nachkommen zur Entscheidung einer möglichen Rückkehr nach Israel nicht garantierte. Ein Berater von Mahmud Abbas sagte den Autoren des Berichts, dass „die Palästinenser selbst mit großen Zugeständnissen von Israel kein Abkommen akzeptieren werden, das Flüchtlingen nicht die Wahl lässt, wohin sie – Israel inbegriffen – umsiedeln wollten".[87]

In den Städten und Flüchtlingslagern hörten die ICG-Berichterstatter härtere Äußerungen. Viele Palästinenser sagten einen Gewaltausbruch voraus, sollte die palästinensische Führung in dieser Angelegenheit Kompromisse eingehen. Ein lokaler Führer des Qalandiya-Lagers sagte in einem Interview, Mahmud Abbas werde „keinen Fuß in Palästina setzen können", wenn er diese Forderung aufgäbe; es fehlte nicht an Interviewpartnern, die die Ermordung der palästinensischen Führung unterstützten, falls diese jemals in der Flüchtlingsfrage nachgeben sollte.

Die Autoren des Berichts kritisierten die internationale Gemeinschaft dafür, dass sie den Forderungen der Palästinenser nicht die erforderliche Aufmerksamkeit schenkte und sie als bloßes Lippenbekenntnis behandelten. Das sei eine gefährliche Illusion, so das Fazit des Berichts, und weit von der Wahrheit entfernt: Die Flüchtlingsfrage stehe im Mittelpunkt des palästinensischen Narrativs, und die palästinensische Führung könne ohne die Unterstützung der Flüchtlinge niemals Unterstützung für ein Abkommen erreichen.

Ähnlich extreme Äußerungen hören Journalisten, die die Flüchtlingslager besuchen und die Bewohner nach ihrer Meinung befragen. Im Juli 2010 veröffentlichte beispielsweise die *New York Times* einen ausführlichen Bericht über den Gazastreifen. Die Reporter schrieben: „Fragen Sie Gazaner, wie man den palästinensisch-israelischen Konflikt löst: Zwei Staaten? Ein Staat? Die Antwort ist meist ein reflexartiger Aufruf, Israel zu vertreiben." „Das ganze Land gehört uns", sagt Ramzi, ein Schullehrer aus Rafah, und äußert eine weit verbreitete Ansicht: „Wir sollten die Juden zu Flüchtlingen machen und dann die internationale Gemeinschaft sich um sie kümmern lassen."[88] Der israelische Reporter von *Channel 10*, Hezi Simantov, besuchte 2015 mehrere Flüchtlingslager, um die Haltung von Flüchtlingen und ihren Nachkommen der zweiten, dritten und vierten Generation zum Konflikt mit Israel zu untersuchen. Im Lager von Dheisheh traf er einen Jungen namens Dschihad, der ihm mit absoluter Zuversicht sagte, dass er nach Israel „zurückkehren will". Ein anderer Bewohner des Lagers, der gefragt wurde, was mit Juden in Tel Aviv zu tun sei, antwortete: „Sie sollen in die Länder zurückkehren, aus denen sie gekommen sind, denn das Land ist mein Land und das Land meiner Vorfahren." Bei einer Versammlung im Flüchtlingslager Jenin zur Feier der Freilassung eines Fatah-Häftlings aus dem israelischen Gefängnis sagte ein Sicherheitsbeamter der PA, dass es die gemeinsame Mission aller ist, in ihre ursprünglichen Städte zurückzukehren, „in das Land, das 1948 besetzt wurde". „Wir werden es nicht aufgeben", versprach er. Muhammed Laham, ein palästinensischer Fatah-Gesetzgeber, sagte Simantov, er wolle das Recht auf Rückkehr. „Wir wollen die Juden nicht mehr ins Meer werfen", beruhigte er ihn, sondern „zusammenleben" – also in einem Staat und ohne Selbstbestimmungsrecht für die Juden.[89]

Mehr als 30 Jahre sind vergangen, seit die Palästinenser 1988 ihre Ambitionen für das gesamte Land aufgegeben haben sollen. Mehr als 25 Jahre sind vergangen seit dem Beginn der direkten Friedensverhandlungen zwischen Israelis und Palästinensern im Jahr 1993. Mehrere Verhandlungsrunden führten nicht zu einer Einigung. Es gab kein palästinensisches „Ja" zu einem der Vorschläge. Wenn die Palästinenser wirklich auf ihre Ansprüche auf das gesamte Land verzichtet hatten, warum gab es dann keinen Frieden? Warum dauert es so lang? Als der ägyptische Präsident Anwar Sadat 1977 in seiner Rede in der Knesset klar und deutlich seinen Willen zum Frieden mit Israel zum Ausdruck brachte, wurde der Frieden innerhalb von zwei Jahren ausgehandelt und die Sinai-Halbinsel bis auf die die gewaltsam evakuierten Siedlungen innerhalb von weiteren zwei Jahren übergeben.

Die Antwort ist einfach: Frieden ist noch nicht erreicht, weil die Palästinenser ihre Forderung nach einem exklusiven arabischen Palästina „vom Fluss bis zum Meer" noch nicht aufgegeben haben. Das ist eine Forderung, die sich am deutlichsten in ihrer anhaltenden Weigerung zeigt, einem Wortlaut, einer Formulierung oder einem Abkommen zuzustimmen, das die palästinensische Forderung nach Rückkehr in den souveränen Staat Israel untergraben und verhindern würde. Eine echte palästinensische Abrechnung mit der Vorstellung, dass das jüdische Volk als Volk und Nation nicht weniger als sie selbst ein Recht auf Selbstbestimmung in dem Land hat, das beide Völker Heimat nennen, steht noch aus.

Was also sollten Friedensstifter tun? Wie sollten Menschen, die sich für den Frieden zwischen Israelis und Palästinensern einsetzten, vorgehen, um sicherzustellen, dass eine zukünftige Verhandlungsrunde tatsächlich zum Frieden führt? Eine wirksame Friedensstiftung würde eine vollständige Umkehr der herrschenden Paradigmen erfordern, die in den vergangenen Jahrzehnten die Verhandlungen bestimmten. Anstatt Themen für „Endstatus"-Gespräche aufzuheben und es dadurch zu erlauben, dass sie sich weiter anheizen, ist es zwingend erforderlich, Hindernisse auf dem Weg zum Frieden abzubauen. Anstatt von den beiden Seiten Verhandlungen zu erzwingen, ist es viel wichtiger sicherzustellen, dass die letztlichen Verhandlungen tatsächlich ein Friedensabkommen statt eine neue blutige Terrorkampagne hervorbringen. Und das einzige Hindernis, das ständig übersehen und unterschätzt wurde, war die palästinensische Forderung nach Rückkehr und die vom Westen finanzierte Organisation UNRWA, die diese Forderung schürt.

FAZIT: VORANKOMMEN

ANZAHL DER REGISTRIERTEN FLÜCHTLINGE (2019):
5 442 947[1]

DER WEG ZUM FRIEDEN

Wenn es Frieden geben soll, muss der Krieg enden.

Nach mehr als sieben Jahrzehnten eines auf verschiedenen Schauplätzen und mit unterschiedlichen Mitteln geführten Krieges ist es für die internationale Gemeinschaft an der Zeit anzuerkennen, dass die palästinensische Vision vom exklusiven arabischen Land im gesamten Territorium vom Jordan bis zum Mittelmeer real ist. Frieden wird nicht möglich sein, bevor diese Vision durch eine ersetzt wird, die die jüdische Selbstbestimmung nicht negiert.

Im langen Krieg gegen die jüdische Souveränität wurde Schicht um Schicht zur Schaffung einer ganzen Infrastruktur gelegt, die einen langen Krieg bis zum ultimativen, wenn auch verzögerten, arabischen und palästinensischen Triumph am Laufen halten sollte. Nachdem dies durch gewaltsame Kriege und Invasionen nicht erreicht wurde, wurden andere Mittel wie Wirtschaftsboykotte, Terrorismus sowie diplomatische und juristische Manöver herangezogen. Aber das Prinzip blieb das gleiche: Der Krieg geht weiter.

Zur Beendigung dieses langen Krieges ohne die Notwendigkeit eines Endes des Staates Israel, müssen die verschiedenen Elemente aufgelöst werden, die zur Aufrechterhaltung des Krieges eingesetzt wurden. Ein zentrales Element im Dienste der Kriegsfortführung war die Schaffung eines dauerhaften „Flüchtlingtums", in dem sich Generation für Generation ungeachtet der konkreten Umstände als Kriegsflüchtlinge versteht und international legitimiert wird.

Das Bekenntnis der Palästinenser zum Flüchtlingsstatus und zum Besitz eines Rückkehrrechts in den Staat Israel ist tief verankert in der palästinensischen Identität und ihrem kollektiven Ethos. Es ist ein Thema, zu dem es keine palästinensische politische Opposition oder Meinungsverschiedenheit gibt. Es gibt keine Kommentare, keine Reden, keine NGOs in der palästinensischen Gesellschaft, die gegen das palästinensische Rückkehrethos Stellung beziehen. Die Palästinenser unterscheiden sich zwar in Bezug auf den besten Weg zu diesem Ziel – ein Staat mit Rückkehr, zwei Staaten mit Rückkehr oder ein bewaffneter Kampf um die Rückkehr –, aber es gibt keine Palästinenser, die ihr eigenes Volk zum Ablass von dieser Forderung aufrufen. Niemand fordert seine Leute auf, das zu tun, was Hunderte Millionen Flüchtlinge auf der ganzen Welt getan haben: Selbst nach grausamen Kriegen und Vertreibungen einen Schlussstrich zu ziehen und sich ein neues Leben aufzubauen.

Auch zahlreiche westliche Diplomaten, Friedensstifter und Politiker weigern sich trotz überwältigender Beweise, die palästinensische Rückkehrforderung ernst zu nehmen. Sie argumentieren, dass die Palästinenser irgendwie wissen, dass sie nicht zurückkehren werden und die Rückkehrforderung nur als Verhandlungsmasse für Verhandlungen über den Endstatus verwenden. Aber die palästinensische Rückkehr ist kein Verhandlungsinstrument im Dienste eines größeren Ziels der Unabhängigkeit und Eigenstaatlichkeit. Sie ist eigentlich *das* Ziel schlechthin. Wenn die Rückkehr wirklich nur ein Verhandlungsinstrument wäre, wäre sie schon vor langer Zeit für einen palästinensischen Staat wegverhandelt worden. Es ist vielmehr so, dass ein palästinensischer Staat immer wieder verhandelt wird, um weiter um die Rückkehr zu kämpfen. Die Palästinenser haben immerzu jede Formulierung, Vereinbarung oder Regelung abgelehnt, die diese Option der Rückkehr selbst um den Preis der Eigenstaatlichkeit verhindern könnte.

Es gibt keine Beweise dafür, dass die Palästinenser „wissen“, dass sie nicht zurückkehren werden. Ganz im Gegenteil. Es gibt zahlreiche Beweise dafür, dass sie es mit der Rückkehr sehr ernst meinen.[2] Immer wenn die Palästinenser vor der Wahl standen, einen eigenen Staat in einem Teil des Landes zu bekommen, aber dabei akzeptieren sollten, dass das jüdische Volk im anderen Teil einen eigenen Staat haben würde, haben sie die bewusste und wohlüberlegte Entscheidung zur Fortsetzung des Kampfes für eine Vision getroffen, in der es in keinem Teil des Landes einen Staat für das jüdische Volk gibt.

Die Behauptung, dass die Palästinenser „wissen“, dass sie nicht zurückkehren, bedeutet, Westplaning zu betreiben, was ähnlich wie „mansplaining“ eine paternalistische und sogar neokoloniale Haltung demonstriert, die sich weigert, die Palästinenser beim Wort zu nehmen. „Westplaining versagt darin, die Palästinenser als aktive Handlungsträger mit einem genauen Bewusstsein für die Ziele ihres Kampfes zu behandeln. Darüber hinaus sind die Palästinenser in ihrer anhaltenden Forderung nach Rückkehr eigentlich recht rational. Ihre Forderungen sind keine Wahnvorstellungen oder Fantasien. Sie leben in einer Region, die seit den erfolgreichen arabischen Eroberungen des 7. Jahrhunderts arabisch und fast ausschließlich muslimisch ist. Die Palästinenser brauchen nur einen Blick auf die demografische Landkarte zu werfen und sie sehen, wie mehrere Millionen Juden um ihr Überleben inmitten von Hunderten Millionen Arabern und über einer Milliarde Muslimen kämpfen, deren überwiegende Mehrheit Israel feindlich gegenübersteht, und sie kommen zu dem Schluss, dass die jüdische Souveränität zutiefst verwundbar ist. Aus palästinensischer Sicht könnte eine vollständige Rückkehr eine weitere Generation dauern, sogar zwei oder mehr, aber in der Zwischenzeit müssen keine Kompromisse eingegangen werden. Mit genügend Geduld erwarten die Palästinenser als Kollektiv ein Überleben des „vorübergehenden zionistischen Experiments“ und die Rückeroberung des scheinbar ausschließlich ihnen zustehenden Landes.

Dass es 70 Jahre nach dem Krieg, der das palästinensische Flüchtlingsproblem geschaffen hat, das Problem der Fortdauer des palästinensischen Flüchtlingsproblems gibt, ist daher kein Zufall. Diese Situation ohne historischen Präzedenzfall oder internationale Parallele, in der mehr als fünf Millionen Menschen von einer provisorischen UN-Agentur als Flüchtlinge aus einem vor 70 Jahren zu Ende gegangenen Krieg registriert werden, ist das Ergebnis bewusster Entscheidungen im Dienste eines klaren Ziel: der Fortsetzung des Krieges. Der Krieg, der um die Umsetzung des UN-Teilungsplans und die Gründung und Konsolidierung eines jüdischen Staates in einem Teil des Landes begonnen wurde, ist noch nicht beendet.

Im Dienste der Fortsetzung dieses langen Krieges ließ man das Flüchtlingsproblem bewusst über mehrere Jahrzehnte hinweg ausufern. Es war kein Zufall, dass die arabischen Staaten nach Kriegsende 1949 nur noch eine vollständige Rückkehr der Flüchtlinge billigten. Es war kein Zufall, dass die arabischen Staaten und die Flüchtlinge selbst in den 1950er Jahren jede Möglichkeit der Rehabilitation vehement ablehnten. Es war auch kein Zufall, dass die Flüchtlingslager in den 1960er Jahren (noch vor dem Krieg von 1967 und der militärischen Besetzung der Gebiete durch Israel) eine Kultur des gewaltsamen Kampfes gegen Israel für die vollständige Befreiung Palästinas vom Jordan bis zum Mittelmeer entwickelten. Und es war kein Zufall, dass die Palästinenser während der Verhandlungen, die von westlichen Verhandlungsführern für ernsthafte Friedensgespräche gehalten wurden, die Chance auf eine Zwei-Staaten-Lösung ablehnten, weil darin das Prinzip der Rückkehr nicht enthalten war.

In keiner Phase des israelisch-palästinensischen Konflikts bestand das Problem in einem Mangel an Kreativität oder gutem Willen bei den westlichen Staaten. Das Problem war auch nicht – angefangen mit dem Teilungsplan von 1947 über Camp David und die Clinton-Parameter bis hin zum Olmert-Vorschlag – eine Weigerung Israels, die Kompromisse und eine Teilung zu unterstützen. Selbst heute, nach Jahren durch die Palästinenser wiederholt abgelehnter Friedensangebote und des brutalen Terrors, würde eine Zwei-Staaten-

Lösung und ein echter, den Konflikt endgültig beendender Frieden von einer Mehrheit der jüdischen Bürger Israels unterstützt werden, wenn er denn in Aussicht stünde. Das Fortbestehen des palästinensischen Flüchtlingsproblems und die damit verbundene Forderung nach Rückkehr war und ist das offenkundigste Symptom der palästinensischen Weigerung zur Akzeptanz des Rechts des jüdischen Volkes auf gleiche Souveränität über sein eigenes historisches Heimatland. Die Lösung des Konflikts besteht daher nicht nur im Finden technischer Lösungen für Fragen der Grenzen, Siedlungen, Sicherheit und sogar des Status von Jerusalem, sondern in erster Linie im Überzeugen der arabischen Welt und insbesondere der Palästinenser, die rechtmäßige Ausübung der Souveränität durch Juden in ihrer Mitte zu akzeptieren, sowie in der Erkenntnis, dass es keine Rückkehr der Palästinenser in den Staat Israel geben wird.

Die internationale Gemeinschaft muss offen anerkennen, dass dies die zugrundeliegende palästinensische Annahme ist. Dann muss sie entscheiden, ob sie ihr zustimmt oder ihr entgegentritt, aber sie kann ihre zentrale Bedeutung nicht weiter ignorieren. Nur wenn sich die internationale Gemeinschaft mit der zentralen Bedeutung dieses Themas klar und direkt auseinandersetzt, besteht eine Chance auf die Beendigung des Konflikts und auf Frieden. Aber solange ausländische Diplomaten, Beamte und Politiker, die sich für den Frieden einsetzen, an der Illusion festhalten, dass die palästinensische Flüchtlingsfrage nur eine eher marginale Endstatusfrage im Vergleich zu den Fragen der Grenzen, Siedlungen und Sicherheit ist, wird es keine Lösung geben. Die Annahme ist völlig falsch, dass eine dauerhafte Regelung in Bezug auf das Flüchtlingsproblem von immer neuen kreativen Formulierungen abhängt, die es den Palästinensern erlauben, „vom Baum herunterzuklettern“, als ob sie unbewusst oder zufällig auf den Baum geklettert wären.

Ein möglicher Grund für diese anhaltende Blindheit und Naivität ist, dass sich während der jahrzehntelangen Gespräche und Diskussionen um eine endgültige Regelung und sicherlich seit der Madrider Konferenz und dem Osloer Friedensprozess der 1990er Jahre ein ganz bestimmtes Paradigma etabliert hat. Frieden zu erreichen erfordert in diesem Paradigma „konstruktive Ambiguität". Das heißt, von den Seiten muss eine Vereinbarung unterzeichnet werden, deren Formulierung in Bezug auf die Kernfragen des Konflikts bewusst mehrdeutig ist. Denn das Wichtigste ist die Unterzeichnung einer Vereinbarung und nicht ihre Details. Der Politiker Shimon Peres prägte den berühmten Aphorismus, dass Frieden, wie Liebe, „mit teilweise geschlossenen Augen gemacht werden sollte". Jenes Schielen jedenfalls hat nicht zu einem Friedensabkommen geführt. Vielmehr hat es den Palästinensern erlaubt, nach außen hin eine Akzeptanz der Zwei-Staaten-Lösung und des Staates Israel zu präsentieren, ohne jemals einer Formulierung zuzustimmen, die eine Zwei-Staaten-Lösung ermöglichen würde, indem sie die Rückkehrforderung negierte.

Die Palästinenser und die arabischen Staaten haben sich solche ansprechend klingenden Ausdrücke wie „eine gerechte und einvernehmliche Lösung des Flüchtlingsproblems" ausgedacht, halten aber tatsächlich fest an der Forderung der Rückkehr und verbergen diese Tatsache vor dem Westen. Auch die im Westen begeistert aufgenommene Arabische Friedensinitiative setzt das bestehende Modell fort, eine Forderung nach einem israelischen Rückzug auf die Linien von 1967 mit einer kaum verhüllten Rückkehrforderung unter der kodierten Formulierung einer „gerechten Lösung zum Problem der palästinensischen Flüchtlinge zu verbinden, die beide gemäß der Resolution 194 der UN-Generalversammlung vereinbart werden müssen". Das heißt, diese Initiative setzt auch die langjährige Tradition der Unterstützung einer Lösung zweier arabischer Staaten auf beiden Seiten der Linie vor 1967 fort, nämlich einem arabischen Staat im Westjordanland und im Gazastreifen und einem anderen arabischen Staat mit bestenfalls einer jüdischen Minderheit als Ersatz an Israels statt.[3]

Wenn Politiker westliche Länder der Meinung sind, dass das Land ausschließlich arabisch sein sollte und dass Juden einfach zu ihrem früheren Status als einer Minderheit, die „ihren Platz kennt", zurückkehren sollten, wäre das für die Juden sehr unglücklich. Aber zumindest würden Juden, Israelis und ihre Unterstützer dann wissen, wo sie stehen. Wenn westliche Länder jedoch wirklich einen souveränen Staat für das jüdische Volk in einem Teil des Landes unterstützen, wie sie es vorgeben, und die Beendigung des langen Krieges zu erreichen suchen, dann müssen von ihnen ernsthafte und nachhaltige Schritte unternommen werden, um der palästinensischen Forderung nach dem ganzen Land entgegenzuwirken.

Wenn der Westen auch nur eine kleine Chance auf einen palästinensischen Repräsentanten wahren möchte, der eines Tages seinem eigenen Volk unmissverständlich klarmacht – wie einst der Friedensnobelpreisträger Willy Brandt den deutschen Flüchtlingen aus Osteuropa über die Gebiete, von denen sie nach dem Zweiten Weltkrieg brutal vertrieben wurden –, dass diese Territorien „schon längst verspielt" sind und sie „in die Zukunft schauen müssen", weil eine Rückkehr dorthin einen „unerfüllbaren Anspruch" darstelle und sie damit „eine Politik nicht der Kapitulation, sondern des gesunden Menschenverstands verfolgen", dann muss der Westen das derzeitige palästinensische Ethos stoppen.[4] Es gibt sicherlich keine Garantie dafür, dass ein solcher erscheinen wird, wenn der Westen diese palästinensische Vision nicht mehr unterstützt. Zweifellos würde es Zeit brauchen, da die Rückkehr tief im palästinensischen Ethos und in der palästinensischen Identität verankert ist. Aber zumindest würden die Weichen gestellt, die zu seinem Erscheinen führen könnten, und die Chancen dafür wären größer als heutzutage.

Zu diesem Zweck muss vom Westen eine klare Botschaft gesendet werden und eine Ausrichtung aller seiner Strategien und Handlungen dahingehend sichergestellt werden. Es kann keine Legitimität, keine Unterstützung und keinen Anreiz für die palästinensische Rückkehrforderung geben; nur volle Legitimität, Unterstützung und Anreiz für eine gemäßigte palästinensische Vision ohne den Deckmantel für die Auslöschung Israels.

KEIN RÜCKKEHRRECHT

Eine der wichtigsten Quellen für den palästinensischen Rückkehrwillen ist ihr irriger Eindruck, sie hätten tatsächlich ein im Völkerrecht verankertes Rückkehrrecht. Palästinenser haben andere Rechte, aber ein solches haben sie nicht. Daher besteht der erste Schritt derjenigen Länder und Experten, die sich einem echten Frieden verschrieben haben, darin, eine klare und unmissverständliche Botschaft an die Palästinenser zu senden, dass sie kein Recht auf Rückkehr in den souveränen Staat Israel haben. Diese Botschaft sollte keine Mehrdeutigkeiten oder Spielräume enthalten.

Es gibt kein internationales Gesetz, das Israel zur Gestattung einer Rückkehr der palästinensischen Flüchtlinge und ihrer Nachkommen verpflichtet.[5] Darüber hinaus wurden durch die israelische Vertreibung der Palästinenser während des Konflikts von 1948 keine Verträge oder verbindlichen UN-Resolutionen verletzt und nichts sieht ein Rückkehrrecht für palästinensische Flüchtlinge vor.[6]

Die Flüchtlingseigenschaft an sich beinhaltet kein Recht auf Rückkehr in das Herkunftsland. In dem wichtigsten Abkommen über Flüchtlinge, der Flüchtlingskonvention von 1951 und dem UN-Protokoll über die Rechtsstellung der Flüchtlinge von 1967, wird nicht einmal die Frage der Repatriierung behandelt.[7] Es geht in erster Linie um die Verhinderung einer erzwungenen Rückkehr von Flüchtlingen in ihren Herkunftsstaat (Refoulement) und eine Gewährleistung ihrer Rechte im Fluchtstaat. In der Konvention wurde ihren Unterzeichnern das Recht der Entscheidung, welche Flüchtlinge sich gegebenenfalls in ihrem Hoheitsgebiet niederlassen dürfen, versprochen.[8]

In anderen Bereichen des Völkerrechts wie dem Einwanderungs- und Staatsangehörigkeitsrecht, von denen die Palästinenser behaupten, dass sie verbindlich geltende rechtliche Vorgaben an Israel beinhalten, wird die Frage, wer die Grenzen eines Landes betritt und als Staatsbürger angesehen wird, als nationales, souveränes Prärogativ betrachtet.[9]

Soweit sich die Palästinenser zur Unterstützung ihres Rückkehrrechts auf aktuelle Rechtsverträge, Erklärungen und staatliche Praktiken stützen, ignorieren sie die Tatsache, dass Rückwirkungsfreiheit eine Standardregel der Vertragsauslegung ist. Rechtsansprüche aus Handlungen in den 1940er Jahren können nicht auf internationale Verträge angewendet werden, die später im 20. Jahrhundert ratifiziert wurden.[10]

Die Befürworter eines palästinensischen Rückkehrrechts sind sich vielleicht der Schwäche ihrer völkerrechtlichen Ansprüche bewusst und verlassen sich zunehmend auf das „soft law“, wie etwa unverbindliche politische Erklärungen in internationalen Foren – vor allem der UN-Vollversammlung – oder auf die Erklärungen internationaler Kommissionen oder Konferenzen. Diese Quellen stellen jedoch kein verbindliches Recht dar. Ein solches Beispiel ist die Allgemeine Erklärung der Menschenrechte von 1948, deren unverbindliche, nichtgesetzliche Natur in den UN-Debatten vor der Abstimmung immer wieder betont wurde.[11] Ein weiteres Beispiel ist das Vertrauen auf Resolution 194 der Generalversammlung, die ihrer Natur nach unverbindlich ist.

Arabische und muslimische Staaten, die zu den Hauptvertretern der Theorie gehören, dass das Völkerrecht die Rückkehr palästinensischer Flüchtlinge nach Israel verlangt, haben gleichzeitig ihre Zustimmung zu internationalen Mindeststandards in Bezug auf die allgemeine Behandlung von Flüchtlingen verweigert, und haben den palästinensischen Flüchtlingen, die sich in ihren Ländern aufhalten, einige der grundlegendsten Menschenrechte vorenthalten. Ihr Gerede in diplomatischen Foren, das im Widerspruch zu ihrem tatsächlichen Verhalten in Bezug auf ihre eigenen Interessen steht, kann sicherlich kein verbindliches Gesetz für andere Staaten schaffen.[12]

Befürworter des palästinensischen Rückkehrrechts behaupten, dass Flüchtlinge in Post-Konflikt-Situationen zurückkehren. Doch es gibt in Wirklichkeit nur sehr wenige relevante Präzedenzfälle, die das belegen. Das gilt insbesondere unter den einzigartigen Umständen des israelisch-palästinensischen Konflikts. Einige Faktoren unterscheiden diesen von anderen. Einer davon ist die anderswo ihresgleichen suchende Dauer des Konflikts. Ein anderer ist die Tatsache, dass die Palästinenser damals und heute keine Bürger Israels waren und daher die Verpflichtungen des Staates Israel, so sie überhaupt existieren, ihnen gegenüber sehr begrenzt sind. Auch die Größe der palästinensischen Bevölkerung im Vergleich zur israelischen ist einzigartig, was das israelische Prärogativ, sie nicht hereinzulassen, sinnvoll und schon gar nicht willkürlich macht. Hinzu kommt, dass es keine umfassende Friedensregelung zwischen den Parteien oder gar eine dauerhafte Beendigung der Gewalt gibt.

Zusammengefasst: Die palästinensischen Flüchtlinge haben kein gesetzliches Recht auf Rückkehr nach Israel.

Angesichts des Fehlens einer gesetzlichen Autorität für ein Rückkehrrecht und der Tatsache, dass die anhaltende Forderung danach erfolgreiche Friedensverhandlungen unmöglich macht, sollte die internationale Gemeinschaft ein Mittel finden, den Palästinensern vor Verhandlungen eine klare Botschaft zu vermitteln, dass sie dieses spezifische Recht nicht haben. Eine Möglichkeit dazu wäre der Vorschlag eines UN-Sicherheitsrats-Mitglieds für eine Resolution, die die Resolution 2334 (2016) in Bezug auf die Rückkehr der Palästinenser widerspiegelt.[13] Resolution 2334 bestritt die Gültigkeit jüdischer Ansprüche östlich der Linien vor 1967 und erklärte, die Siedlungen hätten „keine rechtliche Gültigkeit“ und seien „eine eklatante Verletzung des Völkerrechts“. Sie forderte die UN-Mitgliedstaaten auf, „zu unterscheiden ... zwischen dem Territorium des Staates Israel und den seit 1967 besetzten Gebieten“. Eine vorgeschlagene Spiegel-Resolution des UN-Sicherheitsrates zu palästinensischen Forderungen westlich der Linien vor 1967 würde bekräftigen, dass palästinensische Forderungen nach Rückkehr innerhalb der Linien vor 1967 nach Israel „keine Rechtsgültigkeit“ haben und eine „eklatante Verletzung des Völkerrechts“ darstellen. Unter Verwendung der genauen Sprache der Resolution 2334 des Sicherheitsrats der Vereinten Nationen würde sie beschließen, dass Organisationen, die diese Forderungen unterstützen (wie bei Siedlungen), „sofort und vollständig alle Aktivitäten einstellen“ und die UN-Mitgliedstaaten dazu auffordern, zwischen legitimen palästinensischen Bestrebungen östlich von der Waffenstillstandslinie vor 1967 und illegitimen und illegalen palästinensischen Forderungen nach einer Rückkehr in das Gebiet westlich dieser Linie zu unterscheiden.

Neben der Klärung der Nichtexistenz des Rechts selbst ist es für die internationale Gemeinschaft ebenso entscheidend, jedwede Idee abzulehnen, dass die Anerkennung dieses nichtexistierenden Rechts irgendwie Bestandteil eines Friedensabkommens als „Geste“ des guten Willens gegenüber den Palästinensern sein könnte. Die weit verbreitete Vorstellung, dass die Anerkennung des Rechts nur eine „Geste“ sein könnte, hängt von der Tendenz zur Minimierung des Risikos seiner tatsächlichen Umsetzung ab. Aber diese Risikominimierung dient als Deckmantel, um die Anerkennung des Rechts weit weniger folgerichtig erscheinen zu lassen, als sie in Wirklichkeit ist.

Seit den ersten Rehabilitierungsbemühungen der Flüchtlinge in den 1950er Jahren operierten verschiedene Friedensstifter mit der unbegründeten Annahme, dass die Anerkennung eines palästinensischen Rückkehrrechts irgendwie von seiner tatsächlichen Umsetzung getrennt werden könnte. Die Palästinenser haben immer auf der kompromisslosen Behauptung bestanden, dass sie nicht nur ein Rückkehrrecht haben, sondern dass ein solches Recht in jedem Friedensabkommen mit Israel anerkannt und bestätigt werden muss. Angesichts dieser Forderung klammerten sich Generationen von Friedensstiftern ohne jeden Beweis an das Wunschdenken und die Hoffnung, dass die Palästinenser mit der bloßen Anerkennung des Prinzips, dass jeder Palästinenser das individuelle Recht auf Rückkehr in den souveränen Staat Israel hat, zufrieden sein werden. Sie hofften, dass von den Palästinensern dann ein Verzicht auf die vollständige Ausübung dieses Rechts erwartet werden könne. Diese Friedensstifter argumentierten ohne Grundlage, dass jede tatsächliche Rückkehr am Ende geringfügig sein würde und die Palästinenser letztendlich die notwendige Flexibilität bei der Umsetzung zeigen würden.[14]

Die Gefahr der Anerkennung und Einfügung eines solchen inexistenten Rechts in ein umfassendes Friedensabkommen sollte offenkundig sein. Dies würde einen Mechanismus für die Rückkehrforderung bieten und damit den Konflikt aufrechterhalten. Wenn es ein Recht gibt, besteht ein Recht zu seiner Ausübung. Ein Friedensabkommen ist nicht möglich, wenn davon ausgegangen wird, dass eine Seite ein Recht hat, das auf die Außerkraftsetzung der Souveränität der anderen Seite und damit auf ihre Schwächung abzielt. Wenn Israel anerkennt, dass ein solches Recht existiert, würde dies die Tür für wiederholte und unbefristete Forderungen nach seiner Umsetzung öffnen. Es würde kein Ende des Konflikts und keinen Frieden geben. Im Vorfeld zur Vorbereitung erfolgreicher Verhandlungen ist daher die Schaffung eines Umfelds notwendig und sogar dringend erforderlich, in dem völlig klar ist, dass es kein palästinensisches Rückkehrrecht in den souveränen Staat Israel gibt.

Die internationale Gemeinschaft sollte klarstellen, dass jedes Friedensabkommen die vollständige Ablehnung der Rückkehrforderungen der Palästinenser beinhalten muss. Angesichts der drastischen Folgen der Umsetzung einer palästinensischen Rückkehr – die Auslöschung des jüdischen Staates – gibt es keinen Raum für Glaubenssätze oder Annahmen, die im Wunschdenken ihre Wurzeln haben. Es sollte keine weitere Verwendung von Begriffen wie „symbolische Zahl“, „auf humanitärer Grundlage“, „grundsätzliche Anerkennung“ oder anderen Ausdrücken geben, die von den Palästinensern als Öffnung für die Rückkehr interpretiert werden könnten. Wenn die Palästinenser sich darüber beschweren, dass die Anerkennung eines jüdischen Staates den Verzicht auf das Rückkehrrecht bedeutet, sollte die Antwort lauten: „Ja, genau das ist gemeint.“ Es ist Zeit für klare Definitionen, ohne Raum zu lassen für verschwommene Begriffe wie „vereinbart“, „gerecht“, „fair“ oder „angemessen“, die offen für Interpretationen sind.

„Konstruktive Ambiguität“ muss als Friedensansatz aufgegeben und durch „konstruktive Spezifität“ ersetzt werden. Ein echtes Bekenntnis zu einem dauerhaften Friedensabkommen bedeutet folgende klare und präzise Botschaft: Es gibt kein palästinensisches Rückkehrrecht in den Staat Israel.

AUFLÖSUNG DES UNRWA-SYSTEMS ZUR REGISTRIERUNG VON FLÜCHTLINGEN

Eine absolut notwendige Voraussetzung, die das Wachstum und die Verbreitung der Idee ermöglicht hat, dass Millionen von Palästinensern ein Rückkehrrecht haben, ist das Registrierungssystem der UNRWA, das Millionen von Palästinensern als Flüchtlinge ausgewiesen und erhalten hat. UNRWA registriert derzeit 5,5 Millionen Flüchtlinge in seinen Einsatzgebieten (Westjordanland, Gaza, Jordanien, Syrien und Libanon). Die Palästinenser behaupten, es seien bis zu acht Millionen.[15] Beides sind stark aufgeblähte Zahlen. Aber die Zahlen sind aufgebläht, gerade damit es ein wachsendes Hindernis für jede Einigung gibt, in der die jüdische Souveränität bestehen darf.

Wenn einmal festgeschrieben ist, dass die Palästinenser dem Völkerrecht nach kein Recht auf Rückkehr in den Staat Israel haben, da ihre Registrierung ihnen ein solches Recht nicht einräumt, dürfte die Registrierung von Millionen palästinensischer Flüchtlinge von der UNRWA theoretisch keine Rolle spielen. Aber sowohl bei der Idee von der Rückkehr als auch bei den Generationen von Palästinensern, die registriert worden sind und sich als Palästinaflüchtlinge sehen, ging es nie einfach nur um völkerrechtliche Ansprüche. Vielmehr ging es in erster Linie um Politik und öffentliche Diplomatie. Die Palästinenser haben auf dem Begriff „Flüchtling" bestanden, wegen dem, was er evoziert, und nicht wegen dem spezifischen Effekt unter dem Völkerrecht. Denn die UNRWA und die Geberländer wären die Ersten, die zugeben würden, dass die UNRWA den Palästinensern keinen Flüchtlingsstatus im Sinne der Flüchtlingskonvention und des Völkerrechts zuerkennt.

Aber auch ohne den ein Rückkehrrecht nach Israel kreierenden Begriff vom „palästinensischen Flüchtling" haben die Palästinenser auf der Flüchtlingsregistrierung bestanden, um öffentliche Unterstützung und Legitimität für ihre Rückkehrforderung zu bekommen; unabhängig davon, ob es sich um ein Recht handelt. Sie verwenden diesen Begriff zwecks Sympathie für eine Krise, die schon vor Jahren zu existieren aufgehört hätte, wenn sie wie jede andere Flüchtlingskrise behandelt worden wäre. Es geht um das Wecken von Mitgefühl für die Palästinenser als Flüchtlinge und die Schaffung eines Problems, dessen einzige Lösung die Rückkehr zu sein scheint. Auch wenn der Begriff „Flüchtling" keine Rechtsansprüche begründet, stellt die Verewigung einer großen Zahl von Palästinensern als Flüchtlinge ein inhärentes Hindernis für den Frieden dar.

Daher ist die Rückkehr zum Anfang und die Überprüfung der Grundlage für die Ausweisung von Palästinensern als Flüchtlinge notwendig. Die UNRWA verwendet weiterhin die ursprüngliche operative Definition von „Personen, deren gewöhnlicher Aufenthaltsort Palästina im Zeitraum vom 1. Juni 1946 bis 15. Mai 1948 war und die infolge des Konflikts von 1948 sowohl ihr Zuhause als auch ihre Lebensgrundlage verloren haben".[16] Diese Definition erfordert nur eine kurze Aufenthaltsdauer in einem bestimmten Territorium und bezieht sich auf den Verlust von Wohnung und Lebensgrundlage. Diese Definition mag zwar für die Bereitstellung von Soforthilfe nach dem Krieg sinnvoll gewesen sein, aber als fortwährende Definition palästinensischer Flüchtlinge bis heute ergibt sie keinen Sinn und ist kontraproduktiv.

Diese nie in internationalen Gremien außerhalb der UNRWA geprüfte Arbeitsdefinition hat nichts gemein mit der völkerrechtlichen Definition eines Flüchtlings nach der Flüchtlingskonvention von 1951 als „jemand, der nicht in der Lage ist oder nicht willens, aus begründeter Furcht vor Verfolgung aus Gründen der Rasse, Religion, Nationalität, Zugehörigkeit zu einer bestimmten sozialen Gruppe oder politischen Überzeugung in sein Herkunftsland zurückzukehren". Man beachte den Unterschied zwischen der international akzeptierten Vorstellung, dass die Rückkehr in das eigene Land erfolgt, und der der Palästinenser, die auf die Rückkehr in ihre spezifischen Heimstätten bestehen.

Der Begriff „registrierter Flüchtling" ist auch Jahrzehnte, nachdem er für operative und vorgeblich temporäre Zwecke geschaffen wurde, eine einzigartige Erfindung der UNRWA. Er zementiert nicht nur das gesamte Registrierungssystem der UNRWA und erlaubt ihr die Umgehung internationaler Standards und Praktiken, sondern ermöglicht den Palästinensern auch die Nutzung des populären Bildes von Flüchtlingen, als seien sie gerade erst leidend und hilfsbedürftig aus einem Konfliktgebiet geflohen, auch wenn sich die Realität längst von diesem Bild entfernt hat. Normalerweise stellt man sich Flüchtlinge nicht als mittelständische Personen mit festem Wohnsitz und im Angestelltenberuf vor, die nie aus ihrer Heimat geflohen sind und die Staatsbürgerschaft eines funktionierenden Staates innehaben. Aber diese Beschreibung stimmt mit der von viel mehr Palästinensern überein, als man sich vorstellen mag. Dabei sind sie immer noch von der UNRWA als Flüchtlinge registriert.[17]

Die überwiegende Mehrheit der von der UNRWA registrierten Personen ist noch nie aus ihrer Heimat geflohen. Sie sind die mittlerweile fünfte Generation der Nachkommen der ursprünglichen Flüchtlinge. 1965 änderte die UNRWA die Zulassungsvoraussetzungen für palästinensische Flüchtlinge auf Nachkommen der dritten Generation und erweiterte sie 1982 wiederum auf alle Nachkommen palästinensischer Flüchtlinge, einschließlich legal adoptierter Kinder.[18] Das Ergebnis war die Schaffung einer dauerhaften und ständig wachsenden palästinensischen Flüchtlingsbevölkerung. Das ist einer der Hauptgründe dafür, dass ein 1949 mit mehreren Hunderttausend Flüchtlingen beendeter Krieg bis heute mehr als fünf Millionen Menschen mit diesem Status hervorgebracht hat.

UNRWA-Vertreter behaupten, dass die Weitergabe des Flüchtlingsstatus über die Generationen nichts Außergewöhnliches sei und dass der UNHCR dies auch bei anderen längeren Konflikten täte. Aber das ist nicht korrekt. In der Flüchtlingskonvention von 1951 ist die Flüchtlingseigenschaft aufgrund von Abstammung nicht vorgesehen. Der UNHCR interpretiert die Konvention von 1951 als Begünstigung der „Familieneinheit" und setzt dieses Prinzip durch die Ausweitung der Leistungen auf die begleitende Familie des Flüchtlings um, die den Status „abgeleiteter Flüchtling" erhält. Während die UNRWA jedoch den palästinensischen Nachkommen den Flüchtlingsstatus automatisch, ohne Ermessen und ungeachtet jeglicher

Änderungen der politischen oder wirtschaftlichen Umstände überträgt, wendet der UNHCR von Fall zu Fall einen Mechanismus zur Überprüfung der Abhängigkeit jedes Familienmitglieds vom ursprünglichen Flüchtling an. Es gibt keinen automatischen Status für Flüchtlingsnachkommen. Von anderen Ländern, in denen der Flüchtlingsstatus von Antragstellern bestimmt wird, wird die Option eines abgeleiteten Status lediglich als Empfehlung und nicht als verbindliche Regel angesehen.[19]

Die UNRWA verweigert die Offenlegung der genauen und ihrer eigenen Ursprungsdefinition entsprechenden registrierten Flüchtlingszahl, also derjenigen, die zwischen Juni 1946 und Mai 1948 im Mandatsgebiet Palästina gelebt und „sowohl ihr Zuhause als auch ihre Lebensgrundlage als Folge des arabisch-israelischen Konflikts von 1948 verloren haben". Aber eine Kalkulation auf der Grundlage der Lebenserwartung ergibt, dass nur wenige Zehntausend, höchstens 100 000 der Millionen, die derzeit als Flüchtlinge registriert sind, tatsächlich im Krieg geflohen sind. Die überwältigende Mehrheit der 5,5 Millionen registrierten UNRWA-Flüchtlinge sind Nachkommen der ursprünglichen Flüchtlinge.

Ein weiteres Mittel, mit dem die palästinensischen Flüchtlingszahlen durch das Registrierungssystem der UNRWA in die Höhe getrieben werden, besteht in der Ablehnung des internationalen Standards, dass Menschen, die Staatsbürger ihres Landes sind, keine Flüchtlinge seien. In der Flüchtlingskonvention von 1951 sind die Umstände, die zum Erlöschen der Flüchtlingseigenschaft führen, klar geregelt. Darunter findet sich offenkundig der Erwerb der neuen Staatsbürgerschaft.[20] UNRWA ignoriert das am deutlichsten in Jordanien. Das Königreich Jordanien verlieh den palästinensischen Flüchtlingen die Staatsbürgerschaft, die dorthin geflohen waren (einschließlich derjenigen im Westjordanland, das Jordanien von 1949 bis 1967 besetzte). Infolgedessen sind mindestens 40 Prozent, also mehr als 2,2 Millionen der palästinensischen Flüchtlinge tatsächlich Bürger eines funktionierenden souveränen Staates. Zudem ist die überwältigende Mehrheit der 2,2 Millionen in Jordanien registrierten Flüchtlinge gleichzeitig als jordanische Staatsbürger geborene Nachkommen der Flüchtlinge.[21]

Dies bedeutet, dass in Jordanien eine Situation wie nirgendwo auf der Welt besteht. Staatsbürger, die meistens in diesem Staat geboren wurden und ihr ganzes Leben dort verbracht haben, seinen Schutz genießen, nie durch Krieg vertrieben wurden, frei mit den Pässen ihres Staates reisen können, in dessen Wahlen abstimmen und in hohe Ämter gewählt werden, sind zugleich als Flüchtlinge aus einem anderen Staat ausgezeichnet.[22] Darüber hinaus ist das Flüchtlingsbild in Jordanien (aber nicht nur dort) realitätsfern. Mehr als 80 Prozent der in Jordanien als Flüchtlinge registrierten Menschen leben nicht in Lagern.[23] Viele von ihnen sind Fachkräfte im Mittelstand und einige bekannte wohlhabende Businessleute, die zwecks ihrer Geschäfte in die Golfregion reisen.[24] Die Palästinenser in Jordanien sind in keiner Weise Flüchtlinge.

Eine andere, aber auch höchst problematische Situation bezüglich des Registrierungssystems der UNRWA besteht im Hinblick auf das Westjordanland und Gaza. Dort leben die registrierten palästinensischen Flüchtlinge in Gebieten, die entweder von der Palästinensischen Autonomiebehörde (800 000 im Westjordanland, ohne Ostjerusalem) oder der Hamas (1,4 Millionen im Gazastreifen) regiert werden, und betrachten sich als in Palästina lebend. Sie engagieren sich in vielen erfolgreichen Initiativen für die Anerkennung von Palästina als bestehendem Staat, sei es in internationalen Foren oder auf bilateraler Ebene. Das bedeutet, dass 2,2 Millionen Menschen, die als palästinensische Flüchtlinge registriert sind, tatsächlich in dem Land leben, das sie selbst als Palästina beanspruchen und anerkannt sehen wollen.

Die zentrale Frage ist demnach, aus welchem Palästina stammen die als Flüchtlinge aus Palästina registrierten Menschen, die in Gaza, Bethlehem, Nablus und Ramallah leben, und damit in Palästina? Die palästinensische Antwort ist klar: Aus dem Palästina, das eines Tages Israel ersetzen und sich vom Jordan bis zum Mittelmeer erstrecken wird. Das Problem ist, dass die westlichen Geberländer diese Vision aufrechterhalten und befeuern, indem sie die UNRWA mit ihrer weitreichenden Definition des palästinensischen Flüchtlings weiterhin unterstützen und finanzieren. Und das, obwohl es der von den Geberländern vertretenen Zwei-Staaten-Lösung völlig widerspricht und für ein Friedensabkommen zwischen Israelis und Palästinensern ein dauerhaftes Hindernis darstellt.

Wenn die Palästinenser wirklich versuchen würden, sich in einem unabhängigen palästinensischen Staat im Westjordanland und im Gazastreifen eine Zukunft aufzubauen und in Frieden Seite an Seite mit dem jüdischen Staat Israel zu leben, würden sie darauf bestehen, dass die Palästinenser im Westjordanland und im Gazastreifen unmöglich Flüchtlinge sein können, da sie in ihrer eigenen Heimat und ihrem eigenen Land und sogar ihrem zukünftigen Staat leben. Sie würden mit Genugtuung feststellen, dass unter der Palästinensischen Autonomiebehörde wie in Jordanien die überwiegende Mehrheit der registrierten Flüchtlinge nicht in Lagern lebt; und sie würden aktiv Schritte unternehmen, um die restlichen Lager abzubauen.[25] Sie würden sicherlich keine Würdenträger mitnehmen, die auf ihren Reiserouten den Staat Palästina besuchen, um sie voller Stolz durch Flüchtlingslager in diesem Staat zu führen.[26]

Eine Volksgruppe, die eine Zukunft aufbauen möchte, würde die Gelegenheit nutzen, Gaza als ihre Heimat zu behandeln. Sie würde den Rückzug Israels aus dem Gazastreifen nutzen, um ihn zu einem Modell palästinensischer Souveränität anstatt zu einer Startrampe für einen bewaffneten Kampf um die Rückkehr zu machen. Sie würde berechtigterweise argumentieren, dass sie in diesen Gebieten eher souverän sein wolle als besetzt oder eingeschränkt; aber sie würde nicht behaupten, Flüchtling aus einem anderen Land zu sein.

Leider ist genau das die Botschaft, die Palästinenser vermitteln wollen, wenn sie darauf bestehen, registrierte Flüchtlinge zu bleiben, während sie im Westjordanland und im Gazastreifen leben. Sie wollen gezielt die Vorstellung nähren, dass sie nicht in ihrem Land sesshaft geworden sind. International werden Flüchtlinge in erster Linie als sich außerhalb ihres Landes Befindende anerkannt (sonst gelten sie als „intern Vertriebene“ und verdienen weniger Schutz als Flüchtlinge). Wenn also ein Palästinenser in Ramallah als Flüchtling registriert ist, soll damit angedeutet werden, dass sein Land nicht Palästina im Westjordanland ist, sondern woanders – nämlich der Staat Israel in seinen Grenzen vor 1967. Dass die UNRWA Palästinenser im Westjordanland und im Gazastreifen als Flüchtlinge registriert und dass der Westen dies unterstützt, bedeutet letzten Endes die Akzeptanz der palästinensischen Behauptung, dass nicht nur das Westjordanland und Gaza Palästina sind, sondern dass der Staat Israel Palästina sein sollte.

Zu den 2,2 Millionen Staatsbürgerflüchtlingen in Jordanien und den 2,2 Millionen palästinensischen Flüchtlingen in Palästina – zusammen bereits mehr als 80 Prozent der Gesamtzahl der von der UNRWA als Flüchtlinge Registrierten – kommen eine weitere Million im Libanon und in Syrien hinzu. Die Registrierung dieser Million durch die UNRWA, etwa die Hälfte in Syrien und die Hälfte im Libanon, ist durch ebenso einzigartige Praktiken gekennzeichnet, die in anderen Flüchtlingssituationen ihresgleichen suchen. Zu dieser Million gehören nicht nur zumeist Nachkommen wie in Jordanien, dem Westjordanland und Gaza; die meisten von ihnen leben nicht einmal mehr in Syrien und im Libanon.

Viele palästinensische Flüchtlinge im Libanon oder Syrien, die das Land vor langer Zeit verlassen haben und möglicherweise in Deutschland oder den USA ein neues Leben begonnen und sogar die Staatsbürgerschaft erworben haben, werden von der UNRWA noch immer als Flüchtlinge geführt. Während für alle anderen Flüchtlinge auf der Welt ein solches Szenario bedeuten würde, dass sie glücklicherweise keine Flüchtlinge mehr wären, nimmt die UNRWA sie grundsätzlich nicht aus eigener Initiative aus ihren Listen raus und spürt auch keine Menschen auf, die die Länder verlassen haben, in denen sie tätig ist.

Als Ergebnis dieser einzigartigen Politik meldet die UNRWA weiterhin eine Million Flüchtlinge in Syrien und im Libanon, obwohl die meisten von ihnen schon lange weg sind und viele von ihnen möglicherweise bereits Bürger anderer Staaten. Eine kürzlich von der libanesischen Regierung durchgeführte Volkszählung hat beispielsweise ergeben, dass nur ein Drittel der von der UNRWA als Flüchtlinge im Libanon registrierten Personen tatsächlich im Libanon lebt.[27] Angesichts des verheerenden Krieges in Syrien dürfte die Zahl der dort noch lebenden Flüchtlinge noch geringer sein. Die UNRWA verfolgt sie jedoch nicht und ermittelt ihre Situation nicht. Die UNRWA verweigert sich also nicht nur einer aktiven Politik der Beendigung der palästinensischen Flüchtlingssituation in Syrien und im Libanon auf andere Weise als durch die Rückkehr, sondern unternimmt auch keine Schritte, zu berücksichtigen, dass einzelnen Palästinensern der Aufbau eines neuen und besseren Lebens in anderen Ländern längst gelungen ist, und führt sie stattdessen weiterhin als Flüchtlinge in ihren Büchern.

Die UNRWA geht noch weiter: Selbst in den Fällen, in denen ihren registrierten Flüchtlingen die Ausübung der Rückkehr tatsächlich gestattet wurde, wie im Beispiel unten gezeigt, registriert die UNRWA sie immer noch als Flüchtlinge. Das kann nur bedeuten, dass das Registrierungssystem der UNRWA der Vision einer ganz bestimmten Art der Rückkehr dient. Diese wirklich extreme Praxis zeigt sich am deutlichsten bei der Registrierung von Flüchtlingen in Ostjerusalem. Nach dem Sechstagekrieg annektierte Israel Ostjerusalem und seine Umgebung und wandte sein Gesetz und seine Verwaltung auf diese Gebiete an. Zu den annektierten palästinensischen Dörfern gehörte das Flüchtlingslager Shuafat, in dem zu dieser Zeit Tausende registrierter Flüchtlinge untergebracht waren. Infolgedessen erfüllten die Bewohner von Shuafat effektiv ihre Rückkehrforderung. Dies war sicherlich nicht die Absicht Israels, aber ihr Status erlaubt ihnen die Rückkehr. Als legale Einwohner von Israel haben sie das Recht auf Freizügigkeit und freie Wohnsitzwahl, einschließlich der Stadt, aus der sie oder ihre Vorfahren stammen. Darüber hinaus können sie die Staatsbürgerschaft beantragen, wenn sie ihren Wunsch beweisen, „in Frieden mit ihren Nachbarn zu leben“. Das ist sozusagen die vollständige Erfüllung der eigenen extremen Auslegung von Paragraph 11 der Resolution 194 durch die Araber.

Für die Rückkehr spielt es keine Rolle, ob man Israels Annexion Ostjerusalems und der umliegenden Dörfer für legitim hält oder nicht. Die Flüchtlinge, die in Israel ansässig wurden, haben in der Praxis die Voraussetzung zur Rückkehr erworben. Angesichts dessen hätte die UNRWA erklären konnen, dass sie innerhalb der neuen Grenzen Jerusalems keine Verpflichtungen mehr habe und sich weigere, die in Ostjerusalem lebenden Flüchtlinge und ihre Zehntausenden Nachkommen als Flüchtlinge zu registrieren. Die UNRWA machte jedoch keine solche Ankündigung. Die Bewohner des Flüchtlingslagers Shuafat, die größtenteils nach dem Unabhängigkeitskrieg 1948 und nach der Annexion Jerusalems 1967 geboren wurden, sind registrierte palästinensische Flüchtlinge geblieben.

Der Fall Shuafat zeigt, dass die Registrierungspraktiken der UNRWA ganz im Dienst einer politischen Vision einer kollektiven, umfassenden und vollständigen palästinensischen Rückkehr zum Zweck der Auflösung Israels steht. Nichts scheint die UNRWA zur Entfernung der Palästinenser aus ihrem Registrierungssystem für Flüchtlinge zu veranlassen.

Das Registrierungssystem der UNRWA kombiniert all diese einzigartigen Praktiken und Definitionen, um eine enorm überhöhte Zahl von registrierten palästinensischen Flüchtlingen zu schaffen. Es wird eine veraltete operative Definition von „palästinensischen Flüchtlingen“ verwendet und eine einzigartige administrative Kategorie registrierter Flüchtlinge geschaffen. Gleichzeitig gibt die UNRWA vor, dass diese mit der internationalen Kategorie von Flüchtlingen verwandt sei, und registriert Nachkommen automatisch, umfassend und auf unbestimmte Zeit als Flüchtlinge. Das System der UNRWA lehnt die Anerkennung ab, dass Bürger, die in ihren eigenen Ländern leben, keine Flüchtlinge sind; es registriert Palästinenser, die behaupten, in Palästina zu leben, als Flüchtlinge und weigert sich, die tatsächlichen Lebensumstände der registrierten Flüchtlinge nachzuvollziehen, um festzustellen, ob sie Bürger anderer Länder geworden sind. Schließlich unterlässt die UNRWA alle Schritte zur Beendigung des Flüchtlingsstatus der Palästinenser, außer durch vollständige

Rückkehr in den Staat Israel, und behandelt Palästinenser, die eine Rückkehr ausüben können, weiterhin als Flüchtlinge.

Die Fähigkeit der UNRWA, einer Überprüfung und Rechenschaftspflicht für ihre Praktiken zur Registrierung von Flüchtlingen zu entgehen, wurde durch einen intransparenten und nicht rechenschaftspflichtigen Entscheidungsprozess gestützt. In der Generalversammlung, unter deren Autorität die UNRWA agiert, ist der Prozess, um der UNRWA wichtige Entscheidungen zu ermöglichen, im Wesentlichen bürokratisch. Von der UNRWA werden regelmäßig autorisierte Berichte vorgelegt. Das bedeutet, dass eines der wichtigsten Themen in einem der am häufigsten berichteten Konflikte der Welt von einigen wenigen jungen Bürokraten entschieden wird, von denen nur wenige gehört haben und deren Verhalten noch weniger verstehen. Jahrzehntelang ist von der UNRWA eine Parallelwelt von politischen und exekutiven Entscheidungen aufrechterhalten worden, die allein dem palästinensischen Narrativ dienen. Die UNRWA hat in Bezug auf die palästinensischen Flüchtlinge effektiv eine außergewöhnliche Reihe von Normen und Standards geschaffen.

Wenn alle einzigartigen und inflationären Praktiken der UNRWA zur Registrierung von Flüchtlingen geprüft und abgeschafft werden, wird sich herausstellen, dass wahrscheinlich weniger als fünf Prozent (250 000 von 5,5 Millionen) der derzeit von der UNRWA als Flüchtlinge registrierten Personen ernsthaft als Flüchtlinge angesehen werden können. Die übrigen 95 Prozent sind entweder Bürger eines funktionierenden Staates (in Jordanien) oder leben in dem Palästina, das sie im Westjordanland und im Gazastreifen anerkannt sehen wollen, oder streben anderswo ein neues Leben an. Aber selbst wenn diese etwa 250 000 Verbliebenen in Syrien und im Libanon – die ursprünglichen Kriegsflüchtlinge sowie deren Nachkommen – die Behandlung bekommen und angenommen hätten wie die zig Millionen Flüchtlinge aus den blutigen Kriegen des 20. Jahrhunderts auch, gäbe es heute keine palästinensischen Flüchtlinge, so wie es heute auch keine Flüchtlinge aus irgendeinem anderen Krieg der 1940er und nicht einmal der 1950er Jahre gibt.

Wenn die inflationären Kriterien, die die UNRWA zur Registrierung palästinensischer Flüchtlinge verwendet hat, auf den Rest der Weltbevölkerung angewendet würden, gäbe es nicht nur die zwanzig Millionen Flüchtlinge, die UNHCR heute zählt.[28] Vielmehr würde ein großer Teil der Weltbevölkerung, bis zu Hunderte Millionen Menschen, heutzutage als Flüchtlinge gelten. Schlimmer noch, das Ergebnis bei einer solchen Politik der Aufrechterhaltung von Flüchtlingen wäre eine Welt, die in einem rückwärtsgewandten Modus feststeckt und sich weigert, Schritte in Richtung einer neuen Zukunft zu unternehmen. Südkorea wäre immer noch das Ödland, das es nach dem Koreakrieg war, und nicht ein asiatischer Wirtschaftstiger. Auf beiden Seiten der indisch-pakistanischen Grenze würden zig Millionen Angehöriger mehrerer Generationen von Flüchtlingen vor sich hin vegetieren und weiterhin das andere Land als ihr eigenes beanspruchen. Die Vereinigten Staaten wären eines Großteils ihrer Dynamik beraubt und zu einem Land von Flüchtlingen geworden, die sich weigern, eine Zukunft darin aufzubauen, während sie ständig auf ihre mythologisierten früheren Leben oder vielmehr auf die ihrer Urgroßeltern zurückblicken. Hunderte Millionen Flüchtlinge in Afrika und Europa würden in Lagern sitzen, Ressentiments und Rachephantasien hegen und pflegen, und die Grenzen keines einzigen Nationalstaats wären festgelegt worden. Wären die Menschen im Rest der Welt genauso als Flüchtlinge registriert worden wie die UNRWA es mit den Palästinensern tut, wäre der lange (relative) Frieden, der seit dem Ende des Zweiten Weltkriegs einen Großteil der Welt geprägt hat, durch ständigen Krieg unterbrochen worden.

UNRWA AUFLÖSEN: WARUM

Die tragische, aber unausweichliche Realität ist, dass die UNRWA eher die Aufrechterhaltung des palästinensischen Flüchtlingsproblems als seine Lösung ermöglicht hat. Selbst der Schweizer Außenminister Ignazio Cassis, der meinte, die UNRWA habe „lange als Lösung funktioniert“, wies nach einem Besuch in einem Flüchtlingslager im Westjordanland im Mai 2018 darauf hin, „dass sie heute Teil des

Problems geworden ist". Cassis fügte hinzu, dass die UNRWA „Munition zur Verfügung stellt, um den Konflikt fortzusetzen" und dass „[wir], indem wir die UNRWA unterstützen, den Konflikt am Leben erhalten".[29] Tatsächlich hätte die Fiktion von Millionen palästinensischer Flüchtlinge nicht aufrechterhalten werden können, wenn die UNRWA sie nicht als solche registriert hätte. Die UNRWA, ihre Politik und ihre Praktiken haben der Vorstellung, dass der Krieg von 1948 nicht vorbei sei und dass Generationen palästinensischer Flüchtlinge mit einer Rückkehr nach Israel rechnen sollten, welches dann nicht mehr als ein jüdischer Staat existieren würde, effektiv einen internationalen Stempel aufgedrückt.

Der Wunsch, den Krieg von 1948 am Laufen zu halten, erklärt die Forderung der arabischen Staaten bei der Gründung des UNHCR im Jahr 1950, „Personen, die derzeit von [anderen] Organen oder Einrichtungen der Vereinten Nationen unterstützt werden", ihrer Verantwortung zu entziehen; gemeint ist die UNRWA, die seit 1950 für die palästinensischen Flüchtlinge zuständig war. Dass die palästinensischen Flüchtlinge nicht lange Flüchtlinge bleiben würden, wenn sie damals wie die anderen behandelt worden wären, war den arabischen Staaten klar. Daher bemühten sie sich, eine für die Palästinenser konzipierte Ausnahme aus der Flüchtlingskonvention und dem UNHCR-Mandat herauszuarbeiten.

Die Schaffung der UNRWA-Ausnahme bedeutete sowohl, dass die UNRWA über Jahrzehnte Millionen von Menschen als Flüchtlinge registrieren konnte, die nicht wie jede andere Flüchtlingsgruppe der Welt grundlegende Kriterien erfüllten, als auch, dass sie eine andere Lösung für die Flüchtlinge als ihre vollständige Rückkehr nach Israel vermeiden konnte. In allen anderen Flüchtlingssituationen hingegen gelten die Rehabilitation vor Ort und die Neuansiedlung in Drittstaaten als gleichermaßen legitime Lösungen.

Da das Mandat des UNHCR in der Umsetzung der Flüchtlingskonvention von 1951 besteht, arbeitet das Amt an einer individuellen Lösung für jeden Flüchtling, damit er oder sie nicht mehr schutzbedürftig ist. Der UNHCR ist nicht zur Rückführung der Flüchtlinge als einzige Lösung zur Beendigung ihres Flüchtlingsstatus verpflichtet. Er kann und wird sich normalerweise um andere Lösungen zur Beendigung ihres Flüchtlingsstatus bemühen.[30] Dies ist insbesondere dann der Fall, wenn die Fortdauer des Kriegszustandes deutlich wird, wie es bei Israel und den Palästinensern der Fall war.

Westliche UNRWA-Geldgeber lehnen die Behauptung, dass sie die UNRWA-Ausnahme und ihre inflationären Registrierungspraktiken und damit die palästinensische Vision der Rückkehr unterstützten, nachdrücklich ab. Es besteht jedoch ein direkter Zusammenhang zwischen ihrer wirtschaftlichen und politischen Unterstützung der UNRWA und der palästinensischen Rückkehrforderung.

Die Unterstützung der UNRWA durch die internationale (und insbesondere die westliche) Gemeinschaft ist beträchtlich und langwierig. Im Gegensatz zu der UNHCR ist die UNRWA (noch) eine temporäre Agentur und erhält kein reguläres Budget von den Vereinten Nationen, abgesehen von einem kleinen Budget für ihr internationales Management.[31] Sie muss daher immer wieder Gelder von Geberländern einwerben. Das Jahresbudget der UNRWA für laufende Kosten und Sonderprojekte, das sich in den letzten Jahren auf rund 1,2 Milliarden US-Dollar belief, kommt größtenteils aus dem Westen. Jahrzehntelang steuerten die Vereinigten Staaten fast ein Drittel der Gesamtsumme bei (in den letzten Jahren etwa 370 Millionen US-Dollar jährlich). Dies taten sie bis zu ihrem Beschluss zum Entzug der UNRWA-Finanzierung im Jahr 2018.

Normalerweise trägt Europa als Ganzes etwa die Hälfte des Gesamtbudgets der UNRWA bei. Bevor sie ihren Anteil als Reaktion auf den Finanzierungsentzug der USA erhöht hat, steuerte die Europäische Union rund 160 Millionen US-Dollar bei; einzelne europäische Staaten, darunter Deutschland, Großbritannien, Schweden, die Schweiz, Norwegen und die Niederlande, weitere 400 Millionen US-Dollar. Japan, Australien und Kanada geben weitere 80 Millionen US-Dollar.[32]

Das bedeutet, dass der Westen die UNRWA seit 70 Jahren finanziell unterstützt und zig Milliarden Dollar nicht zur Lösung des Flüchtlingsproblems, sondern zu dessen Fortbestand beisteuert.

Offiziell setzen sich westliche Staaten für ein israelisch-palästinensisches Friedensabkommen ein, das auf einer Zwei-Staaten-Lösung basiert: einem jüdischen Staat Israel und einem arabischen Staat Palästina. Aber indem sie die UNRWA unterstützen, nähren sie gleichzeitig die Rückkehrforderung der Palästinenser nach Israel. Das steht völlig im Widerspruch zu dieser erklärten Politik.

Westliche Diplomaten greifen auf mehrere Erklärungen für diesen eklatanten Widerspruch zwischen der offiziellen Politik ihrer Länder und der anhaltenden finanziellen Unterstützung der UNRWA zurück. Ihr Hauptargument ist, dass das Flüchtlingsproblem in einer umfassenden Friedensregelung gelöst werden müsse. Bis dahin sei die westliche Unterstützung für die UNRWA „humanitär". Ein damit verbundenes Argument besteht in der Leugnung der Vorstellung, dass die westlichen Wirtschaftshilfen für die UNRWA die Unterstützung der palästinensischen Rückkehrforderung durch die Geberländer bedeutet. Aber die Palästinenser bestehen darauf, dass die UNRWA und die westliche Unterstützung dafür „die Verkörperung des Versprechens internationaler Gerechtigkeit für die palästinensischen Flüchtlinge" sind; und für die Palästinenser bedeutet „Gerechtigkeit" die Rückkehr der Flüchtlinge.[33]

Die Auffassung der Palästinenser über die Situation ist die vernünftigere. Das Argument des Westens, dass erhebliche, anhaltende Wirtschaftshilfen für eine Organisation mit einer klaren politischen Agenda nicht unbedingt eine Unterstützung dieser Agenda bedeutet, weist auf die Blindheit oder Naivität des Westens hin. Das umso mehr, als den westlichen Staaten bereits in den 1950er Jahren ihre Kapitulation vor der arabischen Forderung nach der Aufrechterhaltung der UNRWA lange nach dem klaren Scheitern ihrer Sanierungspläne deutlich war; es war eine Form geopolitischer Bestechung für das Wohlwollen der arabischen Staaten.

Auch wenn westliche Diplomaten und Beamte über den politischen Kontext der Kapitulation des Westens vor der UNRWA in den 1950er Jahren nicht Bescheid wissen und sich nicht haben davon überzeugen lassen, dass es einen Zusammenhang zwischen der

Unterstützung ihrer Länder für die UNRWA und der Unterstützung der palästinensischen Rückkehrforderung gibt, ist unklar, warum sie Stellungnahmen zu dieser Frage unterlassen. Denn sie beziehen gleichzeitig routinemäßig klare Positionen zu den anderen, wie der palästinensischen Eigenstaatlichkeit, den Grenzen und Siedlungen.

Wenn westliche Diplomaten ihre Politik gegenüber der UNRWA und der palästinensischen Flüchtlingsfrage auf die Siedlungen und die Präsenz Israels übertragen hätten, hätten sie die Siedlungen jahrzehntelang wirtschaftlich und politisch aktiv unterstützt und jede Kritik mit dem Argument abgewehrt, dass das Problem in späteren Friedensgesprächen endgültig gelöst werden würde. Dazu hätten sie auch bestehende Rechtsauffassungen übernommen, die mit der Legitimität der Siedlungen argumentieren.

Der westliche Verzicht auf eine öffentliche Stellungnahme in der Flüchtlingsfrage bedeutet, dass die Palästinenser weiterhin an ihren Erwartungen auf eine zukünftige Rückkehr festhalten können. Dieses mit einer konsequenten substantiellen Wirtschaftshilfe für die UNRWA gepaarte Schweigen und deren Politik, die speziell das palästinensische Rückkehrrecht unterstützt, deutet unleugbar auf eine einseitige Unterstützung der palästinensischen Position und eben nur dieser Position hin.

Die traurige Wahrheit ist, dass, wenn sich die UNRWA wirklich der humanitären Hilfe und nicht den politischen Zielen verschrieben hätte, sie schon vor Jahrzehnten ihr Gelingen verkünden und ihre Tätigkeit hätte beenden können. Dank der UNRWA haben die Palästinenser großartige Bildungsangebote erhalten, die sie zu einer der am besten ausgebildeten Gruppen in der arabischen Welt gemacht haben. Wo immer es erlaubt war, wurden sie in die lokale arabische Wirtschaft integriert, und sie wurden sogar mit den Fähigkeiten zu einer Integration in wettbewerbsfähige westliche Volkswirtschaften ausgestattet. Aber die UNRWA hat kein Interesse an einer Einstellung ihrer Aktivitäten und der Verkündung von Erfolgen. Denn Erfolg kann nur in einer vollständigen und umfassenden Rückkehr gesehen werden. Deshalb steigen die Zahlen der UNRWA-Flüchtlingsregister kontinuierlich. Damit sichert sich die UNRWA eine Rolle für die Ewigkeit und den Kriegsparteien ein weiteres Jahrhundert Krieg.

Für die UNRWA ist eine zentrale Motivation das Garantieren der eigenen unbefristeten Tätigkeit, denn im Gegensatz zu UNHCR ist sie eine Organisation von Palästinensern für Palästinenser. Die UNRWA ist nach der Palästinensischen Autonomiebehörde der größte Arbeitgeber der Palästinenser. Der UNHCR hingegen ist eine Organisation von UN-Beamten für Flüchtlinge. Der UNHCR beschäftigt die Flüchtlinge weder, noch wird er von ihnen verwaltet. Die UNRWA ist jedoch mit Ausnahme einer sehr dünnen Schicht an der Spitze eine durchwegs palästinensische Organisation. Die Lehrer an UNRWA-Schulen sind in erster Linie registrierte palästinensische Flüchtlinge, ebenso wie das Personal in den UNRWA-Krankenhäusern und Sozialämtern. Auf ihrer Website rühmt sich die UNRWA, rund 30 000 palästinensische Flüchtlinge und „eine kleine Anzahl internationaler Mitarbeiter“ zu beschäftigen.[34]

Zum Vergleich: Im Jahr 2019 hat der UNHCR mit fast 17 000 Mitarbeitern, die keine Flüchtlinge, sondern Agenturpersonal waren, rund 20 Millionen Flüchtlinge betreut.[35] Die UNRWA hat 5,5 Millionen Flüchtlinge registriert, die von über 30 000 Mitarbeitern betreut werden, von denen fast alle Palästinenser sind. Damit ist das Verhältnis von Personal zu registrierten Flüchtlingen bei der UNRWA siebenmal höher als bei dem UNHCR. In jeder Hinsicht ist die UNRWA eine palästinensische Organisation unter dem internationalen Deckmantel der Vereinten Nationen.

Die UNRWA agiert unter dem Deckmantel der Vereinten Nationen und dem Deckmantel der Sorge um die Rechte von Flüchtlingen, um effektiv die Fortdauer und die Vehemenz des Konflikts mit Israel sicherzustellen. Die Beibehaltung der UNRWA ist gefährlich kontraproduktiv, es sei denn, das Ziel des Westens ist die Fortführung des Krieges von 1948, bis ein Sieg der Araber die jüdische Souveränität umkehrt. Die Aufrechterhaltung der UNRWA sendet eine Botschaft von der Unterstützung des palästinensischen Ziels eines exklusiv arabischen Palästina vom „Fluss bis zum Meer“ durch den Westen.

Die Auflösung der UNRWA wäre daher ein entscheidender Schritt in Richtung Frieden zwischen Israelis und Palästinensern, der nicht auf der palästinensischen Vision ohne Israel basiert.

Es stimmt, dass die Auflösung der UNRWA und ihres Mechanismus zur Registrierung von Flüchtlingen die palästinensische Vision der Rückkehr wahrscheinlich nicht sofort verändern wird. Aber das Beibehalten des UNRWA in seiner jetzigen Form garantiert den Fortbestand des Flüchtlingsproblems und damit des Konflikts. Jahrzehntelange westliche Blindheit, ob gewollt oder nicht, bedeutet, dass der Westen mitschuldig ist an der Schaffung und Befeuerung genau des Inkubators, der einen kriegerischen palästinensischen Nationalismus nährte und entwickelte, der sich der Vision der Rückkehr verschrieben hat. Die UNRWA ist weder eine marginale, alleinstehende Organisation in einem Meer von in der Region tätiger UN-Organisationen, noch ist sie neutral. Trotz der Initialen „UN" ist die UNRWA keine wirkliche UN-Agentur. Sie ist eine aktive Partei im palästinensisch-israelischen Konflikt. Die UNRWA kann ihre seit 70 Jahren angewandten Strategien und Praktiken nicht rückgängig machen, die zu nichts anderem als einem Mittel zum Fortbestand des Problems geworden sind, zu dessen Lösung sie geschaffen wurde. Die UNRWA kann nicht reformiert werden. Ihre Auflösung ist eine notwendige Bedingung zur Ebnung eines Wegs zu echtem Frieden.

UNRWA AUFLÖSEN: WIE

Im Januar 2018 kündigte Nikki Haley, die damalige US-Botschafterin bei den Vereinten Nationen, an, dass „der Präsident im Grunde gesagt hat, er wolle der UNRWA keine zusätzlichen Mittel gewähren oder die Finanzierung einstellen, bis die Palästinenser zustimmen, an den Verhandlungstisch zurückzukommen".[36] Präsident Trump bestätigte sofort die Kommentare von Botschafterin Haley und twitterte: „Wir zahlen den Palästinensern HUNDERTE MILLIONEN DOLLAR pro Jahr und bekommen weder Anerkennung noch Respekt. Sie wollen nicht einmal einen längst überfälligen Friedensvertrag mit Israel verhandeln, aber wenn die Palästinenser nicht mehr bereit sind, über Frieden zu sprechen, warum sollten wir ihnen in Zukunft diese massiven Zahlungen leisten?"[37] Es folgte ein neunmonatiger Kampf zwischen dem US-Außenministerium auf der einen Seite und Präsident Trump und Botschafterin Haley auf der anderen Seite bezüglich der weiteren Finanzierung. Im August 2018 wurde der interne Kampf zugunsten der Finanzierungseinstellung der UNRWA beigelegt. In einer vom Außenministerium im Namen der Vereinigten Staaten widerwillig abgegebenen Erklärung heißt es, dass „das grundlegende Geschäftsmodell und die steuerlichen Praktiken, die die UNRWA seit Jahren kennzeichnen – in Verbindung mit der endlos und exponentiell wachsenden Gemeinschaft der berechtigten Begünstigten der UNRWA – einfach nicht tragfähig sind und sich seit vielen Jahren im Krisenmodus befinden". Daher „werden die Vereinigten Staaten keine weiteren Mittel für diese unheilbar fehlerhafte Operation bereitstellen".[38]

Während die Erklärung die „unheilbar fehlerhafte Operation der UNRWA" hervorhob, konzentrierte sie sich letztendlich mehr auf den finanziellen Aspekt und stellte fest, dass die USA „nicht mehr bereit sind, den sehr unverhältnismäßigen Anteil der UNRWA-Kosten zu tragen, die wir jahrelang übernommen haben".[39] Da der Fokus auf Budgetlücken und „Lastenteilung" lag, unternahmen die USA weder weitere Schritte zur Überzeugung anderer Länder vom Entzug der Finanzierung für die UNRWA, noch wurden ernsthafte Anstrengungen gemacht, um der diplomatischen Gemeinschaft und der Öffentlichkeit zu erklären wie genau die UNRWA diese „endlos und exponentiell wachsende Gemeinschaft berechtigter Begünstigter" geschaffen hat und warum sie zu einer „unheilbar fehlerhaften Operation" geworden ist. Zur Hervorhebung der potenziellen Verbindung zwischen dem Entzug der Finanzierung der UNRWA und der Förderung des Friedens wurde praktisch nichts getan. Infolgedessen erschien Trumps Entzug rein strafend. Europäische Länder und insbesondere die EU beeilten sich, die Haushaltslücke zu füllen, da sie davon ausgingen, dass die US-Position nur vorübergehend war. Damit war die kurze öffentliche und mediale Diskussion über die UNRWA de facto wieder beendet.

Die Art und Weise, in der die USA der UNRWA die Finanzierung entzogen haben, und die daraus resultierende europäische Reaktion wurden zu einer tragisch verpassten Gelegenheit. Es gibt weitaus bessere und wirksamere Maßnahmen einer Frieden und Wohlergehen für Israelis und Palästinenser dienlichen Auflösung der UNRWA.

Von Geberländern wird oftmals argumentiert, dass gegen die UNRWA nichts unternommen werden könne, weil das Mandat der Agentur von der UN-Generalversammlung, in der die Palästinenser eine automatische Mehrheit genießen und kein Staat ein Vetorecht hat, genehmigt wird. Aber selbst wenn das Mandat der UNRWA von der UN-Generalversammlung festgelegt und erneuert wird, hängt ihr Budget fast vollständig vom Wohlwollen Europas, Kanadas und Australiens ab (wobei einige immer noch hoffen, dass die USA die Organisation wieder finanzieren)[IV]. Solange der Hauptbetriebshaushalt der UNRWA nicht durch den ordentlichen Haushalt der Vereinten Nationen gedeckt ist, haben diese Länder unabhängig vom Abstimmungsverhalten in der UN-Generalversammlung einen ernsthaften Einfluss auf die UNRWA.

Aber selbst wenn sie widerwillig akzeptieren, dass die Geberländer aufgrund ihrer finanziellen Beiträge einen erheblichen Einfluss auf die UNRWA haben, verzichten europäische Diplomaten und politische Entscheidungsträger auf die Ausnutzung dieses finanziellen Einflusses, indem sie Sicherheitsbedenken anführen. Sie argumentieren, dass die UNRWA eine mäßigende Kraft und radikalen Gruppen wie der Hamas vorzuziehen sei, die die Abwesenheit der UNRWA zum Schüren von Chaos und Gewalt ausnutzen würden.

Doch Argumente über die mäßigende Kraft der UNRWA haben mit der Zeit an Glaubwürdigkeit verloren. Die UNRWA beteiligt sich

IV Die Biden-Administration hat die Finanzierung der UNRWA mittlerweile wieder aufgenommen. Siehe: „Vereinigte Staaten nehmen Zahlungen für UN-Hilfswerk wieder auf", in: *FAZ*, 8. April 2021. URL: https://www.faz.net/aktuell/politik/ausland/palaestinenser-usa-nehmen-zahlungen-fuer-un-hilfswerk-wieder-auf-17282799.html, zuletzt abgerufen am 20. Juni 2022. (Anm. d. Ü.)

zwar nicht direkt an gewalttätigen oder terroristischen Aktivitäten, aber was sie tut, dient dem Erhalt des Narrativs, das einen gewaltsamen palästinensischen Kampf belebt und fördert. Es ist kein Zufall, dass der Libanon und Gaza, wo die Flüchtlingskultur am extremsten ist, die hasserfülltesten Formen des palästinensischen Extremismus beheimatet. Es besteht eine enge Verbindung zwischen der UNRWA und der Tatsache, dass ihre Lager in Gaza und im Libanon Schauplätze der intensivsten israelisch-palästinensischen Gewalt gewesen sind. Die UNRWA ist keine moderierende Kraft in dem Konflikt. Schlimmer noch, indem sie sich als mäßigende Kraft tarnt, bietet die UNRWA tatsächlich einen Deckmantel für die schwerwiegendsten Fälle palästinensischer Radikalisierung.

Die irrige Vorstellung, dass die UNRWA eine moderierende Kraft sei, rührt hauptsächlich von der Tatsache her, dass die UNRWA denjenigen, die sie als Flüchtlinge registriert, Bildungs- und Gesundheitsdienste bietet. Aber diese wertvollen Dienste könnten auch ohne Verewigung der palästinensischen Flüchtlingssituation erbracht werden. Jahrzehntelang basierte die westliche Politik auf der irrigen Annahme, dass es nur die Wahl zwischen zwei extremen Optionen gibt: die Gewährung eines vollen Schutzes für die UNRWA oder die Konfrontation mit einem breit angelegten palästinensischen Aufstand und vielleicht einer weitreichenden arabischen Gewalt; also fiel die Wahl auf den vollen Schutz für die UNRWA. Die Formulierung einer differenzierteren, kreativeren und visionären Politik mit Vorenthaltung des vollständigen Schutzes für die UNRWA und gleichzeitiger Begrenzung der damit verbundenen Gefahren wurde nie in Erwägung gezogen.

Eine solche Politik aber existiert. Es gibt einen rationalen, humanen und effektiven Weg, die palästinensische Flüchtlingsfrage anzugehen. Es würde die Bereitstellung von Hilfs-, Gesundheits- und Bildungsdiensten für bedürftige Palästinenser erleichtern und gleichzeitig die Bereitstellung dieser Dienste vom politischen Ziel der Erhaltung und Förderung der Rückkehrforderung lösen.

Es ist von entscheidender Bedeutung, dass der Fluchtpunkt der Politik in der Auflösung der UNRWA liegen muss. Jede Politik, die kleine Reformen anstrebt – wie die Änderung des Inhalts der Lehrbücher, sodass diese nicht mehr den Ethos eines gewaltsamen Kampfes für die vollständige Rückkehr widerspiegeln, oder die Entfernung von UNRWA-Mitarbeitern, die bei antisemitischen Äußerungen auf Facebook erwischt worden sind, oder Überprüfungen von UNRWA-Mitarbeitern zur Vergewisserung, dass sie keine aktiven Kämpfer in der Hamas sind – würde lediglich einer Hinauszögerung des notwendigen Endes dienen. Zweifellos sind dies wichtige und beunruhigende Themen, aber Variationen davon sind seit den 1960er Jahren präsent. Die Ansprache dieser Themen ermöglicht der UNRWA und ihren Unterstützern die Proklamation, dass sie sich mit dem Problem befassen; damit aber würde die Aufmerksamkeit von der Tatsache abgelenkt, dass die Wurzel des Problems die UNRWA selbst, ihre Struktur, ihre gesamte Natur und ihre Funktionsweise ist.

Der offensichtliche Ort, um mit der Auflösung der UNRWA zu beginnen, ist das von der Palästinensischen Autonomiebehörde verwaltete Gebiet. Die Tätigkeiten der UNRWA sollten mit denen der Palästinensischen Autonomiebehörde zusammengelegt werden. Geberstaaten könnten alle für den Betrieb von UNRWA-Schulen und -Krankenhäusern vorgesehene finanzielle Unterstützung an die Palästinensische Autonomiebehörde umleiten. Aus praktischer Sicht und aus Sicht der geleisteten Hilfen würde sich nichts ändern außer dem Schild an der Tür. UNRWA-Schulen würden zu PA-Schulen, aber die Schüler, Lehrer und Lehrpläne würden dieselben sein. Das gleiche gilt für Krankenhäuser. Die derzeit von der UNRWA bereitgestellte Hilfe in Quantität und Qualität würde fortgeführt, jedoch über die Palästinensische Autonomiebehörde erfolgen. Die Geberstaaten könnten diese Dienstleistungen weiter nach Wunsch unterstützen, aber die Finanzierung würde über die Palästinensische Autonomiebehörde laufen.

Derzeit bietet die Palästinensische Autonomiebehörde die gleichen Bildungs- und Sozialdienste wie die UNRWA und auf demselben Territorium. Das bedeutet, dass in denselben Städten im Westjordanland, die Schulen und Krankenhäuser der PA und der UNRWA

Seite an Seite arbeiten. Die Dienste der PA werden als entscheidender Teil der Bemühungen um den Staatsaufbau dargestellt, in Vorbereitung auf den Frieden auf der Grundlage einer Zwei-Staaten-Vision. Von der UNRWA wird hingegen gleichzeitig und auf demselben Territorium ein paralleles System betrieben, das den Traum eines „Palästina vom Fluss bis zum Meer" wahrt. Wenn es den Geberländern mit der Friedensförderung ernst ist, verliert die Beibehaltung eines parallelen UNRWA-Systems in der Palästinensischen Autonomiebehörde ihren Sinn.

Die durch den Prozess der Übertragung der Operationen der UNRWA an die PA übermittelte Botschaft wäre klar. Palästinensische Flüchtlinge würden keine Hilfen mehr von einer UN-Agentur erhalten, deren Zweck ihre Versorgung beim Warten auf ihre Rückkehr nach Haifa ist. Stattdessen würde ihre Situation eher der staatsbildenden Vision entsprechen, dass sie als Bürger ihres eigenen Staates Sozialleistungen von ihrer eigenen Regierung erhalten.

Diese Übertragung der Operationen könnte schrittweise zur Betonung der Bereitschaft des Westens zur Unterstützung der Bedürfnisse der Palästinenser erfolgen, aber nicht die Vision einer Rückkehr fördern. Während der Übergangszeit wäre eine Erklärung der westlichen Geberstaaten sehr hilfreich, dass sie ihre Wirtschaftshilfen für die Palästinenser durch die UNRWA zwar vorübergehend fortsetzen, dies jedoch nicht als politische Unterstützung der palästinensischen Rückkehrforderung missverstanden werden sollte. Wenn westliche Staaten ihre finanzielle Unterstützung für die UNRWA tatsächlich nicht als politische Unterstützung für ein palästinensisches Rückkehrrecht sehen, sollten sie dies offen sagen.

In der Übergangsphase könnte der Mitteltransfer an das Erreichen bestimmter Meilensteine im Auflösungsprozess der UNRWA geknüpft werden. Während dieser Zeit könnten die Gelder bis zur Erreichung der Meilensteine treuhänderisch gehalten werden. Die Hinterlegung der Gelder würde zeigen, dass der Westen zu Hilfen bereit ist, aber keinen Blankoscheck mehr ausstellt. Der Geldtransfer könnte beispielsweise direkt und anteilig davon abhängig gemacht werden, ob eine bestimmte Anzahl von Einrichtungen an die Verwaltung der Palästinensischen Autonomiebehörde übergeben wurde.

Es ist natürlich möglich, dass sich sowohl die Flüchtlinge selbst als auch die PA der Übertragung von Tätigkeiten von der UNRWA auf die PA widersetzen. Aber wenn ein solcher Plan gegen eine Kürzung Mittel und Veränderung der Leistungen wegen der Rückführungspolitik abgelehnt wird, wäre genau dies der Punkt, an dem westliche Geber deutlich machen sollten, dass sie sich nicht mehr mit dem Geld ihrer Steuerzahler zur Unterstützung einer Agentur drängen lassen, die ihrer ureigenen Außenpolitik der Friedensförderung zwischen zwei Staaten direkt widerspricht und diese untergräbt.

Während die Palästinensische Autonomiebehörde die offensichtlichste Wahl für den Abbau der UNRWA darstellt, ist der Gazastreifen ein Fall für sich. Theoretisch könnten Geberländer eine ähnliche Politik wie im Westjordanland verfolgen, da die PA noch immer offiziell für Gaza verantwortlich ist. In der Praxis mag jedoch ein Ansatz erforderlich sein, der die unterschiedliche Situation im von der Hamas regierten Gazastreifen berücksichtigt. Es besteht ein breiter Konsens zur Verhinderung einer Verschlechterung der Lage im Gazastreifen, und angesichts der anhaltenden Kluft zwischen der Palästinensischen Autonomiebehörde und der Hamas ist die UNRWA zum wichtigsten Vermittler bei der Abwicklung der internationalen Hilfen für den Gazastreifen geworden.

Das Problem ist, dass die UNRWA kein echter und ehrlicher Partner bei der Rehabilitierung des Gazastreifens sein kann. Die Beteiligung der UNRWA als wichtigem Akteur bei den Wiederaufbaubemühungen in Gaza war eine der Hauptursachen für ihr Scheitern. Natur und Wirkung der Arbeit der UNRWA im Gazastreifen besteht darin, den 1,4 Millionen registrierten Flüchtlingen (die 80 Prozent der Gesamtbevölkerung des Landstreifens ausmachen) weiszumachen, dass Gaza nicht ihre richtige Heimat sei, sondern dass diese jenseits des Zauns liege und ihnen 1948 gewaltsam genommen worden sei. Dieser Traum von der Rückkehr wird nicht nur von palästinensischen Eltern und Großeltern gepflegt – jeden Tag gehen Palästinenser auf den Straßen von Gaza und sehen Schilder, die einer UN-Agentur gehören, die speziell für den Umgang mit palästinensischen Flüchtlingen etabliert wurde. Das ist für sie ein sehr deutliches Zeichen dafür, dass die internationale Gemeinschaft sie immer noch als Flüchtlinge anerkennt und sie zu einer Rückkehr nach Israel ermutigt.

Genau wie die in Lagern im Westjordanland lebenden Flüchtlinge haben diese Palästinenser ihr ganzes Leben lang geglaubt, dass ihr Zuhause – wo sie, ihre Eltern und viele ihrer Großeltern geboren wurden – nicht ihre wahre Heimat ist, sondern eine vorübergehende Bleibe, eine Durchgangsstation, während sie auf die Rückkehr in ihre wahre Heimat (im Staat Israel) warten. Dies ist ein wesentlicher Grund, warum die Palästinenser im Gazastreifen den Zement der Entwicklungshilfe weiterhin statt zur Linderung der Krise und für den Bau dauerhafter Heimstätten zum Graben von Terrortunneln nach Israel verwenden.[40] Unterstützt von der UNRWA in ihrer Vision, dass sie Flüchtlinge aus dem Land jenseits der Grenze zwischen Gaza und Israel seien und dass der Staat Israel zwischen ihnen und ihrem gerechten und fundamentalen Recht auf Rückkehr in ihre wahre Heimat stehe, fühlen sie sich zu jeglicher Form des bewaffneten Widerstands gegen Israel berechtigt.

Jeder Nutzen einer Zusammenarbeit mit der UNRWA in Gaza wird daher durch den Schaden bei weitem aufgewogen. Eine wirkliche Rehabilitation könnte nur in einer Vision verwurzelt sein, nach der die Zukunft der Gazaner in Gaza und nicht im Staat Israel liegt. Rehabilitationsbemühungen sollten nicht länger der UNRWA anvertraut werden, da sie diese einfache Botschaft untergräbt.

Die Politik der westlichen Geberländer in Gaza sollte daher in der Sicherung alternativer Dienstleistungsanbieter bestehen, damit die UNRWA dort vollständig abgewickelt wird. Wenn Spannungen zwischen Hamas und Autonomiebehörde dazu führen, dass die PA keine Verantwortung für die Erbringung von Dienstleistungen übernehmen kann, könnten Geberländer auf die Gründung einer neuen oder auf bestehenden Organisationen basierenden Dachorganisation drängen, deren einziger Zweck in der Rehabilitierung des Gazastreifens bestünde. Alle internationalen Spenden für Rehabilitation und lokalen Bedarf könnten über diese neue Organisation geleitet werden, die mit der Betreuung der gesamten Bevölkerung von Gaza beauftragt wäre und Schulen und Krankenhäuser betreiben und andere Formen der Hilfe bereitstellen würde, ohne dass der Flüchtlingsstatus ausschlaggebend für die Erbringung ihrer Hilfen wäre.

In Jordanien ist der Weg zum Abbau der UNRWA der einfachste. Dort gibt es 2,2 Millionen registrierte Flüchtlinge, von denen fast alle auch jordanische Staatsbürger sind – also keine echten Flüchtlinge nach international anerkannten Definitionen.[41] Die meisten von ihnen nutzen nicht einmal die Dienste der UNRWA und das Budget der UNRWA für ihre Tätigkeiten in Jordanien ist im Vergleich zur Zahl der dort registrierten Flüchtlinge relativ gering.[42] Es gibt daher für die UNRWA überhaupt keinen Grund, in Jordanien tätig zu sein. Insbesondere, da es eine klare Adresse für einen alternativen Leistungserbringer der UNRWA in Jordanien – die jordanische Regierung – gibt, könnten Geberstaaten ihr Hilfsbudget für die UNRWA an den Staat Jordanien direkt überweisen.

In Jordanien ist der Weg zum Abbau der UNRWA jedoch politisch der heikelste, da die Frage der palästinensischen Flüchtlinge im direkten Zusammenhang mit der Stabilität des Haschemitischen Regimes, eines wertvollen Verbündeten des Westens, betrachtet wird. Am 21. Juli 1951 wurde König Abdullah von Jordanien bei einem Besuch der Al-Aqsa-Moschee in Jerusalem von einem palästinensischen Nationalisten des Husseini-Clans ermordet, weil er unter anderem zu einem Friedensschluss mit dem jungen Staat Israel ohne Rückkehrforderung bereit war, und zu diesem Zweck sogar alle Flüchtlinge im Westjordanland und in Jordanien einbürgerte. Angesichts der Tatsache, dass 70 Prozent der jordanischen Bürger Palästinenser sind (und nicht Angehörige der Beduinenstämme), ist das Haschemitische Königreich seit der Ermordung des Königs sehr vorsichtig im Umgang mit der palästinensischen Flüchtlingsfrage.

Gerade wegen des Wunsches der jordanischen Monarchie, ihre eigene Stabilität und Unterstützung durch die palästinensische Mehrheit des Königreichs zu bewahren, sieht sie den diffusen Status der registrierten Flüchtlinge auf ihrem Territorium als notwendig an. Auf die Frage, wie der jordanische Staat seine eigenen Bürger sieht, ist es schwierig, fast unmöglich, von jordanischen Beamten eine konsistente Antwort zu bekommen. Einige sagen, dass sie eindeutig Jordanier sind, während andere sagen, dass sie eindeutig Palästinenser sind, die eines Tages in das Land westlich des Jordans zurückkehren werden. Das jordanische Regime sieht seine Fähigkeit, diese beiden Behauptungen gleichzeitig zu stützen, als Bedingung für sein eigenes Überleben an.

Die Geberländer haben daher die reale Befürchtung, dass die Aufmerksamkeit auf den Status der palästinensischen Flüchtlinge in Jordanien und die Auflösung der UNRWA-Tätigkeiten dort schwerwiegende Folgen für die Stabilität des Regimes haben könnten. Die Tatsache, dass einige politische Erwägungen die Registrierung von Palästinensern als Flüchtlinge vorschreiben, kann jedoch nicht die grundlegende Realität verbergen, dass sie schlicht keine Flüchtlinge sind. Darüber hinaus wäre der langfristigen Stabilität der Region mit der Lösung des Konflikts und Beseitigung des größten Hindernisses viel mehr gedient, indem die Fiktion beendet würde, dass es Millionen palästinensischer Flüchtlinge mit einem Recht auf Rückkehr in den Staat Israel gibt.

Die Politik der Geberländer sollte daher darauf abzielen, die Aktivitäten der UNRWA in Jordanien zu beenden, alle Bildungs- und Gesundheitsleistungen für die 2,2 Millionen registrierten Flüchtlinge an die jordanische Regierung zu übertragen und gleichzeitig die Risiken für das jordanische Regime zu verringern. Eine solche Politik müsste so gestaltet werden, dass klar ist, dass das jordanische Regime in dieser Angelegenheit keine Wahl hat. Die Auflösung der UNRWA in Jordanien muss ein einseitiger und entschlossener Akt des Westens sein, damit das jordanische Regime seinen eigenen Leuten sagen kann, dass es alles dagegen unternommen hat, aber gescheitert ist. Jordanische Beamte könnten natürlich weiterhin behaupten, dass die Palästinenser aus ihrer Sicht immer noch ein Rückkehrrecht hätten;

aber dieser Behauptung würde von der UNRWA und dem Westen keine internationale Legitimität mehr verliehen werden.

Jordanien hätte dann keine andere Wahl, als die Schul- und Gesundheitsversorgung anstelle der UNRWA bereitzustellen, wie es das für alle seine Bürger tut. Westliche Länder könnten Jordanien dafür dann gesondert Hilfen zukommen lassen, aber erst, nachdem glasklar gemacht wurde, dass das jordanische Regime in dieser Angelegenheit absolut keine Wahl hätte.

Für die registrierten Flüchtlinge in Syrien und im Libanon ist ein anderes Vorgehen erforderlich. Während die Bürger Jordaniens offensichtlich keine Flüchtlinge sind und diejenigen in Gaza und im Westjordanland bereits in dem Palästina leben, das sie anerkannt haben wollen, befinden sich die in Syrien und im Libanon registrierten Flüchtlinge in einer anderen Situation. Die Herangehensweise Syriens an die palästinensischen Flüchtlinge hat ihnen und ihren Nachkommen über die Jahre eine erfolgreiche Integration in die lokale Wirtschaft und den Genuss eines Aufenthaltsstatus, obschon ohne offizielle Staatsbürgerschaft, ermöglicht. Zwischen 1949 und 1956 wurden von der syrischen Regierung spezielle Gesetze für die palästinensischen Flüchtlinge erlassen, die ihnen gleichberechtigte Bürgerrechte unter Ausschluss des Wahl- und Staatsbürgerschaftsrechts einräumten. Dieser Prozess gipfelte in einem Gesetz von 1956, das für die in der Arabischen Republik Syrien lebenden Palästinenser festlegte, dass sie syrischen Staatsbürgern „in allen Gesetzen und geltenden Vorschriften in Bezug auf das Recht auf Beschäftigung, Handel und Militärdienst unter Beibehaltung ihrer ursprünglichen Staatsangehörigkeit gleichgestellt sind".[43]

Geht man aber davon aus, dass die Volkszählung im Libanon insbesondere seit dem blutigen Bürgerkrieg in Syrien auch Hinweise auf die Situation im Nachbarland gibt, ist es sehr wahrscheinlich, dass sich nur noch ein Bruchteil der halben Million von der UNRWA registrierten Flüchtlinge tatsächlich in Syrien aufhält. Um das Thema in Syrien anzugehen, ist daher in einem ersten Schritt eine ordnungsgemäße Bilanzierung der registrierten und sich tatsächlich in Syrien aufhaltenden Flüchtlinge erforderlich. Nach der Bilanzierung sollten alle sich noch in Syrien aufhaltenden ursprünglichen Flüchtlinge sowie deren Nachkommen der Obhut und dem Schutz des UNHCR übergeben werden. Damit würden sie zu offiziellen und dem Schutz der Flüchtlingskonvention unterliegenden Flüchtlingen werden. Parallel dazu würde die UNRWA ihre Tätigkeiten in Syrien einstellen und die Gelder für die UNRWA in Syrien vollständig an den UNHCR übertragen. Der UNHCR würde dann genauso vorgehen wie mit anderen Flüchtlingsgruppen auf der ganzen Welt. Er würde ihnen zwar vorläufigen Schutz bieten, aber individuelle Lösungen zur Beendigung des Flüchtlingsstatus aller in Syrien verbliebenen Palästinenser suchen und umsetzen; entweder durch die Verleihung der syrischen Staatsbürgerschaft oder durch die Umsiedlung an einen anderen Ort.

Es ist erwähnenswert, dass der Bürgerkrieg in Syrien die Paradoxien der andersartigen Klassifikation der palästinensischen Flüchtlinge und ihrer Andersbehandlung gegenüber jeder anderen Flüchtlingsgruppe auf der Welt noch deutlicher herausgestellt hat. Der Bürgerkrieg hat Millionen Syrer, einschließlich der in Syrien lebenden palästinensischen Flüchtlinge, zur Flucht in Nachbarländer wie den Libanon und Jordanien, wo die UNRWA offiziell tätig ist, gezwungen. In diesen Ländern werden die syrischen Staatsbürger vom UNHCR betreut, der sich um Lösungen zur Beendigung ihres Flüchtlingsstatus, sei es durch Integration in ihre Aufnahmeländer, Umsiedlung in Drittstaaten oder Rückführung bei Konfliktende im Heimatland, bemüht.

Die palästinensischen Flüchtlinge aus Syrien werden jedoch weiterhin als Flüchtlinge aus Palästina und nicht aus Syrien registriert und von der UNRWA und nicht vom UNHCR betreut; obwohl sie reguläre Bewohner in Syrien waren, wo sie einen legalen Status hatten und aufgrund des syrischen Bürgerkriegs aus ihrer Heimat geflohen waren. Nach internationalen Standards sollten sie wie jeder andere syrische Flüchtling behandelt und vom UNHCR betreut werden. Aber wenn der Konflikt in Syrien endet, werden die palästinensischen Flüchtlinge, die nach Syrien zurückkehren, immer noch als

Flüchtlinge behandelt werden, die auf eine Rückkehr nach Palästina warten. Und diejenigen palästinensischen Flüchtlinge, denen beispielsweise eine Flucht nach Europa und ein Erwerb der deutschen Staatsbürgerschaft gelungen ist, würden als registrierte Flüchtlinge in den syrischen UNRWA-Büchern bleiben. Während der UNHCR Syrer, die aus Syrien geflohen sind und in Deutschland die Staatsbürgerschaft erworben haben, gerne nicht mehr als Flüchtlinge betrachten würde, registrierte die UNRWA sie weiterhin als Palästinaflüchtlinge.

Geberländer sollten eine Angleichung des Status der palästinensischen Flüchtlinge, die aus Syrien geflohen sind, an den der anderen Flüchtlinge aus Syrien und ihre Überführung in die volle Verantwortung des UNHCR fordern. Diese Flüchtlinge sollten nach UNHCR-Standards behandelt und ordnungsgemäß als Flüchtlinge aus Syrien und nicht aus Palästina registriert werden. Der UNHCR sollte syrische Flüchtlinge palästinensischer Herkunft genauso behandeln wie syrische Flüchtlinge anderer Herkunft: ihnen Schutz und Dienstleistungen bieten, während an der Beendigung ihres Flüchtlingsstatus durch die Rückführung nach Syrien, die Integration in Aufnahmeländer oder die Einbürgerung in einem anderen Drittland gearbeitet wird.

Im Libanon herrscht ebenfalls eine einzigartige Situation vor. Von allen arabischen Ländern, in die die palästinensischen Flüchtlinge während des Krieges von 1948 geflohen sind, ist es das Land, in dem sie am schlechtesten behandelt wurden. Es hat sie weder eingebürgert wie Jordanien, noch wirtschaftlich integriert wie Syrien. In Wirklichkeit hat der Libanon ein System extremer staatlich sanktionierter Diskriminierung der palästinensischen Flüchtlinge geschaffen. Ihnen und ihren Nachkommen im Libanon ist die Beschäftigung in über zwanzig Berufen untersagt und ihre Ein- und Ausreisemöglichkeiten sind stark eingeschränkt. Etwa die Hälfte lebt in Flüchtlingslagern (ähnlich wie in Gaza) und viele leben in bitterer Armut. Es ist kein Zufall, dass der Libanon weitaus schlimmere Formen des palästinensischen Extremismus hervorgebracht hat als Syrien oder Jordanien.

Das ist ein starkes Indiz dafür, dass die wahre mäßigende Kraft in Bezug auf palästinensische Flüchtlinge nicht die UNRWA, sondern die Einbürgerung oder wirtschaftliche Integration ist.

Die Politik in Bezug auf die palästinensischen Flüchtlinge im Libanon sollte wie bei den Flüchtlingen aus Syrien in der Übertragung der Verantwortung für registrierte palästinensische Flüchtlinge von der UNRWA auf den UNHCR bestehen, damit ihr Flüchtlingsstatus auf andere Weise als durch die Rückkehr beendet wird. Die Geberländer sollten die derzeit an die UNRWA im Libanon gehenden Gelder an den UNHCR überweisen. Auch dies sollte erst erfolgen, wenn die tatsächliche Zahl und Identität der noch im Libanon lebenden Flüchtlinge erfasst wurde. Im Jahr 2017 stellte eine offizielle Volkszählung im Libanon fest, dass die Zahl der dort lebenden registrierten Flüchtlinge nur ein Drittel von der Zahl in der Buchführung der UNRWA betrug.[44] Da die Flüchtlingsbevölkerung im Libanon viel kleiner ist als bisher angenommen, dürfte die Suche nach individuellen Lösungen für sie einfacher sein. Sobald der UNHCR die Verantwortung übernimmt, würden die ursprünglichen palästinensischen Flüchtlinge und ihre Nachkommen zu echten Flüchtlingen werden, die den Flüchtlingsschutz verdienen. Das bedeutet, dass der UNHCR für die Beendigung der diskriminierenden Reglementierung gegen sie im Libanon eintreten, gleichzeitig aber auch Lösungen für die Neuansiedlung in Drittstaaten suchen und zumindest für einige im Libanon sogar Einbürgerungsversuche unternehmen würde.

Ein hervorragendes aktuelles Beispiel dafür, wie der UNHCR in Syrien und im Libanon vorgehen und nach der Übernahme der Verantwortung für die dort noch lebenden palästinensischen Flüchtlinge handeln könnte, ist der Umgang mit ethnischen nepalesischen Flüchtlingen aus Bhutan. In den 1990er Jahren eskalierten die Spannungen zwischen den ethnischen Bhutanern und der ethnischen nepalesischen Minderheit in Bhutan. Zehntausende ethnischer Nepalesen aus Bhutan flohen oder wurden ins benachbarte Nepal vertrieben, wo die Bevölkerung eine ähnliche ethnische Zusammensetzung hatte. Auf ihrem Höhepunkt betrug die Zahl der ethnischen nepalesischen Flüchtlinge in Nepal mehr als 100 000. Sie lebten in sieben vom UNHCR verwalteten Lagern. Nepal und Bhutan verhandelten mehrere Jahre lang, konnten die Krise jedoch nicht lösen. 17 Jahre nachdem die ersten Flüchtlinge in Nepal ankamen und etwa ein Jahrzehnt nach dem Höchststand von 100 000 kündigte der UNHCR im Jahr 2007 den Start eines Plans zur Neuansiedlung der Flüchtlinge in Drittstaaten an. Die USA nahmen die große Mehrheit auf. Der Rest ging nach Kanada, Australien, Neuseeland, Norwegen, in die Niederlande und Großbritannien.[45]

Es gibt viele Ähnlichkeiten zwischen diesem Fall und den palästinensischen Flüchtlingen. Auch hier waren die Flüchtlinge ethnisch ähnlich wie die Bevölkerung der Länder, in die sie geflohen waren. Auch hier forderten die Flüchtlinge die Repatriierung (Rückkehr), wurden aber als ethnische Minderheit von einem Land abgelehnt, dessen ethnisch bhutanische Mehrheit kulturell sehr unterschiedlich war (obwohl hier im Gegensatz zu den palästinensischen Flüchtlingen gegenüber Israel die ethnischen nepalesischen Flüchtlinge die Staatsbürgerschaft von Bhutan hatten). Auch hier scheiterten die Verhandlungen an einer politischen Lösung. Aber im Gegensatz zur UNRWA ergriff der UNHCR entschiedene Maßnahmen für alternative Lösungen, als eine Repatriierung unpraktisch und unwahrscheinlich wurde. Unter dem Schirm der Flüchtlingskonvention hat der UNHCR kein Interesse an politischen Fragen wie Schuld, Verantwortung, historische Gerechtigkeit oder ob es vertretbar ist, dass die Flüchtlinge keine begründete Aussicht auf Rückkehr haben. Ihr Anliegen sind sinnvolle und praktikable Lösungen für Flüchtlinge, damit sie ihren Schutz nicht mehr benötigen.[46] Wenn der UNHCR in Syrien und im Libanon in gleicher Weise operieren darf, ist zu erwarten, dass die dort noch lebenden palästinensischen Flüchtlinge in wenigen Jahren keine Flüchtlinge mehr sein werden.

Die Gesamtheit der Umsetzung dieser verschiedenen Strategien in jedem der Einsatzgebiete der UNRWA würde zur Auflösung der UNRWA führen. Diese Schritte würden deutlich signalisieren, dass der Westen nicht länger zum Sponsern einer Organisation bereit ist, die auf eine anhaltende Schwebesituation für die Palästinenser im Warten auf die Rückkehr abzielt. Damit würde eines der Haupthindernisse für den Frieden beseitigt.

Die Palästinenser können nicht daran gehindert werden, von einer Zeit vor der Gründung des Staates Israel oder von einer Rückkehr in ein mythisches Palästina zu träumen. Aber es ist durchaus möglich, diesen Traum von seinen Antriebsquellen und seiner internationalen Unterstützung zu lösen. Der Weg zum Frieden kann nur freigemacht werden, wenn die Palästinenser begreifen, dass ihre Ansprüche auf ganz Palästina vom Fluss bis zum Meer keine internationale Unterstützung haben, genauso wie Israel keine internationale Unterstützung für seine Ansprüche auf Territorien jenseits der Grenze von 1967 hat. Die Palästinenser würden wahrscheinlich weiterhin von Jaffa und Haifa träumen, genauso wie Juden weiterhin von Hebron und Judäa. Aber diese Träume würden genau das bleiben: Träume, keine Ansprüche, und schon gar keine Ansprüche, die auch nur stillschweigende internationale Unterstützung genießen. Die Palästinenser könnten auch ohne das Siegel eines UN-Flüchtlingshilfswerks mit Forderungen nach einer Massenrückkehr an den Verhandlungstisch kommen, aber es wäre viel unwahrscheinlicher und sie könnten zumindest nicht länger argumentieren, dass sie internationale Unterstützung für solche Forderungen hätten.

Dieser Prozess muss jetzt beginnen. Das messianische Zeitalter eines dauerhaften Friedensabkommens darf nicht abgewartet werden. Die Forderung der Palästinenser nach Rückkehr wächst nur unter dem Deckmantel westlicher Blindheit und Nachlässigkeit. Die bisherige Strategie, die Lösung des Problems auf die lange Bank zu schieben, mag harmlos erscheinen, fordert aber im anhaltenden Konflikt einen immer höheren Preis. Die „lange Bank" bleibt nämlich nicht auf ewig stabil: Sie bekommt Risse, wird zusehends morsch und droht, mit einem großen Krach in sich zusammenzustürzen."

Dieser hohe Preis wird in den verschärften Flammen des Krieges und der erheblichen Beeinträchtigung der Aussichten auf Frieden bezahlt. Wenn keine Ressourcen für den Abbau der Barriere der palästinensischen Rückkehr bereitgestellt werden, wird es keinen Frieden zwischen Israel und den Palästinensern geben. Solange sich die Palästinenser in ihrer Vision eines arabischen Palästina vom „Fluss bis zum Meer" unterstützt wähnen, werden sie ihren Kampf gegen Israel bewaffnet oder anderweitig fortsetzen.

Die Verpflichtung eines jeden, der sich wirklich und ehrlich Frieden wünscht, muss im sofortigen Handeln zur Beseitigung von Hindernissen für diese Vision bestehen. Anstatt das Wachstum von Hindernissen anzutreiben und zu hoffen, dass die Seiten trotz dieser Hindernisse auf magische Weise Frieden erreichen können, ist die Beseitigung dieser Hindernisse für tatsächlichen Frieden klüger. Und es gibt kein größeres Hindernis für den Frieden als die Forderung der Palästinenser nach Rückkehr und die bloße Existenz der UNRWA, die das Wachstum dieser Forderung über so viele Jahrzehnte ermöglicht hat.

BIBLIOGRAPHIE

ONLINE-ARCHIVE

Hansard Online, der offizielle Bericht über alle Verfahren im britischen Parlament: https://hansard.parliament.uk/

Offizielles Dokumentensystem der Vereinten Nationen: https://www.un.org/en/our-work/documents

UNISPAL, das UN-Informationssystem zur Palästinafrage: https://www.un.org/unispal/

UNESCO-Datenbank: https://unesdoc.unesco.org

Ben Yehuda Projekt: http://benyehuda.org/

Datenbank des israelischen Justizministeriums zu internationalen Übereinkommen: http://www.justice.gov.il/Units/TergomOmanotBimLeumi/Pages/search.aspx

Foreign Relations of the United States (FRUS), Archive des US-Außenministeriums: https://history.state.gov/historicaldocuments

Truman Presidential Library: https://www.trumanlibrary.org/

Kennedy Presidential Library: https://www.jfklibrary.org/

UNRWA-Website: https://www.unrwa.org/

Israelisches Staatsarchiv: http://www.archives.gov.il/

Palestine Papers: http://www.aljazeera.com/palestinepapers/

Israelisches Außenministerium: http://www.mfa.gov.il/MFA/ForeignPolicy/MFADocuments/Pages/Documents_Foreign_Policy_Israel.aspx

INTERVIEWS

Danny Ayalon, Eitan Dangot, Michael Oren, Amos Gilad, Rex Brynen, Daniel Reisner

BÜCHER UND ARTIKEL

Mahmoud Abbas, „Lord Balfour's Burden", *Cairo Review of Global Affairs* (12. November 2017).

Oroub El-Abed, „The Forgotten Palestinians: How Palestinian Refugees Survive in Egypt", *Forced Migration Review* 20 (Mai 2014), 29–31.

Salman H. Abu-Sitta, „The Feasibility of the Right of Return", ICJ/CIMEL (Juni 1997).

Salman H. Abu-Sitta, The Palestinian Nakba 1948: The Register of Depopulated Localities in Palestine. London: Saki Books, 1998.

Salman H. Abu-Sitta, „The Implementation of the Right of Return", *Palestine-Israel Journal* 15, Nr. 4 (2008), 23–30.

Howard Adelman und Elazar Barkan, No Return, No Refuge: Rites and Rights in Minority Repatriation. New York: Columbia University Press, 2011.

Pertti Ahonen, „Domestic Constraints on West German Ostpolitik: The Role of the Expellee Organizations in the Adenauer Era“, *Central European History* 31, Nr. 1 und 2 (März 1998).

Susan M. Akram, „Palestinian Refugees and Their Legal Status: Rights, Politics, and Implications for a Just Solution“, *Journal of Palestine Studies* 31, Nr. 3 (Frühling 2002), 36–51.

Musa Alami, „The Lesson of Palestine“, *Middle East Journal* 3, Nr. 4 (Oktober 1949), 373–405.

Anaheed Al-Hardan, „The Right of Return Movement in Syria: Building a Culture of Return, Mobilizing Memories for the Return“, *Journal of Palestine Studies* 41, Nr. 2 (Winter 2012), 62–79.

Anaheed Al-Hardan, „Al-Nakbah in Arab Thought – The Transformation of a Concept“, *Comparative Studies of South Asia, Africa and the Middle East* 35, Nr. 3 (2015), 622–638.

Jalal Al-Husseini, „UNRWA and the Palestinian Nation-Building Process“, *Journal of Palestine Studies* 29, Nr. 2 (Winter 2000), 51–64.

Jalal Al-Husseini, „The Arab States and the Refugee Issue: A Retrospective“, in: Israel and the Palestinian Refugees, hg. v. Eyal Benvenisti, Chaim Gans und Sari Hanafi, Berlin: Springer, 2007, 435–463.

Jalal Al-Husseini, „UNRWA and the Refugees: A Difficult but Lasting Marriage“, *Journal of Palestine Studies* 40, Nr. 1 (2010), 6–26.

Jalal Al-Husseini und Ricardo Bocco, „The Status of the Palestinian in the Near East: The Right of Return and UNRWA in Perspective“, *Refugee Survey Quarterly* 28, Nr. 2–3 (2010), 260–285.

Anne Applebaum, Iron Curtain. The Crushing of Eastern Europe, 1944–1956. New York: Anchor Books, 2013 [dt. Der Eiserne Vorhang: Die Unterdrückung Osteuropas, 944–956, 2013].

„Arafat Goes to Moscow“, *Journal of Palestine Studies* 4, Nr. 4 (1975), 145–147.

Gaetano Arangio-Ruiz, „The Normative Role of the General Assembly of the United Nations and the Declaration of Principles of Friendly Relations“, Collected Courses of the Hague Academy of International Law, 1972-III 137 (1974), 419–572.

Natan Aridan, Britain, Israel and Anglo-Jewry 1949–1957. London: Routledge, 2004.

Nasser Aruri (Hrsg.), Palestinian Refugees – The Right of Return. London: Pluto Press, 2001.

David Barnett und Efraim Karsh, „Azzam's Genocidal Threat“, *Middle East Quarterly* 18, Nr. 4 (Herbst 2011), 85–88.

Gershon Baskin, In Pursuit of Peace in Israel and Palestine. Nashville, TN: Vanderbilt University Press, 2017, 266–270.

Yossi Beilin, Touching Peace: From the Oslo Accords to a Final Agreement. London: Weidenfeld & Nicolson, 1999.

Elad Ben-Dror, „Ralph Bunche and the Establishment of Israel“, *Israel Affairs* 14, Nr. 3 (2008), 519–537.

Elad Ben-Dror, Ralph Bunche and the Arab-Israeli Conflict: Mediation and the UN, 1947–1949. London: Routledge, 2015.

Eyal Benvenisti, „The Right of Return in International Law: An Israeli Perspective“, paper presented at the Stock Taking Conference on Palestinian Refugee Research, Ottawa, Kanada, 17.–20. Juni 2003.

Folke Bernadotte, To Jerusalem, trans. Joan Bulman. Westport, CT: Hyperion Press, 1976.

Prashant Bharadwaj, Asim Khwaja und Atif Mian, „The Big March: Migratory Flows after the Partition of India“, *Economic and Political Weekly* 43, Nr. 35 (2008), 39–49.

Gideon Biger, The Boundaries of Modern Palestine, 1840–1947. New York: Routledge, 2004.

Kenneth W. Bilby, New Star in the Near East. Garden City, NY: Doubleday, 1950.

Laurie Brand, „Palestinians in Syria: The Politics of Integration“, *Middle East Journal* 42, Nr. 4 (Herbst 1988), 621–637.

Ahron Bregman, Israel's Wars, 1947–1993. New York: Routledge, 2000.

Adam Bromke und Harald von Riekhoff, „The West German-Polish Treaty“, *The World Today* 27, Nr. 3 (März 1971), 124–131.

Fred C. Bruhns, „A Study of Arab Refugee Attitudes“, *Middle East Journal* 9, Nr. 2 (Frühjahr 1955), 130–138.

Rex Brynen, Sanctuary and Survival: The PLO in Lebanon. Boulder, CO: Westview Press, 1990.

Khaldun Bshara, „Spatial Memories: The Palestinian Refugee Camps as Time Machine“, *Jerusalem Quarterly* 60 (2014), 14–30.

Edward H. Buehrig, The UN and the Palestinian Refugees – A Study in Nonterritorial Administration. Bloomington: Indiana University Press, 1971.

John Roy Carlson, Cairo to Damascus. New York: Knopf, 1951 [dt. Araber rings um Israel, 1953].

Anatoly Chernyaev, My Six Years with Gorbachev. University Park: Pennsylvania State University Press, 2000.

BS Chimni, „From Resettlement to Involuntary Repatriation: Towards a Critical History of Durable Solutions to Refugee Problems“, *Refugee Survey Quarterly* 23, Nr. 3 (2004), 55–73.

Bill Clinton, My Life. New York: Knopf, 2004 [dt. Mein Leben, 2004].

Helena Cobban, The Palestinian Liberation Organization – People, Power and Politics. Cambridge: Cambridge University Press, 1984.

Aharon Cohen, Israel and the Arab World. London: WH Allen, 1970.

Mark Cutts (Hrsg.), The State of the World's Refugees, 2000: Fifty Years of Humanitarian Action. Oxford: Oxford University Press, 2000.

Jeff Crisp, „The Local Integration and Local Settlement of Refugees: A Conceptual and Historical Analysis", New Issues in Refugee Research, UNHCR, Arbeitspapier Nr. 102 (April 2004).

John H. Davis, The Evasive Peace – A Study of the Zionist-Arab Problem. New York: New World Press, 1970.

Andrew Demshuk, „What Was the ‚Right to the Heimat'? West German Expellees and the Many Meanings of Heimkehr", *Central European History* 45, Nr. 3 (September 2012), 523–556.

Karl DeRouen und Uk Heo, Civil Wars of the World: Major Conflicts Since World War II. Santa Barbara, CA: ABC-CLIO, 2007.

Ali E. Hillal Dessouki, „Arab Intellectuals and Al-Nakba: The Search for Fundamentalism", *Middle Eastern Studies* 9, Nr. 2 (Mai 1973), 187–195.

R. M. Douglas, Orderly and Humane, The Expulsion of the Germans after the Second World War. New Haven, CT: Yale University Press, 2012 [dt. „Ordnungsgemäße Überführung": Die Vertreibung der Deutschen nach dem Zweiten Weltkrieg, 2015].

Abba Eban, Personal Witness – Israel Through My Eyes. New York: GP Putnam's Sons, 1992.

Hassan Elnajjar, „Planned Emigration: The Palestinian Case", *International Migration Review* 27, Nr. 1 (1993), 34–47.

Michael R. Fischbach, „The United Nations and Palestine Refugee Property Compensation", *Journal of Palestine Studies* 31, Nr. 2 (Winter 2002), 34–50.

David P. Forsythe, „UNRWA, the Palestine Refugees, and World Politics: 1949–1969", *International Organization* 25, Nr. 1 (Winter, 1971), 26–45.

Geoffrey Furlonge, Palestine Is My Country – The Story of Musa Alami. London: John Murray, 1969.

Mark Galeotti, Russia's Wars in Chechnya 1994–2009. Oxford: Osprey Publishing, 2014.

Ruth Gavison (Hrsg.), The Two-State Solution: The UN Partition Resolution of Mandatory Palestine, Analysis and Sources. New York: Bloomsbury, 2013.

Honaida Ghanim, „Poetics of Disaster: Nationalism, Gender, and Social Change Among Palestinian Poets in Israel After Nakba", *International Journal of Politics Culture and Society* 22, Nr. 1 (2009), 23–39.

Martin Gilbert, In Ishmael's House: A History of Jews in Muslim Lands. New Haven, CT: Yale University Press 2010.

Mischa Glenny, The Balkans, 1804–1999: Nationalism, War and the Great Powers. London: Granta Publications, 1999.

Brenda Goddard, „UNHCR and the International Protection of Palestinian Refugees“, *Refugee Survey Quarterly* 28, Nr. 2–3 (2010), 477–486.

Alain Gresh, The PLO – The Struggle Within. London: Zed Books, 1988.

Efraim Halevy, Man in the Shadows: Inside the Middle East Crisis with a Man Who Led the Mossad. New York: St. Martin's Griffin, 2008.

Muhammad Hallaj, „The Mission of Palestinian Higher Education“, *Journal of Palestine Studies* 9, Nr. 4 (Sommer 1980), 75–95.

Yehoshafat Harkabi, Arab Attitudes to Israel. Jerusalem: Israel Universities Press, 1972.

K. Hill et al., „The Demographic Impact of Partition in the Punjab in 1947“, *Population Studies* 62, Nr. 2 (Juli 2008), 155–170.

Cecil A. Hourani, „Experimental Village in the Jordan Valley“, *Middle East Journal* 5, Nr. 4 (Herbst 1951), 497–501.

Dennis C. Howley, The United Nations and the Palestinians. New York: Exposition Press, 1975.

Rex A. Hudson, The Sociology and Psychology of Terrorism: Who Becomes a Terrorist and Why? Washington, D.C.: Library of Congress, 1999.

Amitzur Ilan, Bernadotte in Palestine 1948: A Study in Contemporary Humanitarian Knight-Errantry. London: Macmillan, 1989.

Alexander H. Joffe, „UNRWA Resists Resettlement“, *Middle East Quarterly* 19, Nr. 4 (Herbst 2012), 11–25.

Alexander H. Joffe and Asaf Romirowsky, „A Tale of Two Galloways: Notes on the Early History of UNRWA and Zionist Historiography“, *Middle Eastern Studies* 46, Nr. 5 (2010), 655–675.

Paul A. Jureidini and William E. Hazen, The Palestinian Movement in Politics. Lexington, MA: Lexington Books, 1976.

Yoram Kaniuk, 1948. NYRB Lit, 2012.

Efraim Karsh, Palestine Betrayed. New Haven, CT: Yale University Press, 2010.

Efraim Karsh, „How Many Palestinian Arab Refugees Were There?“, *Israel Affairs* 17, Nr. 2 (April 2011), 224–246.

Efraim Karsh, „The Uses of Lydda“, *Mosaic Magazine*, 1. Juli 2014, https://mosaicmagazine.com/response/2014/07/the-uses-of-lydda/.

Yossi Katz, „Transfer of Population as a Solution to International Disputes: Population Exchanges Between Greece and Turkey as a Model for Plans to Solve the Jewish-Arab Dispute in Palestine During the 1930s“, *Political Geography* 11, Nr. 1 (Januar 1992), 55–72.

Chaim D. Kaufmann, „When All Else Fails: Ethnic Population Transfers and Partitions in the Twentieth Century", *International Security* 23, Nr. 2 (Herbst 1998), 132–144.

Andrew Kent, „Evaluating the Palestinians' Claimed Right of Return", *Journal of International Law at the University of Pennsylvania* 34, Nr. 1 (2012), 149–275.

Rashid Khalidi, „Observations on the Right of Return", *Journal of Palestine Studies* 21, Nr. 2 (Winter 1992), 29–40.

Rashid Khalidi, „Fifty Years After 1948: A Universal Jubilee?", *Palestine-Israel Journal* 5, Nr. 2 (1998), 15–19.

Rashid Khalidi, Palestinian Identity – The Construction of Modern National Consciousness. New York: Columbia University Press, 2010.

Walid Khalidi, „Plan Dalet: Master Plan for the Conquest of Palestine", *Journal of Palestine Studies* 18, Nr. 1 (1988), 4–33.

Muhammad Khalil, The Arab States and the Arab League: A Documentary Record, Nr. 1. Beirut: Khayats, 1962.

Elias Khoury, Gate of the Sun. New York: Picador, 2007 [dt. Das Tor zur Sonne, 2004].

Baruch Kimmerling and Joel Migdal, The Palestinian People: A History. Cambridge, MA: Harvard University Press, 2003.

Martin Kramer, „What Happened at Lydda", *Mosaic Magazine*, 1. Juli 2014, https://mosaicmagazine.com/essay/2014/07/what-happened-at-lydda/.

Martin Kramer, „Distortion and Defamation", *Mosaic Magazine*, 20. Juli 2014, https://mosaicmagazine.com/response/2014/07/distortion-and-defamation/.

Martin Kramer, „The Meaning of ‚Massacre'", *Mosaic Magazine*, 28. Juli 2014, https://mosaicmagazine.com/response/2014/07/the-meaning-of-massacre/.

Nadia Latif, „Space, Power and Identity in a Palestinian Refugee Camp", *Asylon(s)*, Nr. 5 (September 2008).

Ann M. Lesch, „Palestinians in Kuwait", *Journal of Palestine Studies* 20, Nr. 4 (Sommer 1991), 45–54.

Bernard Lewis, The Jews of Islam. Princeton, NJ: Princeton University Press, 1984 [dt. Die Juden in der Islamischen Welt: Vom frühen Mittelalter bis ins 20. Jahrhundert, 2004].

Keith Lowe, Savage Continent: Europe in the Aftermath of World War II. London: Viking, 2012 [dt. Der wilde Kontinent: Europa in den Jahren der Anarchie 1943–1950, 2014].

Gene M. Lyons, „American Policy and the United Nations' Program for Korean Reconstruction", *International Organization* 12, Nr. 2 (Frühjahr 1958), 180–192.

Giles MacDonogh, After the Reich: The Brutal History of the Allied Occupation. New York: Basic Books, 2007.

Gregory S. Mahler and Alden R. W. Mahler, The Arab-Israeli Conflict: An Introduction and Documentary Reader. New York: Routledge, 2010.

Claudia Martinez Mansell, „Camp Code", *Places Journal* (April 2016), https://placesjournal.org/article/camp-code/.

Susan F. Martin, Internationale Migration: Evolving Trends from the Early 20th Century to the Present. New York: Cambridge University Press, 2014.

Emanuel Marx, „Some UNRWA Refugees Have Resettled", *Middle East Quarterly* 19, Nr. 4 (Herbst 2012), 37–44.

Emanuel Marx und Nitza Nachmias, „Dilemmas of Prolonged Humanitarian Aid Operations: The Case of UNRWA (UN Relief and Work Agency for the Palestinian Refugees)", *Journal of Humanitarian* Assistance (15. Juni 2004).

Nur Masalha, „Remembering the Palestinian Nakba: Commemoration, Oral History and Narratives of Memory", *Holy Land Studies* 7, Nr. 2 (2008), 123–156.

James G. McDonald, My Mission in Israel, 1948–1951. New York: Simon & Schuster, 1951.

Khalid Abdullah Sulaiman Mohammad, „The Influence of the Political Situation in Palestine on Arabic Poetry from 1917–1973", Thesis presented for the degree of Doctor of Philosophy in the University of London School of Oriental and African Studies, November 1982.

Erin Mooney, „The Concept of Internal Displacement and the Case for Internally Displaced Persons as a Category of Concern", *Refugee Survey Quarterly* 24, Nr. 3 (2005), 9–26.

Benny Morris, Righteous Victims: A History of the Zionist-Arab Conflict, 1881–1999. New York: Knopf, 1999.

Benny Morris, The Birth of the Palestinian Refugee Problem Revisited. Cambridge: Cambridge University Press, 2004.

Benny Morris, 1948: A History of the First Arab-Israeli War. New Haven, CT: Yale University Press, 2008.

Benny Morris, One State, Two States. New Haven, CT: Yale University Press, 2009.

Benny Morris, „Zionism's Black Boxes", *Mosaic Magazine*, 13. Juli 2014, https://mosaicmagazine.com/response/2014/07/zionisms-black-boxes/.

Fouad Moughrabi, Elia Zureik, Manuel Hassassian and Aziz Haidar, „Palestinians on the Peace Process", *Journal of Palestine Studies* 21, Nr. 1 (Herbst 1991), 36–53.

Karma Nabulsi (Hrsg.), Palestinians Register: Laying Foundations and Setting Directions, Report of the Civitas Project. Oxford: Nuffield College, 2006.

Alexander Nader, „The Development of International Assistance to Refugees from the Nansen Office to the Present (1921–1952)", Master Thesis, American University of Beirut, 1953.

Joseph Nevo, King Abdallah and Palestine – A Territorial Ambition. London: Macmillan, 1996.

Veronica Nmoma, „The Civil War and the Refugee Crisis in Liberia“, *Journal of Conflict Studies* 17, Nr. 1 (1997).

The Palestine Arab Case – A Statement by the Arab Higher Committee. Kairo: Costa Tsoumas, 1947.

Palestine: The Solution – The Arab Proposals and the Case on which They Rest. Washington, D.C.: The Arab Office, 1947.

Ilan Pappé, The Making of the Arab-Israeli Conflict, 1947–1951. London: I. B. Tauris, 1992.

Don Peretz, „The Arab Refugees: A Changing Problem“, *Foreign Affairs* 41, Nr. 3 (April 1963), 558–570.

Don Peretz, „Who Is a Refugee?“, *Palestine-Israel Journal* 2, Nr. 4 (1995).

Andrew J. Pierre, „The Bonn-Moscow Treaty of 1970: Milestone or Mirage?“ *The Russian Review* 30, Nr. 1 (Januar 1971), 17–26.

Avi Plascov, The Palestinian Refugees in Jordan, 1948–1957. London: F. Cass, 1981.

„Putting the Right of Return into Practice“, Badil Resource Center, https://www.badil.org/cached_uploads/view/2021/04/20/practicalities-of-return-en-brochure-1618914000.pdf.

Kurt René Radley, „The Palestinian Refugees: The Right to Return in International Law“, *American Journal of International Law* 72, Nr. 3 (Juli 1978), 586–614.

Simon Reeve, One Day in September. New York: Arcade Publishing, 2011 [dt. Ein Tag im September. Die Geschichte des Geiseldramas bei den Olympischen Sommerspielen in München 1972, 2006].

Condoleezza Rice, No Higher Honor. New York: Random House, 2011.

Richard Robbins, „The Refugee Status: Challenge and Response“, *Law and Contemporary Problems* 21, Nr. 2 (Frühjahr 1956), 311–333.

Steven J. Rosen, „Kuwait Expels Thousands of Palestinians“, *Middle East Quarterly* 19, Nr. 4 (Herbst 2012), 75–84.

Steven J. Rosen, „Why a Special Issue on UNRWA?“, *Middle East Quarterly* 19, Nr. 4 (Herbst 2012), 3–10.

Maya Rosenfeld, „From Emergency Relief Assistance to Human Development and Back: UNRWA and the Palestinian Refugees, 1950–2009“, *Refugee Survey Quarterly* 28, Nr. 2 und 3 (2009), 286–317.

Dennis Ross, Doomed to Succeed: The U.S.-Israel Relationship from Truman to Obama. New York: Farrar, Straus und Giroux, 2015.

Barry Rubin and Judith Colp Rubin, Yasir Arafat: A Political Biography. Oxford University Press, New York, 2005.

Edward Said, The Question of Palestine. New York: Vintage, 1980.

Edward Said, „The Burdens of Interpretation and the Question of Palestine“, *Journal of Palestine Studies* 16, Nr. 1 (Herbst 1986), 29–37.

Yezid Sayigh, Armed Struggle and the Search for State: The Palestinian National Movement, 1949–1993. Oxford: Oxford University Press, 1997.

Joseph B. Schechtman, The Arab Refugee Problem. New York: New York Philosophical Library, 1952.

Benjamin Schiff, Refugees unto the Third Generation: UN Aid to Palestinians. Syracuse, NY: Syracuse University Press, 1995.

Stephen M. Schwebel, „The Effect of Resolutions of the UN General Assembly on Customary International Law“, *Proceedings of the ASIL Annual Meeting* 73 (1979), 301–309.

Victor Sebestyen, 1946: The Making of the Modern World. New York: Vintage, 2014 [dt. 1946: Das Jahr, in dem die Welt neu entstand, 2015].

Ghassan Shabaneh, „Education and Identity: The Role of UNRWA's Education Programmes in the Reconstruction of Palestinian Nationalism“, *Journal of Refugee Studies* 25, Nr. 4 (2012), 491–513.

Anita Shapira, Land and Power: The Zionist Resort to Force, 1881–1948. Stanford, CA: Stanford University Press.

Hisham Sharabi, Palestine Guerillas: Their Credibility and Effectiveness. Washington, D.C.: Center for Strategic and International Studies, Georgetown University, 1970.

Malcolm N. Shaw, International Law, 6. Aufl., New York: Cambridge University Press, 2008.

Ben Shephard, The Long Road Home: The Aftermath of the Second World War. London: The Bodley Head, 2010.

Abbas Shiblak, „Residency Status and Civil Rights of Palestinian Refugees in Arab Countries“, *Journal of Palestine Studies* 25, Nr. 3 (Frühjahr 1996), 36–45.

Abbas Shiblak, „The Palestinian Refugee Issue: A Palestinian Perspective“, Chatham House Briefing Paper (2009).

Avi Shlaim, Collusion Across the Jordan – King Abdullah, the Zionist Movement, and the Partition of Palestine. New York: Columbia University Press, 1988.

Avi Shlaim, „The Rise and Fall of the All-Palestine Government in Gaza“, *Journal of Palestine Studies* 20, Nr. 1 (Herbst 1990), 37–53.

Avi Shlaim, The Iron Wall: Israel and the Arab World. New York: WW Norton & Co., 2001.

Jaber Suleiman, Marginalised Community: The Case of Palestinian Refugees in Lebanon. University of Sussex, April 2006.

Jamil M. Tahir, „An Assessment of Palestinian Human Resources: Higher Education and Manpower", *Journal of Palestine Studies* 14, Nr. 3 (Frühjahr 1985), 32–53.

Alex Takkenberg, The Status of Palestinian Refugees in International Law. Oxford: Oxford University Press, 1998.

Shabtai Teveth, Ben-Gurion and the Palestinian Arabs: From Peace to War. New York: Oxford University Press, 1985.

A. L. Tibawi, „Visions of Return: The Palestine Arab Refugees in Arabic Poetry and Art", *Middle East Journal* 17, Nr. 5 (Herbst, 1963), 507–526.

Åge A. Tiltnes and Huafeng Zhang, „Progress, Challenges, Diversity: Insights Into the Socio-economic Conditions of Palestinian Refugees in Jordan", Fafo-Bericht 2013, 42, https://www.fafo.no/images/pub/2013/20332.pdf.

Jacob Tovy, Israel and the Palestinian Refugee Issue: The Formulation of Policy, 1948–1956. London: Routledge, 2014.

Yann Le Troquer and Rozenn Hommery al-Oudat, „From Kuwait to Jordan: The Palestinians' Third Exodus", *Journal of Palestine Studies* 28, Nr. 3 (Frühjahr 1999), 37–51.

Harry Truman, Memoirs by Harry S. Truman, Vol. 2: Years of Trial and Hope. Garden City, NY: Doubleday, 1956.

Milton Viorst, Reaching for the Olive Branch: UNRWA and Peace in the Middle East. Washington, D.C.; Bloomington: Middle East Institute; Indiana University Press, 1989.

Simon A. Waldman, Anglo-American Diplomacy and the Palestinian Refugee Problem, 1948–51. New York: Macmillan, 2015.

Antoine Zahlan and Rosemarie Zahlan, „The Palestinian Future", *Journal of Palestine Studies* 6, Nr. 4 (Sommer 1977), 103–112.

Alfred-Maurice de Zayas, A Terrible Revenge: The Ethnic Cleansing of the East European Germans. New York: St. Martin's Press, 1994.

Yaffa Zilbershats and Nimra Goren-Amitai, The Return of Palestinian Refugees to the State of Israel. Jerusalem: Metzilah Center, 2011.

Constantine K. Zurayk, The Meaning of the Disaster. Beirut: Khayat, 1956.

Elia Zureik, „Palestinian Refugees and the Middle East Peace Process", Vortrag auf der Konferenz Middle East Peace Process: Costs of Instability and Outlook for Insecurity. Universität Quebec, Montreal (23. Oktober 1998).

BERICHTE UND POSITIONSPAPIERE

Guido Ambroso, „The End of History? Conflict, Displacement and Durable Solutions in the Post-Cold War Era", research paper 207 (Genf: UNHCR, 2011), https://www.unhcr.org/research/working/4dc902909/end-history-conflict-displacement-durable-solutions-post-cold-war-era-guido.html.

Rex Brynen, „The Past as Prelude? Negotiating the Palestinian Refugee Issue", Chatham House Briefing Paper MEP/PR BP 08/01, Chatham House (2008), https://www.chathamhouse.org/sites/default/files/public/Research/Middle%20East/0608palrefugees_brynen.pdf.

Zuhair Diab (Hrsg.), International Documents on Palestine, 1968. Beirut: Institute for Palestine Studies, 1971.

„Facts and Figures about the Palestinians", Informationsblatt Nr. 1, Centre of Political Analysis on Palestine (1992).

Sarah Gammage, El Salvador: Despite End to Civil War, Emigration Continues, Migration Policy Institute, Migration Information Source (Juli 2007), https://www.migrationpolicy.org/article/el-salvador-despite-end-civil-war-emigration-continues.

Das Genfer Abkommen – ein israelisch-palästinensisches Musterfriedensabkommen, http://www.geneva-accord.org.

Global Protection Cluster (GPC), Handbook for the Protection of Internally Displaced Persons. Genf: UNHCR, Juni 2010, http://www.unhcr.org/4c2355229.pdf.

International Crisis Group, „Bringing Back the Palestinian Refugee Question", Bericht Nr. 156 (9. Oktober 2014), https://www.refworld.org/pdfid/5437873 84.pdf.

Memorandum des Arabischen Hohen Komitees an die Ständige Mandatskommission und den Staatssekretär für die Kolonien vom 23. Juli 1937. Zug: Inter Documentation, 1977.

Norwegian Refugee Council/Internal Displacement Monitoring Centre (NRC/IDMC), „Cyprus: Prospects Remain Dim of Political Resolution to Change Situation of IDPs" (Juni 2009), http://www.hlrn.org/img/violation/Cyprus_Overview_Jun09.pdf.

Norwegian Refugee Council/Internal Displacement Monitoring Centre (NRC/IDMC), „Protracted Internal Displacement in Europe: Current Trends and Ways Forward" (Mai 2009), https://www.internal-displacement.org/sites/default/files/publications/documents/200905-eu-protracted-internal-displacement-thematic-en.pdf.

UNHCR, „Protracted Refugee Situations, High Commissioner's Initiative" (Dezember 2008), http://www.refworld.org/docid/496f041d2.html.

UNHCR, „Protracted Refugee Situations" (10. Juni 2004) EC/54/SC/CRP.14, http://www.refworld.org/docid/4a54bc00d.html.

US Committee for Refugees and Immigrants, Country Report Rwanda: Statistics on Refugees and Other Uprooted People" (Juni 2001), https://reliefweb.int/report/burundi/uscr-country-report-rwanda-statistics-refugees-and-other-uprooted-people-jun-2001.

US Participation in the U.N.: Report by the President to the Congress for the Year 1958. Washington, D.C.: US Government Printing Office, 1959.

Jim Zanotti, „US Foreign Aid to the Palestinians", Congressional Research Service Report (16. Dezember 2016).

Völkerbundmandat für Palästina. London: His Majesty's Stationery Office, 1922.

BÜCHER UND ARTIKEL (HEBRÄISCH)

Yuval Arnon-Ohana, Line of Furrow and Fire: 100 Years of Conflict Over the Land of Israel. Netanya: Ahiasaf, 2013.

Michael Assaf, „The Revenge Complex in the Arab World", *The New East* 1, Nr. 3 (April 1950), 188.

Mordechai Bar-On, „The Peace That Was Not Possible", *Iyunim Bitkumat Yisrael* [Studien über den Zionismus, den Yishuv und den Staat Israel] 2 (1992), 455–463.

Mordechai Bar-On, „Status Quo: Before or After? Commentary Notes on Israel's Defense Policy 1949–1958", *Iyunim Bitkumat Yisrael* 5 (1995), 11–65.

David Ben-Gurion, „The Ways of the Jewish State (29. Oktober 1937)", *The Campaign* [Bama'archa]. Tel Aviv: Mapai Party, 1950.

David Ben-Gurion, The Hebrew Worker and His Union. Tel Aviv: Mifalei Tarbut ve-Chinuch, 1964.

David Ben-Gurion, War Diaries Vol. 2. Tel Aviv: Ministry of Defense, 1982.

Yoram Ben-Porat, Emmanuel Marcus und Shimon Shamir, Hilltop Refugee Camp. Tel Aviv: Shiloach Institute, Tel Aviv University, 1974.

Azriel Carlebach, The Book of Resurrection. Tel Aviv: Maariv, 1967.

Aharon Cohen, Israel and the Arab World. Merhavia: Poalim, 1964.

Ezra Danin, A Zionist Under Any Condition. Jerusalem: Kidum, 1987.

Moshe Elad, The Core Issues of the Israeli-Palestinian Conflict. Haifa: Pardes, 2014.

Yoav Gelber, Revival and Nakba. Tel Aviv: Dvir, 2004.

Asher Goren, Arab Lessons from the War of Independence. Tel Aviv: Ministry of Defense, 1952.

Yehoshafat Harkabi, The Palestinians: From Slumber to Awakening. Jerusalem: Magnes, 1979.

Yehoshafat Harkabi and Matti Steinberg, The Palestinian Covenant in the Test of Time and Practice. Jerusalem: Government Publication Service, 1987.

Mustafa Kabha, „The Palestinians and the Partition Plan“, in: 60 Years to the November 29th 1947 Resolution. Jerusalem: Metzilah, 2009, 60–68.

Dov Knohl (Hrsg.), The Battle of the Etzion Bloc. Israel: Youth and Hechalutz Department, World Zionist organization, 1957.

Mordechai Lahav, Fifty Years of Palestinian Refugees. Haifa: Beit Alim, 2000.

Michael M. Lasker and Hanuch Bazov, Terror in the Service of Revolution: The Relationship between the PLO and the Soviet Union, 1968–1991. Ramat Gan: Bar Ilan, 2016.

Rami Livni, „Axioms, Myths, and Political Lies“, *Molad* (12. Januar 2017).

Nazir Majali, „The Position of the Arab Representation on the Partition Plan: Crime and Punishment“, in: 60 Years to the November 29th 1947, Resolution. Jerusalem: Metzilah, 2009, 69–75.

Uri Milstein, „Hatred for Zionism Is Bound to Develop in Hatred for the West“, News1.co.il (14. April 2017), http://www.news1.co.il/Archive/002-D-119312-00.html.

Benny Morris, The Birth of the Palestinian Refugee Problem, 1947–1949. Tel Aviv: Am Oved, 1991.

Benny Morris, „The Creation of the Refugee Issue: Historical Background“, in: The Palestinian Refugees and the Right of Return, hg. v. Rafi Nets, Tel Aviv: Tel Aviv University, 2004, 7–12.

Benny Morris, 1948: A History of the First Arab-Israeli War. Tel Aviv: Am Oved, 2010.

Joseph Nevo, „The Attitude of the Palestine Arabs to the Jewish Yishuv and Zionist Movement“, in: Zionism and the Arab Question. Jerusalem: Zalman Shazar Centre, 1996, 163–172.

Ehud Olmert, In Person. Rishon Lezion: Miskal Yedioth Ahronoth, 2018.

Benjamin Pinkus, Special Relations – The Soviet Union, Its Allies, and Their Relations with the Jewish People, Zionism, and the Jewish State 1939–1959. Beersheba: Ben-Gurion University of the Negev Press, 2007.

Danny Rubinstein, „The Return of the Right of Return“, *Panim* 17 (2001), 23–29.

Moshe Sasson, Without a Round Table: Peace Negotiations, Testimonies and Lessons (1919–1979). Oder Yehuda: Maariv, 2004.

Uziel Schmeltz, „The Mass Emigration from Asia and North Africa to Israel: Demographic Aspects“, *Pe'amim* 39 (1989), 15–63.

Samuel Segev, Behind the Screen: The Iraqi Parliamentary Committee on the War against Israel. Tel Aviv: Ma'archot, 1954.

Ronny Shaked, Behind the Keffiyeh: The Conflict from the Palestinian Viewpoint. Rishon Lezion: Yediot Books, 2018.

Moshe Shemesh, „The Kadesh Operation and the Suez Campaign: The Middle Eastern Political Background1949–1956“, *Iyunim Bitkumat Yisrael* 4 (1994), 66–116.

Moshe Shemesh, „The PLO: The Path to Oslo-1988: A Turning Point in the Annals of the New Palestinian National Movement“, *Iyunim Bitkumat Yisrael* 9 (1999), 186–245.

Moshe Shemesh, „The Palestinian Leadership Crisis Part II: ‚All-Palestine Government‘ in September 1948 and the Mufti's Demise“, *Iyunim Bitkumat Yisrael* 15 (2005), 301–318

Shoshana Stiftel (Hrsg.), Plan „D“: The First Strategic Plan in the Independence War. Tel Aviv: Ministry of Defense, 2008.

Eliezer Tauber, Deir Yassin: The End of the Myth. Israel: Kinneret Zmora-Bitan Dvir Publishing, 2017.

Jacob Tovy, On Its Own Threshold: The Formulation of Israel's Policy on the Palestinian Refugee Issue, 1948–1956. Beerscheba: Ben-Gurion-Universität des Negev, 2008.

Tzvi Tzameret, „New Revelations in the Bernadotte Episode: The Nazi Connection and the Jewish Advisor Magnes“, *Mida* 7 (7. Oktober 2014).

ANMERKUNGEN

1. KRIEG FÜHREN (1948)

1 Zitiert in Benny Morris, 1948: A History of the First Arab-Israeli War (New Haven, CT: Yale University Press, 2008), 123.

2 Ebd., 123–125.

3 Der Einfachheit halber verwenden wir im ganzen Buch den Begriff „Palästinenser“, wie er allgemein bekannt ist und heute verwendet wird. In den 1940er und 1950er Jahren wurde der Begriff jedoch nicht allgemein in Bezug auf die Araber des Landes verwendet. Daher werden Araber, arabische Flüchtlinge oder Palästinaflüchtlinge in dem bestimmten historischen Kontext oder in den Zitaten von Personen und Dokumenten aus dieser Zeit als Palästinenser bezeichnet.

4 Völkerbundmandat für Palästina (London: His Majesty's Stationery Office, 1922). Großbritannien beschloss 1921, eine separate Einheit namens Transjordanien zu gründen, die sich östlich des Jordan erstreckte, um die arabischen Forderungen zu erfüllen. So sollte das gesamte Gebiet westlich des Jordan als jüdische Nationalstätte dienen. Siehe zum Beispiel: Gideon Biger, The Boundaries of Modern Palestine, 1840–1947. New York: Routledge, 2004, 174–179.

5 Siehe zum Beispiel: Memorandum des Arabischen Hohen Komitees an die Ständige Mandatskommission und den Staatssekretär für die Kolonien vom 23. Juli 1937 (Zug: Inter Documentation, 1977); The Palestine Arab Case – A Statement by the Arab Higher Committee (Kairo: Costa Tsoumas, 1947); Palestine: The Solution – The Arab Proposals and the Case on which They Rest (Washington, D.C.: The Arab Office, 1947); siehe auch Yezid Sayigh, Armed Struggle and the Search for State: The Palestinian National Movement, 1949–1993 (New York: Oxford University Press, 1997), 4–10; Mustafa Kabha, „The Palestinians and the Partition Plan“, in: 60 Years to the November 29th 1947 Resolution (Jerusalem: Metzilah, 2009), 60–68 [Hebräisch]; Nazir Majali, „The Position of the Arab Representation on the Partition Plan: Crime and Punishment“, in: ebd., 69–75 [Hebräisch]; Joseph Nevo, „The Attitude of the Palestine Arabs to the Jewish Yishuv and Zionist Movement“, in: Zionism and the Arab Question (Jerusalem: Zalman Shazar Centre, 1996), 163–172 [Hebräisch]; Benny Morris, Righteous Victims: A History of the Zionist-Arab Conflict, 1881–1999 (New York: Knopf, 1999), 56–66, 88–106.

6 „Palestine Conference (Government Policy)“, House of Commons Debate, vol. 433, (18. Februar 1947), cc985–994 (Herv. d. A.).

7 Zu den Empfehlungen des Sonderausschusses siehe: UNGAOR, Zweite Sitzung, Beilage Nr. 11, „Sonderausschuss der Vereinten Nationen für Palästina: Bericht an die Generalversammlung“, A/364 (3. September 1947); zur UN-Resolution selbst siehe: UNGAOR 181 (II) „Die künftige Regierung Palästinas“, A/RES/181(II) (29. November 1947).

8 UNGAOR, Zweite Sitzung, Beilage-Nr. 11, „Sonderkomitee der Vereinten Nationen für Palästina: Bericht an die Generalversammlung“, A/364 (3. September 1947), Kap. 6, Teil I, Ziff. 1.

9 Tatsächlich wanderten von Mai 1948 bis Dezember 1948 etwa 102 000 Juden nach Israel ein, die meisten von ihnen aus den Lagern in Europa und Zypern. 1949 wanderten rund 240 000 Juden nach Israel ein, darunter ganze jüdische Gemeinden, die aus Libyen und dem Jemen flohen. Bis 1951 verdoppelte sich die Zahl der Juden in Israel. Siehe: Uziel Schmeltz, „The Mass Emigration from Asia and North Africa to Israel: Demographic Aspects", *Pe'amim* 39 (1989), 15–63 [Hebräisch]. Siehe auch Morris, 1948, 53, 63–65.

10 Morris, 1948, 65; Uri Milstein, „29. November, B: Bribery and Elections", http://www.uri-milstein.com/product-107.html [Hebräisch]; Azriel Carlebach, The Book of Resurrection (Tel Aviv: Maariv, 1967), 10 [Hebräisch].

11 David Ben-Gurion, War Diaries, 12. März 1947 (Tel Aviv: Ministry of Defense, 1982), vol. 1, 20 [Hebräisch].

12 Bericht der Royal Commission Palestine (London: His Majesty's Stationery Office, 1937); Memorandum des Arabischen Hohen Komitees an die Ständige Mandatskommission und den Staatssekretär für die Kolonien vom 23. Juli 1937 (Zug: Inter Documentation, 1977).

13 Siehe zum Beispiel: „Address by Mr Emil Ghoury (member of the Arab Higher Committee) to the final session of the Anglo-American Committee of Inquiry, 25 March 1946", in: Ruth Gavison (Hrsg.), The Two-State Soluton: The UN Partition Solution of Mandatory Palestine, Analysis and Sources (New York: Bloomsbury, 2013), 97.

14 Bernard Lewis, The Jews of Islam (Princeton, NJ: Princeton University Press, 1984), 3–66 [dt. Die Juden in der islamischen Welt, 2004].

15 Aharon Cohen, Israel and the Arab World (London: WH Allen, 1970), 402.

16 Morris, 1948, 26, 42.

17 Ebd., 50.

18 Zitiert in Abba Eban, Personal Witness – Israel Through My Eyes (New York: GP Putnam's Sons, 1992), S. 110.

19 Elad Ben-Dror, „Ralph Bunche and the Establishment of Israel", *Israel Affairs* 14, Nr. 3 (2008), 519–537; Generalversammlung der Vereinten Nationen – „Das Problem der Sicherheit in Palästina", A/AC.21/9 (16. Februar 1948).

20 Zitiert in Morris, 1948, 77.

21 Ebd.; Jacob Tovy, Israel and the Palestinian Refugee Issue: The Formulation of Policy, 1948–1956 (London: Routledge, 2014); Yoav Gelber, Revival und Nakba (Tel Aviv: Dvir, 2004) [Hebräisch]; Mordechai Lahav, Fifty Years of Palestinian Refugees (Haifa: Beit Alim, 2000) [Hebräisch]; siehe auch Efraim Karsh, Palestine Betrayed (New Haven, CT: Yale University Press, 2010).

22 Benny Morris, „The Creation of the Refugee Issue: Historical Background", in: The Palestinian Refugees and the Right of Return, hg. v. Rafi Nets (Tel Aviv: Universität Tel Aviv, 2004), 7–12 [Hebräisch].

23 Morris, 1948, 111–115.

24 Ebd., 113–115; Ahron Bregman, Israel's Wars, 1947–1993 (New York: Routledge, 2000), 12.

25 Morris, 1948, 115–121.

26 Shoshana Stiftel (Hrsg.), Plan „D": The First Strategic Plan in the Independence War (Tel Aviv: Ministry of Defense, 2008), 37–45 [Hebräisch].

27 Plan Aleph („A") wurde im September 1941 erstellt, Plan Bet („B") im September 1945 und Plan Gimel („C") im Mai 1946. Zu diesen Plänen siehe Stiftel, Plan „D",

9, 13–15, 27–36; siehe auch Morris, 1948, 115–121. Zu den Empfehlungen der Peel-Kommission siehe Palestine Royal Commission Report (London: His Majesty's Stationery Office, 1937), 380–393.

28 Zur arabischen Revolte von 1936–1939 siehe zum Beispiel Morris, Righteous Victims, 128–135. Zur jüdischen Reaktion auf die Revolte und die Entwicklung der Haltung gegenüber der arabischen Bevölkerung des Mandats siehe ebd., 135–137; Anita Shapira, Land and Power: The Zionist Resort to Force, 1881–1948 (Stanford, CA: Stanford University Press, 1992), 221– 234; Shabtai Teveth, Ben-Gurion and the Palestinian Arabs: From Peace to War (New York: Oxford University Press, 1985).

29 Stiftel, Plan „D", 292–331.

30 Walid Khalidi, „Plan Dalet: Master Plan for the Conquest of Palestine", *Journal of Palestine Studies* 18, Nr. 1 (1988), 4–33; Ilan Pappé, The Making of the Arab-Israeli Conflict, 1947–1951 (London: IB Tauris, 1992), 89–96.

31 Die englische Übersetzung des Plans erscheint in Khalidi, „Plan Dalet", Seite 24–33.

32 Yoram Kaniuk, 1948 (NYRB Lit, 2012), loc. 1372, Kindle.

33 Zitiert in Dov Knohl (Hrsg.), The Battle of the Etzion Bloc (Israel: Youth and Hechalutz Department, World Zionist Organization, 1957), 145 [Hebräisch].

34 Morris, 1948, 128–129; „How the Hadassah-Konvoi was destroyed", *Davar* (3. April 1949) [Hebräisch].

35 Zitiert in Knohl, The Battle of the Etzion Bloc, 477.

36 John Roy Carlson, Cairo to Damascus (New York: Knopf, 1951), 172.

37 Morris, „The Creation of the Refugee Issue",7–12; Tovy, Israel and the Palestinian Refugee Issue, 3–9.

38 Schätzungen über die Zahl der Flüchtlinge reichten von 500 000, wie von Israel behauptet, bis zu einer Million, die von arabischen Beamten angegeben wurden. Im Juli 1949 teilte Israel der Vermittlungskommission mit, dass es ungefähr 520 000 Flüchtlinge gebe; siehe zum Beispiel Comay an PCC Technical Committee on Refugees, 24. Juli 1949, zitiert in Morris, The Birth of the Palestinian Refugee Problem Revisited (Cambridge: Cambridge University Press, 2004), 602. Die Briten gingen im Februar 1949 von 810 000 Flüchtlingen aus; siehe McNeils Antwort auf die Frage von Brigadier Rayner, 16. Februar 1949, zitiert ebenda. Das britische Außenministerium kam im September 1949 zu dem Schluss, dass die Zahl der Flüchtlinge zwischen 600 000 und 760 000 lag; siehe Außenministerium an britische UN-Delegatio (New York), 2. September 1949, zitiert in Benny Morris, The Birth of the Palestinian Refugee Problem Revisited, 603.

39 „Erster Zwischenbericht der Wirtschaftserhebungsmission der Vereinten Nationen für den Nahen Osten", Abschnitt (A), Anzahl der Flüchtlinge, A/1106 (16. November 1949).

40 Morris, The Birth of the Palestinian Refugee Problem Revisited, 570–571; Tovy, Israel and the Palestinian Refugee Issue, 7–9; Efraim Karsh, „How many Palestinian Arab Refugees Were There?", *Israel Affairs* 17, Nr. 2 (April 2011), 224–246; „Facts and Figures about the Palestinians", Informationsblatt Nr. 1, Center for Policy Analysis on Palestine (1992), 13.

41 Generalversammlung der Vereinten Nationen, Zwischenbericht des Direktors des Hilfswerks der Vereinten Nationen für Palästinaflüchtlinge im Nahen Osten, A/1451/Rev.1 (6. Oktober 1950), Ergänzung Nr. 19, Abs. 13.

42 Siehe: „Report of the Secretary-General Concerning United Nations Relief for Palestine Refugees", 24. Oktober 1950, A/1452, zitiert in Edward H. Buehrig, The UN and the Palestine Refugees – A Study in Nonterritorial Administration (Bloomington: Indiana University Press, 1971), 31.
43 „Erster Zwischenbericht der Wirtschaftserhebungsmission der Vereinten Nationen für den Nahen Osten" (16. November 1949), A/1106, Tabelle B, „Schätzung der Zahl der arabischen Flüchtlinge aus israelisch besetztem Gebiet".
44 Don Peretz, „Who Is a Refugee?", *Palestine-Israel Journal* 2, Nr. 4 (1995).
45 James G. McDonald, My Mission in Israel, 1948–1951 (New York: Simon & Schuster, 1951), 176; Morris, The Birth of the Palestinian Refugee Problem, 1947–1949, 119, 185.
46 Zitiert in Morris, 1948, 410.
47 Israels Unabhängigkeitserklärung, siehe: https://m.knesset.gov.il/en/about/pages/declaration.aspx; siehe auch Arabische Gesellschaft in Israel: Informationsportfolio (Neve Ilan: Abraham Fund, 2009), 4 [Hebräisch], https://www.abrahamfund.org/webfiles/fck/Ogdan%20Final.pdf.
48 Morris, 1948, 125–128; Eliezer Tauber, Deir Yassin: The End of the Myth (Israel: Kinneret Zmora-Bitan Dvir Publishing, 2017) [Hebräisch].
49 Morris, 1948, 154; Shmuel Segev (Hrsg.), In Enemy Eyes (Tel Aviv: Ma'arachot, 1954), 34 [Hebräisch].
50 Siehe David Barnett und Efraim Karsh, „Azzam's Genocidal Threat", *Middle East Quarterly* 18, Nr. 4 (Herbst 2011), 85–88.
51 Zitiert in Samuel Segev, Hinter dem Bildschirm: Das irakische Parlamentarische Komitee für den Krieg gegen Israel (Tel Aviv: Ma'arachot, 1954), 77 [Hebräisch].
52 Zitiert in Morris, 1948, 408.
53 Ebd., 408–410.
54 Zitiert in Morris, The Birth of the Palestinian Refugee Problem, 1947–1949, 451.
55 Yossi Katz, „Transfer of Population as a Solution to International Disputes: Population Exchanges Between Greece and Turkey as a Model for Plans to Solve the Jewish-Arab Dispute in Palestine During the 1930s", *Political Geography* 11, Nr. 1 (January 1992), 55–72; Yaffa Zilbershats and Nimra Goren-Amitai, The Return of Palestinian Refugees to the State of Israel (Jerusalem: Metzilah Center, 2011), 78–79.
56 Anne Applebaum, Iron Curtain. The Crushing of Eastern Europe, 1944–1956 (New York: Anchor Books, 2013), 116–147; siehe auch Guido Ambroso, „The End of History? Conflict, Displacement and Durable Solutions in the Post-Cold War Era", Research Paper 207 (Genf: UNHCR, 2011), 2.
57 Giles MacDonogh, After the Reich: The Brutal History of the Allied Occupation (New York: Basic Books, 2007), 154. Für andere Berichte über die ethnischen Säuberungen der Deutschen nach dem Zweiten Weltkrieg siehe Keith Lowe, Savage Continent: Europe in the Aftermath of World War II (London: Viking, 2012); Ben Shephard, The Long Road Home: The Aftermath of the Second World War (London: The Bodley Head, 2010); RM Douglas, Orderly and Humane. The Expulsion of the Germans after the Second World War (New Haven, CT: Yale University Press, 2012); Alfred-Maurice de Zayas, A Terrible Revenge: The Ethnic Cleansing of the East European Germans (New York: St. Martin's Press, 1994).

58 „Report to Office of Military Government Bavaria", zitiert in Victor Sebestyen, 1946: The Making of the Modern World (New York: Vintage, 2014), loc. 2229. Kindle.
59 Zitiert in ebd., a.a.O. loc. 2239, Kindle.
60 Winston Churchill, zitiert in Applebaum, Iron Curtain, 22.
61 Chaim D. Kaufmann, „When All Else Fails: Ethnic Population Transfers and Partitions in the Twentieth Century", *International Security* 23, Nr. 2 (Herbst 1998), 132–144; Prashant Bharadwaj, Asim Khwaja und Atif Mian, „The Big March: Migratory Flows after the Partition of India", *Economic and Political Weekly* 43, Nr. 35 (2008), 39–49.
62 Martin Gilbert, In Ishmael's House: A History of Jews in Muslim Lands (New Haven, CT: Yale University Press, 2010).
63 Morris, 1948, 406; siehe auch K. Hill et al., „The Demographic Impact of Partition in the Punjab in 1947", *Population Studies* 62, No. 2 (Juli 2008), 155–170.

2. RÜCKKEHR FORDERN (1949)

1 „Erster Zwischenbericht der Wirtschaftserhebungsmission der Vereinten Nationen für den Nahen Osten", Abschnitt (A), Anzahl der Flüchtlinge, A/1106 (16. November 1949).
2 Kenneth W. Bilby, New Star in the Near East (Garden City, NY: Doubleday, 1950), 79–101.
3 Zitiert in ebd., 79–80.
4 Ebd., 99.
5 Zitiert in *Davar*, 30. Oktober 1949 [Hebräisch].
6 Edward Said, The Question of Palestine (New York: Vintage, 1980), 48.
7 Al-Ahram, 20. Juli 1949, zitiert in Elad Ben-Dror, Ralph Bunche and the Arab-Israeli Conflict: Mediation and the UN, 1947–1949 (New York: Routledge, 2016), 250.
8 Al-Ayyam, 27. Juli 1949, zitiert in Aharon Cohen, Israel and the Arab World (Merhavia: Poalim, 1964), 460 [Hebräisch].
9 Britisches Außenministerium (britisch), Campbell an Bevin, 12. März 1949, 371/75332, zitiert in Ben-Dror, Ralph Bunche and the Arab-Israeli Conflict, 250.
10 Abdel Monem Mustafa an Eliahu Sasson, 1. Juni 1949, zitiert in Moshe Shemesh, „The Kadesh Operation and the Suez Campaign: The Middle Eastern Political Background 1949–1956", *Iyunim Bitkumat Yisrael* [Studien zum Zionismus, zum Jischuw und zum Staat Israel] 4 (1994), 68 [Hebräisch].
11 Avi Shlaim, The Iron Wall: Israel and the Arab World (New York: WW Norton, 2001); Mordechai Bar-On, „Status Quo: Before or After? Commentary Notes on Israel's Defense Policy 1949–1958", *Iyunim Bitkumat Yisrael* 5 (1995), 86–87 [Hebräisch].
12 Morris, Righteous Victims, 269.
13 Constantine K. Zurayk, The Meaning of the Disaster (Beirut: Khayat, 1956), 15.
14 Zurayk, The Meaning, 7.
15 In den Jahren unmittelbar nach dem Krieg erschienen in der arabischen Welt eine Reihe von Büchern und Artikeln mit diesen Begriffen. Für eine Diskussion dieser Literatur siehe beispielsweise Ali E. Hillal Dessouki, „Arab Intellectuals and Al-Nakba: The Search for Fundamentalism", *Middle Eastern Studies* 9, Nr. 2

(Mai 1973), 187–195; siehe auch Asher Goren, Arab Lessons from the Independence War (Tel Aviv: Ministry of Defense, 1952) [Hebräisch]; Shemesh, „The Kadesh Operation and the Suez-Campaign", 66–116.

16 Honaida Ghanim, „Poetics of Disaster: Nationalism, Gender, and Social Change Among Palestinian Poets in Israel After Nakba", *International Journal of Politics Culture and Society* 22, Nr. 1 (2009), 23–39.

17 Zitiert in Anaheed Al-Hardan, „Al-Nakbah in Arab Thought – The Transformation of a Concept", *Comparative Studies of South Asia, Africa and the Middle East* 35, Nr. 3 (2015), 627.

18 Zitiert in Goren, Arab Lessons from the War of Independence, 69. Der Krieg beeinflusste auch arabische Schriftsteller zutiefst und spiegelte sich in zahlreichen Werken, Romanen, Kurzgeschichten und Theaterstücken wider. Siehe zum Beispiel Khalid Abdullah Sulaiman Mohammad, „The Influence of the Political Situation in Palestine on Arabic Poetry from 1917–1973", Thesis presented for the degree of Doctor of Philosophy in the University of London School of Oriental and African Studies, November 1982.

19 Zurayk, The Meaning, 2; siehe auch Mordechai Bar-On, „The Peace That Was Not Possible", *Iyunim Bitkumat Yisrael* 2 (1992), 455–463 [Hebräisch]; Morris, 1948, 416– 420.

20 Zurayk, The Meaning, 16, 32.

21 Morris, Righteous Victims, 269; Cohen, Israel and the Arab World.

22 Morris, 1948, 416–417; Ben-Dror, Ralph Bunche and the Arab-Israeli Conflict, 250.

23 Zitiert in Eban, Personal Witness, 197; siehe auch Bar-On, „The Peace That Was Not Possible". Herv. d. A.

24 Falastin, 23. Juni 1949, zitiert in Shemesh, „The Kadesh Operation and the Suez Campaign", 90.

25 Resolution 314 der Arabischen Liga vom 13. April 1950, „Separater Peace with Israel", zitiert in Muhammad Khalil, The Arab States and the Arab League: A Documentary Record, vol. 1 (Beirut: Khayats, 1962), 166–167.

26 Radio Damaskus, 25. Juni 1951, zitiert in Shemesh, „The Kadesh Operation and the Suez Campaign", 90.

27 Al-Khayat (Beirut), 8. September 1951, zitiert in Shemesh, „The Kadesh Operation und die Suez-Kampagne", 90.

28 Cohen, Israel and the Arab World, 461.

29 Ebd., 477. Herv. d. A.

30 Avi Shlaim, Collusion Across the Jordan – King Abdullah, the Zionist Movement, and the Partition of Palestine (New York: Columbia University Press, 1988), S. 606.

31 Musa Alami, „The Lesson of Palestine", *Middle East Journal* 3, Nr. 4 (Oktober 1949), 373–405; siehe auch Michael Assaf, „The Revenge Complex in the Arab World", *The New East* 1, Nr. 3 (April 1950), 188 [Hebräisch]. Für weitere Diskussionen zur arabischen Perspektive nach dem Krieg siehe u. a. Yehoshafat Harkabi, Arab Attitudes to Israel (Jerusalem: Israel Universities Press, 1972), 362–383; Dessouki, „Arab Intellectuals and Al-Nakba", 187–195; Al-Hardan, „Al-Nakbah in Arab Thought", 622–638.

32 Alami, „The Lesson of Palestine", 386, 405.

33 „Palästina-Fortschrittsbericht des Vermittlers der Vereinten Nationen für Palästina: Telegramm vom 28. September 1948 des Premierministers und amtierenden

Außenministers der gesamtpalästinensischen Regierung an den Generalsekretär betreffend die Verfassung der gesamtpalästinensischen Regierung“, 3. Sitzung der Vereinten Nationen, Erster Ausschuss, A/C.1/330 14. Oktober 1948.

34 Zitiert in Avi Shlaim, „The Rise and Fall of the All-Palestine Government in Gaza“, *Journal of Palestine Studies* 20, Nr. 1 (Herbst 1990), 37–53. Eine der Motivationen dieser von Ägypten unterstützten Regierung bestand darin, dem Haschemitischen König ein Signal zu senden, die eroberten Gebiete des Mandatsgebiets Palästina nicht zu annektieren, sondern auf der territorialen Integrität Palästinas zu beharren. Siehe auch Moshe Shemesh, „The Palestinian Leadership Crisis Part II: ‚All-Palestine Government‘ in September 1948 and the Mufti's Demise“, *Iyunim Bitkumat Yisrael* 15 (2005), 301–348 [Hebräisch].

35 Zitiert in Joseph Nevo, King Abdallah and Palestine – A Territorial Ambition (London: Macmillan, 1996), 166–171; siehe auch Shlaim, Collusion Across the Jordan, 359; Gelber, Revival and Nakba, 379.

36 Rashid Khalidi, Palestinian Identity – The Construction of Modern National Consciousnesss (New York: Columbia University Press, 2010), 177–183.

37 Bilby, New Star in the Near East, 85.

38 Zitiert in Ezra Danin, A Zionist Under Any Condition (Jerusalem: Kidum, 1987), 311, 315 [Hebräisch]. Siehe auch „Most Embarrassed“, *Palestine Post*, 6. August, 1948; „Refugees Are the Mufti's Last Card”, *Palestine Post*, 27. August 1948.

39 „Emil Ghoury's Response to the Telegraph on the Matter of the Refugees“, August 1948, zitiert in Benny Morris, 1948: A History of the First Arab-Israeli War (Tel Aviv: Am Oved, 2010), 426–427 [Hebräisch].

40 Walid al-Khalidi, „Reappraisal: An Examination of Certain Western Attitudes to the Palestine Problem”, *Middle East Forum* 33, Nr. 8 (1958), zitiert in Harkabi, Arab Attitudes to Israel, 27.

41 Rashid Khalidi, „Observations on the Right of Return“, *Journal of Palestine Studies* 21, Nr. 2 (Winter 1992), 36.

42 Resolution 231 der Arabischen Liga vom 17. März 1949, zitiert in Khalil, The Arab States and the Arab League, vol. 1, 165.

43 Siehe zum Beispiel: „A Statement on the Aims and Policy of the Palestine Arab Refugee Congress“, 9. Oktober 1949, zitiert in Avi Plascov, The Palestinian Refugees in Jordan, 1948–1957 (New York: Routledge, 2017), Anhang Nr. 4; „Brief vom 13. Mai 1949 von Herrn Nassib Bulos, Delegationssekretär, Arabischer Flüchtlingskongress, an den Vorsitzenden der [palästinensischen] Vergleichskommission“, 14. Mai 1949, A/AC.25/Org/13.

44 Protokolle der 12. Sitzung des Rates der Liga der Arabischen Staaten, 25. März 1950 bis 17. Juni 1950, zitiert in Shemesh, „The Kadesh Operation and the Suez Campaign“, 68; siehe auch Shlaim, Iron Wall; Lahav, Fifty Years of Palestinian Refugees, 436–437.

45 Jalal Al-Husseini, „The Arab States and the Refugee Issue: A Retrospective View“, in: Israel and the Palestinian Refugees, hg. v. Eyal Benvenisti, Chaim Gans und Sari Hanafi (Berlin: Springer, 2007), 436.

46 Al-Masry, 11. Oktober 1949, zitiert in Harkabi, Arab Attitudes to Israel, 28.

47 Al-Joumhouria, 20. Mai 1964, zitiert in Harkabi, Arab Attitudes to Israel, 7.

48 Zitiert in Joseph B. Schechtman, The Arab Refugee Problem (New York: New York Philosophical Library, 1952), 24.

49 Ebd.
50 Ebd., 31.
51 Gelber, Revival and Nakba, 253.
52 Shlaim, The Iron Wall, 50; Morris, The Birth of the Palestinian Refugee Problem, 579–580.
53 Tovy, Israel and the Palestinian Refugee Issue, 87– 89.
54 Ebd., 87–102.
55 Zitiert in Morris, The Birth of the Palestinian Refugee Problem Revisited, 310–311.
56 Zitiert in Ebd., 311.
57 Ben-Gurion, War Diaries, vol. 2, 524–526.
58 Zitiert in Morris, The Birth of the Refugee Problem Revisited, 317.
59 Tovy, Israel and the Palestinian Refugee Issue, 16–17.
60 Zitiert in Tovy, Israel and the Palestinian Refugee Issue, 18.
61 Ebd., 19.
62 Zitiert in Morris, The Birth of the Palestinian Refugee Problem Revisited, 553, 559; Tovy, Israel and the Palestinian Refugee Issue, 40.
63 Morris, The Birth of the Palestinian Refugee Problem Revisited, 250–258.
64 Andrew Kent, „Evaluating the Palestinians' Claimed Right of Return“, *University of Pennsylvania Journal of International Law* 34, Nr. 1 (2012), 152.
65 Übereinkommen über die Rechtsstellung von Flüchtlingen, 28. Juli 1951, Vertragssammlung der Vereinten Nationen, Nr. 189, 176.
66 Howard Adelman and Elazar Barkan, No Return, No Refuge: Rites and Rights in Minority Repatriation (New York: Columbia University Press, 2011), 1–23.
67 Alexander Nader, „The Development of International Assistance to Refugees from the Nansen Office to the Present (1921–1952)“ (Masterarbeit, American University of Beirut, 1953), S. 163; Mark Cutts (Hrsg.), The State of the World's Refugees, 2000: Fifty Years of Humanitarian Action (Oxford: Oxford University Press, 2000), 60–76.
68 Simon A. Waldman, Anglo-American Diplomacy and the Palestinian Refugee Problem, 1948–51 (New York: Macmillan, 2015), 18–39.
69 Folke Bernadotte, To Jerusalem, trans. Joan Bulman (Westport, CT: Hyperion Press, 1976), 142, 118. Siehe auch Amitzur Ilan, Bernadotte in Palestine 1948: A Study in Contemporary Humanitarian Knight-Errantry (London: Macmillan, 1989), 130.
70 „Der Text der Vorschläge, der den beiden Parteien vom Vermittler der Vereinten Nationen für Palästina am 28. Juni 1948 vorgelegt wurde“, 28. Juni 1948, S/863.
71 Morris, 1948, 269–270; Cohen, Israel and the Arab World, 403.
72 Morris, 1948, 145–146.
73 Ebd., 209.
74 Generalversammlung der Vereinten Nationen, „Fortschrittsbericht des Mediators der Vereinten Nationen für Palästina, dem Generalsekretär zur Übermittlung an die Mitglieder der Vereinten Nationen vorgelegt“, A/648 (16. September 1948).
75 „Arabs Reject Mediator's Plan“, *Palestine Post*, 22. September 1948; FRUS, 1948, *The Near East, South Asia, and Africa*, Band V, Teil 2, hg. v. Herbert A. Fine und Paul Claussen (Washington, D.C.: Government Printing Office, 1976), Dokument 619.
76 Morris, 1948, 313.

77 Generalversammlung der Vereinten Nationen, Fortschrittsbericht des Vermittlers der Vereinten Nationen, A/648 (16. September 1948), Teil 3, VI: Schlussfolgerungen.

78 Generalversammlung der Vereinten Nationen, Fortschrittsbericht des Vermittlers der Vereinten Nationen, A/648 (16. September 1948).

79 Bernadotte, To Jerusalem, 228.

80 Generalversammlung der Vereinten Nationen, „Fortschrittsbericht des Mediators der Vereinten Nationen für Palästina, dem Generalsekretär zur Übermittlung an die Mitglieder der Vereinten Nationen vorgelegt", A/648 (16. September 1948).

81 Ebd., 11.

82 Bernadotte, zitiert in Tovy, Israel and the Palestinian Refugee Issue, 95.

83 Resolution 194 der UN-Generalversammlung, Palästina – Fortschrittsbericht des Vermittlers der Vereinten Nationen, A/RES/194(III) (11. Dezember 1948).

84 Ebd.

85 Tovy, Israel and the Palestinian Refugee Issue, 24.

86 Benjamin Pinkus, Special Relations – The Soviet Union, Its Allies, and Their Relations with the Jewish People, Zionism, and the Jewish State 1939–1959 (Beersheba: Ben-Gurion University of the Negev Press, 2007), 226–229 [Hebräisch]. Siehe auch Ilan, Bernadotte in Palestine 1948, 170–172.

87 Resolution 194 der UN-Generalversammlung, Palästina – Fortschrittsbericht des Vermittlers der Vereinten Nationen, A/RES/194(III) (11. Dezember 1948).

88 Zitiert in Schechtman, The Arab Refugee Problem, 23.

89 Mahmoud Abbas, „Lord Balfour's Burden", *Cairo Review of Global Affairs,* 12. November 2017; „Erekat: The 1948 Nakba Is Still Ongoing", *WAFA*, 14. Mai 2018; Susan M. Akram, „Palestinian Refugees and Their Legal Status: Rights, Politics, and Implications for a Just Solution", *Journal of Palestine Studies* 31, Nr. 3 (Frühjahr 2002), 36–51.

90 Siehe Vereinte Nationen, Charta der Vereinten Nationen, 24. Oktober 1945, 1 UNTS XVI, Artikel 10, 14; Malcolm N. Shaw, International Law, 6. Aufl. (New York: Cambridge University Press, 2008), 3, 114–115, 1212; Gaetano Arangio-Ruiz, „The Normative Role of the General Assembly of the United Nations and the Declaration of Principles of Friendly Relations", Collected Courses of the Hague Academy of International Law, 1972-III 137 (1974), 419–572; Stephen M. Schwebel, „The Effect of Resolutions of the UN General Assembly on Customary International Law", *Proceedings of the ASIL Annual Meeting* 73 (1979), 301–309.

91 Eban, Personal Witness, 178.

92 Resolution 194 der UN-Generalversammlung, Palästina – Fortschrittsbericht des Vermittlers der Vereinten Nationen, A/RES/194(III) (11. Dezember 1948).

93 Tovy, Israel and the Palestinian Refugee Issue, 24.

94 Eyal Benvenisti, „The Right of Return in International Law: An Israeli Perspective" (Vortrag auf der Stocktaking Conference on Palestinian Refugee Research, Ottawa, Kanada, 17.–20. Juni 2003); Tovy, Israel and the Palestinian Refugee Issue, 24–26.

95 „Fortschrittsbericht der Schlichtungskommission der Vereinten Nationen für Palästina über den Zeitraum vom 23. Januar bis 19. November 1951", UNGAOR, Sechste Tagung, Beilage Nr. 18 (A/1985), Rn. 32; siehe auch Benvenisti, „The Right of Return in International Law".

96 Siehe zum Beispiel Resolution 393, „Assistance to Palestine Refugees", 2. Dezember 1950, A/RES/393(V); Resolution 394, „Palästina: Fortschrittsbericht der Schlichtungskommission der Vereinten Nationen für Palästina; Rückführung oder Neuansiedlung von Palästinaflüchtlingen und Zahlung der ihnen zustehenden Entschädigung", 14. Dezember 1950, A/RES/394(V).
97 McDonald, My Mission in Israel, 38.
98 Ebd., 60.
99 Richard Holbrooke, „Washington's Battle Over Israel's Birth", Washington Post, 7. Mai 2008, https://www.almendron.com/tribuna/washingtons-battle-over-israels-birth/.
100 Uri Milstein, „Hatred for Zionism Is Bound to Develop into Hatred for the West", News1.co.il, 4. April 2017, http://www.news1.co.il/Archive/002-D-119312-00.html [Hebräisch]; FRUS, 1948, *The Near East, South Asia, and Africa*, Band V, Teil 2, hg. v. Herbert A. Fine und Paul Claussen (Washington, D.C.: Government Printing Office, 1976), Dokument 10.
101 Harry Truman, Memoirs of Harry S. Truman, vol. 2, Years of Trial and Hope (Garden City, NY: Doubleday, 1956), 162.
102 FRUS, 1948, *The Near East, South Asia, and Africa*, Band V, Teil 2, hg. v. Herbert A. Fine, Paul Claussen (Washington: Government Printing Office, 1976), Dokument 625, zitiert ein Memorandum der Joint Chiefs of Staff vom 22. September 1948; FRUS, 1948, Band V, Teil 2, Dokument 665.
103 Natan Aridan, Britain, Israel and Anglo-Jewry 1949–1957 (London: Routledge, 2004), 28; Dennis Ross, Doomed to Succeed: The U.S.-Israel Relationship from Truman to Obama (New York: Farrar, Straus und Giroux, 2015), 3–26.
104 „Vergleichskommission der Vereinten Nationen für Palästina – Zweiter Fortschrittsbericht", 19. April 1949, A/838; siehe auch Morris, The Birth of the Palestinian Refugee Problem Revisited, 578, 553.
105 FRUS, 1949, *The Near East, South Asia, and Africa*, Band VI, hg. v. Herbert A. Fine, William Z. Slany, Lee H. Burke, Frederick Aandahl, David H. Stauffer und Frederic A. Greenhut (Washington: Government Printing Office, 1977), Dokument 577; siehe auch Morris, The Birth of the Palestinian Refugee Problem Revisited, 554.
106 FRUS, 1949, *The Near East, South Asia, and Africa*, Band VI, hg. v. Herbert A. Fine, William Z. Slany, Lee H. Burke, Frederick Aandahl, David H. Stauffer und Frederic A. Greenhut, Dokument 697.
107 FRUS, 1949, *The Near East, South Asia, and Africa*, Band VI, hg. v. Herbert A. Fine, William Z. Slany, Lee H. Burke, Frederick Aandahl, David H. Stauffer und Frederic A. Greenhut, Dokument 705; siehe auch McDonald, My Mission in Israel, 181.
108 Zitiert in McDonald, My Mission in Israel, 182.
109 Zitiert in Morris, The Birth of the Palestinian Refugee Problem Revisited, 571.
110 „Vergleichskommission der Vereinten Nationen für Palästina, Schreiben vom 29. Mai 1949, gerichtet von Herrn Walter Eytan, Leiter der Delegation Israels, an den Vorsitzenden der Vergleichskommission", 30. Mai 1949, A/AC.25/IS.19; siehe auch Morris, The Birth of the Palestinian Refugee Problem Revisited, 564; Tovy, Israel and the Palestinian Refugee Issue, 49.
111 Zitiert in Tovy, Israel and the Palestinian Refugee Issue, 49.

112 Morris, The Birth of the Palestinian Refugee Problem Revisited, 566–568.
113 Zitiert in ebd., 574, 577–578.
114 FRUS, 1949, *The Near East, South Asia, and Africa,* Band VI, hg. v. Herbert A. Fine, William Z. Slany, Lee H. Burke, Frederick Aandahl, David H. Stauffer und Frederic A. Greenhut, Dokument 842.
115 Generalleutnant Sir Alexander Galloway an Reverend Karl Baehr, Executive Secretary of the American Christian Palestine Committee, zitiert in Alexander H. Joffe und Asaf Romirowsky, „A Tale of Two Galloways: Notes on the Early History of UNRWA and Zionist Historiography", *Middle Eastern Studies* 46, Nr. 5 (2010), 655.
116 Tovy, Israel and the Palestinian Refugee Issue, 54, 69; Lahav, Fifty Years of Palestinian Refugees, 432– 433.

3. INTEGRATION ABLEHNEN (1950–1959)

1 Unterstützung der Vereinten Nationen für Palästinaflüchtlinge, Zwischenbericht des Direktors des Hilfswerks der Vereinten Nationen für Palästinaflüchtlinge im Nahen Osten, Offizielle Aufzeichnungen der Generalversammlung: Fünfte Sitzung, Beilage Nr. 19 (A/1451/Rev.1), New York, 1951, A/1451/ Rev.1, 6. Oktober 1950, https://unispal.un.org/DPA/DPR/unispal.nsf/0/EC8DE7912121F-CE5052565B1006B5152.
2 Geoffrey Furlonge, Palestine Is My Country – The Story of Musa Alami (London: John Murray, 1969), 167–220.
3 Kennett Love, „Arab ‚Moses' Teaches Orphans to Make Jordan Desert Bloom", *New York Times*, 7. Mai 1955.
4 Alami, „The Lesson of Palestine".
5 In Love, „Arab ‚Moses' Teaches Orphans to Make Jordan Desert Bloom."
6 Ebd., 80–81.
7 Bührig, The UN and the Palestinian Refugees, 37.
8 Zitiert in Schechtman, The Arab Refugee Problem, 43.
9 United States National Archives and Records Administration (NARA), RG 59, Lot File 53D 468, Records of the Bureau of Near Eastern, South Asian and African A!airs, zitiert in Michael R. Fischbach, „The United Nations and Palästina Refugee Property Compensation", *Journal of Palestine Studies* 31, Nr. 2 (Winter 2002), 37.
10 Protokoll des Außenministeriums, 23. Juli 1949, zitiert in Tovy, Israel and the Palestinian Refugee Issue, 76.
11 Die britische Botschaft beim Außenministerium, 1. September 1949, zitiert in ebd., 76. Siehe auch 5. UNGAOR-Tagung, 61. Sitzung des Ad-hoc-Politischen Ausschusses, 29. November 1950, A/AC.38/SR.61, Abs. 2; 41.
12 UNGAOR Fünfte Sitzung, 35. Sitzung des Ad-hoc-Politischen Komitees, 7. November 1950, A/AC.38/SR.35, zitiert in Schechtman, The Arab Refugee Problem, 72; UNGAOR Fünfte Sitzung, 64. Sitzung des Ad-hoc-Politischen Komitees, 30. November 1950, A/AC.38/SR.64, zitiert nach ebd., 72–73.
13 „Oral History Interview with George C. McGhee", 11. Juni 1975, Website der Bibliothek und des Museums von S. Truman, https://www.trumanlibrary.org/oralhist/mcgheeg.htm.

14 Generalversammlung der Vereinten Nationen, Vermittlungskommission der Vereinten Nationen für Palästina, Vierter Fortschrittsbericht, A/992 (22. September 1949), Anlage I; Tovy, Israel and the Palestinian Refugee Issue, 73.
15 Tovy, Israel and the Palestinian Refugee Issue, 25–26.
16 Zitiert in Albion Ross, „Clapp in Warning on Arab Refugees“, *New York Times*, 16. September 1949; Albion Ross, „Arabs Use Mission to Air Conflicts“, *New York Times*, 17. September 1949.
17 Zitiert in Schechtman, The Arab Refugee Problem, 45; Dennis C. Howley, The United Nations and the Palestinians (New York: Exposition Press, 1975), 19.
18 Albion Ross, „U.N. Mid-East Unit Facing Hostility“, *New York Times*, 3. September 1949.
19 Hilfswerk der Vereinten Nationen für Palästina-Flüchtlinge (UNRWA).
20 Schechtman, The Arab Refugee Problem, 47–48; „Clapp-Mission Faces New Arab Opposition“, *New York Times*, 9. September 1949.
21 Zitiert in Al-Husseini, „The Arab States and the Refugee Issue: A Retrospective“, 5.
22 Ebd., 4.
23 Ebd., 5.
24 Generalversammlung der Vereinten Nationen, „Erster Zwischenbericht der Wirtschaftserhebungsmission der Vereinten Nationen für den Nahen Osten“ (16. November 1949).
25 Zitiert in Schechtman, The Arab Refugee Problem, 51.
26 Tovy, Israel and the Palestinian Refugee Issue, 80.
27 Al-Husseini, „The Arab States and the Refugee Issue“, 5–7.
28 Resolution 302 der UN-Generalversammlung, Hilfe für Palästinaflüchtlinge, A/RES/302(IV) (8. Dezember 1949); Husseini, „The Arab States and the Refugee Issue“, 7.
29 „Statut des Büros des Hohen Flüchtlingskommissars der Vereinten Nationen“, UNGAR 428(V), 14. Dezember 1950, A/RES/428(V). Vorbehalt 2(e) des Gesetzes „fordert die Regierungen auf, mit dem Hohen Kommissar der Vereinten Nationen für Flüchtlinge zusammenzuarbeiten“, unter anderem durch „Förderung der Assimilation von Flüchtlingen, insbesondere durch Erleichterung ihrer Einbürgerung“.
30 Um die südkoreanische Regierung bei ihrer Aufgabe des Wiederaufbaus zu unterstützen, gründete die Generalversammlung am 1. Dezember 1950 die UN Korean Reconstruction Agency (UNKRA) mit ihrer Resolution 401. Die UNKRA startete ihr Programm 180 Tage nach der Einstellung der Feindseligkeiten. Siehe zum Beispiel Gene M. Lyons, „American Policy and the United Nations' Programme for Korean Reconstruction“, *International Organisation* 12, Nr. 2 (Frühjahr 1958), 180–192.
31 „Bemerkungen des ägyptischen Vertreters“, UNGAOR, 3. Ausschuss, 5. Sitzung, 328. Sitzung, Abs. 39, A/C.3/SR.328.
32 „Anmerkungen des saudi-arabischen Vertreters“, UNGAOR, 3. Ausschuss, 5. Sitzung, 328. Sitzung, Abs. 52, A/C.3/SR.328.
33 Brenda Goddard, „UNHCR and the International Protection of Palestinian Refugees“, *Refugee Survey Quarterly* 28, Nr. 2–3 (2010), 477–486.
34 „Bemerkungen des libanesischen Vertreters“, UNGAOR, 3. Ausschuss, 5. Sitzung, 328. Sitzung, Abs. 47, A/C.3/SR.328; siehe auch Akram, „Palestinian Refugees and their Legal Status“.

35 „Bemerkungen des libanesischen Vertreters“, UNGAOR, 3. Ausschuss, 5. Sitzung, 328. Sitzung, Abs. 41, A/C.3/SR.328.

36 „Erklärung an das Politische Sonderkomitee der Generalversammlung der Vereinten Nationen“ von Botschafter Abba Eban, 17. November 1958, http://www.mfa.gov.il/mfa/foreignpolicy/mfadocuments/yearbook1/pages/11%20statement%20to%20the%20special%20political%20 Ausschuss%20of.aspx.

37 Zitiert in BS Chimni, „From Resettlement to Involuntary Repatriation: Towards a Critical History of Durable Solutions to Refugee Problems“, *Refugee Survey Quarterly* 23, Nr. 3 (2004), 55–73; Jeff Crisp, „The Local Integration and Local Settlement of Refugees: A Conceptual and Historical Analysis“ (New Issues in Refugee Research, Arbeitspapier Nr. 102, UNHCR, April 2004).

38 Richard Robbins, „The Refugee Status: Challenge and Response“, *Law and Contemporary Problems* 21, Nr. 2, (Frühjahr 1956), 311–333.

39 Ebd., 324; Susan F. Martin, International Migration: Evolving Trends from the Early 20th Century to the Present (New York: Cambridge University Press, 2014), 78–79.

40 Adelman und Barkan, No Return, No Refuge, 12.

41 Pertti Ahonen, „Domestic Constraints on West German Ostpolitik: The Role of the Expellee Organizations in the Adenauer Era“, *Central European History* 31, Nr. 1 und 2 (März 1998), 36.

42 Ebd., 31–63.

43 Zitiert in Andrew Demshuk, „What Was the ‚Right to the Heimat‘? West German Expellees and the Many Meanings of Heimkehr“, *Central European History* 45, Nr. 3 (September 2012), 523–556.

44 Siehe Ahonen, „Domestic Constraints on West German Ostpolitik“; Demshuk, „What was the ‚Right to the Heimat‘?“.

45 Adam Bromke und Harald von Riekhoff, „The West German-Polish Treaty“, *The World Today* 27, Nr. 3 (März 1971), 124–131; Andrew J. Pierre, „The Bonn-Moscow Treaty of 1970: Milestone or Mirage?“ *Russian Review* 30, Nr. 1 (Januar 1971), 17–26.

46 Furlonge, Palestine Is My Country, 182–186; Cecil A. Hourani, „Experimental Village in the Jordan Valley“, *Middle East Journal* 5, Nr. 4 (Herbst 1951), 497–501.

47 Howley, The United Nations and the Palestinians, 22–23.

48 Ebd., 23, 28; Maya Rosenfeld, „From Emergency Relief Assistance to Human Development and Back: UNRWA and the Palestinian Refugees, 1950–2009“, *Refugee Survey Quarterly* 28, Nr. 2 und 3 (2010), 294–295; Resolution 393 der UN-Generalversammlung, Hilfe für Palästinaflüchtlinge, A/RES/393(V) (2. Dezember 1950).

49 David P. Forsythe, „UNRWA, the Palestine Refugees, and World Politics: 1949–1969“, *International Organization* 25, Nr. 1 (Winter 1971), 38–39.

50 Rosenfeld, „From Emergency Relief Assistance to Human Development and Back“, 295; Resolution 513 der UN-Generalversammlung, Hilfe für Palästinaflüchtlinge, A/RES/503(VI) (26. Januar 1952).

51 Howley, The United Nations and the Palestinians, 26–28.

52 Zitiert in Tovy, Israel and the Palestinian Refugee Issue, 180.

53 Al-Husseini, „The Arab States and the Refugee Issue“, 8–10; Generalversammlung der Vereinten Nationen, Jahresbericht des Direktors des Hilfswerks der Ver-

einten Nationen für Palästinaflüchtlinge im Nahen Osten für den Zeitraum 1. Juli 1956 bis 30. Juni 1957, A/3686 (30. Juni 1957), Anlage D, Abs. 29; siehe auch Vereinte Nationen, Generalversammlung, Jahresbericht des Direktors des Hilfswerks der Vereinten Nationen für Palästinaflüchtlinge im Nahen Osten für den Zeitraum 1. Juli 1953 bis 30. Juni 1954, A/2717 (30. Juni 1954), Anlage C, Abs. 56; Generalversammlung der Vereinten Nationen, Jahresbericht des Direktors des Hilfswerks der Vereinten Nationen für Palästinaflüchtlinge im Nahen Osten über den Zeitraum vom 1. Juli 1951 bis 30. Juni 1952, A/2171 (30. Juni 1952), Rdnr. 62; Tovy, Israel and the Palestinian Refugee Issue, 174–175.

54 Montagu-Pollock an Furlonge, 28. November 1950, zitiert in Jacob Tovy, On Its Own Threshold: The Formulation of Israel's Policy on the Palestinian Refugee Issue, 1948–1956 (Beerscheba: Ben-Gurion-Universität des Negev), 241 [Hebräisch]; siehe auch Generalversammlung der Vereinten Nationen, Jahresbericht des Direktors des Hilfswerks der Vereinten Nationen für Palästinaflüchtlinge im Nahen Osten über den Zeitraum vom 1. Juli 1955 bis 30. Juni 1956, A/3212 (30. Juni 1956), Rn. 33–36.

55 Tovy, Israel and the Palestinian Refugee Issue, 178–180.

56 Generalversammlung der Vereinten Nationen, Jahresbericht des Direktors des Hilfswerks der Vereinten Nationen für Palästinaflüchtlinge im Nahen Osten für den Zeitraum 1. Juli 1952 bis 30. Junei 1953, A/2470 (30. Juni 1953), Abs. 61; Generalversammlung der Vereinten Nationen, Jahresbericht des Direktors des Hilfswerks der Vereinten Nationen für Palästinaflüchtlinge im Nahen Osten für den Zeitraum 1. Juli 1956 bis 30. Juni 1957, A/3686 (30. Juni 1957), Anlage D, Abs. 1; siehe auch Tovy, Israel and the Palestinian Refugee Issue, 174.

57 „Israel Committed to Peace", Ansprache von Außenministerin Golda Meir an die Generalversammlung, 7. Oktober 1957, http://mfa.gov.il/MFA/ForeignPolicy/MFADocuments/Yearbook1/Pages/1%20Israel%20Committed%20to%20Peace%20-%20Address%20to%20the%20Gener.aspx.

58 Al-Husseini, „The Arab States and the Refugee Issue", 9.

59 Generalversammlung der Vereinten Nationen, Hilfe für Palästinaflüchtlinge: Jahresbericht des Direktors des Hilfswerks der Vereinten Nationen für Palästinaflüchtlinge im Nahen Osten, A/1905 (28. September 1951), Abs. 34–38, 44; Howley, The United Nations and the Palestinians, 58–59.

60 Generalversammlung der Vereinten Nationen, Hilfe für Palästinaflüchtlinge: Jahresbericht des Direktors des Hilfswerks der Vereinten Nationen für Palästinaflüchtlinge im Nahen Osten, A/1905 (28. September 1951), Abs. 34.

61 Ebd., Abs. 34 und 38.

62 Ebd., Abs. 38.

63 Ebd., Abs. 36.

64 Fred C. Bruhns, „A Study of Arab Refugee Attitudes", *Middle East Journal* 9, Nr. 2 (Frühjahr 1955), 130–138.

65 „U.N. Agent Attacked by Arab Refugees", *New York Times*, 25. Mai 1950; „U.N. Office in Syria Blasted", *New York Times*, 16. September 1950; „Refugee Office Attacked", *New York Times*, 23. Juni 1951; Howley, The United Nations and the Palestinians, 30–31.

66 Ahmad Shukeiri zitiert in *New York Times*, 4. April 1966, zitiert in Howley, The United Nations and the Palestinians, 31; siehe auch Milton Viorst, Reaching for

the Olive Branch: UNRWA and Peace in the Near East (Washington, D.C.; Bloomington: Middle East Institute; Indiana University Press, 1989), 37–38; Bruhns, „A Study of Arab Refugee Attitudes“, 136–137.

67 Furlonge, Palestine Is My Country, 188–191.

68 Alami baute seine Farm innerhalb weniger Monate wieder auf, aber das geschah im kleinen Rahmen und nicht mehr im spezifischen Kontext der Rehabilitierung von Flüchtlingen.

69 FRUS, 1958–1960, Arab-Israeli Dispute; United Arab Republic; North Africa, Band XIII, hg. v. Suzanne E. Coffman und Charles S. Sampson (Washington, D.C.: Government Printing Office, 1992), Dokument 48.

70 Ebd.

71 FRUS, 1952–1954, Near und Middle East, Band IX, Teil 1, hg. v.. Paul Claussen, Joan M. Lee and Carl N. Raether (Washington, D.C.: Government Printing Office, 1986), Dokument 418.

72 Ebd.

73 Ebd.

74 Ross, Doomed to Succeed, loc. 1024, Kindle.

75 Ross, Doomed to Succeed, loc. 668, Kindle.

76 Ross, Doomed to Succeed, loc. 889, Kindle.

77 Ross, Doomed to Succeed, Kapitel 2, Kindle.

78 Generalversammlung der Vereinten Nationen, Hilfe für Palästinaflüchtlinge: Jahresbericht des Direktors des Hilfswerks der Vereinten Nationen für Palästinaflüchtlinge im Nahen Osten über den Zeitraum vom 1. Juli 1952 bis 30. Juni 1953, A/2470 (30. Juni 1953), Rdnr. 19.

79 Generalversammlung der Vereinten Nationen, Jahresbericht des Direktors des Hilfswerks der Vereinten Nationen für Palästinaflüchtlinge im Nahen Osten für den Zeitraum 1. Juli 1953 bis 30. Juni 1954, A/2717 (30. Juni 1954), Kap. V Abs. 58.

80 Generalversammlung der Vereinten Nationen, Jahresbericht des Direktors des Hilfswerks der Vereinten Nationen für Palästinaflüchtlinge im Nahen Osten für den Zeitraum vom 1. Juli 1955 bis 30. Juni 1956, A/3212 (30. Juni 1956), Rdnr. 84.

81 Zitiert in Howley, The United Nations and the Palestinians, 28–29.

82 US-Beteiligung an der UN: Bericht des Präsidenten an den Kongress für das Jahr 1958 (Washington, D.C.: US Government Printing Office, 1959), Seite 72.

83 FRUS, 1958–1960, Arab-Israeli Dispute; United Arab Republic; North Africa, Band XIII, hg. v. Suzanne E. Coffman und Charles S. Sampson (Washington, D.C.: Government Printing Office, 1992), Dokument 47.

84 Ebd., Dokument 69.

85 Ebd., Dokument 69.

86 Ebd., Dokument 52, Dokument 82.

87 Forsythe, „UNRWA, the Palestine Refugees, and World Politics“, 26–45.

88 Resolution 1456 der UN-Generalversammlung, Hilfswerk der Vereinten Nationen für Palästinaflüchtlinge, A/RES/1456(XIV) (9. Dezember 1959).

89 FRUS, 1958–1960, Arab-Israeli Dispute; United Arab Republic; North Africa, Band XIII, hg. v. Suzanne E. Coffman und Charles S. Sampson (Washington, D.C.: Government Printing Office, 1992), Dokument 171; Resolution 1456 der UN-Generalversammlung, Hilfswerk der Vereinten Nationen für Palästinaflüchtlinge, A/RES/1456(XIV) (9. Dezember 1959).

4. TERROR AUSÜBEN (1960–1987)

1 Vereinte Nationen, Jahresbericht des Direktors des Hilfswerks der Vereinten Nationen für Palästinaflüchtlinge im Nahen Osten, 1. Juli 1959 – 30. Juni 1960, Offizielle Aufzeichnungen der Generalversammlung: Fünfzehnte Sitzung, Ergänzungsnr. 14 (A/4478), A/4478, 30. Juni 1960, https://unispal.un.org/DPA/DPR/unispal.nsf/0/886668A54186108905 2565AA0051333C.

2 Zitiert in Simon Reeve, One Day in September (New York: Arcade Publishing, 2011), 39, EPUB.

3 Die Idee der palästinensischen Rückkehr wird im Laufe der Zeit metaphorischer und diejenigen, die nach einer Rückkehr rufen, beziehen sich auf einen Ort, an dem sie noch nie gewesen sind und von dem sie nie geflohen sind. Der Einfachheit halber verwenden wir jedoch im gesamten Buch weiterhin den Begriff Rückkehr, ohne ihn in Anführungszeichen zu setzen, obwohl es sich faktisch für die nach 1949 geborene Generation nicht mehr um dieselbe Art von Rückkehr handelt.

4 Shay Fogelman, „Major Investigation Reveals New Details of Munich", *Haaretz*, 31. August 2012 [Hebräisch]; Reeve, One Day in September; James Montague, „The Munich Massacre: A Survivor's Story", *CNN*, 5. September 2012; Sam Borden, „Long-Hidden Details Reveal Cruelty of 1972 Munich Attackers", *New York Times*, 1. Dezember 2015; Rex A. Hudson, The Sociology and Psychology of Terrorism: Who Becomes a Terrorist and Why? (Washington, D.C.: Library of Congress, 1999), 58.

5 Edward Said: „Introduction: The Right of Return At Last", in: Palestinian Refugees – The Right of Return, hg. v. Nasser Aruri (London: Pluto Press, 2001), 1.

6 Walid al-Khalidi, „Reappraisal: An Examination of Certain Western Attitudes to the Palestine Problem, *Middle East Forum* 33, Nr. 8 (Sommer 1958), 29; Edward Said, „The Burdens of Interpretation and the Question of Palestine", *Journal of Palestine Studies* 16, Nr. 1 (Herbst 1986), 29–37; Nur Masalha, „Remembering the Palestinian Nakba: Commemoration, Oral History and Narratives of Memory", *Holy Land Studies* 7, Nr. 2 (2008), 123–156.

7 Reeve, One Day in September, 50–52.

8 Borden, „Long-Hidden Details".

9 Reeve, One Day in September, 53.

10 Vgl. ebd.

11 Ebd.

12 Ebd., 238.

13 Ebd., 53.

14 Emanuel Marx und Nitza Nachmias, „Dilemmas of Prolonged Humanitarian Aid Operations: The Case of UNRWA (UN Relief and Work Agency for the Palestinian Refugees)", *Journal of Humanitarian Assistance* (15. Juni 2004), http://sites.tufts.edu/jha/archives/834.

15 Jahrbuch der Vereinten Nationen 1965 (New York: United Nations, Office of Public Information, 1967), 220, 222–223; Resolution 37/120 der Generalversammlung der Vereinten Nationen in Abschnitt I (16. Dezember 1982).

16 „United Nations Relief and Works Agency for Palestine Refugees in the Near East", UNGAR 37/120, 37. Tagung, 16. Dezember 1982, A/RES/37/120(AK); Alex Takkenberg, The Status of Palestinian Refugees in International Law (Oxford: Oxford University Press, 1998), 72.

17 Benjamin Schiff, Refugees unto the Third Generation: UN Aid to Palestinians (Syracuse, NY: Syracuse University Press, 1995), 53–54.

18 „Protokoll über die Behandlung der Palästinenser in den arabischen Staaten" vom 11. September 1965, auch bekannt als Casablanca-Protokoll, verabschiedet von der Arabischen Liga, erscheint in Takkenberg, The Status of Palestianian Refugees, 396.

19 Jalal Al-Husseini und Ricardo Bocco, „The Status of the Palestinian Refugees in the Near East: The Right of Return and UNRWA in Perspective", *Refugee Survey Quarterly* 28, Nr. 2–3 (2010), 260–285.

20 Jaber Suleiman, Marginalised Community: The Case of Palestinian Refugees in Lebanon (University of Sussex, April 2006), 14–20.

21 Viorst, Reaching for the Olive Branch, 95–106; Abbas Shiblak, „Residency Status and Civil Rights of Palestinian Refugees in Arab Countries", *Journal of Palestine Studies* 25, Nr. 3 (Frühjahr 1996), 36–45; Oroub El-Abed, „The Forgotten Palestinians: How Palestinian Refugees Survive in Egypt", *Forced Migration Review* 20 (Mai 2014), 29–31.

22 Mohammed Nashashibi, Mitglied des PLO-Exekutivkomitees, gab in den 1980er Jahren zu, dass „die Flüchtlinge Häuser, Arbeit, Einkommen [und] Bildung haben". Siehe Viorst, Reaching for the Olive Branch, 95–96.

23 Don Peretz, „The Arab Refugees: A Changing Problem", *Foreign Affairs* 41, Nr. 3 (April 1963), 558–570; Bührig, Die Vereinten Nationen und die palästinensischen Flüchtlinge, 126–142; Yehoshafat Harkabi, The Palestinians: From Slumber to Awakening (Jerusalem: Magnes, 1979), 9 [Hebräisch].

24 Marx and Nachmias, „Dilemmas of Prolongued Humanitarian Aid Operations".

25 Emanuel Marx, „Palestinian Refugee Camps in the West Bank and the Gaza Strip", *Middle Eastern Studies* 28, Nr. 2 (April 1992), 284.

26 Thomas Brady, „Arab Refugees Still Yearn for Their Home", *New York Times*, 21. März 1966.

27 Richard Eder, „US Get a Pledge on Arab Refugees", *New York Times*, 14. Juni 1966; Generalversammlung der Vereinten Nationen, Bericht des Generalkommissars des Hilfswerks der Vereinten Nationen für Palästinaflüchtlinge im Nahen Osten, 1. Juli 1967–30. Juni 1958, A/7213 (15. September 1968), Rdnr. 13.

28 Siehe z. B. Jahresbericht des Direktors des Hilfswerks der Vereinten Nationen für Palästinaflüchtlinge im Nahen Osten für den Zeitraum 1. Juli 1959 – 30. Juni 1960, UNGAOR 15. Tagung, Beilage-Nr. 14 (A/4478) vom 30. Juni 1960, Fußnote a zu Tabelle 1 des Anhangs zu Teil I; Jahresbericht des Direktors des Hilfswerks der Vereinten Nationen für Palästinaflüchtlinge im Nahen Osten für die Zeit vom 1. Juli 1961 bis 30. Juni 1962, UNGAOR 17. Tagung, Beilage-Nr. 14 (A/5214) vom 30. Juni 1962, Fußnote a zu Tabelle 1 der Anlage zu Teil I. Siehe auch Bührig, The UN and the Palestinian Refugees, 39.

29 Siehe zum Beispiel Hassan Elnajjar, „Planned Emigration: The Palestianian Case", *International Migration Review* 27, Nr. 1 (1993), 34–47.

30 Yann Le Troquer und Rozenn Hommery al-Oudat, „From Kuwait to Jordan: The Palestinians' Third Exodus", *Journal of Palestine Studies* 28, Nr. 3 (Frühjahr 1999), 38; Ann M. Lesch, „Palestinians in Kuwait", *Journal of Palestine Studies* 20, Nr. 4 (Sommer 1991), 42; Bührig, The UN and the Palestinian Refugees, 40.

31 Elnajjar, „Planned Emigration"; Jamil M. Tahir, „An Assessment of Palestine Human Resources: Higher Education and Manpower", *Journal of Palestine Studies* 14,

Nr. 3 (Frühjahr 1985), 32–53; Antoine Zahlan und Rosemarie Zahlan, „The Palestinian Future“, *Journal of Palestine Studies* 6, Nr. 4 (Sommer 1977), 103–112.

32 Muhammad Hallaj, „The Mission of Palestinian Higher Education“, *Journal of Palestine Studies* 9, Nr. 4 (Sommer 1980), 75–95.

33 Generalversammlung der Vereinten Nationen, Bericht des Generalkommissars des Hilfswerks der Vereinten Nationen für Palästinaflüchtlinge im Nahen Osten 1. Juli 1978 – 30. Juni 1979, A/34/13 (13. September 1979), Tabelle 1.

34 Zitiert in Viorst, Reaching for the Olive Branch, 39.

35 Generalversammlung der Vereinten Nationen, Jahresbericht des Direktors des Hilfswerks der Vereinten Nationen für Palästinaflüchtlinge im Nahen Osten 1. Juli 1959 – 30. Juni 1960, A/4478 (30. Juni 1960), Abs. 8 und 11.

36 Generalversammlung der Vereinten Nationen, Jahresbericht des Direktors des Hilfswerks der Vereinten Nationen für Palästinaflüchtlinge im Nahen Osten 1. Juli 1959 – 30. Juni 1960, A/4478 (30. Juni 1960), Abs. 8 und 11, 5.

37 Jalal Al-Husseini, „UNRWA and the Palestinian Nation-Building-Process“, *Journal of Palestine Studies* 29, Nr. 2 (Winter 2000), 51–64.

38 „Refugees' U. N. Guardian“, *New York Times*, 23. Juni 1967; Robert Phelps, „Mideast Lobbies Active in the US“, *New York Times*, 6. April 1970; Myer Feldman, aufgezeichnetes Interview von John F. Stewart, 20. August 1966 (John F. Kennedy Library Oral History Program), 451; „Assessment at U.N.: UNRWA Director Prepared Pro Arab Report“, *Davar*, 22. September 1961 [Hebräisch].

39 „Western Policies on Israel Scorned“, *New York Times*, 10. Mai 1964.

40 Peter Grose, „US Aides Say Decision on Help May Be Spurred by Libyan Planes Deal“, *New York Times*, 27. Januar 1970; „Aid to Refugees in Mideast Drops“, *New York Times*, 15. Juni 1969; „Letters to the Editor of the Times“, *New York Times*, 19. August 1970.

41 John H. Davis, The Evasive Peace – A Study of the Zionist-Arab Problem (New York: New World Press, 1970), 102–127.

42 Ebd., 114–115.

43 Ebd., 120.

44 Siehe zum Beispiel Khaldun Bshara, „Spacial Memories: The Palestinian Refugee Camps as Time Machine“, *Jerusalem Quarterly* 60 (2014), 14–30; Claudia Martinez Mansell, „Camp Code“, *Places Journal* (April 2016), https://placesjournal.org/article/camp-code/; Ronny Shaked, Behind the Keffiyeh: The Conflict from the Palestinian Viewpoint (Rishon Lezion: Yediot Books, 2018), 123 [Hebräisch].

45 Marx and Nachmias, „Dilemmas of Prolongued Humanitarian Aid Operations“.

46 Ghassan Shabaneh, „Education and Identity: The Role of UNRWA's Education Programmes in the Reconstruction of Palestinian Nationalism“, *Journal of Refugee Studies* 25, Nr. 4 (2012), 491–513.

47 Ebd., 493, 502.

48 Zitiert in ebd., 501.

49 AL Tibawi, „Visions of Return: The Palestine Arab Refugees in Arabic Poetry and Art“, *Middle East Journal* 17, Nr. 5 (Herbst 1963), 523.

50 Ebd., 515.

51 Ebd., 516.

52 Ebd., 532.

53 Zitiert in ebd., 524; Nadia Latif, „Space, Power and Identity in a Palestinian Refugee Camp“, *Asylon(s)*, Nr. 5 (September 2008), https://reseau-terra.eu/article800.html.

54 Shabaneh, „Education and Identity“, 493.

55 UNESCO, „Co-Operation withe United Nations Relief and Works Agency (UNRWA)“ (82 EX/8), 4. April 1969, Anhang I, II.

56 Ebd.

57 Ebd.

58 Ebd.

59 Ebd.

60 Shabaneh, „Education and Identity“, 17–18.

61 Zitiert in Silvan Shalom, „A Fence Built for Peace“, *The Guardian*, 3. Februar 2004.

62 Kurt René Radley, „The Palestinian Refugees: The Right to Return in International Law“, *American Journal of International Law* 72, Nr. 3 (Juli 1978), 586–614; Resolution 237 des UN-Sicherheitsrats, S/RES/237(1967) (14. Juni 1967).

63 Resolution 2535 der UN-Generalversammlung, A/RES/2535(XXIV) AC (10. Dezember 1969), https://unispal.un.org/DPA/DPR/unispal.nsf/0/41F2C6D.C.E4 DAA765852560DF004E0AC8.

64 Resolution 2672 der UN-Generalversammlung, Hilfswerk der Vereinten Nationen für Palästinaflüchtlinge im Nahen Osten, A/RES/2672(XXV) AD (8. Dezember 1970); Resolution 2792 der UN-Generalversammlung, A/RES/2792(XXVI) AE (6. Dezember 1971); Resolution 2963 der UN-Generalversammlung, Hilfswerk der Vereinten Nationen für Palästinaflüchtlinge im Nahen Osten, A/RES/2963(XXVII)AF (13. Dezember 1972).

65 Resolution 3089 der UN-Generalversammlung, Hilfswerk der Vereinten Nationen für Palästinaflüchtlinge im Nahen Osten, A/RES/3089 (XXVII)AE (7. Dezember 1973).

66 Resolution 3089 der UN-Generalversammlung, Hilfswerk der Vereinten Nationen für Palästinaflüchtlinge im Nahen Osten, A/RES/3089 (XXVII)AE (7. Dezember 1973).

67 Radley, „The Palestinian Refugees“, 595–599, 609–614; Kent, „Evaluating the Palestinians' Claimed Right of Return“.

68 Vereinte Nationen, Generalversammlung, 29. Tagung, Plenartagung 2296, Official Records, A/PV.2296 (22. November 1974), Ziff. 86–93.

69 Resolution 3379 der UN-Generalversammlung, Beseitigung aller Formen der Rassendiskriminierung, A/RES/3379(XXX) (10. November 1975). Diese Gleichsetzung des Selbstbestimmungsrechts der Juden mit Rassismus, Diskriminierung und rassischer Überlegenheit wurde 1991 überwiegend aufgehoben. Siehe Paul Lewis, „UN Repeals Its '75 Resolution Equing Zionism with Racism“, *New York Times*, 17. Dezember 1991.

70 Siehe „Sekretariat“, http://www.un.org/en/sections/aboutun/secretariat/index.html; „Division for Palestinian Rights“, http://www.un.org/undpa/en/palestinianrights.

71 Siehe Palestine National Covenant, Version 1964, *New York University Journal of International Law and Politics* 3, Nr. 1 (1970), 199–246.

72 Schiff, Refugees Unto the Third Generation, 102; Helena Cobban, The Palestinian Liberation Organization – People, Power and Politics (Cambridge: Cambridge University Press, 1984), 16.

73 „E. F. Kennedy Opposes Aid for Liberation-Army Arabs“, *New York Times*, 16. Juni 1966.
74 Hedrick Smith, „Food for Refugees in Arab Army Investigated by Edward Kennedy“, *New York Times*, 13. Juni 1966.
75 Ebd.
76 Zitiert in Richard Eder, „US Gets a Pledge on Arab Refugees“, *New York Times*, 14. Juni 1966; Tom Brady, „Refugee Soldiers Problem for U.N.“, *New York Times*, 15. Juni 1966; Jalal al-Husseini, „UNRWA and the Refugees: A Difficult but Lasting Marriage“, *Journal of Palestine Studies* 40, Nr. 1 (2010), 6–26.
77 Hisham Sharabi, Palestine Guerillas: Their Credibility and Effectiveness (Washington, D.C.: Center for Strategic and International Studies, Georgetown University, 1970); Cobban, The Palestinian Liberation Organization, 41.
78 Latif, „Space, Power and Identity“.
79 Laut der Historikerin Helena Cobban wurde der Text des Abkommens nie offiziell veröffentlicht, aber in der libanesischen Tageszeitung *An-Nahar* erschien am 20. April 1970 ein inoffizieller Text, dessen Richtigkeit nie ernsthaft bestritten wurde. Siehe Cobban, The Palestinian Liberation Organization, 47.
80 Baruch Kimmerling und Joel Migdal, The Palestinian People: A History (Cambridge, MA: Harvard University Press, 2003), 264–265.
81 „Perverting UNRWA“, *New York Times*, 21. Juni 1972; Schiff, Refugees unto the Third Generation, 103–104.
82 Kimmerling and Migdal, The Palestinian People, 262; Eric Pace, „Amman Diary: Window on the War“, *New York Times*, 24. September 1970; Eric Pace, „Amman Battle Fought from House to House“, *New York Times*, 20. September 1970.
83 Siehe Kimmerling und Migdal, The Palestinian People; Rex Brynen, Sanctuary and Survival: The PLO in Lebanon (Boulder, CO: Westview Press, 1990), 80.
84 Siehe Kimmerling und Migdal, The Palestinian People; Moshe Shemesh, „The PLO: The Path to Oslo – 1988: A Turning Point in the Annals of the New Palestinian National Movement“, *Iyunim Bitkumat Yisrael* [Studien über den Zionismus, den Jischuw und den Staat Israel] 9 (1999), 196 [Hebräisch].

5. FRIEDEN VERHANDELN (1988 – GEGENWART)

1 Bericht des Generalkommissars des Hilfswerks der Vereinten Nationen für Palästinaflüchtlinge im Nahen Osten, 1. Juli 1988 – 30. Juni 1989, Offizielle Aufzeichnungen der Generalversammlung: 44. Sitzung, Beilage-Nr. 13 (A/44/13), Vereinte Nationen, New York, 1989, Anhang I, Anzahl der registrierten Personen.
2 „Arafat goes to Moscow“, *Journal of Palestine Studies* 4, Nr. 4 (1975), 145–147.
3 Zitiert in Anatoly Chernyaev, My Six Years with Gorbachev (University Park: Pennsylvania State University Press, 2000), 147.
4 Michael M. Lasker und Hanuch Bazov, Terror in the Service of Revolution: The Relationship between the PLO and the Soviet Union, 1968–1991 (Ramat Gan: Bar Ilan, 2016), 127–134 [Hebräisch]; Efraim Halevy, Man in the Shadows: Inside the Middle East Crisis with a Man Who Led the Mossad (New York: St. Martin's Griffin, 2008).
5 Zitiert in Barry Rubin und Judith Colp Rubin, Yasir Arafat: A Political Biography (Oxford: Oxford University Press, 2005), 113; siehe auch Kimmerling and Migdal, The Palestinian People, 321–322.

6 Zitiert in Rubin und Rubin, Yasir Arafat.
7 Uri Avnery, „The First Time I Met Abbas in Tunis", *Haaretz*, 4. Januar 2018 [Hebräisch].
8 Der Text der Charta ist abgedruckt in: Zuhair Diab (Hrsg.), International Documents on Palestine, 1968 (Beirut: Institute for Palestine Studies, 1971), 393–395.
9 Sayigh, Armed Struggle and the Search for State, 343.
10 Yehoshafat Harkabi und Matti Steinberg, The Palestinian Covenant in the Test of Time and Practice (Jerusalem: Government Publication Service, 1987), 37–40 [Hebräisch].
11 Howley, The United Nations and the Palestinians, 73–74.
12 Alain Gresh, The PLO – The Struggle Within (London: Zed Books, 1988), 179.
13 UNGAOR 25. Tagung, 2282. Plenartagung, 13. November 1974, A/PV.2282, Rdnr. 82.
14 Harkabi und Steinberg, The Palestinian Covenant in the Test of Time and Practice, 9–16.
15 „Palestinian National Council: Resolutions at the 12th Session of the Palestine National Council (Juni 1974)", in: Gregory S. Mahler und Alden R. W. Mahler (Hrsg.), The Arab-Israeli Conflict: An Introduction and Documentary Reader (New York: Routledge, 2010), 141–142; 25. UNGAOR-Tagung, 2282. Plenarsitzung, 13. November 1974, A/PV.2282, Absätze. 18–19; siehe auch Paul A. Jureidini und William E. Hazen, The Palestinian Movement in Politics (Lexington, MA: Lexington Books, 1976), 22–23; *Filastin al-Thawra*, 20. Februar 1974, zitiert in Rubin und Rubin, Yasir Arafat, 301.
16 „Speech on US Policy for Peace in the Middle East", 1. September 1982, abgedruckt in *International Legal Materials* 21, Nr. 5 (September 1982), 1199–1202.
17 „Habasch: We'll Liberate Haifa, Jaffa, and All of Palestine", *Maariv*, 11. Dezember 1978 [Hebräisch]; Benny Morris, One State, Two States (New Haven, CT: Yale University Press, 2009), 117–123; „The Right of Return", *Davar*, 29. April 1983 [Hebräisch].
18 Zitiert in Rubin und Rubin, Yasir Arafat, 116.
19 Siehe zum Beispiel Steve Lohr, „Arafat Says PLO Accepted Israel", *New York Times*, 8. Dezember 1988; Fouad Moughrabi et al., „Palestinians on the Peace Process", *Journal of Palestine Studies* 21, Nr. 1 (Herbst 1991), 36–53.
20 Saeb Erekat, „Trump's Win Has Emboldened Racists – in Israel's Government", *Haaretz*, 14. November 2016.
21 Auf der 19. Tagung des Palästinensischen Nationalrats in Algier im November 1988 wurde eine Unabhängigkeitserklärung zusammen mit einer Politischen Erklärung verabschiedet. In den folgenden Zitaten bezeichnen wir beide als einen Text. Siehe Vereinten Nationen, Generalversammlung, Sicherheitsrat, „Brief des Ständigen Vertreters Jordaniens bei den Vereinten Nationen vom 18. November 1988 an den Generalsekretär", A/43/827, S/20278 (18. November 1988), ANHANG II & III.
22 Khalidi, „Observations on the Right of Return", 35.
23 „Political Communiqué", ANHANG II zu „Brief des Ständigen Vertreters Jordaniens bei den Vereinten Nationen vom 18. November 1988 an den Generalsekretär", Letter from the Permanent Representative of Jordan to the United Nations, A/43/827, S/20278 (18. November 1988).

24 Youssef M. Ibrahim, „A Palestinian Revolution Without the PLO“, *New York Times*, 14. Februar 1988.
25 „Political Communiqué“, A/43/827, 4.
26 Ebd.
27 „The PLO: Less than Meets the Eye“, *New York Times*, 16. November 1988.
28 „PLO Chairman's news conference, Geneva, 14. Dezember 1988, „Pressekonferenz des PLO-Vorsitzenden, Genf, 14. Dezember 1988“, in: Question of Palestine, Januar 1988 – März 1991, Ausgabe 1 (überarbeitet), erstellt von United Nations Division for Palestinian Rights, 31. März 1991.
29 *Al-Majalla Magazine*, 31. August – 6. September 1988, zitiert in Rubin and Rubin, Yasir Arafat, 309.
30 *Kuwait News Agency*, 23. September 1988, zitiert nach ebd., 113.
31 Zitiert in Morris, Righteous Victims, 607.
32 Zitiert in Rubin and Rubin, Yasir Arafat, 119.
33 Ebd., 118–121.
34 *Associated Press*, 29. März 1990, zitiert in ebd., 122.
35 Ebd.
36 *International Herald Tribune*, 6. November 1990, zitiert in ebd., 123.
37 Morris, Righteous Victims, 612.
38 Interview mit Daniel Reisner, 30. Juli 2015.
39 „From the Foothills of the Mountain, It Looks Like There'll Be a Deal“, *Haaretz*, 14. Juli 2000 [Hebräisch].
40 Interview mit Daniel Reisner, 30. Juli 2015.
41 Resolution 242, S/RES/242 des Sicherheitsrats der Vereinten Nationen (22. November 1967).
42 Moshe Elad, The Core Issues of the Israeli-Palestinian Conflict (Haifa: Pardes, 2014) [Hebräisch].
43 Yossi Beilin, Touching Peace: From the Oslo Accords to a Final Agreement (London: Weidenfeld & Nicolson, 1999).
44 Peretz, „Who Is a Refugee?“; Elia Zureik, „Palestinian Refugees and the Middle East Peace Process“ (Beitrag auf der Konferenz Middle East Peace Process: Costs of Instability and Outlook for Insecurity, University of Quebec, Montreal, 23. Oktober 1998), http://prrn.mcgill.ca/research/papers/zureik.htmzureik.
45 „About BADIL“, http://www.badil.org/en/about-us.html; „About us“, http://www.aidoun.org/en/about-us/; „Our Aims and Objectives“, https://al-awda.org/about/our-aims-and-objectives/; Elaine Hagopian, „Preface“, in: Palestinian Refugees – The Right of Return, hg. v. Nasser Aruri (London: Pluto Press, 2001), vii–x.
46 Danny Rubinstein, „The Return of the Right of Return“, *Panim* 17 (2001), 23–29 [Hebräisch].
47 Zum explodierenden Interesse der palästinensischen Gesellschaft an der Nakba am Ende des 20. Jh. vgl. zum Beispiel den Roman *Gate of the Sun* von Elias Khoury (New York: Picador, 2007), 1998 urspr. auf Arabisch veröffentlicht; Salman Abu-Sitta, The Palestinian Nakba 1948: The Register of Depopulated Localities in Palestine (London: Saki Books, 1998); Rashid Khalidi, „Fifty Years After 1948: A Universal Jubilee?“, *Palestine-Israel Journal* 5, Nr. 2 (1998), 15–19. Siehe auch Rubinstein, „The Return of the Right of Return“; Shakedt, Behind the Kaffiyeh, 88–152 [Hebräisch].

48 Karma Nabulsi (Hrsg.), Palestinians Register: Laying Foundations and Setting Directions, Report of the Civitas Project (Oxford: Nuffield College, 2006), 187; Abbas Shiblak, „The Palestinian Refugee Issue: A Palestinian Perspective", Chatham House Briefing Paper, 2009.

49 Bill Clinton, My Life (New York: Knopf, 2004), 97. Siehe auch Rex Brynen, „The Past as Prelude? Negotiating the Palestinian Refugee Issue", Chatham House Briefing Paper MEP/PR BP, 1. August 2008, https://www.chathamhouse.org/publications/papers/view/108831.

50 Clinton, Mein Leben, 97–98.

51 Interview mit Daniel Reisner, 30. Juli 2015.

52 „NSU-Memo Regarding President Clinton's Proposals", 2. Januar 2001, verfügbar unter http://transparency.aljazeera.net/en/projects/thepalestine papers/201218 21232131550.html; Kent, „Evaluating the Palestinians' Claimed Right of Return".

53 „NSU-Memo Regarding President Clinton's Proposals", 2. Januar 2001.

54 Ebd.

55 „44 Reasons Why Fatah Movement Rejects the Proposals Made by US President Clinton", in *Fatah Movement Central Publication*, Our Opinion, 1.–7. Januar 2001, zitiert in Rubin und Rubin, Yasir Arafat, 211.

56 Ebd.

57 Yasser Arafat, „The Palestinian Vision of Peace", *New York Times*, 3. Februar 2002.

58 Ebd.; Adelman und Barkan, No Return, No Refuge, 213.

59 Rami Livni, „Axioms, Myths, and Political Lies", *Molad*, 12. Januar 2017 [Hebräisch].

60 Harkabi, Arab Attitudes to Israel, 9.

61 Ebd.

62 Rubinstein, „The Return of the Right of Return".

63 TOI-Mitarbeiter und Rahael Ahren, „Abbas: I Wasn't Giving Up Right of Return; I Was Just Speaking Personally", *Times of Israel*, 4. November 2012.

64 Zu den Gründen und Motivationen für diese Märsche siehe „Report of the Independent International Commission of Inquiry on the Protests in the Occupied Palestinian Territory", 25. Februar 2019, Menschenrechtsrat, 40. Sitzung (A/HRC/40/74), 4–5.

65 Ehud Olmert, In the First Person (Rishon Lezion: Miskal Yedioth Ahronoth, 2018), loc. 3883, Kindle.

66 Condoleezza Rice, No Higher Honor (New York: Random House, 2011), 89.

67 „The Palestine Papers", http://www.aljazeera.com/palestinepapers/.

68 Greg Carlstorm, „Introducing the Palestine Papers", *Al Jazeera* (Website), 23. Januar 2011.

69 Ian Black und Seumas Milne, „Papers Reveal How Palestinian Leaders Gave Up Fight over Refugees", *The Guardian*, 24. Januar 2011.

70 Siehe zum Beispiel ein Dokument aus dem Jahr 2008, in dem es heißt: „Wenn ihnen [den Flüchtlingen] keine angemessenen Rechtsmittel zur Verfügung gestellt werden, kann die Flüchtlingsfrage zum Scheitern des gesamten Prozesses führen"; „Gesprächspunkte für ein Treffen mit Tal Becker zur Anerkennung der Rechte von Flüchtlingen", 26. März 2008, http://transparency.aljazeera.net/en/projects/thepalestinepapers/2012182319424537 82.html.

71 Wiederholt wird in internen Dokumenten auf die Forderung hingewiesen, dass jede Lösung des Flüchtlingsproblems die „Flüchtlingswahl respektieren" muss (Herv. i. O.), siehe zum Beispiel „PLO-Präsentation vom 5. August 2009", verfügbar

unter http://transparency.aljazeera.net/files/4758.pdf; und „the right of return is in essence a right of choice", „NSU Fact Sheet on Refugees" vom September 2008, http://transparency.aljazeera.net/en/projects/thepalestinepapers/201218 20454515191.html. Wiederholt wird in internen Dokumenten auch auf die Forderung hingewiesen, dass „die Lösung individuelle Gerechtigkeit gewähren [soll]" bei „Rückkehr/Umsiedlung/Integration nach freier Wahl"; siehe zum Beispiel „PLO-Präsentation vom 5. August 2009", http://transparency.aljazeera.net/files/4758.pdf.

72 „NSU-Empfehlungen zu Flüchtlingsfragen", http://transparency.aljazeera.net/en/projects/thepalestinepapers/2012182328383595 87.html; „The Palestinian Refugees", 5. August 2009, http://transparency.aljazeera.net/files/4758.pdf; „NSU Outline of Refugees Issues", Datum unbekannt, http://transparency.aljazeera.net/en/projects/thepalestinepapers/20121823183279 6687.html.

73 „The Palestinian Refugees", 5. August 2009; „Talking Points for Meeting with Tal Becker Regarding Recognition of Refugees' Rights ", 26. März 2008; „The Palestinian Proposal for Resolving the Palestinian Refugee Issue: The International Mechanism", April 2008, http://transparency.aljazeera.net/en/projects/thepalestinepapers/2012182322327 81830.html.

74 „Israel's Capacity to Absorb Palestinian Refugees", undatiert, http://transparency.aljazeera.net/en/projects/thepalestinepapers/201218 23352531559.html.

75 Ebd.

76 „Terms of Reference: Israel's Capacity to Absorb Palestinian Refugees", 2. April 2008, http://transparency.aljazeera.net/en/projects/the palestinepapers/201218232 09796387.html.

77 „Israel's Capacity to Absorb Palestinian Refugees", 28. Juli 2008, http://transparency.aljazeera.net/en/projects/thepalestinepapers/2012182 3352531559.html.

78 „Palestinian Talking Points Regarding Israeli Proposal", September 2008, http://transparency.aljazeera.net/en/projects/thepalestinepapers/201218 203424421223.html.

79 „Note on Refugee Calculation", 19. März 2008, http://transparency.aljazeera.net/en/projects/thepalestinepapers/2012182319128 12894.html.

80 „Israel and Palestine Refugee Proposal", Datum unbekannt, http://transparency.aljazeera.net/de /projects/thepalestinepapers/20121823216 93412.html.

81 „Israel's Capacity to Absorb Palestinian Refugees", 28. Juli 2008.

82 „NSU Memo Regarding Two States for Two Peoples", 3. Mai 2009, http://transparency.aljazeera.net/en/projects/thepalestinepapers/20121820565 9671196.html.

83 „NSU Memo Regarding Two States for Two Peoples", 16. November 2007, http://transparency.aljazeera.net/en/projects/thepalestinepapers/201218238415476.html; „NSU Recommendations on Refugees Issues"; „NSU Memo Regarding Two States for Two Peoples", 3. Mai 2009.

84 „NSU Memo Regarding Two States for Two Peoples", 3. Mai 2009. Zur Verwendung dieser Formel siehe „Abbas: Zwei Staaten ‚Seite an Seite' noch möglich", *Jerusalem Post*, 25. Mai 2013; Saeb Erekat, „Was die PLO zu bieten hat", *New York Times*, 1. März 2006.

85 „Talking Points for Meeting with Tal Becker Regarding Recognition of Refugees' Rights", 26. März 2008; „FAPS basierend auf der arabischen Friedensinitiative", http://transparency.aljazeera.net/en/projects/thepalestineppers/2012182253487 96889.html.

86 „Note on Refugee Calculation", 19. März 2008.

87 International Crisis Group, „Bringing Back the Palestinian Refugee Question, Bericht Nr. 156, 9. Oktober 2014, https://www.refworld.org/pdfid/543787384.pdf.

88 Zitiert in Michael Slackman und Ethan Bronner, „Trapped by Gaza Blockade, Locked in Despair", *New York Times*, 14. Juli 2010.

89 „Selfie Israel 2: „The Palestinian Refugee Camps", televised report on Israel's *Channel 10* [Hebräisch], http://docu.nana10.co.il/Article/?ArticleID=1120035.

FAZIT: VORANKOMMEN

1 „UNRWA in Zahlen 2018–2019", UNRWA-Website, https://www.unrwa.org/resources/about-unrwa/unrwa-figures-2018-2019.

2 Es gibt eine Fülle palästinensischer Forschungen darüber, wie die Rückkehr tatsächlich durchgeführt werden soll. Siehe zum Beispiel Salman H. Abu-Sitta, „The Feasibility of the Right of Return", ICJ/CIMEL, Juni 1997; Salman H. Abu-Sitta, „Die Umsetzung des Rückkehrrechts", *Palestine-Israel Journal* 15, No. 4 (2008), 23–30; „Putting the Right of Return into Practice", Badil Resource Center, https://www.badil.org/cached_uploads/view/2021/04/20/practicalities-of-return-en-brochure-1618914000.pdf.; „Ausstellung untersucht die Umsetzung des Rückkehrrechts", Electronic Intifada, https://electronicintifada.net/content/exhibition-explores-implementing-right-return/10507.

3 Auch ein anderes viel zitiertes Modell, die Genfer Initiative von 2003, schließt die Rückkehr von Flüchtlingen in den Staat Israel nicht aus. Sie erkennt Resolution 194 als Grundlage für die Lösung der Flüchtlingsfrage und damit effektiv als Rückkehrrecht an, trennt davon aber die Frage der Umsetzung. Nach scharfer palästinensischer Kritik betonte Jamal Zaqut, einer der arabischen Verfasser des Abkommens, dass der Abschnitt zur Flüchtlingsfrage „eine gewisse Zweideutigkeit" habe und das Dokument nicht auf das Recht auf Rückkehr verzichte. Siehe „The Geneva Accord – A Model Israeli-Palestinian Peace Agreement", http://www.geneva-accord.org/. Siehe auch „Increased Palestinian Adherence to Right of Return Following the Geneva Initiative", MEMRI-Sonderbotschaft Nr. 634, 26. Dezember 2003.

4 „Fernsehansprache von Willy Brandt (7. Dezember 1970)", Presse- und Informationsamt der Bundesregierung, https://www.cvce.eu/content/publication/2002/5/22/01e80eb8-8929-4bc2-aa07-83c18e010c0c/publishable_de.pdf.

5 Für eine umfassende rechtliche Analyse siehe Kent, „Evaluating the Palestinians' Claimed Right of Return", 149–275.

6 Ebd., 179.

7 „Convention and Protocol Relating to the Status of Refugees", UNHCR-Website, https://www.unhcr.org/en-us/3b66c2aa10.

8 Kent, „Evaluating the Palestinians' Claimed Right of Return", 195.

9 Ebd., 178.

10 Ebd., 198.

11 Allgemeine Erklärung der Menschenrechte, Resolution 217 (III) der Generalversammlung, A/RES/217 (III), 10. Dezember 1948.

12 Kent, „Evaluating the Palestinians' Claimed Right of Return", 196, 209–210.

13 Resolution 2334 (2016) des Sicherheitsrats vom 23. Dezember 2016, S/RES/2334 (2016), https://www.un.org/webcast/pdfs/SRES2334-2016.pdf.
14 Gershon Baskin, In Pursuit of Peace in Israel and Palestine (Nashville, TN: Vanderbilt University Press, 2017), 266–270.
15 „Die palästinensischen Flüchtlinge", PLO-Präsentation vom August 2009, Palestine Papers, http://transparency.aljazeera.net/files/4758.pdf.
16 „Palästinaflüchtlinge", Website der UNRWA, https://www.unrwa.org/palestine-refugees.
17 Mohamed Hadid, der milliardenschwere Immobilienentwickler in Los Angeles und Vater der Supermodels Gigi und Bella Hadid, postete am 20. Dezember 2015 auf Instagram (mohamedhadid) ein Bild seiner Familie, auf der er etwa 18 Monate alt ist, und das für ihre palästinensische Flüchtlingskarte diente. Siehe auch „Mohamed Hadid nennt Trumps Jerusalem Move ‚Saddest Day' of His Life", *Huffington Post*, 6. Dezember 2017, https://www.huffpost.com/entry/mohamed-hadid-jerusalem-trump_n_5a284a36e4b03ece02ffc3da.
18 „Palestine Refugees", Website der UNRWA, https://www.unrwa.org/palestine-refugees.
19 „Procedural Standards for Refugee Status Determination under UNHCR's Mandate", https://www.refworld.org/pdfid/577e17944.pdf; siehe auch „Legal and Protection Policy Research Series: The ‚Essential Right' to Family Unity of Refugees and Others in Need of International Protection in the Context of Family Reunification", https://www.unhcr.org/5a8c413a7.pdf.
20 „Convention and Protocol Relating to the Status of Refugees", Genf, 28. Juli 1951, geändert durch das Protocol Relating to the Status of Refugees, New York, 31. Januar 1967, Art. 1 C(3), https:/ /www.unhcr.orghttp://www.unhcr.org//3b66c2aa10.
21 Åge A. Tiltnes und Huafeng Zhang, „Progress, Challenges, Diversity: Insights Into the Socio-economic Conditions of Palestinian Refugees in Jordan, Fafo-Report, 2013, Nr. 42, https://www.unrwa.org/sites/default/files/insights_into_the_socio-economic_conditions_of_palestian_refugees_in_jordan.pdf.
22 „Convention and Protocol Relating to the Status of Refugees", Genf, 28. Juli 1951, geändert durch das Protocol Relating to the Status of Refugees, New York, 31. Januar 1967, Art. 1A(2), https:/ /www.unhcr.orghttp://www.unhcr.org//3b66c2aa10; UNHCR, Einstellung des Flüchtlingsschutzes, https://www.unhcr.org/419dbce54.pdf.
23 „UNRWA in Zahlen 2018–2019", UNRWA-Website, https://www.unrwa.org/resources/about-unrwa/unrwa-figures-2018-2019.
24 Gideon Levy, „A Stuttering Response to a Palestinian Refugee", *Haaretz*, 4. Februar 2018.
25 „UNRWA in Zahlen 2018–2019", UNRWA-Website, https://www.unrwa.org/resources/about-unrwa/unrwa-figures-2018-2019.
26 Elise Harris, „Schedule for Pope's Holy Land Visit Revealed", *National Catholic Register*, 27. März 2014, https://www.ncregister.com/news/schedule-for-pope-s-holy-land-visit-released.
27 Amira Hass, „Lebanon Census Finds Number of Palestinian Refugees Only A Third of Official U.N. Data", *Haaretz*, 25. Dezember 2017.
28 „Zahlen auf einen Blick", UNHCR-Website, https://www.unhcr.org/figures-at-a-glance.

29 „UN Palestinian Refugee Agency ‚Part of the Problem': Swiss Foreign Minister", *The Local*, 17. Mai 2018, https://www.thelocal.ch/20180517/un-palestinian-refugee-agency-part-of-the-problem-swiss-foreign-minister.

30 „Lösungen", UNHCR-Website, https://www.unhcr.org/solutions.html.

31 „Wie wir finanziert werden", UNRWA-Website, https://www.unrwa.org/how-you-can-help/how-we-are-funded.

32 „Spenderlisten", UNRWA-Website, https://www.unrwa.org/how-you-can-help/government-partners/funding-trends/donor-charts.

33 Zitiert in der International Crisis Group, „Bringing Back the Palestianian Refugee Question". Bericht 156, 9. Oktober 2014, https://www.crisisgroup.org/middle-east-north-africa/eastern-mediterranean/israelpalestine/bringing-back-palestinian-refugee-question.

34 „Arbeiten bei UNRWA", UNRWA-Website, https://www.unrwa.org/careers/working-unrwa.

35 „Zahlen auf einen Blick", UNHCR-Website, https://www.unhcr.org/figures-at-a-glance; https://www.unhcr.org/figures-at-a-glance.html.

36 „Palestinians Respond with Outrage to ‚Blackmail' Threat from Donald Trump and Nikki Haley", *Independent*, 3. Januar 2018, https://www.independent.co.uk / news/world/americas/us-politics/us-palestine-refugees-un-agency-funding-nikki-haley-ambassador-a8139981.html.

37 Donald Trump, Twitter-Beitrag, 2. Januar 2018, https://twitter.com/realDonaldTrump/status/948322496591384576.

38 „On US Assistance to UNRWA", State Department Press Statement, 31. August 2018, https://www.state.gov/r/pa/prs/ps/2018/08/285648.htm.

39 Ebd.

40 „Hamas Terror Tunnels – Built with Gazans' Stolen Money", *Cogat*, 18. Mai 2017, http://www.cogat.mod.gov.il/en/Our_Activities/Pages/Hamas-Terror-Tunnel-18.5.17.aspx; „Cement for Rebuilding Gaza Diverted to Terror Tunnels", *Times of Israel*, 19. Dezember 2014, http:// www.timesofisrael.com/cement-for-rebuilding-gaza-diverted-to-attack-tunnels/?fb_comment_id=831375633586844 _831749573549450; „After Hamas Debacle – A Way Forward for the People of Gaza", *Forbes*, 12. August 2014, https://www.forbes.com/sites/realspin/2014/08/12/after-hamas-debacle-a-way-forward-for-the-people-of-gaza.

41 Siehe Tiltnes und Zhang, „Progress, Challenges, Diversity".

42 Finanzbericht und geprüfter Jahresabschluss des Hilfswerks der Vereinten Nationen für Palästinaflüchtlinge im Nahen Osten am 31. März 2017 und Sitzung der Zahlungsprüferbehörde, New York, USA, 2018, Generalversammlung des offiziellen Protokolls 73, Ergänzungsnr. 5D, A/73/5/Add.4, p. 161, https://www.unrwa.org/sites/default/files/content/resources/financial_report_and_audited_financial_statements_2017.pdf.

43 Resolution Nr. 260 von 1956, zitiert in Anaheed Al-Hardan, „The Right of Return Movement in Syria: Building a Culture of Return, Mobilizing Memories for the Return", *Journal of Palestine Studies* 41, Nr. 2 (Winter 2012), 62; siehe auch Laurie Brand, „Palestinians in Syria: The Politics of Integration", *Middle East Journal* 42, Nr. 4 (Herbst 1988), 621.

44 Hass, „Lebanon Census".

45 „Resettlement of Bhutanese Refugees Surpasses 100.000 Mark", UNHCR, 19.

November 2015, https://www.unhcr.org/news/latest/2015/11/564dded46/resettlement-bhutanese-refugees-surpasses-100000-mark.html.

46 „Bhutanese Refugees in Nepal Frustrated by Lack of Progress“, https:// www.unhcr.org/en-us/news/latest/2005/7/42d6642f4/bhutanese-refugees-nepal-frustrated-lack-progress.html.

Die Übersetzung wurde unterstützt von der DIG –
Deutsch-Israelische Gesellschaft e.V.

Deutsche Erstausgabe
Titel der Originalausgabe: The War of Return. How Western Indulgence of the Palestinian Dream Has Obstructed the Path to Peace, All Point Books, Kanada, 2020

Die Deutsche Nationalbibliothek verzeichnet diese Publikation in der Deutschen Nationalbibliografie; detaillierte Daten sind im Internet über https://portal.dnb.de/ abrufbar.

Hentrich & Hentrich Verlag Berlin Leipzig
Inh. Dr. Nora Pester
Haus des Buches
Gerichtsweg 28
04103 Leipzig
info@hentrichhentrich.de
http://www.hentrichhentrich.de

Lektorat: Malte Gerken
Gestaltung: Gudrun Hommers
Druck: Winterwork Borsdorf

1. Auflage 2022

Printed in Germany
ISBN 978-3-95565-551-8